SHOUDU
FAXUE LUNTAN

首都法学论坛

（第7辑）

主编 焦志勇

知识产权出版社
全国百佳图书出版单位

责任编辑:彭小华　　　　　　　　责任校对:董志英

执行编辑:王　岩　　　　　　　　责任出版:卢运霞

图书在版编目(CIP)数据

首都法学论坛(第7辑)/ 焦志勇主编. —北京:知识产权出版社,2013.6

ISBN 978‐7‐5130‐1891‐3

Ⅰ.①首…　Ⅱ.①焦…　Ⅲ.①法学‐文集　Ⅳ.①D90‐53

中国版本图书馆 CIP 数据核字(2013)第 031052 号

首都法学论坛(第7辑)

焦志勇　主编

出版发行:知识产权出版社

社　　　址:北京市海淀区马甸南村 1 号　　　　邮　　编:100088

网　　　址:http://www.ipph.cn　　　　　　　邮　　箱:bjb@cnipr.com

发行电话:010‐82000860 转 8101/8102　　　传　　真:010‐82005070/82000893

责编电话:010‐82000889　82000860 转 8115　责编邮箱:pengxiaohua@cnipr.com

印　　　刷:北京雁林吉兆印刷有限公司　　　经　　销:新华书店及相关销售网点

开　　　本:720mm×960mm　1/16　　　　　印　　张:19.25

版　　　次:2013 年 8 月第 1 版　　　　　　　印　　次:2013 年 8 月第 1 次印刷

字　　　数:338 千字　　　　　　　　　　　　定　　价:48.00 元

ISBN 978‐7‐5130‐1891‐3

首都法学论坛（第 7 辑）

本 辑 主 编：焦志勇

本辑编委委员：（以姓氏笔画为序）

王雨本　王德山　米新丽

李长城　李晓安　张世君

金晓晨　周序中　高桂林

焦志勇　谢海霞　喻　中

序

依法治国基本方略的确立，不仅是我们党治国理念和执政方式的重大转变，而且也开启了我国社会主义民主法治建设的新阶段。构建一个和谐而有序的法治社会，离不开广大的法律工作者为求索真理、伸张正义进行的辛勤耕耘、努力工作。

思想自由与精神独立一直是我们倡导的著书理念。《首都法学论坛》作为首都经济贸易大学法学院精心打造的法学学术的交流平台，自2005年第1辑出版以来，《首都法学论坛》不仅站在我国法学研究的前沿，为社会展现出众多专家与学者最新的法学研究成果并使之得以传播；与此同时，由于《首都法学论坛》的著书特色，每一辑的出版又都引起了国内外法学界的广泛关注，赢得了读者的广泛赞誉，并在《首都法学论坛》的可持续发展过程中取得了良好的社会效应。

法学是一门社会价值判断的学问，我国宪法学与行政法学更是这样。为了突出《首都法学论坛》的特色与功能，根据首都经济贸易大学法学院的要求，本卷侧重宪法与行政法学科的研究方向，兼顾其他法学学科的研究内容，设置了宪政与司法、法治时评、教育法制专论、政府监管与部门行政法、域外法制、青年学子论坛、民事诉讼制度等专栏，为专家与学者（特别是年轻学者）提供"百花齐放、百家争鸣"的学术交流与研讨的机会。

本卷《首都法学论坛》的出版与发行得到了兄弟院校、各位专家与学者，知识产权出版社的通力协作以及首都经济贸易大学法学院教职工的鼎力支持。特别是本卷作者们不辞辛劳，不计报酬，为本卷提供优秀的科研论文。在此，编委会表示衷心的感谢！

《首都法学论坛》编委会

2013年6月

目　录

政府监管与部门行政法　　　　　　　　　　　　147

域外法制　　　　　　　　　　　　　　　　213

宪法人权条款与我国批准《民权公约》问题初步研究

张 兴[*]

摘 要:我国 2004 年宪法修正案在宪法中增加了一个条款"国家尊重和保障人权",该条款是关于人权的总括性规定,人权条款写入宪法,是宪法上国家理论的重要变革,有助于提高我国的人权保护水平。我国已经签署《民权公约》,但仍未批准该公约,宪法中的人权条款的产生,是批准民权公约的重要基础。我国宪法和法律关于人权的相关制度还有一些不符合《民权公约》的要求,要批准《民权公约》就要以人权条款为指引进一步修改和完善相关法律制度,个别问题上还需要重要的政治决断,在批准《民权公约》时可以对个别条款作出声明。

关键词:宪法 人权 民权公约

1998 年 10 月中国政府签署了《人权和政治权利国际公约》(以下简称《民权公约》)[❶]。2004 年 3 月宪法第四次修正案中明确增加了"国家尊重和保障人权"的内容。宪法的这一修改进一步推动了我国法律对人权和公民权利保护的制度的发展。

然而,签署《民权公约》十余年之后,我国仍没有启动批准该公约的程序,

---

* 张兴(1968~),男,法学博士,首都经济贸易大学法学院讲师。

❶ 通常翻译为《公民权利和政治权利国际公约》,但 civil rights 翻译为公民权利有所不妥,公民是与国籍相联系的,公约中列举的权利大多数与国籍并没有关系,而是人权。

不免让人怀疑签署公约的诚意。本文拟对我国宪法中的人权条款的含义和我国批准《民权公约》问题作出一些初步的探讨,分析我国宪法和其他法律关于人权的现行制度究竟哪些内容不符合《民权公约》而需要调整,以发现批准《民权公约》的可能障碍,有助于决定如何批准《民权公约》。

一、《民权公约》的背景

1948 年 12 月 10 日联合国通过了《世界人权宣言》。此后为了促进该宣言的进一步落实和具体化,国际社会各国进行了长时间的谈判,在各国谈判妥协的基础上,1966 年 12 月 16 日联合国大会通过了两个公约:即《民权公约》和《经济、社会及文化权利国际公约》,该两公约与《世界人权宣言》一并被称为国际人权宪章。我国作为联合国的创始国和安理会常任理事国之一,对《世界人权宣言》也给予了高度的评价,认为它"作为第一个人权问题的国际文件,为国际人权领域的实践奠定了基础"。《世界人权宣言》是"第一个系统地提出尊重和保护基本人权具体内容的国际文书"。中国承认和尊重《联合国宪章》保护和促进人权的宗旨与原则,赞赏和支持联合国普遍促进人权和基本自由的努力,并积极参与联合国人权领域的活动。两个公约对实现《联合国宪章》关于尊重人权的宗旨和原则有着积极的意义。❶

我国全国人大常委会已经于 2001 年 2 月 28 日批准《经济、社会及文化权利国际公约》。批准该公约极大地提高了我国人权保护的水平,对于树立中国人民和中国政府尊重人权、尊重国际普遍规则的形象也具有重要意义。而该公约的批准对于分析《民权公约》的批准也有一定启示。

二、我国宪法的人权条款

1949 年之后,我国经历了长期不承认"人权"的时期,官方认为人权是资产阶级革命使用的词汇,社会主义国家不使用人权一词。随着中国的对外开放和思想解放、国际交往的扩大,官方不再回避人权。1991 年第一份人权白皮书《中国的人权状况》发表之后,我国逐步承认"人权",并且阐述我国的"人权观",也逐步承认基本人权的普遍性。我国 1982 年《宪法》的"第二章公民的权利和义务"对公民的权利进行了广泛列举,但并没有就抽象的人权作出任何规定。2004 年宪法修正案将"国家尊重和保障人权"写入我国《宪法》第 33 条中,人权入宪是我国宪法发展中具有里程碑意义的事件。

---

❶ 国务院新闻办公室:《中国的人权状况》,发布日期:1991 年 11 月 1 日。

"国家尊重和保障人权"写入宪法,意味着中国宪法的国家理论开始重要变革。国家尊重人权,意味着在理论逻辑上人权先于国家、优于国家,人权是国家存在的原因,这实际上隐含着国家契约理论(不同于原先占据支配性地位的阶级斗争国家学说)。国家掌握公共强制力,其具有事实上的优势地位,因此很容易侵犯普通社会成员的基本权利。因此,国家(实际表现为政府)应当尊重人权,不得侵犯人权,人权作为防御权,国家只要保持消极的不干预,社会成员就能享受到一定的权利、自由。但是,某一些权利仍然需要国家积极行为保障其实现,特别是社会性权利,如劳动权、生存权等。

"国家尊重和保障人权",可以做这样的解释:除了宪法已经明确具体列举的人权、公民权,宪法还承认和保护其他没有具体列举的人权和公民权,承认还存在其他隐含人权。政府在其立法、决策、执法过程中应当秉持尊重人权的原则,政府的权力应当受到"人权条款"的约束。

我国宪法中的人权条款的产生,是批准《民权公约》的重要基础。

三、关于基本人权与生存权、发展权

"国家尊重和保障人权"的入宪,对于我国的人权学说是重要的发展。近年来,我国政府发表过多个人权白皮书,阐述我国的人权学说。这些学说强调中国更加重视生存权和发展权。值得注意的是,生存权和发展权在人权发展历史上属于所谓"新权利"——集体性权利。"国家尊重和保障人权"当然不是只尊重和保障生存权和发展权,更重要的是,承认普遍性的人权,包括个人享有的精神自由、身体自由和参与性的政治权利等。

人权的普遍性建立在这样的基础上,无论是哪一个民族或文化、文明,都是人类,拥有共同的社会性。表现在《民权公约》中的人权条款,是经过长期的谈判、不同国家共同协商达成的关于人权的最低公约数。因此,《民权公约》在相当程度上表达的是普遍人权。批准公约,就需要调整过分强调生存权、发展权而忽视其他权利和自由的做法。

例如,生存权的保障实际上离不开政治权利和自由。如果生存权只是一种施与的权利,这种权利就是不可靠和没有最终保障的,就与人类给予动物的福利一样,动物自身是不能保护自己的。正如阿玛梯亚·森以饥荒问题为例论证的那样,言论、出版、报导等表达自由有助于信息的自由流动、广泛传播,因此与饥荒有关的信息能够传播,从而促进防止饥荒的决策的产生和发展,也有助于通过市场本身解决问题;而民主的治国方式会为防止饥荒提供政治动力。因此政治自由对保障人们的生存权是必不可少的。没有这种政治上的自由，政府就不能获得为解决人民困苦所必要的信息和动力。❶ 因此，应当以更加全面和开放的心态看待人权，认识到不同权利之间的相互联系和相互支持。不能单纯强调生存权、发展权。享有充分的政治自由（包括表达自由、参与权利等）是人民自主解决生存权的基础。

改革开放的三十多年，社会进步的主要动力来自于人的解放，人权得到张扬、公民享有的人权范围扩大，人权保障水平极大提高，这些是取得经济成就的基础，也是社会发展本来的目的。中国农村的改革的成功，主要是农民拥有了自主决定生产的权利，农业生产的积极性极大地得到释放。所谓温饱问题的解决并不是他人赐予的，而是农民享有了经济自由之后的必然结果。

当然，承认人权的普遍性，并不否认实现人权、保障人权的具体方式、具体途径可以有所不同。

四、批准《民权公约》的具体问题：公约的规定与公约规定的实现

如果仔细核对《民权公约》的规定和我国宪法等法律的规定，我们可能发现，也许在文本上，我国法律与《民权公约》没有太大差距，但事实上我们的实践是否定文本的。

《民权公约》不仅要求缔约国法律和公约保持一致，而且要求在行政和司法行为中尊重和保障公约所规定的人权。公约所保障的权利，对缔约国是立即生效的，而不是逐渐实现的（唯一的例外是对婚姻关系中的双方平等的权利）。

本部分尝试说明我国宪法及相关法律制度及其实践与《民权公约》之间的具体差异，并对我国批准《民权公约》应当进行的法律制度准备提出一些建议。

（一）阶级学说和公民、公民平等

《民权公约》第26条规定了平等权利。我国宪法和法律都规定了平等权利。但宪法中也存在阶级学说。人人平等、公民的平等和阶级学说在宪法上是不应当并存的。公民一律平等，那么无论其职业、财产、出身等，也就是无论工人、农民、知识分子、有产者等都应当拥有同样的机会参与公共事务、社会管理，获得同等的法律对待，不应当区分领导阶级和被领导阶级。尽管在政治社会的实质上可能存在这一问题，在宪法上未必需要明确写上这一点。现代宪法某种意义上是政府正当化的根据，而政府的合法性来自于对人权的尊重和

---

❶ 阿玛梯亚·森：《以自由看待发展》，中国人民大学出版社2002年版，第177～178页。

保障。承认人人平等、人权,那么我国国家学说就必须有重要的变革,建立新的国家学说。新的国家学说的宗旨,要团结所有社会成员,国家维护全体社会成员的共同利益。抛弃斗争哲学,树立建设学说、倡导和谐理念。

在我国社会中,某些做法是违反平等原则的,构成歧视。例如在公务员和其他国家公职人员的公开录用的实践中,常常有关于地域和户籍的限制,例如中央国家机关录用公职人员条件限定为北京户口,而普通地方性国家机构的公务员录用中条件限定为城市户口。在任用公务员的时候,仍然存在所谓干部身份的问题,如果没有这一身份就不能担任公务员。因此,应当通过法律规定进一步明确禁止这些违反平等权利的歧视做法。

(二)思想自由、意见自由

《民权公约》第 18 条规定,人人有权享受思想、良心和宗教自由。我国《宪法》仅就宗教信仰自由作了规定,未涉及思想、良心自由。

《民权公约》第 19 条规定了意见自由、表达自由和信息自由。对这些自由的限制应由法律规定并为下列条件所必需:保障国家安全或公共秩序,或公共卫生或道德,尊重他人的权利或声誉。我国《宪法》第 35 条规定,中华人民共和国公民有言论、出版、集会、结社、游行、示威的自由。迄今也没有法律对这些权利进行进一步的规定。这一条款没有对出版自由附加任何直接的限制,似乎与公约并无冲突,问题在于我国宪法和相关法规的规定不全面、不充分,有些不妥当,因此意见自由不能得到制度性的尊重和保障。从近代以来言论出版自由发展的历史来看,言论出版自由的制度应当包括:不得对言论出版进行事前审查,不得设立出版许可制度。

我国不存在关于言论出版的法律,国务院制定了《出版管理条例》。依据公约,以行政法规对宪法性权利进行限制是不适当的,更值得指出的是,有一些规定实际上与宪法和公约的规定是冲突的,例如《出版管理条例》规定的出版社设立的批准制度、出版物进口审查制度等;《电影管理条例》规定的电影审查制度等,都不符合言论出版自由的一般标准。又如,根据国务院《卫星电视广播地面接收设施管理规定》,安装、使用卫星电视接收设施实行许可制度;规定涉外宾馆和公寓或者达到一定级别的确有需要的单位等才能申请接收境外卫星电视广播节目。这一规定,一方面涉及违反宪法平等原则,构成对中国本国公民的反向歧视;另一方面,涉及限制表达自由的问题,明显与公约的规定不一致。

意见自由最重要的一个方面是政治性言论的自由,包括发表和政府的见解、主张不同的意见的权利,或者说自由地对政治性问题进行讨论、辩论。例如,对于宪法,虽然其是一国最高法律,并不表示其规定一定就是正确的;实际上在政治问题上并不存在绝对真理。宪法规定的制度,也存在可以改进或者批评的问题,对宪法规定的原则提出批评、进行讨论,是改进政治制度的重要途径(实际结果表现在修宪,但未修之时应当允许进行自由的讨论)。在国民主权原则之下,人民有权改变政府形式,对是否改变和如何改变、改变成什么人民有权自由地、理性地讨论。这种批评只要是限于一种言论,不是以暴力来违反宪法、破坏法律秩序,就是应当允许的。而《出版管理条例》等一些行政法规规定,不允许反对宪法规定的基本原则。这些规定都过分限制了公民的言论出版自由权利。

(三)迁徙自由

《民权公约》第 12 条对迁徙自由作了规定。在我国第四次修宪前,有许多学者已经提出了宪法应当承认迁徙自由的问题,但没有获得采纳。在短期内宪法不大可能再次修改,这也就预示如果在这之前批准《民权公约》,可能就要对迁徙自由进行保留,或者批准《民权公约》还要等很久。通过宪法的解释,可以从人权条款中解释出迁徙自由应该是一个隐含的人权,但能否得到政府的认可存在疑问。

迁徙自由包括迁徙自由和选择住所的自由。而我国目前的户籍制度是城乡分割、不能自由迁徙的重要制度障碍。尽管我国宪法没有规定迁徙自由,但是,改革开放以来,迁徙自由在事实上已经有了很大的发展。迁徙自由也是市场经济体制的一个内在要求,市场经济需要自由劳动力,择业自由的实现必定伴随着迁徙自由的需要。现在的问题就是,迁徙自由是否会出现农村居民在短时间内大量涌入城市,而城市是否有足够的承受能力。这个问题的出现,源于城市与农村实际上的不平等,比如教育资源的不平等,社会保障的不平等。随着我国城市化的发展,户籍制度正在逐步改革,这对于实现迁徙自由有重要的意义。

(四)权利的限制问题

人权存在着一定边界,公约对人权的限制也有规定。对照来看,我国宪法对公民权利限制的规定是不完善的,容易引起争议的。《宪法》第 51 条规定,中华人民共和国公民在行使自由和权利的时候,不得损害国家的、社会的、集体的利益和其他公民的合法的自由和权利。这一规定是对公民权利的限制,然而如何规范这一限制,没有正面的规定。根据《民权公约》的规定,限制人权应当依据法律规定并且是为维护社会公共秩序、公共卫生、他人的基本自由与权利等确有必要。对宪法上列举的大多数的公民权利如何行使或者如何限制,宪法本身没有规定,也没有授权法律规定,似乎是保障人权的绝对保障模式,但实际是,并不存在任何保障公民宪法权利的司法实践。

根据 2004 年宪法修正案第 26 条、第 27 条和第 29 条的规定,将宪法相关条款中的"戒严"修改为"紧急状态"。实施紧急状态会相应地限制公民权利和政治权利,根据《民权公约》的规定,紧急状态下限制人权也应当遵守一些原则,即正式宣布、无歧视、克减的程度以紧急情势所严格需要者为限,且有些权利是不可以限制的,如生命权;禁止酷刑;禁止奴隶制度;禁止仅因债务原因而被拘禁;对溯及既往的刑法的禁止;法律人格的承认;思想、良心、宗教和信仰自由。我国宪法对实施紧急状态的条件没有具体规定,对于紧急状态下人权保护、防止滥用紧急状态也没有进行规定。我国应尽早制定紧急状态法,其中应特别注意在紧急状态下限制人权的法定条件并规定不可限制的基本人权。

(五)需要重要的政治性决断和重要的意识形态重塑和制度变革的问题

《民权公约》第 22 条规定了结社自由和工会自由。结社权既是一项民权,也是一项政治权利,还是一项经济权利(组织和参加工会)。结社自由,其含义包括公民自愿地、不受强迫地加入其选择的社团、也可以成立新的社团,同时其也包括既存社团为成员的共同利益而进行活动的集体权利。至于政府对社团的成立采取许可制还是通知制均无不可。对结社自由的限制应当由法律规定。

我国全国人大常委会在批准《经济、社会及文化权利国际公约》时声明,"中华人民共和国政府对《经济、社会及文化权利国际公约》第八条第一款(甲)项,将依据《中华人民共和国宪法》、《中华人民共和国工会法》和《中华人民共和国劳动法》等法律的有关规定办理。"该公约第 8 条第 1 款(甲)项的主要规定是"人人有权组织工会和参加他所选择的工会,以促进和保护他的经济和社会利益;这个权利只受有关工会的规章的限制"。这一声明表明,我国不承认自由组织工会的权利,也就是对结社权有一定的限制。

结社自由包括政治性结社自由。在此方面如果不对《民权公约》的规定提出保留,就必须作出重要的政治决断,才能符合《民权公约》的要求。

我国没有制定结社的法律,到目前为止只有国务院 1998 年 10 月 25 日制定的《社会团体登记管理条例》。该条例位阶低,而且最根本的缺陷是该条例仅适用于专业性社团❶对政治性结社不适用。

该条例对结社自由有诸多不合理限制。该条例第 13 条规定,有下列情形之一的,登记管理机关不予批准筹备:(1)有根据证明申请筹备的社会团体的宗旨、业务范围不符合本条例第 4 条的规定的;(2)在同一行政区域内已有业务范围相同或者相似的社会团体,没有必要成立的;(3)发起人、拟任负责人正在或者曾经受到剥夺政治权利的刑事处罚,或者不具有完全民事行为能力的。

是否有必要成立社团,应由社团发起人和其准成员自行判断,业务范围相同并不等于宗旨完全相同,政府对此不应当设立不合理的限制。结社自由,其本意在于,有相同利益、主张、诉求的人们组合在一起,共同维护共同利益,表达、传播其主张。是否有成立的必要,政府并非良好的判断者。关于发起人、拟任负责人,曾经受到剥夺政治权利的刑事处罚,意味着该处罚已经是过去时,当事人现在已经享有政治权利,但是条例仍然限制或者剥夺其政治权利,是没有任何宪法根据的。

(六)不存在政治障碍、经过努力可以实现的人权

关于司法方面的人权,从总体上说,我国的相关法律如《中华人民共和国刑法》(以下简称《刑法》)、《中华人民共和国刑事诉讼法》(以下简称《刑事诉讼法》)经过多次修改,总体上符合《民权公约》的基本要求。废除死刑并不是《民权公约》本身的要求,只是《民权公约》的一个附加议定书的内容,是否批准该议定书是可选的,因此死刑问题并构成批准该公约的障碍。

《民权公约》第 24 条第 2 款关于儿童的权利的规定,每一儿童出生后应立即加以登记,并应有一个名字。这一规定的意义是,只有进行了登记,一个新生的儿童才能有法律上承认的保障。在我国,出生登记表现为户口登记。对于非婚姻关系中出生的儿童和没有取得生育计划而出生的儿童,如何取得户口登记,法律法规没有具体的程序规定,从而他们的权利不能获得良好的保障,现实中存在大量未获得登记的儿童,有的人甚至已经成年,仍未获得户口和身份证,从而不能享受作为公民的基本权利。我国法律,有必要明确户籍出生登记制度,对于出生登记的规则简单化,删除出生登记时要求的一些附加条

---

❶ 《社会团体登记管理条例》第 3 条规定:成立社会团体,应当经其业务主管单位审查同意,并依照本条例的规定进行登记。第 6 条第 2 款规定:国务院有关部门和县级以上地方各级人民政府有关部门、国务院或者县级以上地方各级人民政府授权的组织,是有关行业、学科或者业务范围内社会团体的业务主管单位。

件,以更好地保障人权。

五、关于对《民权公约》的保留和声明

尽管《民权公约》本身没有规定,一国或地区在批准该公约时是否可以对其某些条款予以保留。但根据一般的国际法原理,在批准国际条约时,批准国可以对某些条款声明保留。因此,基于中国的实际情况,可以对《民权公约》的某些条款保留。同时,也可以作出声明,对特定条款的涵义作出限定。我国全国人大常委会在批准《经济、社会及文化权利国际公约》时就作出了声明。

人民的自决权。《民权公约》第1条规定:"一、所有人民都有自决权。他们凭这种权利自由决定他们的政治地位,并自由谋求他们的经济、社会和文化的发展。"该权利也被称为民族的自决权。该条在《经济、社会及文化权利国际公约》中也列在第1条,是一个共同条款。关于这一条的含义存在不同看法的。民族自决权主要是在第一次世界大战后开始得到承认的。民族自决在其基本意义上是指受到殖民统治的民族和受到压迫的民族有权决定自己的命运,建立独立国家。我国的学术界一般在此意义上论述民族自决权。[1] 但是,在《民权公约》和其他有关民族自决权的国际法文件中都使用了"人民"这一词。一些学者认为,民族自决权中的人民包括多民族国家的一个组成部分的民族或人种群体。[2] 一些人认为,自决权包括脱离权,即人民脱离已有的国家结构以建立自己的国家的权利。[3]

尽管我国在批准《经济、社会及文化权利国际公约》时没有对该第1条作出声明,但本人认为,考虑到上述对自决权含义的不同观点,如果批准《民权公约》,我国仍有必要作出解释性声明。东欧一些国家和前苏联的加盟共和国就是以人民自决权作为其独立的依据。我国是一个统一的多民族国家[4],根据宪法对聚居的非汉族的民族实行民族自治制度。如果不加任何限制地接受《民权公约》第1条,有可能给那些试图寻求独立的人以法理借口。在这种背

---

[1] 王铁崖主编:《国际法》,法律出版社1981年版,第61~63页。

[2] [奥]诺瓦克:《民权公约评注》,毕小青、孙世彦等译,生活·读书·新知三联书店2003年版,第0020~0022页。

[3] 艾德等:《经济、社会和文化的权利》,黄列译,中国社会科学出版社2003年版,第126~127页。

[4] "中国大陆"法律上使用民族一词不严谨,例如宪法中有"民族独立"、"各族人民"、"民族关系"、"少数民族"等关涉民族的用语,但其中"民族"一词至少有两种不同含义,一是指由56个族群组成的中华民族,二是56个民族之民族。

景下,我国在批准《民权公约》时就应考虑对其第 1 条作出解释性声明,自决权只适用于受到外国统治的人民或民族,或者说只是在反殖民主义的意义上承认民族自决权。有的国家(如印度)在加入《民权公约》时就作出了类似的声明。

对于《民权公约》中的其他条款,不建议保留或作出声明。如果对《民权公约》作出过多的声明,将会使受到承认的人权的范围缩小,批准《民权公约》的意义也会严重下降。

批准《民权公约》要求中国宪法的理论和实践的变革,会推动中国人权理论的发展,推动中国的法治水平进入一个更高的层次、推动中国社会人权发展和保障的水平,形成真正的宪政秩序。

司法程序终结与司法公信建设

程　琥*

摘　要:当前司法公信建设越来越受到社会各界的广泛关注,深化司法改革、保证司法公正,是全面推进依法治国的重要保障。司法程序终结对推进司法公信建设具有重要意义,有利于增强人民群众对司法的信心、提高对法官的信赖、加强对裁判的信服、增进对法律的信仰。而司法程序"终审不终"对推进司法公信建设却有很大消极影响。因此,当前要切实按照党的十八大确立的"司法公信力不断提高"的目标,重点解决影响司法公正和制约司法能力的深层次矛盾和问题,进一步推进司法规则、司法行为、司法结果、司法环境公信建设,加快建设公正高效权威的中国特色社会主义司法制度。

关键词:司法程序　终结　司法公信　路径选择

在我国社会转型时期,随着经济社会的深刻变革,社会矛盾和问题日益增多,其中有相当一部分矛盾和纠纷被诉至法院解决并经生效裁判确定后,由于司法程序缺乏必要的终结性,已决案件不断被申诉再审,导致社会关系长期处于不确定状态,严重影响司法权威和司法公信。要解决这些矛盾和问题,切实提升人民法院司法权威和司法公信,就必须在司法理论和实务中把司法程序终结作为一个重要问题加以研究。

一、司法程序终结对推进司法公信建设的重要意义

党的十八大报告明确提出:"深入开展道德领域突出问题专项教育和治理,加强政务诚信、商务诚信、社会诚信和司法公信建设。"这既是人民法院深入推进司法公信建设的有利契机,也对人民法院司法公信建设提出了新的更高的要求。关于司法公信建设,目前受到了理论界和司法实务界的广泛关注,

---

* 程琥(1970～　),男,法学博士,社会学博士后,北京市高级人民法院行政审判庭庭长。

对司法公信的认识比较深入,提出的相关概念也很多,可谓是见仁见智。所谓司法公信是司法机关通过行使司法权的活动在整个社会中建立起来的公共信用,是人民群众对司法制度、司法机关、司法权运行过程及结果的信任程度以及自觉服从、尊重司法的一种状态和社会现象。司法程序终结是指司法程序因人民法院的确定裁判的作出而告终结,意味着矛盾和纠纷在确定裁判作出后就是终局的,非依法律明确规定并经法定程序,不得重新启动程序对该案件重新审理或者撤销判决,强调的是司法既判力。司法程序终结最早可以追溯到罗马法的"一案不二诉"和"一事不再理"原则。虽然最初状态的"一事不再理"更侧重于确定裁判的稳定性、权威性,且其不仅限于刑事领域适用,但其后来已发展成为对公民个人地位稳定及确定裁判效力稳定同等强调的一项重要原则。❶ 应当说,在我国"两审终审制"就是司法程序终结的具体体现和要求。由于受诸多因素影响,"两审终审制"在运行中存在一些不足。为了克服两审终审在审判实践中可能存在的问题,《中华人民共和国人民法院组织法》(以下简称《人民法院组织法》)以及三大诉讼法在规定两审终审制的同时,也规定了针对已经发生法律效力的判决、裁定确有错误的而设置的再审制度。在我国法治国家和法治社会的建设过程中,司法作为化解社会矛盾和纠纷的一个重要渠道,司法程序终结直接关系到司法权威和司法公信建设以及社会稳定和良性发展。因此,在我国推进社会管理创新和司法公信建设的关键时期,强调司法程序终结具有重要意义。

(一)司法程序终结有利于增强人民群众对司法的信心

在司法活动中,时间的过分迟延和成本的巨大支出都会使确定判决的实际效用大打折扣,从而最终影响人民群众对司法的信心。由于司法程序具有时限性,司法程序的每一个环节和阶段都要按照规定的时间推进,从而使司法程序在时间上保持连贯和衔接。同时,司法过程应当具有及时性,审判活动不能急速地或过于缓慢地进行,过于快速容易使审判活动失之草率,过分迟延则会侵蚀判决的效用,迟来的正义就是非正义。并且,司法资源同样具有稀缺性。司法程序在作出确定裁判后仍然不能终结,那么法院必然还需要抽出大量审判资源来应对这些已决案件,这样投入到一审、二审程序案件的审判资源就会相应减少。面对大量涌入法院的矛盾和纠纷,法院在应对一审、二审案件时自然就会显得审判资源严重不足。这样下来法院既难以将那些再审案件处

---

❶ 江必新:"完善刑事再审程序若干问题探讨",载《法学》2011 年第 5 期。

理好,同时面对这些正常审级的案件时也会显得力不从心。长此以往,人民群众的纠纷通过诉讼渠道难以及时得到最终解决,自然对司法逐渐丧失信心,"惧讼"、"厌讼"心理普遍。唯有人民群众的纠纷及时得到解决,人民群众的需求和期待及时得到回应,人民群众对司法的信心才会得以增强。

(二)司法程序终结有利于提高人民群众对法官的信赖

法官在司法公信建设中无疑具有重要作用。大量的社会纠纷诉至法院之后,最终的处理还是依赖于法官审判或者调解结案。因此,法官的职业道德水平、教育程度、专业知识、办案经验等直接关系到案件的处理结果,影响到广大人民群众对法官的信任程度。尽管当前绝大多数法官是清正廉洁、公正司法的,能够取得当事人和社会公众的信赖,毕竟还是有个别法官不能自律,自私自利,利用人民赋予的裁判权、执行权,贪赃枉法、徇私舞弊,处事不公,造成恶劣影响。由于司法程序不能及时终结,恰好又为个别法官违反法律程序和实体规定,为谋取个人利益、部门利益或地方利益,滥用司法权、乱罚款、乱扣押、乱查封、乱冻结等司法"乱作为"提供了便利。即便法官在办理案件过程中公正司法,但是如果裁判结果仍然像翻烧饼一样翻来覆去循环不止的话,想让当事人和社会公众从内心里信赖法官那是徒劳的。并且,由于司法程序不能及时终结,导致诉讼案件在总量上不断上升,而法官却相对不足。这恰好也为部分法官司法不作为提供了借口,有案不立,对案件久拖不决,效率低下。尤其是效率低下,不仅容易使当事人对法官能否秉公办案心存疑虑,还可能使当事人在遥遥无期的等待中失去对司法的信心。并且,有些案件当事人原本对上诉的结果不抱期望,但仍坚持上诉,其根本原因是法官在审判过程中因言行不当,令当事人产生心理怀疑,降低了对法官的信赖。因此,唯有坚持司法程序终结原则,才能从总量上降低案件数量,可以让法官从大量的已决案件中解放出来,集中精力做好一、二审案件的服判息诉工作,让当事人之间的矛盾纠纷及时得到解决,这样才能赢得当事人和广大人民群众的信赖。

(三)司法程序终结有利于加强人民群众对裁判的信服

近年来,案件审判中的"一高一低"问题,即案件上诉申诉率高、服判息诉率低问题一直成为困扰理论界和实务界的热点、难点问题,其关键在于已决裁判缺乏既判力和终局性。司法程序及时终结,当事人可以尽快从诉讼中摆脱出来,以生效裁判确定的权利义务为基础,理性地对待生效裁判,避免无谓的讼累,重新恢复正常的生产、生活状态。如果缺少司法程序终结,生效裁判随时可能被推翻,并对已有确定裁判的案件再行审判,这就使得当事人的权利义务长期处于不确定状态,矛盾和纠纷也将长期处于决而不终的状态,社会秩序也很难被维护。当事人也会对案件处理怀有超常的心理预期,会把大量的时间和精力投入申诉、上访活动之中。这样一来,同一矛盾和纠纷经过反复多次的诉讼,判决结果也得不到有力地执行,这不仅不能有效解决已经存在的矛盾和纠纷,反而会使当事人陷入反复争讼的讼累中,合法权益也很难得到及时救济。并且由于当事人缠讼不止,在无休止的诉讼中也要投入大量金钱、时间和精力,当事人之间的紧张关系始终得不到缓解,这也给社会的安全稳定留下隐患。因此,必须强调裁判的既判力和程序的安定性。"法律是一种不可以朝令夕改的规则体系。一旦法律制度设定了一种权利义务方案,那么为了自由、安全和预见性,就应当尽可能地避免对该制度进行不断的修改和破坏。"❶程序安定的核心要素是司法程序终结,其客观上要求法院及时作出具有法律效力的裁判而终结程序,不能迟迟不作裁判而无法终结程序,案件久拖不决往往破坏了程序的时限性;同时,生效裁判既已作出就应当具有很强的既判力,不能轻易被推翻和任意重新启动程序,否则损害了程序的不可逆性。司法程序终结反映了人民群众对裁判的信服度。

(四)司法程序终结有利于增进人民群众对法律的信仰

在一个法治国家和法治社会中,司法公信力是法律信仰的应有之义。正如伯尔曼所言:"法律必须被信仰,否则它将形同虚设。它不仅包含有人的理性和意志,而且还包含了他的情感,他的直觉和献身,以及他的信仰。""没有信仰的法律将退化成为僵死的教条。"❷在一个国家中,如果公众缺乏对法律的信仰,那么人们对司法权威和司法公信就很难形成内心认同并自觉行动。"司法权作为一种解决矛盾纠纷的公力救济手段,是国家公权力的重要组成部分,必须依赖一定的权威来支撑,失却权威就意味着权力性能的丧失。"❸高度的司法权威可以获得广泛的社会认同,司法权也会因为人们的认可、接受而发挥实质性的公权力效用。司法权威的生成固然需要依赖诸多因素,但是其中一个重要方面就是司法对案件作出的判断一旦发生法律效力就应当是终局的,

---

❶ 〔美〕E.博登海默:《法理学:法律哲学与法律方法》,邓正来等译,华夏出版社 1987 年版,第388 页。

❷ 〔美〕伯尔曼:《法律与宗教》,梁治平译,生活·读书·新知三联书店 1991 年版,第 43 页。

❸ 徐清宇、周永军:"当今我国司法权威的缺失反省及重塑思考",载《法律适用》2009 年第 4 期。

审判程序也应当就此终结。很难想象一个确定判决随时可能被否定和撤销的法院会有权威,会赢得社会公众的信赖。检讨我国司法权运行的现状,不难看出,由于司法程序经常处于不能终结的状态,导致法院作出的确定判决得不到执行,也在不断侵蚀着司法公信力,不仅妨碍司法权威的确立,也大大降低了司法权解决纠纷的能力,并由此形成一种恶性循环:司法权的权威性越是不足,它解决纠纷的能力就越低;司法解决纠纷的能力越低,它就越发不具有权威性。❶ 在我国社会建设中,社会公信亟须加强。如何在加强司法公信时以司法公信促进社会公信,这就需要在社会矛盾和纠纷出现时,法院作出的生效裁判是终局裁判,司法程序就此终结。这可以提高司法化解社会矛盾和纠纷的能力,推动人们形成对法律和司法的信仰,也有利于依法推动社会公信建设。

二、司法程序"终审不终"对推进司法公信建设的消极影响

应当说,司法程序终结与再审制度无论从价值追求还是制度设计上都是辩证统一的,司法程序终结强调的是终审裁判既判力,要求司法程序因终局裁决的作出而及时终结;再审制度意在纠正错误裁判以维护司法公平正义。因此,绝大多数案件在生效裁判作出后程序就此终结,程序终结是基础,再审制度作为我国诉讼审级制度中的特殊纠错和救济机制,是对程序终结的一种必要补充。但是,在司法实践中司法程序终结与再审制度在运作中存在一些困境和问题。

(一)"错案"标准模糊导致司法规则公信力偏低

我国现有法律规定的审判监督程序强调无论在事实认定或法律适用上,只要确有错误就应当通过再审制度予以纠正。但是,实践中关于是否存在"错案"以及"错案"界定标准却是模糊的和不确定的。应当说,一般情况下法官审理案件是根据在案证据、法律、遵循法定程序作出裁判,裁判一旦作出就应当尊重法官的自由裁量权,只要是在审判权限范围内作出的裁判就应当认定为合法。之所以要把在案证据作为法官认定案件事实的依据,是在于法官对案件作出裁判的基础是法律事实,而不是客观事实。如果要把追求客观事实作为裁判事实依据,那么生效裁判作出后发现的任何新证据都可能导致"错案"

❶ 张英霞:"司法既判力论要——兼及司法既判力与司法公信力的关系",载《法律适用》2005 年第 1 期。

的出现。在我国审判监督程序中,对于已经发生法律效力的判决、裁定,无论是当事人认为确有错误,还是法院或者检察院发现违反法律、法规规定的,这里的"确有错误"和"违反法律、法规"本身都不明确。由于法律运行过程中法律的不确定性、事实的不确定性以及政策、社会环境和法官个人等非法律因素的不确定性,就这种认识分歧使然的"错误"而言,"正确"的标准恰恰也是非常不确定的,最终造成对"错案"难以界定。❶ 由于"错案"标准不明确,维护公平正义的司法职能难以有效发挥,这就为有关机构或个人介入诉讼提供了可能,他们可以通过对法院施加压力,从而随意开启再审程序,改变法院已经生效的裁判。这样一来,法院生效裁判的既判力无法保障,司法裁判的权威无法获得广泛的社会认同,法院最终化解社会矛盾和纠纷的任务也无法完成。并且,确立"错案"标准的司法规则越来越受到社会公众置疑。

(二)"再审难"与"再审滥"并存导致司法行为公信力偏低

我国现行再审程序在实践中遇到的最为突出的困难表现就是存在着"再审难"与"再审滥"二者共存的局面。"再审难"是指现实中人们通过申诉启动再审程序以纠正错误裁判的目标往往不易实现,具体表现在以下方面:法律上关于再审事由的规定宽泛模糊,申诉立案与再审立案界限不清,当事人申诉立案难;申诉审查时限不明、审查程序不透明,当事人的申诉能否启动再审难以获得及时回复;当事人申诉获准进入再审程序后,最终获得改判的难度也相当大。"再审滥"是指对于当事人的申诉毫无限制,只要是人民法院作出的生效裁判,均有可能受到申诉的质疑,无论生效裁判由哪一级法院作出,无论生效裁判作出已过多长时间,无论已作出生效裁判的案件被进行过多少次的再审和反复处理。在缠诉不止的当事人中,有的人甚至还借申诉、上访让法院解决一些与诉讼完全无关的事项,甚至借申诉谋取非法利益。大量滥用申诉再审权现象的存在,不仅扰乱了正常的申诉秩序和诉讼秩序,浪费了诉讼资源,而且使一些真正有冤屈的当事人得不到及时有效的再审救济。❷ 并且,"再审难"与"再审滥"并存局面也会导致社会公众对司法行为缺乏信任感。

(三)循环诉讼问题导致司法结果公信力偏低

根据"实事求是、有错必纠"指导思想设计的再审程序,意味着无论什么时

❶ 王旭军:"行政再审困境中的突围",载《法律适用》2008年第3期。
❷ 江必新:"完善刑事再审程序若干问题探讨",载《法学》2011年第5期。

候发现生效裁判的错误且不管错误的性质和程度,都应当主动予以纠正,当事人可以不断地要求再审。现行的再审制度总是让当事人存有希望,而只要有一线希望,许多当事人就要不断申诉。一些法院为了暂时平息当事人的怨气,把一些本属于法官自由裁量权范畴的判断认定为错误,轻易撤销生效裁判,随意启动再审程序,而再审的结果,往往当事人的权益并没有得到实际救济,导致当事人已有的矛盾没有化解,反而产生了新的矛盾。因此,在审判实践中造成了再审程序频繁启动,形成"无限再审",即主体无限、时间无限、次数无限、审级无限、条件无限。❶ 再审程序轻易启动,导致案件审理形成了"起诉—上诉—重审—上诉—重审"和"确定判决—申诉再审—确定判决—申诉再审"的怪圈,这就是"循环诉讼"。有着"超级马拉松诉讼"之称的"焦作房产纠纷案"就曾历时十余年,作出判决二十余份。❷ 甚至很多案件当事人几经周折之后,最终获得的裁判结果又回到起点。应当说,循环诉讼的社会危害性非常大。虽然《人民法院组织法》以及三大诉讼法规定了两审终审制,但是在现有的审判监督程序规则下,一个确定判决、裁定经过多次反复也就不足为怪,结果使得相关法律关系长期处于不安定状态,不仅严重损害了诉讼当事人的利益,而且也损害了司法机关的权威,甚至使人们对司法救济的实效性失去信心。❸

(四)信"访"不信"法"导致司法环境公信力偏低

在处理诉讼案件申诉上访过程中,由于"诉"与"访"界限不清,一些当事人不重视正常的审判监督程序,往往认为上访比申诉更"实用"。由于司法程序缺乏终结性,当事人往往以种种理由多头上访、无限上访、层层上访,期望最终会改变法院已经生效的裁判。当然,有关机构和领导的批示固然能够纠正一些执法不严、司法不公的案件,这似乎从表面上看有利于促成法治,但是实际上每一个这样的申诉上访案件的解决,通常具有强烈的"示范效应"和"榜样力量",不断强化了当事人和社会公众对法官之上"法官"的期望,从而形成了一种偏离法治的循环:由于法院缺乏独立性和权威性,人们怀疑法院裁决的公正性,并选择到法院之外的部门去上访;而这些部门确实为他们主持了公道,于是司法权威性被进一步弱化,当事人信"访"不信"法",从而又有更多的当事人

---

❶ 王旭军:"行政再审困境中的突围",载《法律适用》2008 年第 3 期。

❷ 王贵松主编:《行政与民事争议交织的难题——焦作房产纠纷案的反思与展开》,法律出版社2005 年版,第 3 页。

❸ 杨建顺:"论行政诉讼判决的既判力",载《中国人民大学学报》2005 年第 5 期。

选择申诉上访。❶ 结果,当事人往往希望通过赴省、进京上访引起有关机构和领导的关注,从而给地方党政机关、各级法院及其领导施加压力。赴省、进京上访泛滥而导致错误倾向,使得当事人及社会各界只信任最高法院、上级法院,而不信任基层法院、下级法院。

三、司法程序终结推进司法公信建设的路径选择

我国司法程序终结对于推进司法公信建设涉及多重价值取向的协调,必须进行理念与制度、运行的理性整合,尤其需要做好以下方面工作。

(一)坚持实体正义与程序正义的统一,推进司法规则公信建设

法律制度是司法的前提,制度公信是司法公信最为基础的构成要素。推进司法公信建设,必须注重司法制度建设。目前,我国实行的是以二审终审为基础,以审判监督为补充的审级制度。而现行审判监督制度设计使得大量的再审案件不断涌向各高级法院和最高法院,导致主要负责再审审查和审理工作的各高级法院和最高法院实际担负起三审职能,这无形中冲击了我国二审终审制。现行《中华人民共和国民事诉讼法》(以下简称《民事诉讼法》)把与实现实体正义无关联的程序性违法作为独立的再审事由,将诉讼中当事人和裁判者违反程序法的规定定义为违反程序正义,在再审事由设置上强化了程序正义的理念。而这些新增加的程序违法类再审事由并不以实体是否错误为判断标准而独立适用,从而使再审事由由实体性标准向程序性标准转化。这种片面追求程序正义而忽视正义的结果,就是司法实践中当事人单独选择程序性再审事由的情况少之又少,即便有的案件当事人以程序性再审事由申请再审,其目的往往是希望通过再审而达到实体改判的结果。因此,当一些程序违法案件启动再审投入大量的人力、物力和时间,又基本上维持了原裁判实体处理结果后,不仅当事人颇有怨言,而且浪费了司法资源,损毁了司法公信力。并且,现行《民事诉讼法》的规定,申请再审一律免交规费;决定再审的案件,一律中止原判决的执行。在实践中,有的当事人为了免交二审诉讼费,或者出于拖延时间,乘机转移、隐匿财产等非法意图和投机目的,"不打二审打再审",在一定程度上加剧了我国再审制与二审终审制之间的紧张和冲突。为了确保司法规则的设计科学合理,应当将实体正义与程序正义统一起来。如果人为地

---

❶ 陶蛟龙、陈键:"信访制度的反思与重构——兼谈建立涉诉上访经常性工作机制的思路和体系",载《法律适用》2006年第5期。

把二者割裂开来，片面追求实体上的绝对正义而忽视司法程序上的正义，或者片面追求程序上的绝对正义而忽视实体上的正义，都会走向极端。我国现行审判监督制度职权主义色彩浓厚，价值取向偏重于追求实质正义，而过多牺牲了程序的安定性和裁判的稳定性，危及确定裁判的既判力。再审程序在实现个案实体正义时理应受到程序正义的限制，那种不顾及程序正义的条件限制，片面追求个案实体上的绝对正义，结果不仅不能实现实体正义，更会进一步伤及程序正义。因此，在规则设计时，应实现实体正义与程序正义的统一。

(二)坚持有错必纠与依法纠错的统一，推进司法行为公信建设

司法人员在行使司法权纠错过程中，如果不加以监督制约，纠错权就可能被滥用，导致司法不公甚至腐败。因此，必须对司法纠错行为进行全面监督。如果说"实事求是、有错必纠"是人民群众对司法审判尤其是再审程序的朴素要求，也是再审程序所必须承载的使命，只注重实体公正，强调纠错的结果，不重视纠错过程，那么"依法纠错"则将现代司法公正观引入再审程序，坚持实体与程序并重，不仅表明要纠错，而且注重纠错过程，强调依法定程序纠错，而这恰好反映了司法工作的特殊性和规律性。[1]"实事求是、有错必纠"作为党的政法工作方针，从总体精神上是应予肯定的，但必须全面考虑相关事实，并全面和分类适用纠错方式。如果不管有错无错都进入审查程序，不管错大错小都一律改判，无疑会损害司法的权威；而全社会"翻案风"畅行无阻，法律的权威也将荡然无存。因此，纠错必须讲规则、讲理性、讲原则、讲规格、讲条件。不能因为谋求"政绩"而没错找错，也不能因为当事人缠诉闹访而进行非理性纠错；不能因为息事宁人而满足当事人的违法或不正当的诉求，更不能为了减少上访数量而无原则地将正确的裁判改为不正确的裁判。对属于法官正常的自由裁量权范围内的裁量，一般情况下不得轻易改动。只有在明显不当或达到滥用程度或者确有法定违法情形并且侵害当事人实体权益的情况下，才能对原裁判进行改判。[2] 在"依法纠错"过程中，要用程序监督制约司法行为，通过公开透明司法，切实使社会公平正义以群众看得见的方式得以彰显。

(三)坚持个案效果与整体效果的统一，推进司法结果公信建设

司法结果公信是社会公众对司法结果所产生的信任、信赖或认同的心理

---

[1] 焦悦勤："我国刑事再审程序指导思想的反思与修正"，载《理论与现代化》2011年第1期。
[2] 江必新："论民事审判监督制度之完善"，载《中国法学》2011年第5期。

状态。司法程序终结意味着人民法院代表国家一经作出确定裁判即具有既判力,在通常情况下,不允许当事人再行争议,也不允许法院随意变更或撤销。但是由于受诸多因素影响,错误裁判也在所难免,这就需要设置再审制度对已生效的错误裁判予以纠正。当然,司法程序终结强调的是司法的权威性和公信力,而再审制度的根本目的在于最终实现司法公正,再审改判是对原生效裁判的否定,必然产生原裁判的既判力归于消灭的法律后果,在一定程度上是以牺牲程序安定性为代价的。通过个案裁判,既实现个案的公平,又对社会发生积极作用和影响,这是再审程序的重要任务。但个案效果与整体效果或社会效果并非完全、绝对统一,有时还会存在尖锐的冲突。在处理具体案件时,需要对这两方面的价值统筹兼顾。国家设置再审程序的意义就在于给予法院纠正和弥补错误裁判的机会,这就要求我们在启动再审程序时,必须把实现个案的公正置于维护法的安定性、保护申请再审人和被申请人权利、节约司法资源、维护司法权威等综合价值中去进行社会需求、社会价值和社会变化的考量,根据不同性质的错误,综合权衡各方面的利益关系和价值取向,努力寻求依法纠错的最佳方式和方案,以实现最佳的社会效果。如果不注意社会效果,不计成本地追求个案中完全正确的裁判,不仅难以实现纠错目的,还会产生极大的负面效应。因此,再审制度应当努力寻求个案效果与整体效果之间的最佳结合点,从而赢得社会公众对裁判结果的信任和信赖。

(四)坚持单一价值与多元价值的统一,推进司法环境公信建设

司法环境对司法权运行过程有着重要影响力,也对全社会对法律的信仰和树立司法权威发挥重要作用。公正、效率、秩序、安定等都是法的价值目标,司法环境蕴涵了法的多重价值,其中有些价值是相互冲突的,必须对这些冲突的价值进行平衡和选择。在司法环境中,不同行为主体的价值目标和要求存在一定的差异。司法是社会公平正义的最后一道防线,公正自然是司法的根本性价值目标。但是,如果仅仅强调司法公正的一元化价值,就容易走向极端,忽略甚至否定其他价值取向。同样,仅仅强调效率、秩序、安定价值的一元化取向,也莫不如此。当前,在我国利益主体多元化和利益差别扩大化的情况下,法治通过建立利益协调机制把有利于个人、阶级、国家和社会的各种不同利益的条件,固定在相应的制度和规则中,以指引并约束个人、国家和社会的行为,使人们在具体的情况下,根据社会和国家的根本利益来选择具体的法律行为,以实现其利益。并且,法治在妥善处理和协调各种社会利益关系,调节和解决社会的各种利益矛盾方面发挥了重要作用,整个社会正在逐步形成尊

崇法律、信赖法律、服从法律、认同法律的良好氛围。但是,整个社会还远没有形成对法律的信任和信仰。因此,在当前的社会环境下,无论是司法程序终结还是再审程序完善的理念应是多元价值的整合,是法的公正性、合目的性和法的安定性的统一,而不应单独强调某一价值。在这种多元价值理念的指导下,理顺人民法院与党委、人民代表大会、政府的关系,尊重已决裁判的既判力,树立司法权威,营造维护司法公信的社会基础和氛围。

抽象行政行为之诉探析

郑文科*

摘 要:我国《中华人民共和国行政诉讼法》(以下简称《行政诉讼法》)将抽象行政行为排除在可诉讼的范围之外,导致可诉的行政行为范围过窄,不利于维护行政相对人的利益,不利于对行政行为进行最有效监督,也不能有效降低诉讼成本和社会成本。故应当将抽象行政行为纳入到可诉的范围。本文通过对《行政诉讼法》相关条款的分析,提出完善我国《行政诉讼法》中抽象行政行为之诉条款方面的修改建议。

关键词:抽象行政行为　可诉性　制度设计

一、抽象行政行为的含义

法国是行政法的故乡,它的理论与实践影响了其他许多国家。❶ 在行政法的故乡并没有抽象行政行为的概念,只有普遍性的行为,与其相对应的是具体的行为。普遍性的行为是行政机关制定普遍性的规则的行为,普遍性的行为不对具体事件进行处理。行政机关对于具体事件所作的决定是具体行为,称为行政处理。具体行为的决定要以普遍行为作为根据。❷

在我国的立法中,也没有"抽象行政行为"的提法,只有具体行政行为的概念。

在我国的立法中,首次使用"具体行政行为"一语的法律,是 1989 年的《行政诉讼法》。该法第 39 条规定,公民、法人或者其他组织直接向人民法院提起诉讼的,应当在知道作出具体行政行为之日起三个月内提出,法律另有规定的

---

* 郑文科(1971～),男,汉族,河南省罗山县人,法学博士,首都经济贸易大学法学院副教授。

❶ [日]铃木义男等著,何勒华编:《行政法学方法论之变迁》,陈汝德等译,中国政法大学出版社 2004 年版,第 3 页。

❷ 王名扬:《法国行政法》,中国政法大学出版社 1997 年版,第 138 页。

除外。虽然在《行政诉讼法》中提出了具体行政行为一词,但是其具体含义并未明确。在 1991 年《最高人民法院关于贯彻执行〈中华人民共和国行政诉讼法〉若干问题的意见》中,对具体行政行为的含义进行了释明,❶即具体行政行为是指国家行政机关和行政机关工作人员、法律法规授权的组织、行政机关委托的组织或者个人在行政管理活动中行使行政职权,针对特定的公民、法人或者其他组织,就特定的具体事项,作出的有关该公民、法人、或者其他组织权利义务的单方行为。❷ 由此可见,我国的具体行政行为与法国行政法中的具体行为具有高度的一致性。

由于缺乏与具体行政行为相对应的概念,学者根据法律中"具体行政行为"一词的含义,采取对相反内容进行高度概括的方法,外加抽象思维,创造出"抽象行政行为"一词,以与具体行政行为相对应。现在抽象行政行为一词已为广大行政法学者所认同。具体行政行为与抽象行政行为的划分标准就是行政相对人是否特定。❸ 人们通常认为,抽象行政行为是行政主体基于其行政管理权,针对不特定的行政相对人作出的具有普遍约束力的行政行为,主要是制定规则的行为。由此可见,我国的抽象行政行为与法国行政法中的普遍性的行为高度相似。

与具体行政行为相比,抽象行政行为具有以下特征:

一是不针对特定的行政相对人,也就是说规则并不是为某一个人制定的。虽然抽象行政行为不是针对特定的行政相对人而为,但是它也是针对特定的事项而为,如果没有明确的规范事项,那么该规则也就没有存在的必要。

二是具有普遍的约束力。在抽象行政行为中,只是规范特定的事项,实际上是规定了处罚或者奖励的准则,为了体现法律面前人人平等的基本要求,任何人的行为在满足规则规定的条件时,都要对其进行奖励或者惩罚。这正是其具有普遍约束力的含义。这也是抽象行政行为与具体行政行为的根本区别之一。

三是抽象行政行为具有反复适用性。抽象行政行为的结果通常为规则,是对社会中某种现象的规范。为了实现法律的平等性,凡是符合规则适用条件的都要适用规则进行规范,这就要求它必然具有反复适用性,直到规则失效

---

❶ 该司法解释现已失效,被《最高人民法院关于执行〈中华人民共和国行政诉讼法〉若干问题的解释》取代。

❷ 该意见第 1 条受案范围之 1。

❸ 胡建淼:"具体行政行为与抽象行政行为",载《法制日报》1991 年 4 月 15 日第 3 版。

或者被废除。否则就违反了法律规则普遍约束力的原则和法律面前人人平等的原则。

二、行政行为之诉的现行规定及存在的问题

(一)现行规定

虽然在理论上有学者提出了应当将抽象行政行为作为行政诉讼的客体的主张,❶但是仍缺乏制度基础。我国现在的行政诉讼立法及司法实践中,是将行政诉讼客体之范围仅仅限定为具体行政行为,将抽象行政行为完全排除在外。在《行政诉讼法》及相关司法解释中对于可诉和不可诉的行政行为是采取列举的方式进行明确规定的。

所列举的可诉行政行为的内容主要是反映在《行政诉讼法》第11条的规定中。根据该条的规定,人民法院受理公民、法人和其他组织对下列具体行政行为不服提起的诉讼:(1)对拘留、罚款、吊销许可证和执照、责令停产停业、没收财物等行政处罚不服的;(2)对限制人身自由或者对财产的查封、扣押、冻结等行政强制措施不服的;(3)认为行政机关侵犯法律规定的经营自主权的;(4)认为符合法定条件申请行政机关颁发许可证和执照,行政机关拒绝颁发或者不予答复的;(5)申请行政机关履行保护人身权、财产权的法定职责,行政机关拒绝履行或者不予答复的;(6)认为行政机关没有依法发给抚恤金的;(7)是认为行政机关违法要求履行义务的;(8)认为行政机关侵犯其他人身权、财产权的。由此可见,可诉的行政行为都是具体行政行为。

所列举的不可诉行政行为的内容主要反映在《行政诉讼法》第12条的规定中。根据该条的规定,人民法院不受理公民、法人或者其他组织对下列事项提起的诉讼:(1)国防、外交等国家行为。国家行为,是指国务院、中央军事委员会、国防部、外交部等根据宪法和法律的授权,以国家的名义实施的有关国防和外交事务的行为,以及经宪法和法律授权的国家机关宣布紧急状态、实施戒严和总动员等行为。(2)行政法规、规章或者行政机关制定、发布的具有普遍约束力的决定、命令。具有普遍约束力的决定、命令,是指行政机关针对不特定对象发布的能反复适用的行政规范性文件。(3)行政机关对行政机关工

---

❶　相关的研究文章,参见高鸿:"抽象行政行为可诉性研究",载《行政法学研究》1997年第3期;郑建勋:"抽象行政行为的可诉性",载《西南民族学院学报》1998年哲社版;姬亚平:"论人民法院对抽象行政行为的审查",载《行政法学研究》1993年第3期。

作人员的奖惩、任免等决定。对行政机关工作人员的奖惩、任免等决定,是指行政机关作出的涉及该行政机关公务员权利义务的决定。(4)法律规定由行政机关最终裁决的具体行政行为。

《最高人民法院关于执行〈中华人民共和国行政诉讼法〉若干问题的解释》第1条第2款也规定,公民、法人或者其他组织对下列行为不服提起诉讼的,不属于人民法院行政诉讼的受案范围:(1)《行政诉讼法》第12条规定的行为;(2)公安、国家安全等机关依照《刑事诉讼法》的明确授权实施的行为;(3)调解行为以及法律规定的仲裁行为;(4)不具有强制力的行政指导行为;(5)驳回当事人对行政行为提起申诉的重复处理行为;(6)对公民、法人或者其他组织权利义务不产生实际影响的行为。

在所列举的不可诉的行为中,公安、国家安全等机关依照《刑事诉讼法》的明确授权实施的行为和行政机关对行政机关工作人员的奖惩、任免等行为属于具体行政行为之列。而其中的"行政法规、规章或者行政机关制定、发布的具有普遍约束力的决定、命令"就是理论上的抽象行政行为的结果,也是法国行政法中的普遍性行为。在法国行政法中,这都是可诉的。如果利害关系人认为条例违法,可以在条例公布后2个月内向行政法院提起越权之诉,请求撤销不合法的条例。也可以在任何时候的其他诉讼中,主张条例无效,对本案不能适用。❶ 这在美国、英国等西方国家也是比较通行的做法。❷

(二)存在的问题

通过简单的比较,笔者认为,我国的行政行为之诉现在存在的主要问题有以下几点。

第一,可诉的行政行为之范围过窄,不利于维护行政相对人的利益。我们不考虑将某些具体行政行为排除在行政诉讼之外的情况,仅仅就行政法规、规章或者行政机关制定、发布的具有普遍约束力的决定、命令而言,将其排除在行政诉讼的客体范围之外,不利于维护行政相对人的利益。因为行政法规、规章或者行政机关制定、发布的具有普遍约束力的决定、命令公布后通常即具有法律约束力,任何公民、法人或组织无法与之对抗。即使在其存在错误的情况下也要适用,即使其对相对人造成损害,法院也无权对其效力加以否定,而且存在被多次适用的可能,这不利于维护行政相对人的利益。

---

❶ 王名扬:《法国行政法》,中国政法大学出版社1997年版,第151页。
❷ 胡建淼:《比较行政法》,法律出版社1998年版。

第二，从经济学的角度分析，不能有效降低诉讼成本和社会成本。自从美国法学家波斯纳提出运用成本与收益的方法研究法律制度并完成其大作《法律的经济分析》后，运用经济学的方法研究各项法律制度也为我国广大法学家接受。法律的经济分析，最重要的观点就是：所有的制度和规则在履行中都会给当事人或者行为者带来收益和成本，因此可运用经济学的最大化、均衡和效率条件来解析法律，描述和评判法院的行为和实绩。界定明确的权利有助于交易从而有利于实现效率，因此交易成本成为制度选择和制度改革的规范。❶当我们运用经济学理论来分析将抽象行政行为排除在行政诉讼的客体之外时的制度安排时，就会发现这种制度安排不能有效降低诉讼成本和社会成本。因为一个错误的抽象行政行为之结果，其负面影响远远大于具体行政行为，如果抽象行政行为具有违法性，则必然带来具体行政行为的错误，当行政相对人不服具体行政行为起诉后，人民法院只能撤销具体行政行为，对抽象行政行为则无权处理，这就意味着该抽象行政行为还将继续有效存在，行政机关还可依据同一抽象行政行为对其他相对人作出同样错误的具体行政行为。这必然就导致行政管理上的错误会不断发生，诉讼就会不断产生。由于行政诉讼只能针对个案处理，而不能消除引起行政诉讼行为的根源，其结果必然是行政管理成本与诉讼成本不断增加。如果可以对抽象行政行为进行诉讼，就能一次性治本，避免以后产生不必要的管理成本和诉讼成本。

第三，不利于对行政行为进行最有效监督。对行政权力最有效的监督就是当监督主体发现其行政行为存在违法性时，可以强令其改正，而不是简单地提供参考意见。对行政权力进行全方位有效监督是法治社会的核心，这需要人民群众和司法机关通力配合。由人民群众将其起诉到法院，由法院对其审查并作出裁定。由于法院的裁定是具有强制执行力的，故该监督是最有效的。现在的立法安排实际上是将行政机关的抽象行政行为及其结果排除在最有效的社会监督之外，这大大削弱了对行政行为的监督效果。

通过上述分析，我们认为，尽快对我国《行政诉讼法》进行修改或者通过司法解释，扩大行政诉讼中受案的范围是非常必要和紧迫的。

---

❶ ［美］罗伯特·考特、托马斯·尤伦：《法和经济学》，张军等译，上海三联书店 1999 年版，第2页。

三、抽象行政行为之诉的制度设计

(一)可诉性抽象行政行为的范围

虽然在《行政诉讼法》中规定,对行政法规、规章或者行政机关制定、发布的具有普遍约束力的决定、命令提起的诉讼人民法院不予受理,但是我们在研究抽象行政行为的可诉性时,也并不是主张所有的抽象行政行为都是可诉的,而是应当根据行政主体本身的层级及其具体的抽象行政行为形式合理界定可诉性抽象行政行为的范围。

根据《行政诉讼法》第52条的规定,人民法院审理行政案件,以法律和行政法规、地方性法规为依据。人民法院审理民族自治地方的行政案件,并以该民族自治地方的自治条例和单行条例为依据。该法第53条规定,人民法院审理行政案件,参照国务院部、委根据法律和国务院的行政法规、决定、命令制定、发布的规章以及省、自治区、直辖市和省、自治区的人民政府所在地的市和经国务院批准的较大的市的人民政府根据法律和国务院的行政法规制定、发布的规章。人民法院认为地方人民政府制定、发布的规章与国务院部、委制定、发布的规章不一致的,以及国务院部、委制定、发布的规章之间不一致的,由最高人民法院送请国务院作出解释或者裁决。上述两条的表述上最明显的区别就是:对于法律和行政法规、地方性法规,人民法院必须适用;而对于国务院部、委根据法律和国务院的行政法规、决定、命令制定、发布的规章以及省、自治区、直辖市和省、自治区的人民政府所在地的市和经国务院批准的较大的市的人民政府根据法律和国务院的行政法规制定、发布的规章,人民法院可以参照适用。前者是强制性的,后者是任意性的。据此,笔者认为,可诉性的抽象行政行为之范围限定为:

(1)从主体的行政层级上将其限定为国务院部委以及省、自治区、直辖市人民政府及其以下各级人民政府的行为。

(2)从行为的结果上看,将其限定为以下几种类型:

①国务院部、委根据法律和国务院的行政法规、决定、命令制定、发布的规章。

②省、自治区、直辖市和省、自治区的人民政府所在地的市和经国务院批准的较大的市的人民政府根据法律和国务院的行政法规制定、发布的规章。

③其他地方各级人民政府及其职能部门制定、发布的具有普遍约束力的决定、命令、通知等。

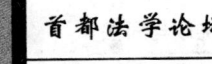

(二)抽象行政行为之诉的原告资格

《行政诉讼法》第41条规定起诉的条件之一是："原告是认为具体行政行为侵犯其合法权益的公民、法人或者其他组织。"为了实现对某些抽象行政行为的诉讼，必须要对原告的资格进行修改。主要就是扩大享有原告资格的主体范围。

(1)坚持利害关系原则，许可与抽象行政行为有利害关系的公民、法人或其他组织提起诉讼，而不仅仅是认为"具体行政行为"侵犯其合法权益的公民、法人或者其他组织。

(2)坚持行政监督有效性原则，指定特定的国家机关担任原告对可诉的抽象行政行为提起诉讼。例如可以由人民检察院充当原告，对其认为存在错误的抽象行政行为提起行政公诉。❶

(三)抽象行政行为之诉的管辖法院

1. 级别管辖

由于对抽象行政行为的审查，需要考虑该抽象行政行为的制定依据、指导思想、法律效果和社会效果等多方面的因素，应当由中级人民法院作为一审法院审理。具体而言，对于县级以下行政机关作出的抽象行政行为所提起的诉讼，由中级人民法院管辖，对县级以上（不含）行政机关作出的抽象行政行为提起的诉讼由作出抽象行政行为的行政机关所在地的高级人民法院管辖。

2. 具体审理机构

对抽象行政行为提起的诉讼，统一由行政审判庭进行审理。在条件成熟时，可以在行政审判庭内部再分别设置具体行政行为审判庭和抽象行政行为审判庭，抽象行政行为审判庭的审判人员由精通宪法和行政法的人员担任，专门负责对抽象行政行为的审理。

(四)抽象行政行为之诉的审理原则

(1)先抽象后具体的原则。如果某一个案件既涉及具体行政行为又涉及

---

❶ 笔者认为由人民检察院作为提起抽象行政行为诉讼的主体，与现在其担任代表国家的刑事案件公诉人的身份有密切联系，而且它还是法定监督机关，操作起来容易一些。当然也可以考虑让行政监察部门担任对抽象行政行为诉讼的原告。

抽象行政行为,应当由抽象行政行为审判庭先审理抽象行政行为之诉,再审理具体行政行为之诉。此时对这种有密切关联的案件由抽象行政行为审判庭一并审理并作出判决。

(2)不适用调解原则。由于抽象行政行为本身是涉及公共利益和法律的公正价值,对其的判断标准就是合法与不合法,合法的就维持,不合法的就撤销,故不能适用调解方法。

(3)不适用变更原则。基于国家权力的分工,该由行政机关行使的权力也不能由法院行使,故也不能适用变更原则进行处理。

(4)不适用回避原则。因为审判员也是作为一个社会的公民个体存在,而抽象行政行为案件的审理之结果,关系每一个公民和其他社会主体的利益,自然无法回避。因此对抽象行政行为的审理不适用回避原则。

(5)完全免费原则。对于抽象行政行为的诉讼,从结果上看有公益诉讼的效果,由原告负担诉讼费用显然不合理。如果由被告负担,最终还是由纳税人负担。故实行免费的原则。

四、完善我国《行政诉讼法》中抽象行政行为之诉的立法设计

由于对具体行政行为的诉讼和对抽象行政行为的诉讼存在较大的不同,因此对《行政诉讼法》应当进行较大的修改,以实现对这两种诉讼的规范。

(一)将我国《行政诉讼法》中有关条款中"具体行政行为"的表述修改成"行政行为",以扩大行政诉讼的受案范围

例如对《行政诉讼法》第 2 条、第 5 条、第 11 条、第 12 条、第 17 条、第 27 条、第 32 条、第 39 条、第 41 条、第 51 条、第 54 条等进行相应的修正,将其中的"具体行政行为"改为"行政行为",从而把一些抽象行政行为纳入司法受案范围。

(二)将第 12 条第 2 项"行政法规、规章或者行政机关制定、发布的具有普遍约束力的决定、命令"上移到第 11 条

(1)国务院部、委根据法律和国务院的行政法规、决定、命令制定、发布的规章。

(2)省、自治区、直辖市和省、自治区的人民政府所在地的市和经国务院批准的较大的市的人民政府根据法律和国务院的行政法规制定、发布的规章。

(3)其他地方各级人民政府及其职能部门制定、发布的具有普遍约束力的决定、命令、通知等。

(三)应当将《行政诉讼法》第六章"起诉和受理"分为两节进行规定

第一节主要针对具体行政行为之诉设计,第二节主要针对抽象行政行为之诉进行设计,专门规定抽象行政行为之诉的特别要件。包括原告的身份、管辖、审理的原则等内容。在第二节最后要特别加上一条,即"本节未做专门规定的,参照上节规定执行"。

以案卷主义为核心的行政诉讼证明标准

——基于最高法院公报案例的考察

温 辉*

摘 要: 行政诉讼证明标准的研究越来越得到理论界和实务界的重视。通过对最高人民法院公报案例的实证研究发现,法官在认定证据时已具有证明标准的意识,针对不同案件采用了不同的证明标准,并且呈现出以案卷主义为核心的特征。但证明标准适用范围等问题尚有深入探讨的空间,也需要实践的进一步检验。

关键词: 行政诉讼 证据 证明标准 案卷主义

一、引 言

证据制度是诉讼法中的重要制度之一,而证明标准又是证据制度的核心和灵魂,被人称为"灯塔"、"真实的样板"[1],成为评判司法制度先进与否的标准。但近十年来,我国学者对证明标准的研究才逐渐升温。笔者在中国知网中国学术期刊网络出版总库以"证明标准"为主题进行检索,可检索到学术文章 1831 篇,[2]时间跨度从 1988 年[3]至 2012 年上半年。其中 2003 年以来的文章达到 1584 篇,仅今年上半年就有 103 篇。相比较而言,行政诉讼证据方面的文章少得多,共有 120 篇;所占比重仅为 7.58%。特别是 2002 年《最高人民法院关于行政诉讼证据若干问题的规定》(以下简称《关于行政诉讼证据若干问题的规定》)出台以前,行政诉讼证明标准还是理论研究的"盲区","少有

---

* 温辉(1966~),女,国家检察官学院教授,法学博士。研究方向:宪法学、行政法学。

[1] 裴苍龄:《新证据学论纲》,中国法制出版社 2002 年版,第 481 页;"论证明标准",载《法学研究》2010 年第 3 期,第 73 页。

[2] 检索日期:2012 年 9 月 9 日。

[3] 最早的一篇为王国枢、袁红兵发表于《政法论坛》1888 年第 5 期的"论证明标准与证据制度"一文。

人问津"。❶ 但由于行政诉讼法对证据的规定比较原则化,因此难以解决行政审判实践中纷繁复杂的证据问题。为了适应行政审判工作的发展,进一步改革和完善行政诉讼证据制度,最高人民法院于 2001 年 5 月起着手证据规则的起草工作。

从起草之初,《关于行政诉讼证据若干问题的规定》起草者就欲意创立一套证明标准体系。《关于行政诉讼证据若干问题的规定》第一稿到送审稿经历11 稿的演变,每一稿中都包括对证明标准的界定和证明标准类型及适用范围的规定,内容随着起草稿的修改而不断变化,起草者对证明标准的认识也"越来越成熟"❷。但最终审判委员会在通过《关于行政诉讼证据若干问题的规定》时,还是将送审稿中的"证明标准"部分删除。这丝毫没有冷却学者对证明标准研究的热情,也没有阻止构建证明标准体系的努力。尽管在许多方面众说纷纭,但构建一个"多元的、差别适用的证明标准体系"已成为基本共识:❸ "多元"即意味着存在两个或两个以上宽严不一的证明标准可供人民法院选择;"差别适用"即意味着人民法院依据具体案件的不同性质及对当事人权益影响的大小来具体选择证明标准。至于"多元"应为几元,如何"差别适用",则有不同观点。❹ 笔者欲通过对最高人民法院公报案例的实证研究,以检视构建证明标准体系的理想之光是否照进现实之天地以及分析证明标准在实践中呈现出的特点,并在此基础上对证明标准适用范围等问题进行理论探讨。

二、行政诉讼证明标准:一元或多元

考虑到"证明标准弹性较大"❺,《关于行政诉讼证据若干问题的规定》最后删除了送审稿中的"证明标准"部分。因此有学者认为:《关于行政诉讼证据

---

❶ 彭海青:"论美国证据法上司法审查中的证明标准——兼论我国行政诉讼证明标准之革新",载《当代法学》2001 年第 10 期。

❷ 孔祥俊:《最高人民法院〈关于行政诉讼证据若干问题的规定〉的理解与适用》,中国人民公安大学出版社 2002 年版,第 275 页。

❸ 韩春晖:"美国行政诉讼的证明标准及其适用",载《法商研究》2011 年第 5 期。

❹ 学者对行政诉讼证明标准存在不同观点,有单一标准说、两层标准说(排除合理怀疑标准和优势证据标准)、三层标准说(明显优势证据标准,又称清楚而有说服力的证明标准;优势证据标准和排除合理怀疑标准)和四层标准说(优势证明标准、排除合理怀疑标准、合理怀疑或合理根据、表面真实标准)。邓楚开:"行政诉讼证明标准再思考",载《法治论丛》2010 年第 3 期。

❺ 孔祥俊:《最高人民法院〈关于行政诉讼证据若干问题的规定〉的理解与适用》,中国人民公安大学出版社 2002 年版,第 275 页。

若干问题的规定》最终确立了"一种一元化的对客观真实高度严格的证明标准"❶。那么这种观点是否有实践基础或者已成为"指引证明活动的灯塔"呢?让我们通过案例予以考察。

首先看一下,廖某诉重庆市公安局交通管理局第二支队道路交通管理行政处罚决定案。❷ 该案被告认定:原告违反《中华人民共和国道路交通安全法》(以下简称《道路交通安全法》)第38条的规定,在明确标志禁止左转弯的路口驾车左转弯,故应当依法当场对原告作出罚款200元的行政处罚决定。对该案的基本事实,即原告廖某是否在大溪沟嘉陵江滨江路加油(气)站的道路隔离带缺口处违反禁令左转弯,虽然只有执勤交通警察陶某一人的陈述证实,原告拒不承认这一事实,但法院认为:"只要陶某是依法执行公务的人员,其陈述的客观真实性得到证实,且没有证据证明陶某与廖某之间存在利害关系,陶某一人的陈述就是证明廖某有违反禁令左转弯行为的优势证据,应当作为认定事实的根据。"

在这个案件中,原告廖某在大溪沟嘉陵江滨江路加油(气)站的道路隔离带缺口处违反禁令左转弯的事实,并没有"确实、充分"的证据加以证明,法院采用了优势证明标准,即法庭按照证明效力占优势的一方当事人提供的证据认定案件事实。换言之,也就是说负有举证责任的一方所举证据能够证明其主张的事实的真实性大于其他,即"存在较不存在更为可能"(more likely than not),从而使法官"宁信其有,而不信其无"就可以了。这种优势证明标准被人们利用概率知识以数字刻画为大于50%。在本案中限于当场处罚的特殊性,如果苛求"违法事实确凿",那么只能判被告败诉,云南的周某案即是如此。❸ 被告败诉后势必会引发这样的后遗症:交警因避免败诉而对类似违法行为睁一只眼、闭一只眼或干脆视而不见,最终导致交通的无序,公益的受损。经对公共秩序与个人权利、公正与效率、收益与成本等的权衡,优势证明标准成为必然选择。

❶ 张显伟:《行政诉讼证明标准多元化初探》,载《广西民族大学学报(哲学社会科学版)》2007年第4期,第103页。
❷ 见《最高人民法院公报》2007年第1期,第39~42页。
❸ 2005年10月,周某开车经过某收费站路段,交警认定其逆向行驶,并当场作出行政处罚决定书。周某不服提起诉讼。一审驳回周某诉讼请求。周某不服提出上诉。二审法院经审理认为:"交警对道路交通违法行为作出当场处罚负有法定举证责任,且对违法事实的认定须达到'违法事实确凿'的证明程度。"据此,二审法院作出撤销具体行政行为的判决。周欣:"从廖宗荣案论法院对行政行为的审查——从证据提供、审查范围以及证明标准角度看",载《黑龙江省政法管理干部学院学报》2008年第2期,第32页。

在宿某不服海南省海口市劳动教养管理委员会劳动教养决定案❶中法官则适用了另一种证明标准。该案被告认定：原告宿某以债务纠纷为由，于1997年2月16日从四川来海口，纠集李某、王某、邱某、王某等人于当晚11时许到王某的住所，用砍刀和拳脚踢打，致王某兄弟轻伤，并抢走一些财物。宿某有纠集伤害他人的行为，根据国务院《关于劳动教养问题的决定》及其补充规定，决定对宿某劳动教养3年。

案中所说的债务纠纷具体为：原告宿某与被害人王某曾经在广西北海市合作开办一家美食城，涉案人王某是当时的美食城办公室主任。后来王某未经宿某同意，私自将双方的合作项目转让给他人，自己来海口开办公司。涉案人邱某、王某原是王某在海口市开办的公司中的职工，后两人均以工资入股该公司。自邱某、王某入股后，王某的公司再未给现两人发过工资。1997年2月16日，原告宿某、其子李某和王某从四川成都同机飞到海口市以后，就与邱某、王某一同到王某公司。双方在谈论债权债务时发生冲突，继而发生殴打。对涉案具体行政行为所认定的基本事实——宿某纠集他人殴打被害人，只有王某兄弟的陈述予以证明，原告始终予以否认。一审法院认定：被告劳动教养委员会仅凭被害人的陈述，在没有其他旁证材料的情况下认定宿某纠集伤害他人，显属事实不清、主要证据不足，故作出撤销被诉具体行政行为的判决。被告不服，提起上诉。二审法院作出了驳回上诉，维护原判的判决。在二审判决中法院也指出："被诉具体行政行为所认定的事实，只有二被害人的陈述，没有其他证据相互印证。"

在这个案件中，法院显然采用的不是优势证明标准，而是排除合理怀疑证明标准。如果依优势证明标准，法官完全可能形成这样的心证，即相信宿某纠集伤害他人的事实可能存在。而排除合理怀疑证明标准则要求案件事实均有相应的证据证明，且证据之间及证据与案件事实之间没有矛盾，或者虽有矛盾但能够合理地排除。以本案而言，尚有"合理怀疑"未被排除。其一存在宿某"被"纠集的可能，即邱某、王某纠集宿某等人到海口市。一审法院就曾认为："究竟是原告纠集其他人，还是其他人纠集原告，究竟是谁叫动手打人的，都有谁动了手，尚未查清。"可见宿某"被"纠集属于"合理怀疑"。其二存在宿某、李某、王某与邱某、王某"非"纠集的可能。"纠集"一词常用于贬义，指集合众人，图谋不轨。所谓"非"纠集，就是指宿某等人一起找被害人，原本只是想找其理论，商谈债权债务问题。冲突的发生完全是因双方商谈过程中，言语不合，激

❶ 见《最高人民法院公报》2000年第3期，第106～107页。

情之下所为。如果菜刀不是宿某等人带来的，"非"纠集的可能就不是不合理怀疑。❶ 正是因为本案中有上述合理怀疑存在，被害人的陈述得不到其他证据的印证，一审法院采用排除合理怀疑证明标准，认定涉案具体行政行为"事实不清、主要证据不足"，作出了撤销判决。

由此可见，司法实践中法官已经有了证明标准多元的认识，以及不同案件适用不同证明标准的自觉。❷ 证明标准一元论的观点显然无法得到实践的检验。

三、行政诉讼证明标准：两元或两元以上

虽然《关于行政诉讼证据若干问题的规定》通过时删除了"证明标准"部分，但最高人民法院已充分认识到民事诉讼和刑事诉讼证据制度在许多方面不能适用于行政诉讼，行政诉讼证明标准具有很强的灵活性。在《关于行政诉讼证据若干问题的规定》公布实施后不久，即 2003 年 2 月 13 日，最高人民法院原副院长李国光在全国法院行政审判工作会议上的讲话中就明确指出："由于被诉具体行政行为的类型多样化，与刑事诉讼和民事诉讼相比，行政诉讼证据的证明标准也不是单一的，因此因具体行政行为性质的不同而应适用不同的证明标准。我国应当在实践中认真研究和总结行政诉讼的证明标准。行政案件证明标准的高低，原则上取决于被诉具体行政行为对原告权益影响的大小。从目前的审判实际看，对于涉及限制人身自由、大额罚没等对相对人人身、财产权益影响较大的具体行政行为的案件，可以比照适用类似于刑事案件的证明标准；对于行政裁决类行政案件和其他行政案件，可以比照类似于民事案件的证明标准。"❸仅从上述案例来看，似乎可以印证这种"二元"证明标准。事实果真如此吗？

笔者通过对公报案例的研究发现，有的案件的证明标准虽然达不到排除合理怀疑的程度，但与前述案例中的优势证明标准比较而言，其证据的可信度更高一些，所认定事实存在较不存在的可能性也大得多。肇庆某外贸公司诉

---

❶ 根据案例所提供的信息，被害人的公司是在一幢别墅里。别墅自然有厨房，那么，有菜刀也应符合常理。

❷ 李玉华等人通过对中国法院网所登载的 46 份行政诉讼裁判文书（一审判决 24 份，二审判决 22 份）的实证研究和分析，也得出"法院已初步具有适用证明标准的意识"的结论。李玉华等：《诉讼证明标准研究》，中国政法大学出版社 2010 年版，第 223 页。

❸ 李国光：《深入贯彻党的十六大精神，努力开创行政审判工作新局面，为全面建设小康社会提供司法保障——在全国法院行政审判工作会议上的讲话》。

肇庆海关估价行政纠纷案❶即是典型。在该案中,被告认为原告申报的价格明显低于海关设定的价格风险参数,遂于 2002 年 11 月 27 日向原告发出《价格质疑通知书》,要求其作出书面说明,并提供证明申报价格真实、准确的相关资料。被告根据原告提供的资料以及通过询问、谈话等方式获得的证据,认定进口货物买卖双方之间存在特殊关系,且该特殊关系可能影响成交价格,决定不接受原告进口货物申报价格。为确定完税价格,而依据《中华人民共和国海关法》(以下简称《海关法》)的有关规定,根据海关的价格资料,使用合理方法估定了完税价格。原告不服海关《估价告知书》,提起诉讼。

该案原告为一家外贸公司,进口货物的买方为翱思科技公司,也即该案的第三人,进口货物的卖方是香港翱思公司。对被告认定的买卖双方之间存在特殊关系且该特殊关系可能影响成交价格这一事实,原告及第三人均予以否认。原告及第三人提供了以下证据:(1)第三人与境内其他公司签订的合同书、订货单、进口货物报关单、增值税专用发票、海关专用缴款书等资料,证明原告的报价真实、合理。(2)会计师事务所出具的对第三人的验资报告,证明香港翱思公司不是第三人的股东。而被告认为:其一,原告申报价格明显低于海关设定的价格风险指数;其二,原告所提供的增值税专用发票等资料存在多处矛盾和瑕疵,其主要表现为:①部分增值税发票存在买价高于卖价的价格倒挂现象,有违常理;②部分订单上载明的含税价格,与增值税发票上的不含税价格相同,不符合逻辑;③有的资料是由曾因走私、价格欺骗等行为受过海关查处,存在企业诚信问题,并且与第三人有过交易关系的一些公司提供的,不足为据。其三、原告与第三人多次承认,第三人与香港翱思公司存在特殊关系,两者是分公司与总公司的关系,共同经营、利润分层。

法院认为根据上述证据认定买卖双方存在特殊关系是正确的。法院还认为:"作为海关进口货物商品价格信息的专业管理部门,海关价格办公室掌握了大量的价格信息资料。与原告和第三人的资料相比,海关价格办公室出具的价格意见更具可信性,应予采纳。"法院通过对双方当事人提供的证据的证明效力相比较,基于被告的专业管理背景,确信被告一方提供的证据的证明效力具有较大的优势;而且,该优势足以使法庭确信其主张的案件事实真实存在,或者更具有真实存在的可能性。法院对该案事实的确信度远远超过 50%,已经达到 70%~80% 的程度。该案中,法院采用的是明显优势证明标准。其实在《关于行政诉讼证据若干问题的规定》的送审稿中就确立了以明显

---

❶ 见《最高人民法院公报》2006 年第 5 期,第 36~43 页。

优势证明标准为原则,以优势证明标准和排除合理怀疑证明标准为补充的"三元"证明标准体系。《关于行政诉讼证据若干问题的规定》送审稿将明显优势证明标准界定为:"是指法庭按照证明效力具有明显优势的一方当事人提供的证据认定案件事实的证明标准。"其适用于除法律和本规定另有规定外的所有案件。据《关于行政诉讼证据若干问题的规定》起草者介绍,审判委员会虽然在《关于行政诉讼证据若干问题的规定》通过时表示对证明标准问题在司法解释中暂不作规定,但又指出:"送审稿中规定的证明标准通过在培训时的讲述,仍可供行政审判中参照适用。"❶通过对公报案例证明标准适用情况的考察,我们发现送审稿规定的三种证明标准都有被适用,由此我们可以得出这样的结论:行政审判中已经在参照适用送审稿所确立的证明标准。但这绝不意味着证明标准定型化已完成。

四、证据认定:案卷主义或非排他主义

不同于民事诉讼,行政诉讼的待证事实已被定型,固化为行政机关具体行政行为所认定的事实。因为"先取证,后裁判"是行政机关行使职权时应当遵循的一项重要原则。依据这一原则,所有的行政行为都应建立在有证据证明的事实基础之上。法院在诉讼阶段要审查的内容之一是具体行政行为证据是否"确凿"。这是行政诉讼合法性审查在事实问题上的具体体现和要求。就此而言,行政诉讼应遵循案卷主义。所谓案卷主义是指一般情况下法院不得接受行政机关案卷以外的证据,即行政机关作为定案证据的前提条件是案卷已经记载的,并经当事人口头或书面质辩的证据。与案卷主义相对的,是证据的非排他主义,意指法院在诉讼阶段可以接受行政机关案卷以外的证据。蔡小雪认为:我国行政诉讼法上虽然没有明确规定案卷主义,但是我国原则上将卷宗外证据排除在行政诉讼的定案证据以外。❷

笔者考察发现,法院在证据审核认定方面采取了案卷主义。陆某佐诉上海市闸北区房屋土地管理局房屋拆迁行政裁决纠纷案❸即适用案卷排他性原则。在该中,涉案被拆房屋评估报告为被告(二审被上诉人)作出涉案房屋拆迁行政裁决的重要证据之一,原告(二审上诉人)否认第三人——涉案房屋拆迁公

---

❶ 孔祥俊:《最高人民法院〈关于行政诉讼证据若干问题的规定〉的理解与适用》,中国人民公安大学出版社 2002 年版,第 275 页。

❷ 蔡小雪:"案卷外证据排除规则的理论与适用",载《中国卫生法制》2003 年第 5 期。

❸ 见《最高人民法院公报》2007 年第 8 期,第 44～48 页。

司——向其送达过被拆房屋的评估报告。被告辩称:涉案被拆房屋评估报告已经向原告送达,并提交了由原告之子陆某签收的送达回证。第三人述称:2003年12月25日,第三人向原告家送达了包括涉案被拆房屋评估报告在内的拆迁资料,原告之子陆某在送达回证上签字时擅自将该评估报告从送达资料中划掉。第三人向法院提交了送达时的见证人、闸北区北站街道长春里居民委员会工作人员沈某、卢某出具的、由该居民委员会盖章的情况说明,用以证明涉案被拆房屋的评估报告已经送达给原告。二审经审查认为:被上诉人提供的由上诉人之子陆某签收的送达回证上,"房屋评估报告"一项已经从送达材料目录中划掉,该送达回证上亦未另外注明房屋评估报告的送达情况。故根据该送达回证,不能证明房屋评估报告已经向上诉人送达。在该送达回证上,"见证人"一栏为空白,亦无关于上海市闸北区北站街道长春里居民委员会工作人员沈某、卢某陪同送达的记载,不能据此认定沈某、卢某系送达材料时的在场见证人。因此,虽然沈某、卢某出具了情况说明,但该情况说明与送达回证的记载存在矛盾,亦不能证明房屋评估报告已经向上诉人送达。且送达回证在裁决过程中亦未提交给被上诉人。最后,二审法院认定行政裁决主要证据不足。

在邵某诉黄浦区安监局安全生产行政处罚决定案❶中,法院更是将案卷主义进行到底。在诉讼中,原告提供了本公司事故发生前制订的安全制度及有关生产设备的质检报告,用以证明公司在事故发生前有安全制度,粉糠机作为设备的一部分,产品质检合格。但法院认为:"即使这两份证据确实存在于事故发生前,但由于邵某无正当理由不向事故调查组和黄浦区安监局提供,依法应自行承担由此引起的不利法律后果。"其实廖某诉重庆市公安局交通管理局第二支队道路交通管理行政处罚决定案中,被告胜诉的原因也应有案卷因素。在该案中,原告不承认违法事实,拒绝在处罚决定书上签字。执勤交警将此情形注明在处罚决定书上,然后将处罚决定书的当事人联交给原告。

行政诉讼的待证事实不仅包括实体方面的事实还包括证明行政程序合法的事实。行政程序合法是行政诉讼合法性审查的内容之一,而合法的行政程序也必须有相应的证据予以证明,否则行政机关难以通过合法性审查。在张某银诉徐州市人民政府房屋登记行政复议决定案❷中,双方就徐州市人民政府在复议时是否通知张某银参加复议产生争议。徐州市人民政府称:曾多次电话通知张参加复议,但均遭拒绝,故应认定其放弃权利。张某银则认为:徐州市人民政

❶ 见《最高人民法院公报》2006年第8期,第43~48页。
❷ 见《最高人民法院公报》2005年第3期,第43~46页。

府没有通过法定的方式通知参加复议。二审法院江苏省高级人民法院强调:本案中,徐州市人民政府虽声明曾采取了电话的方式口头通知张某银参加行政复议,但却无法予以证明,而利害关系人持有异议的,应认定其没有采取适当的方式正式通知当事人参加行政复议。在该案中,法院特别强调程序性行为也要有证据证明。法院之所以认定徐州市人民政府没有采取"适当的方式"通知当事人,是因为其"以电话的方式口头通知"的辩解"无法予以证明"。尽管法院在判决中没有说明什么是"适当的方式",但透过判决书的说理论证,我们可以做这样的理解:所谓"适当的方式"就是能够以证据予以证明的方式。以案卷主义考察,所认定的事实要能够通过案卷中存在的证据——具有"三性"的证据——予以证明。同时笔者经考察也发现,法院并没有僵化机械地理解案卷主义,而是与时俱进地将无纸化的电子政务纳入案卷范畴。在北京某照明设备有限公司不服上海市商务委员会行政决定案❶中,法院对案卷做了新的解释,发展了案卷主义。一审法院认为:原告北京某照明设备有限公司对于机电产品国际招标、质疑处理采用网络化方式是明知的。原告选择本涉案投标项目,就表明其接受网络化的招投标方式和相关质疑处理的电子政务化行政处理方式。原告在接受电子政务化的行政处理方式后,又以被告未向其送达书面的处理决定书为由主张被告程序违法,缺乏法律依据。

五、证明标准:模糊性标准或无言的知

正如有人所说的那样:"模糊性是证明标准的一种重要属性。"❷证明标准实质上是一种模糊标准,既无法通过语言作出精确的表达,也无法运用数学公式进行精确的计算。在绝对主义意义上它是"无言的知",是我们无法用语言表达的直感,是不可言喻的谨慎、超然、想像和常识之混合。❸ 但"一种确定的、统一的、具有可操作性的证明标准的建构"也决非完全如人所言"只能是乌托邦"。❹ 表述语言的模糊性虽然给证明标准的说明和把握带来了一定的困扰,但我们也应清醒地认识到,模糊性主要处于概念的边缘,当我们从一个概念的边缘进入其核心部分时,其意思则是明确无疑的。丹宁勋爵曾指出,民事证明标准被认为是灵活的,但其还不至于灵活到会模糊民事与刑事证明标准

---

❶ 见《最高人民法院公报》2011 年第 7 期,第 43~48 页。
❷ 李玉华等:《诉讼证明标准研究》,中国政法大学出版社 2010 年版,第 18 页。
❸ 无言的知,又译为沉默的知(tacit knowledge),意指人们某些复杂的思想是无言的、无意识的。[美]理查德·A. 波斯纳:《法理学问题》,苏力译,中国政法大学出版社 2002 年版,第 137~141 页。
❹ 张卫平:"证明标准建构的乌托邦",载《法学研究》2003 年第 4 期。

之间的区别。❶ 通过对最高人民法院公报中3起工伤认定行政纠纷案件的研究,笔者发现法院均采取的是优势证明标准——绝不是排除合理怀疑证明标准。❷ 如果依排除合理怀疑证明标准衡量,这3起案件中证明工伤事实的证据都够不上"充分"。这至少从一个侧面说明不同类型案件适用不同证明标准——尽管证明标准具有模糊性的特征,证明标准的建构具有可行性,建构证明标准的努力也并非无用功。但笔者认为,证明标准的具体适用范围问题则有进一步讨论的余地和空间。

首先,排除合理怀疑证明标准适用范围似嫌宽泛。

无论理论界还是实务界,普遍认可排除合理怀疑证明标准为我国刑事诉讼证明标准,甚至见诸于官方正式文件。❸ 排除合理怀疑是一种高度的盖然性,一般认为其概率应达到90%以上。之所以刑事诉讼设定这么高的证明标准,与刑法无罪推定原则密不可分,也与审判结果对被告人影响深远紧密联系。大陆的杜培武、赵作海,台湾的苏建和就是鲜活的例子。但考虑到打击犯罪与保护人权的平衡,以及认识论原理、诉讼效率原则等因素,刑事诉讼证明标准也存在一个层次性问题,有学者就指出有些刑事案件的证明标准可以低于排除合理怀疑,适用"有确实证据的推定",甚至更低的"优势证据"❹。在我国行政诉讼中,一般认为排除合理怀疑证明标准适用于限制人身自由的行政处罚、责令停产停业和吊销证照等对行政相对人人身或者财产权益有重大影响的行政案件。与刑事证明标准的层次性相比较,排除合理怀疑证明标准在行政诉讼中的适用范围显然有过宽之嫌疑。过高的证明标准,不仅会妨碍行政效率,加大执法成本,损害公共利益,而且还会打击行政人员的执法积极性,更是难与行政程序的目标模式——"效率对权利的最大宽容度原则"相切合。排除合理怀疑证明标准适用范围应进行限缩,框定为劳动教养。理由是就限制人身自由的程度而言,劳动教养重于3年以下有期徒刑、拘役和管制等刑

❶ 李玉华等:《诉讼证明标准研究》,中国政法大学出版社2010年版,第166页。

❷ 北京国玉大酒店有限公司诉北京市朝阳区劳动和社会保障局工伤认定行政纠纷案,见《最高人民法院公报》2008年第9期,第42~48页;松业石料厂诉荥阳市劳保局工伤认定案,见《最高人民法院公报》2005年第8期,第40~45页;杨某诉无锡市劳动和社会保障局工伤认定行政纠纷案,见《最高人民法院公报》2008年第1期,第40~45页。

❸ 2003年李国光讲话是一例,还有就是2006年11月7日最高人民法院原院长肖扬在第五次全国刑事审判工作会议上讲话中明确指出:"不能排除合理怀疑得出唯一结论的,就应当坚决按照事实清楚,证据确实、充分的裁判标准,果断作出证据不足、指控的犯罪不能成立的无罪判决。"

❹ 陈光中:"构建层次性的刑事证明标准",载《诉讼法论丛》第7卷,法律出版社2002年9月,第9页;王圣扬:"刑事证明标准层次性论略",载《政治与法律》2003年第5期。

罚,因此可以考虑适用类似于刑事证明标准。

其次,行政裁决等案件适用优势证明标准的理由尚显单薄。

一般认为,行政裁决、行政赔偿案件适用优势证明标准。因为这类案件与民事诉讼性质基本相同,属于经过行政机关处理的民事案件,应适用通行的民事案件证明标准。❶ 这一判断的逻辑前提为:民事案件适用优势证明标准。但这一前提有以下问题:第一,根据《最高人民法院关于民事诉讼证据的若干规定》第 73 条的规定,民事诉讼证明标准是有高度盖然性的,即要求"一方提供证据的证明力明显大于另一方提供证据的证明力"时,法院才认可其主张的事实。民事案件都采用高度盖然性的证明标准,以具有民事诉讼性质为由,对行政裁决和行政赔偿案件适用优势证明标准,显然不具有逻辑上的自足性,没有说服力。第二,民事证明标准也有一定的弹性,需要结合具体案情考虑公正、诉讼效率、证明对象、诉讼模式、案件的重要性等因素,确定证明标准在上限与下限间的准确位置。以英国、美国为例,优势证据标准是英美法系国家民事诉讼证明标准的核心标准,但其适用时也存在提高或降低的层次性问题。丹宁勋爵在 Bater v. Bater 案中指出:民事案件证明从来没有一个绝对标准,某一民事案件可以以概然性占优势获得证明,但在概然性的范围内可以有不同的概然性程度,该程度依赖案件的诉讼标的不同而应有所不同,民事法庭在斟酌一个有关"欺诈"的指控时,与斟酌一个"过错"成立与否的指控相比,前者所要求的概然性程度要高。换句话说,所要求的概然性程度应"与特定情形相称"。❷ 因此,即便是同一类案件,因具体案情的不同、对当事人权益影响大小的不同,基于公平、便利(举证的方便和可能)和社会效果的考虑,也可能适用不同的证明标准。

最后,明显优势证明标准的适用基准有失牢固。

一般认为,行政诉讼证明标准具有中间性的特点,即它应高于民事诉讼低于刑事诉讼证明标准。❸ 以此为基准,《关于行政诉讼证据若干问题的规定》送审稿规定行政诉讼证明标准以明显优势证明标准为原则。虽然有关证明标

---

❶ 孔祥俊:《行政诉讼证据规则与法律适用》,人民法院出版社 2005 年版,第 226 页。

❷ 转引自:李玉华等:《诉讼证明标准研究》,中国政法大学出版社 2010 年版,第 166 页。

❸ 高家伟:《行政诉讼证据的理论与实践》,工商出版社 1998 年版,第 172 页;蔡虹:"略论行政诉讼中的证明标准",载《法学评论》1999 年第 1 期;孔祥俊:《行政诉讼证据规则与法律适用》,人民法院出版社 2005 年版,第 226 页;刘昂:"诉讼目的对证明标准建构的影响——三大诉讼比较研究的视角",载《北京人民警察学院学报》2011 年第 9 期;李玉华等:《诉讼证明标准研究》,中国政法大学出版社 2010 年版,第 110 页。

准的内容最后在通过时被删除,但其在学界的影响一直在发酵。突出表现为越来越多的学者认可明显优势证明标准为行政诉讼证明标准的一般原则。这恰恰说明我国行政诉讼证明标准"受其他诉讼证明标准理论影响过甚,而忽视了自身的个性"❶。而行政诉讼的突出个性是合法性审查,即对适用普遍性规则于具体事件的行为进行审查,重点审查其是否依法行政。因此,有人提出以行为内容为标准确定行政诉讼的证明标准。❷ 也就是强调到实体法中去寻找证明标准。因为根据依法行政的原则,行政实体法中已规定了行政行为合法的严谨要件。笔者认为这种观点不失为夯实证明标准适用基准的恰当方法。各个部门行政法的立法目的是不同的,有的注重相对人权益,有的侧重行政效率,有的强调公共利益。因此,在考虑影响证明标准的诸多因素,如行政案件的类型、举证责任、证明的难易程度、行政决定的重要性、行政管理的特点等的时候,必须置这些因素于实体法的框架之中,只有这样,才能准确把握证明标准的适用。

六、案卷主义:常规或特例——代结语

一般来说,诉讼程序案卷主义与行政程序案卷主义的采行密切相关。虽然英美法系国家和大陆法系国家都要求行政行为,特别是听证行政必须有纪录。但听证记录对行政决定的约束力程度则有所差别:在英美等国,听证记录的约束力是严格的,即行政机关的决定必须根据听证记录作出,否则行政裁决无效;❸在德日等国,听证记录的约束力则是灵活的,即行政决定不是必须以听证记录为根据。并且,行政程序的案卷主义也要求诉讼程序的案卷主义。因此,甘文认为案卷主义带有英美法系的"血统"❹。虽然我国行政诉讼不是英美模式,但通过对公报案例的考察,笔者发现在证据认定方面呈现出案卷主义的特点。但由于考察样本数量有限,笔者也曾产生这样的疑虑:案卷主义是常规还是特例? 是以点代面的概括还是以偏概全的臆断? 但基于:(1)公报案例是最高人民法院正式选编的适用法律和司法解释审理各类案件的典型裁判范例这一特质;(2)公报案例在司法实践中具有供下级法院审判类似案件时参考的特殊地位;(3)公报案例经最高法院审判委员会"严格审定"——绝非个人

---

❶ 吴振宇:"行政诉讼中的证据评价与证明标准",载《行政法学研究》2004年第3期。

❷ 吴振宇:"行政诉讼中的证据评价与证明标准",载《行政法学研究》2004年第3期。

❸ 如在英国司法审查中,记录中所表现的法律错误属于实质越权的情形,可以成为撤销行政行为的理由。王名扬:《英国行政法》,北京大学出版社2007年版,第134页。

❹ 甘文:《案卷主义的价值及其限制》,载《人民司法》2005年第8期。

偏好——而精选出来的选取方式。笔者认为,案卷主义绝不是特例,而是原则。另一方面,案卷主义与我国有关行政法的规定❶相符合,与依法行政、建设法治国家的目标相统一,并且与党的十六大以来的司法体制改革方向❷相一致。因此,在一定意义上,案卷主义彰显了法度,代表了方向。

---

❶ 《行政许可法》第48条第2款规定:"行政机关应当根据听证笔录,作出行政许可决定。"

❷ 党的十六大以来,我国开启了一场影响深刻的司法体制改革,其中一项重要内容即推进执法规范化建设,不断向"程序正义"迈进,让司法公正成为"看得见的公正"。

法治时评

论我国行政争议实质性解决的根本所在

焦志勇[*]

摘　要：近年来，行政案件申诉上访率居高不下，不仅成为困扰人民法院行政审判的"老大难"问题，同时也事关党依法执政与政府依法行政的形象，事关国家和社会的和谐稳定。因此，在加强与创新社会管理新形势下，如何真正地从源头上实质性解决日益增多的行政争议，已成为我们行政法学界与法律实务部门应当深入探究与深刻思考的重大问题。

关键词：行政争议　实质性解决　根本所在

近年来，随着公民法律意识的增强以及社会法制的不断完善，基于行政争议而引发的行政诉讼案件有上升的趋势，进而导致行政案件申诉上访率居高不下。据统计，2009 年全国法院新收刑事、民商事、行政一审案件 6688963 件，行政案件虽然不足 2%，但行政申诉上访案件却占全部来京申诉上访案件的 18% 左右，比平均值高出 8 倍，其绝对数已经超过了刑事案件和执行。这种状况不仅成为困扰行政复议以及行政审判的"老大难"问题，而且这一状况所反映的问题也事关党依法执政与政府依法行政的形象，事关国家和社会的和谐稳定。❶ 因此，在加强与创新社会管理的新形势下，如何真正地从源头上

---

* 焦志勇（1957～　　），男，山东青岛人，首都经济贸易大学法学院教授，北京市中咨律师事务所律师。

❶ 相关内容可参考最高人民法院副院长江必新于 2010 年 5 月在全国法院行政审判工作座谈会上讲话。

实质性解决日益增多的行政争议,已成为行政法学界与法律实务部门应当深刻思考与深入探究的重大问题。

一、如何看待行政争议的实质性解决的根本问题

据最高人民法院网报道:2012 年 2 月 21 日,最高人民法院副院长江必新应邀出席北京市法院行政审判工作座谈会。在座谈会上,江必新指出:在当前形势下,强调行政争议的实质性解决,下大力气解决"官了民不了"的问题;必须紧紧围绕行政案件案结、事了、人和的目标,使抽象的法律规则得到明确宣示;力争实现相关行政争议不再发生或者大幅度减少。这是顺应世界法治发展潮流,遵循由形式法治主义向实质法治主义转变的内在规律的需要,是适应我国所处转型时期法律不确定性增强而社会对法律效果及社会效果要求多元之间存在张力的需要,是社会主义法律体系形成之后提升法律实施效果的需要,是应对我国行政审判当前所面临服判息诉率低、申诉上访率高的突出问题的需要。与此同时,他还指出,行政纠纷的实质解决必须与行政审判方式的改良紧密结合,必须与建立良性息诉罢访工作机制相结合,并强调我国行政审判今后需要重点开展六项工作:一是要全面准确把握行政审判合法性审查原则,充分合理运用对抽象行政行为的合法判断权和选择适用权,明确对基础性行政行为的合法性审查的范围、标准与强度,准确定位行政行为合理性审查的权限和范围,坚持对行政行为合法性进行全面审查,而不局限于当事人的主张或诉求。二是要正确处理好行政诉讼与民事诉讼的关系,准确把握好民事纠纷与行政纠纷交织案件中的管辖、先后顺序、效力衔接以及争议解决机制问题,确保裁判统一,减轻当事人诉累,提升裁判的纠纷解决效果。三是要改革庭审结构与方式,坚持能动的审查原则,行政诉讼不宜过分强调当事人主义,合理安排法庭审查中事实审查与法庭辩论的关系,将两者有机结合,提高庭审质量和效率。四是要合理分配举证责任,综合考虑有利于发现证据、有利于解决纠纷、有利于实现行政审判价值导向等因素,在坚持行政诉讼举证责任一般原则的基础上,灵活掌握和运用举证责任转移方式。五是要加大行政案件协调和解力度,对于有协调和解空间、协调和解对行政相对人权益救济更为有利以及协调和解效果更好的情形,要加大协调和解力度,同时要避免因协调而"久拖不结"以及无原则迁就等不良现象。六是要探索多元化行政纠纷裁判方式,准确理解和把握行政审判变更判决的条件,探索一并裁判民事纠纷的判决方式,同时在一定条件下尽可能将判决具体化、确定化,提升解决纠纷功能,防止反复诉讼以及裁判"翻烧饼"现象。应当讲,自 2010 年最高人民法院部署并开展

行政案件申诉上访专项治理活动以来。全国各级人民法院根据最高人民法院所提出的"边查边改、边改边建"的要求,在行政审判过程中努力落实"行政争议实质性解决"的各项工作,并在工作中创新出一些新举措与新方法。例如:上海市高级人民法院 2011 年 8 月出台了《关于建立行政争议实质性解决机制的若干意见》,此举旨在通过力争实现行政争议的实质性解决,进一步从源头上解决"官民"矛盾,促进社会和谐稳定。再例如:成都两级人民法院在行政审判中积极开展的"行政审判一案三建议"活动,❶这一活动在全国各级人民法院的广泛开展与实施,不仅切实地推动了行政机关负责人出庭应诉、案件协调和解以及促进行政机关依法行政工作,有效推动了行政争议的实质性解决,而且还有效地化解了大量行政争议,卓有成效地防止行政案件申诉与上访的可能性,从而维护了社会和谐与稳定的政治大局。在肯定我国人民法院上述行政审判工作的成绩之时,我们也应当看到,行政争议的解决尽管可以通过行政和解以及行政诉讼等方式得到案件的"案了"与"事了"、"民了"与"官了",但这种"四了"只是各案行政纠纷的"微观"的行政审判结果,却无法从根本上解决在社会管理中日益增多的行政争议这一"宏观"的实质性解决问题。因此,面对"大量涌出"的行政争议问题,如果我们不能从源头上根本解决行政争议大量产生的原因和问题,那么,我国人民法院在今后的行政争议解决方面还会出现"按下葫芦又起瓢"、疲于应对日益增多的行政诉讼的"老大难"问题。笔者认为,从这个角度讲,仅仅从行政争议的司法救济途径来解决行政相对人个案的"民告官",是无法从根本上实现我国行政争议实质性解决的"官民和睦"社会管理的和谐目标。

二、加强与创新社会管理是行政争议实质性解决的根本所在

从行政法学角度而言,行政争议是行政机关在实施社会行政管理活动中与行政相对人的争议。应当讲,行政争议源于政府行政管理过程中,行政主体与行政相对人在权利享有与义务承担方面所发生的纷争。当前,随着经济体制和政治体制改革的不断深入,我国各项改革攻坚任务已处在极其关键的历

---

❶ "行政审判一案三建议"即为:在审理行政案件时法院针对不同情况向被诉机关或部门适时发出三种司法建议,即庭前向行政机关负责人发出出庭应诉的司法建议,以有效推动该行政机关负责人出庭应诉制度的落实,增强依法行政意识;庭中对具有协调和解基础和条件的向行政机关发出以案结事了为目的,促成案件协调处理的司法建议;庭后对发现的行政机关执法程序上存在的不规范行为、带有共性的问题及需加以规范完善的管理制度等向行政机关发出进一步规范行政执法行为的司法建议,为政府科学决策提供参考。

史时期与重要的战略机遇期。与此同时,在改革和发展过程中所出现的社会问题与社会矛盾也日见突出且尖锐起来,并呈现出"前所未有"凸显期,主要表现在以下几个方面:第一,随着我国经济的快速发展,工业化、信息化、城镇化、市场化、国际化等在我国进程加快,一些在西方发达国家渐次出现的社会矛盾和社会问题在我国发展阶段中却在较短时期内同时地显现出来;第二,随着改革开放和市场经济的深入发展,我国社会结构发生了全方位的深刻变化,过去社会各阶层的利益关系的"均衡性"呈现出"失衡性"的发展趋势;第三,随着社会经济快速发展、民主法治进程加快,人们的思想意识、价值取向、道德观念多元、多样与多变,各种思想文化交流、交融、交锋趋于激烈;第四,随着互联网等新兴媒体迅速发展,网络虚拟社会不仅对现实社会的影响越来越大,而且也对政府信息网络管理,对虚拟社会管理水平提出了更高的要求;第五,随着我国人口总量继续增多,流动人口、老龄人口和特殊人群不断扩大,社会管理的难度加大;第六,当今世界正处在大发展、大变革、大调整时期,随着国际经济、政治格局的深刻调整,各种传统安全和非传统安全威胁相互交织。面对这种急剧变化且复杂异常的社会状况,政府的社会管理任务也呈现出"前所未有"的繁重和艰巨。这些社会问题以及由此形成的各种社会矛盾交织在一起,从而构成社会管理的新情况与新问题,同时也成为当下政府加强与创新社会管理各种的新挑战与新考验。事实表明,我国社会管理已经并将长期面对的新课题、新挑战、新要求,原有的社会管理理念思路、体制机制、法律政策、方法手段等许多方面都难以适应上述国内外形势发展的急剧变化,难以满足人民群众对于政府社会管理的期盼要求。因此,我们党和政府在社会管理新形势下,如何创新行政管理方式,以提高政府公信力和执行力;如何合理地调节社会利益关系,使国家改革的成果惠及于全体人民;如何深化行政体制改革,以建设职能科学、结构优化、廉洁高效、人民满意的服务型政府,不仅成为我们党为民执政与政府依法行政的重大课题,而且也成为我们将行政争议实质性解决的根本所在。2011 年 2 月 19 日,胡锦涛总书记在省部级主要领导干部社会管理及其创新专题研讨班开班式上指出:"社会管理是人类社会必不可少的一项管理活动。社会管理的基本任务包括协调社会关系、规范社会行为、解决社会问题、化解社会矛盾、促进社会公正、应对社会风险、保持社会稳定等方面。做好社会管理工作,促进社会和谐,是全面建设小康社会、坚持和发展中国特色社会主义的基本条件。"同时提出了社会管理与创新的八点意见。❶ 应当讲，胡锦涛总书记的讲话不仅对于我们继续抓住和用好我国发展重要战略机遇期、创建和谐的社会管理环境，以推动党和国家事业发展、实现全面建设小康社会宏伟目标具有重大战略意义，而且也为我们党依法执政与政府依法行政，并在社会管理创新的新形势下努力巩固党的执政地位，维护国家的长治久安，实现人民群众的安居乐业指明了方向。应当承认，当今的中国经济社会，不同的利益主体在市场竞争过程中不仅要发展自己，使其强大起来，而且还要使其在竞争中处于永远的"不败之地"，这种社会利益的分化与矛盾，必然会引起社会利益的强烈博弈与巨大冲突。在这种日趋显著的社会利益博弈与冲突中，不仅党中央和国务院提倡的和谐社会成为广大人民群众期盼的社会状态，而且也使得社会秩序以及政府管理在利益协调方面发生了目标性的变迁，而这种变迁不仅使得当今政府行政管理的操作难度不断增加，而且这种管理的难度还来自两个方面：即不仅需要我们的政府努力改革和摒弃旧有的行政管理模式、手段和方法中不适应当前社会发展的部分和内容，而且还需要使政府的改革与创新措施能够合理和有效地调节社会利益关系，整合社会多元且复杂的利益矛盾和冲突，从而使各种社会阶层的利益分化得以相互协调，以推进现代化民主政治、国民经济和社会文化等建设的稳步发展。从目前政府社会管理创新的现状来看，近年来，"加强和创新社会管理"已成为执政党和政府的各项工作重点与治国理政的重要手段，而且各级人民政府亦采取积极的措施，通

---

❶ 胡锦涛总书记的八点意见主要包括：第一，进一步加强和完善社会管理格局，切实加强党的领导，强化政府社会管理职能，强化各类企事业单位社会管理和服务职责，引导各类社会组织加强自身建设、增强服务社会能力，支持人民团体参与社会管理和公共服务，发挥群众参与社会管理的基础作用。第二，进一步加强和完善党和政府主导的维护群众权益机制，形成科学有效的利益协调机制、诉求表达机制、矛盾调处机制、权益保障机制，统筹协调各方面利益关系，加强社会矛盾源头治理，妥善处理人民内部矛盾，坚决纠正损害群众利益的不正之风，切实维护群众合法权益。第三，进一步加强和完善流动人口和特殊人群管理和服务，建立覆盖全国人口的国家人口基础信息库，建立健全实有人口动态管理机制，完善特殊人群管理和服务政策。第四，进一步加强和完善基层社会管理和服务体系，把人力、财力、物力更多投到基层，努力夯实基层组织、壮大基层力量、整合基层资源、强化基础工作，强化城乡社区自治和服务功能，健全新型社区管理和服务体制。第五，进一步加强和完善公共安全体系，健全食品药品安全监管机制，建立健全安全生产监管体制，完善社会治安防控体系，完善应急管理体制。第六，进一步加强和完善非公有制经济组织、社会组织管理，明确非公有制经济组织管理和服务员工的社会责任，推动社会组织健康有序发展。第七，进一步加强和完善信息网络管理，提高对虚拟社会的管理水平，健全网上舆论引导机制。第八，进一步加强和完善思想道德建设，持之以恒加强社会主义精神文明建设，加强社会主义核心价值体系建设，增强全社会的法制意识，深入开展精神文明创建活动，增强社会诚信。

过创新的方式有效地履行社会管理的各项职能。例如：深圳市人民政府 2012 年 3 月 1 日颁布并实施了《深圳经济特区社会建设促进条例》。该条例将深圳市多年来在城市建设与管理中探索和创新相对成熟的工作制度、工作方法和改革的方向、思路反映在其中。特别是在基本公共服务、社区建设、社会组织、社会管理创新、促进和保障等方面体现了政府思考方式和执政方式的转变。该条例对深圳市加快社会建设，创新社会管理具有重要意义。❶ 例如：为了更好地开展"阳光信访"活动，做好当地人民群众的信访工作，山东曲阜市委 2012 年 4 月 28 日发布了《中共曲阜市委关于市级领导干部担任市信访局第一局长"1＋2"工作制度的实施意见》，这标志着在曲阜市，访民与市委书记等市领导面对面交流已定期化、常态化，从而有效地将社会矛盾化解于基层的信访工作中。例如：2012 年年初，广西玉林市福绵管理区在 12 个行政村试点推行"村务商议团"制度，由村民代表会议民主投票选举 7～9 个村民代表作为成员，对于村里的重大村务，全权代表村民议事、评事、定事、办事。这一制度的建立与逐步完善有效地促进村级基层组织从"为民做主"向"由民做主"转变。再例如：武汉市城管部门为了更好地行政执法，将过去"强硬性"执法转变为从列队举牌的"卖萌式"执法到围观静默的"眼神式"执法，再到予人玫瑰的"献花式"的柔情性执法方式。使柔情性的行政执法替代以往"简单而粗暴"的执法方式。尽管对这种做法一些人不予认可，但毋庸置疑，武汉城管的执法工作在城市管理创新方面迈出可喜的第一步。与此同时，我们也应当看到，目前一些政府管理部门以及行政管理人员的社会管理理念和手段还停留在过去的管理模式上，在思想观念上重经济建设、轻社会管理；在管理方式上重管制控制、轻协商协调；在管理环节上重事后应对、轻源头治理；在管理手段上重行政手段、轻法律手段。特别是当下在政府与企业、政府与社会、政府与市场的关系还没有完全理顺的情况下，一些政府部门和政府工作人员仍然管着许多不该管也管不好的事情，在某些方面不同程度地抑制了社会主体的积极性、主动性和创造性，并且在一定程度上扭曲了社会关系，造成了机会不平等、分配不公平现象。同时，一些行政机关不认真履行法定职责，该管的事没有管好，不作为或者乱作为的现象仍然存在，特别是在"企业改制、征地拆迁、环境保护、劳动争

---

❶ 《深圳经济特区社会建设促进条例》2012 年 1 月 12 日经深圳市第五届人民代表大会第三次会议通过，已于 3 月 1 日起施行。《深圳经济特区社会建设促进条例》共 78 条，分为总则、基本公共服务、社区建设、社会组织、社会管理创新、促进和保障以及附则等七章，重点在医疗卫生、教育、人力资源和社会保障、民政等方面作了相应规定。

议、涉法涉诉等领域损害群众利益的突出问题"❶所引发的大量社会矛盾,致使公民、法人或者其他组织的合法权益受到侵犯,人民群众对此反应比较强烈。可以说,这些问题的大量存在,不仅在一定程度上制约着我们国家政治、经济和文化的发展,而且对于政府构建和谐社会也不同程度地产生一些消极甚至不利的影响,与此同时,这些社会矛盾的产生也引发出大量的行政争议。加强与创新社会管理工作实践充分地证明:凡是依法行政、法治政府建设工作搞得比较扎实的地方,行政争议等社会矛盾就相对较少,即使发生了行政争议,也能够通过法定渠道及时有效地化解,当地政府的公信力、执行力都比较高。因此,各级政府应当在加强与创新社会管理中,切实有效地改善社会管理方式与方法,把"服务为先"的理念贯穿于社会管理的全过程,大胆地摒弃以往社会管理过程中"管"字当头的"硬性"思维,从单一运用行政手段管理向综合运用法律、经济、行政、教育等管理手段转变,从以强制、处罚为基本手段向注重采用说服、指导、协商、对话等维护相对人尊严的方式转变,在社会管理过程中坚持依法行政,严格依照法律规定的权限、程序履行职责,规范执法、公正执法、文明执法,就可以真正的从源头上最大限度地减少行政争议的发生,从而实现我国在社会管理新形势下的行政争议实质性解决的根本法治目标。

三、提升行政相对人的法律素质是行政争议实质性解决的重要前提

在行政法律关系中,行政相对人与包括行政机关在内的行政主体之间,存在着极为重要的两个方面法律关系,其一是行政管理的法律关系,其二是监督行政法律关系,而这两种法律关系的"均衡性",直接影响着我国行政争议的实质性解决。笔者认为:在加强与创新社会管理过程中使行政争议得到实质性解决,一方面要求包括行政机关在内的行政主体要遵循从人民群众根本利益出发的执政理念来依法行政,切实有效地维护行政相对人的合法权益;另一方面则需要在政府创新社会管理的新形势下努力提升行政相对人的法律素质。从目前大量的行政管理案件发生的起因来看,多数为行政相对人在社会活动中的一些违规或者违法行为所致。例如:城市管理中普遍存在的游商"占道摆摊"以及城市"牛皮癣"小广告等问题;工商管理中"假冒伪劣"商品以及食品安全等问题;城市建设中"私搭乱建"以及社会治安等问题。这些问题的大量出现,不仅严重影响着人民群众的正常生活,而且也严重损害了当地的社会的公共秩序以及公共利益。正是由于这些问题的大量存在才促使行政主体依法实

---

❶ 详见 2010 年《政府工作报告》第八部分:"努力建设人民满意的服务型政府"的相关内容。

施相应的具体行政行为。❶ 从这个角度讲,努力提升行政相对人的法律素质,是我国行政争议得到实质性解决的极为重要的前提。行政相对人的法律素质包括行政相对人所具有的法律知识,这种法律知识包括行政相对人的法律意识以及行政相对人运用法律知识的能力与行为。应当讲,提高行政相对人的法律素质,不仅是建设法治社会的要求,而且对于行政争议的实质性解决具有极其重要的意义。应当承认,在依法治国方略下,随着我国开展的全社会"普法教育"的深入,❷公民的法律意识在得到了空前提高的同时,对法治现代化进程的作用也在日益凸显。但是我们也应当看到,在社会管理过程中,行政相对人在维护自身合法权益的基础上,也应当提升自身的法律责任意识。在现代社会中,社会管理不单单是政府的社会责任,同时也是全体社会成员的社会责任,而这种社会责任的充分体现与有效实施,不仅体现着这个国家的社会文明程度,而且还表现在每一个社会成员内在基本品质和法律修养的基本层面。因此,强化这种社会责任的意识,就是要求包括行政相对人在内的全体社会成员要自觉地调整、处理自己与国家和社会的相互关系,努力践行对自己负责、对他人尊重以及对公共秩序以及公共利益履行其法定义务的职责。但在政府社会管理过程中,我们也看到一些行政相对人往往将这种法律意识仅仅理解为权利意识,完全忽视其应当承担的法律责任,从而导致大量的行政争议出现。法律意识是什么,一言以蔽之就是依法办事。依法办事意味着不仅要依法享有权利并行使权利,而且还要依法履行义务并承担相应的法律责任。现在行政争议中最大的问题就是行政相对人都知道政府管理部门以及行政执法人员应当依法办事,但却不要求自己依法办事;都知道监督政府要依法行政,却未认真审视自己在维护社会公共利益中是否遵纪守法。因此,在社会管理过程中,行政主体依法行政,行政相对人遵纪守法,"相辅相成"地履行好两者

---

❶　例如 2012 年 4 月 11 日,上海浦东机场深航 ZH9817 航班旅客在远机位登机过程中,有 20 名左右旅客因赔偿问题情绪激动,不肯上机,擅入机场滑行道,冲至邻近滑行道口附近,造成多架飞机无法起飞。这种行为已经涉嫌违反《民用航空安全保卫条例》第 16 条、《治安管理处罚法》第 23 条,情节轻微的,可能被处以罚款或拘留,如果情节比较恶劣,则因涉嫌刑事犯罪而受到刑罚。这种情况就是片面强调自身利益而忽视或忘记了自己所应有的尊重他人权利及守法的义务。

❷　2001 年,中共中央、国务院决定将我国现行《宪法》实施日 12 月 4 日,作为每年的全国法制宣传日。2011 年,是实施"六五"普法规划的启动年。2011 年普法依法治理工作总的要求是:全面贯彻党的十七大和十七届三中、四中、五中全会精神,坚持以邓小平理论和"三个代表"重要思想为指导,深入贯彻落实科学发展观,认真贯彻落实中央经济工作会议和全国政法工作会议精神,紧紧围绕科学发展这个主题和加快转变经济发展方式这条主线,以深化三项重点工作为着力点,扎实做好"六五"普法启动工作,推进普法依法治理工作创新发展。

法律所赋予的（权力）权利与义务，"不错位"与"不枉法"，以及"不出圈"与"不折腾"。只有在"官民和睦"的前提下，才能有效地化解甚至从根本上解决在社会管理中出现的行政纷争，才能真正地实现胡锦涛总书记在"十八大"报告中所提出的"开创社会和谐人人有责、和谐社会人人共享的生动局面"。

胡锦涛总书记在党的"十八大"报告中指出："全面推进依法治国。法治是治国理政的基本方式。要推进科学立法、严格执法、公正司法、全民守法，坚持法律面前人人平等，保证有法必依、执法必严、违法必究。"在构建我国法治社会以及政府加强与创新社会管理过程中，要真正地使行政争议得到实质性解决主要涉及三个因素：其一是在加强创新社会管理中政府的服务性政府的水平与依法行政能力的提升；其二是在依法治国的基础上行政相对人法律素质与遵纪守法能力的提升；其三是解决行政争议的行政复议机制以及行政审判机制的有效完善。在这三个因素中，依法行政，加强与创新社会管理是行政争议实质性解决的根本所在；努力提升行政相对人的法律素质，是行政争议实质性解决的重要前提；健全行政争议解决的法律机制是行政争议实质性解决的制度保障。在当前社会管理的新形势下，如果上述因素无法有效地"均衡性"的发展以及三项机制无法"创新性"的突破，我国社会管理只能在其负和博弈中前行，行政主体与行政相对人"以邻为壑"的现象也将愈演愈烈，那么，行政争议的实质性解决也只能是"依法行政"的口号而已。因此，切实地推进与开展政府依法行政与社会管理的创新，有效地提升全社会成员法律意识与能力的水平，努力地拓展与完善行政争议解决的途径与手段，是我们实质性解决行政争议、营造和谐而有序的社会环境所需要坚持不懈的重要工作。

规范行政权力的两种思路

——基于湖南行政程序规定与重庆行政问责制的比较分析[*]

赵　鹏^{**}

摘　要:长期以来,制度建设不足、规则供应匮乏与监督执行不力一直是制约我国行政权力规范运行的两个重要因素,而湖南在行政程序方面的立法与重庆在问责制度方面的探索恰好为解决这两个问题提供了地方性的经验。笔者认为,虽然两项改革各自在思路上存在盲点,但却给我们提示了一个想象的空间:通过两项改革措施的共用,利用协同效应,也许正好可以促进彼此的作用,从而形成良好的规范行政权力的模式。

关键词:行政权力　程序　问责

一、引　言

对行政权力的规范一直是决策者颇费思量的难题,在中国这样一个行政主导社会经济发展的国家尤其如此。为此,中央启动了改革开放以来第六轮行政管理体制改革,试图到 2020 年建立起比较完善的中国特色社会主义行政管理体制。❶

改革固然需要政治中枢系统谋划、妥善布局,但考虑到中央决策层与管理实践者之间的信息不对称,加之各地的历史传统、经济水平以及制度文化存在巨大差异。鼓励地方政府进行制度创新,对相关改革所形成的地方性知识进行观察、梳理与总结,并在反思的基础上加以推广,应是一条有益的路径。为此,《中国行政管理体制现状调查与改革研究》课题选取了若干个地方政府改

---

　* 本文是石亚军教授主持的国家社会科学基金重大项目"中国行政管理体制现状调查与改革研究课题"(06&ZD021)的阶段性成果之一。

　** 赵鹏,(1981～　　),男,首都经济贸易大学法学院副教授。

　❶ 中央十七届二次全会通过《关于深化行政管理体制改革的意见》从加快职能转变、推进政府机构改革、加强依法行政和制度建设三个具体方面提出了改革的方案。

革的事例进行调研。其中,湖南行政程序改革和重庆行政问责制度建设分别以行政权力行使的过程规范与行政活动的结果控制为切入点,两个迥异的改革思路引发了我们比较研究的兴趣。

2008 年 10 月 1 日,《湖南省行政程序规定》开始实施。统一行政程序法典的效用已经为很多国家的实践所证明。在我国,规范行政程序的必要性也已有共识。❶ 但在国家层面统一的行政程序立法涉及系统性的改革,加之实际经验积累不足,决策者尚较为谨慎。❷ 湖南省在地方层面启动行政程序的制度建设,可谓程序法制化的破冰之举。这一统一的行政程序规定,试图为行政管理的全过程提供系统详尽的制度安排,从而全面整饬行政活动,并借助程序理性的提升,提高行政活动的合法性,推进政策的顺利实施。

同样,为了规范行政管理活动,重庆却选择了另外一个切入点:2004 年 7 月,重庆市出台了《重庆市政府部门行政首长问责暂行办法》(以下简称《重庆市问责办法》),展开了行政问责的试验。责任是公共行政的基本价值之一,问责制让行政首长对失职行为承受惩罚性的后果,以政治性的压力促使行政首长尽职尽责,并将这种压力通过行政首长传导于整个科层体系,可以达到使整个行政活动对民主政治和公共利益负责的作用。

比较湖南省和重庆市两种改革思路,前者以权力行使的过程为规范对象,通过为行政权力行使程序建章立制,来实行政活动的规则之治;后者并不强调行政活动本身的制度化,但通过对行政首长追究管理失败的责任,促使其更加勤勉地管控行政活动,从而实现对整个行政体系的约束。两者尽管都是为了规范行政活动,但切入点却有明显的差异。探究两项改革的动因、实效以及所形成的比较性经验,有利于深入揭示改革方案设计所需要考虑的环境约束与系统影响,并为拓展改革的实际效能提供可行的方案。

二、整饬行政程序与问责行政首长——两项改革思路的比较

(一)程序再造的湖南样本与行政问责的重庆经验

《湖南省行政程序规定》共十章,178 条。主要内容包括:第一章总则确定了立法目的、适用范围、基本原则和组织实施;第二章对行政机关的职权和管

---

❶ 国务院《全面推进依法行政实施纲要》即明确要求"加快行政程序建设"。

❷ 这种审慎亦有道理,有学者即评论,我国台湾地区的行政程序立法即因为体系杂芜,以及若干制度空泛以及陈义过高而不具有可行性。参见陈新民:"行政程序的立法考虑——是否达到立法成熟期的问题",载《法治国公法学原理与实践(中)》,中国政法大学出版社 2007 年版,第 339~349 页。

辖划分、行政区域经济合作、部门联席会议制度、行政协助、行政工作人员执行公务时的回避制度、委托行使职权规则以及行政程序当事人的权利进行了规定;第三章对重大行政决策和规范性文件的制定作出了规定,内容包括重大行政决策的调查研究、专家论证、公众参与、合法性论证和审查、集体研究等、定期对决策执行情况实施评估等环节,规范性文件的制定主体、制定权限、制定程序、登记制度、有效期制度、检索制度、申请审查制度等;第四章规定了行政执法程序,内容包括执法依据、执法主体资格、相对集中行政执法、联合执法、一个窗口对外和并联审批、执法内部办理程序、执法重心适当下移以及执法程序具体环节的要求,值得一提的是,本章还对执法期限和执法裁量权基准的问题作出了创新性规定;第五章特别行为程序和应急程序,对行政合同、行政指导、行政裁决、行政调解、行政应急等行为的程序进行了规定;第六章规定了行政听证程序;第七章规定了行政公开;第八章规定了对行政的监督,包括行政层级监督、专门监督制度、行政机关接受人大、政协、司法机关、新闻舆论和人民群众的外部监督等;第九章责任追究规定了对行政机关及其工作人员实施行政决策、行政执法和其他行政行为过程中因故意或者重大过失,导致行政行为违法且产生危害后果的,要追究责任,实行行政问责制度,坚持实事求是、错责相当、教育与惩戒相结合的原则;第十章附则主要对期间、期间顺延、送达方式和本规章的生效日期进行了规定。

《重庆市问责办法》共 25 条,主要内容包括:其一,问责的主体是市长或受市长委托的副市长,行政问责的具体执行由市监察局负责。其二,问责的对象包括市政府部门行政首长(含主持工作的副职)。其三,问责的情形包括效能低下,执行不力,致使政令不畅或影响市人民政府整体工作部署的;责任意识淡薄,致使公共利益或管理相对人合法权益遭受损失或造成不良社会影响的;违反法定程序,盲目决策,造成严重不良政治影响或重大经济损失的;不严格依法行政或治政不严、监督不力,造成严重不良政治影响或其他严重后果的;在商务活动中损害政府形象或造成重大经济损失的;市政府部门行政首长本人在公开场合发表有损政府形象的言论,或行为失于检点,举止不端,有损公务员形象,在社会上造成不良影响的;市人民政府认为应当问责的其他情形等七大类十八种情形。其四,问责的程序,包括问责的启动、调查程序、决定程序、复核程序等。其五,追究责任的方式,包括取消当年评优、评先资格,诫勉,通报批评,责令在市政府常务会议上作出书面检查,通过市级主要新闻媒体向社会公开道歉;停职反省,劝其引咎辞职等。《重庆市问责办法》虽然仅调整重庆市政府对其所属部门的问责活动,但执行以来,也适用到市政府对下属区县政府行政首长的问责,并被各区县政府广泛效仿于对其所属部门和下级政府行政首长的问责。

(二)以程序规范行政过程——湖南的思路

湖南省启动行政程序改革的主要动因在于,行政权力范围广、弹性大,容易失范,地方主政官员面临巨大的压力,迫切需要寻找因应之道。就在改革议程启动前的 2006 年年底,湖南省决策层召开经济工作务虚会,会上讨论最多的就是"公共权力部门化"导致的经济发展环境问题。为此,时任湖南省省长的周强进行了一系列调研,深感由于缺乏统一的规则,政府行政行为普遍存在随意性和盲目性,且出现大量滥用权力、失职渎职现象。❶

2007 年年初"两会"上周强与时任湖南省高级人民法院院长的江必新、中国政法大学终身教授应松年偶遇,❷闲谈中聊到了统一行政程序立法的改革思路。作为交涉过程制度化的法律程序,❸可以为利益攸关方提供相互协调的机制,进而约束决策者裁量权的行使,并最终证成行政活动的合法性。而不同类型行政活动的程序虽然有所差异,但也有很多共性的规律,因此,统一的行政程序法典在不少国家都有成功的先例。

这种法典化(codification)的改革思路,试图将所有的法律规定加以分析,抽象化后纳入一个在逻辑上位阶分明、且没有矛盾以及原则上没有漏洞之规范体系,该体系要求"任何可能的生活事实在逻辑上皆必须能够涵摄于该体系之规范下"。❹ 从立法上进行系统整肃,对于具有法学专业的背景,❺而且又极其渴望全面规范行政活动的周强,自然具有很强的吸引力。因此,这次偶遇也最终促成了统一行政程序立法的改革思路。

在《湖南省行政程序规定》的制定过程中,为行政管理活动系统性地创制规则,解决现实中存在的问题成为主导性的目标。为此,由湖南省法制办牵头的湖南工作组,向以应松年教授为组长的起草专家组提出了一系列的问题清

---

❶ 徐浩程:"湖南行政变革,从'程序'突围",载《决策》2009 年第 1 期。

❷ 课题组了解到,在 2007 年全国"两会"时,时任湖南省省长的周强、湖南省高院院长的江必新和中国政法大学终身教授的应松年,都入住全国总工会"职工之家"宾馆,三人的聊天激发了周强省长制定行政程序规定,规范行政权力的决心。

❸ 季卫东:"法律程序的意义",载《中国社会科学》1993 年第 1 期。

❹ Huang maorong, *Legal Method and Modern Civil Law*, China University of Political Science and law Press, 2001, p. 422.

❺ 周强省长为法学硕士,并曾长期供职于中华人民共和国司法部。

单：其一，行政机关之间的关系，包括府际关系、管辖、行政委托、行政协助、职权适当分离、减少管理层级、行政权争议处理机制等；其二，重大行政决策和行政规范性文件的制定程序；其三，行政执法程序，包括：重点突出信息公开、听证、公众参与问题，防范行政机关不作为，规范和控制自由裁量权，规范联合行政执法，规范依据具体运用时的解释问题以及行政执法体制改革等；其四，行政监督；其五、法律责任。此后又增加了行政调解、行政裁决和行政应急的内容。❶ 这一系列问题清单，在最终的《湖南省行政程序规定》中得到了系统的解决。该规定构建了行政活动的程序框架，达到了为行政管理活动建章立制的效果。

这种思路的重要突破在于全面地推进了规则的设计，使行政管理程序在各个方面都做到了有法可依。而且，难能可贵的是，为了贯彻《湖南省行政程序规定》，相应的配套制度也很快得到了落实：湖南省政府先后出台了《湖南省规范性文件管理办法》、《湖南省规范行政裁量权办法》、《湖南省政府信息公开办法》；根据相应的制度，湖南省对各级各部门的规范性文件全面实行"统一登记"、"统一编号"、"统一公布"的"三统一"管理，并先后清理规范性文件76609件，废止10698件，宣布失效24932件，废止和宣布失效的数量占总数的46.5%；在工商、交警等部门启动了行政裁量权基准的试点工作；政府门户网站的更新频率得到显著提升，听证会制度也得到推广，截至2009年8月10日，全省共举行各类行政听证二百六十多次，这其中包括长沙市政府举办的出租车计价调整听证会、"禁摩限电"听证会、株洲市政府举办的城市道路交通管理听证会等；在有条件地区推行政府常务会议公开，如长沙市通过现场直播、网络在线、热线电话等方式，使市民了解行政决策过程。

(三)以问责反控行政活动——重庆的切入点

权责一致是现代公共行政的基本要求之一，❷行使权力的人应当向公共利益负责。而责任政府建设的关键则在于通过制度的有效性来推动政府部门

---

❶ 王万华："统一行政程序立法的破冰之举——解读《湖南省行政程序规定》"，载《行政法学研究》2008年第3期。

❷ 《全面推进依法行政实施纲要》也明确要求行政活动要做到"权责统一"。行政机关依法履行经济、社会和文化事务管理职责，要由法律、法规赋予其相应的执法手段。行政机关违法或者不当行使职权，应当依法承担法律责任，实现权力和责任的统一。依法做到执法有保障、有权必有责、用权受监督、违法受追究、侵权须赔偿。

及其官员树立责任意识,强化公共精神。❶ 这种有效性应当建立在对违反职责的行为及时地给予负面评价的基础上。

　　然而,悖论却在于,在科层体系下,位于基层的普通公务员的公务活动往往是单纯的执行性活动,法律对相关活动的要求一般比较明确,违法的责任也容易确定。❷ 但是,领导科层体系的行政首长、虽然对行政活动良好运行更为关键,但由于其活动具有很强的政策性,法律对其责任的规定反而难以明确。尤其是当行政机关的活动并不明显违法,但出现行政效能不高、施政效果不佳、政令不畅、行政失当等情形时,往往难以判断行政首长的责任。❸ 这一客观现实与现代政府权责一致的要求背道而驰,制约了法治政府的建设和民主政治的推进。

　　行政问责制在重庆的引入和推广正是为了回应这一问题,提高政府的执行力,解决政府部门不能按照要求按时完成上级任务,拖拉推诿的情况多、效率低的现象,并改变“庸政无责、小过难究”的障碍。

　　从《重庆市问责办法》的文本内容来看,除了第5条需要问责的情形、第14条追究责任的方式外,其他条文主要是对问责程序的规定。这说明,《重庆市问责办法》并不试图建立一个系统完整的责任评价体系,而主要是建立一个追究责任的工作机制,以便于重庆市政府可以依据这个工作机制启动、开展问责活动。

　　从《重庆市问责办法》的实际执行情况来看,一方面,问责活动主要围绕重庆市政府的中心工作和重大任务展开,促进行政首长认真履职,增强政令执行的畅通度。例如,2007年8月,重庆市政府实施道路交通“生命工程”,要求相关区县在公路危险路段尽快安装防撞护栏,针对个别区县组织领导不力、进展迟缓的问题,根据市长要求及时加强监督检查,依托行政首长问责,督促这些区县保质保量完成了既定的目标任务;另一方面,重大事件的出现也成为问责活动启动的动因,例如,2004年9月25日,石柱县发生一起特大交通责任事故,造成49人死亡、1人下落不明,其中33人是中小学生,经济损失700多万元。事故发生后,市长依据《重庆市问责办法》及时启动问责程序,石柱县委副书记、县长引咎辞职。

❶ 杨雪冬:“责任政府:一个分析框架”,载《公共管理学报》2005年第1期。
❷ 我国大部分法律“法律责任”部分的规定都是针对普通公务员执行公务违法行为的责任规定。
❸ 姜敏:“论行政首长问责的归责原则——重庆市行政首长问责实践的启示”,载《政治与法律》2009年第10期。

从问责制度实施的实效来看,由于事关政治前途,行政首长的责任意识有所提高,政府决策和执行能力有了提高,行政首长也加强了对部下的监督,行政系统的工作能力和行政效率有所提高。例如,2004 年 8 月中旬,重庆长生桥垃圾处理场因启用时准备不充分和垃圾场设计存在先天不足等原因,导致垃圾场臭气熏天,附近村民将垃圾场的入口拦断,致使主城区无法清运的数千吨垃圾堆积在大街小巷 5 天,群众反映十分强烈。为督促主管部门尽快解决"垃圾围城"事件,市政府领导表示,如果在一个星期内不解决好此事,将启动行政首长问责制。对此,市政管委挨家挨户做工作,和村民协商解决办法,3天内就解决了问题。❶

问责的压力也通过行政首长传导向下级部门和普通公务员。行政首长问责制出台以来,重庆市多数区县(自治县)政府和市政府部门制定了实施办法,建立了相应的行政首长问责制度,并完善了配套制度。如渝北区委、区政府把推行问责制度、整治发展环境、评议政风行风三者有机结合起来,推行"部门服务社会评议追责制度",每年开展两次,并将评议得分、名次以及部门存在的主要问题向全区公布,有效改善了机关作风,增强了政府对百姓需求的回应性。而且,随着社会舆论监督和问责力度的加大,各级领导普遍增强了对风险事故的预警和排查意识,增强了应对风险事故的能力。

三、实施动力不足与规则供应匮乏——两项改革各自的盲点

(一)徒法何以自行? ——湖南省改革的盲点

湖南省改革的重要成果在于从制度层面为行政程序厘定了规则。但是,徒法不足以自行,我国法治建设长期面临的难题是,法律的承诺难以兑现为生活的事实,某些法律甚至成为不易施行的"画饼"。这一难题,我们仍然有理由相信,是《湖南省行政程序规定》必然要面对的。这种担心也得到了调研结果的印证。多位受访者提及,《湖南省行政程序规定》在实施过程中,落实得并不平衡,一些基层政府贯彻落实不到位,一些强势的部门执行的积极性也不高。❷ 以决策为例,某受访者坦言:"决策这一块,我们在程序中设计了听证、

❶ 重庆市监察局:《重庆实施行政首长问责制 3 年追责 104 人 力促依法行政》,载 http://www.cq.gov.cn/zwgk/zfxx/105810.htm,访问时间:2010 年 6 月 11 日。

❷ 例如,在政务公开方面,国土资源厅和财政厅做得较好,发改委要弱一些;工商局是进步比较大的,正在制定行政处罚裁量基准,作风转变也很大。根据 2009 年 8 月 13 日调研小组与湖南省政府法制办主任许显辉、副主任唐世月访谈记录整理而成。

59

成本效益分析,这些都没有到位。"❶

对于实施不平衡的原因,一种观点认为是因为有关制度设计陈义过高,难以执行。有受访者表示,某些程序适应了行政改革的长远要求,但在现阶段可能有些超前,条件不够成熟,比如决策的成本效益分析,目前要推广的话缺乏必要的信息和智力支持,意识上也不到位。而且,一些前瞻性的制度设计在地方层面推进,必然面临上下的统一问题,"有些问题做起来,上面没到位,下面也就难以到位"。❷

笔者认为,《湖南省行政程序规定》在某些细节方面的制度设计略微超前是客观存在的,但并不是导致难以实施的主要因素。整体上,《湖南省行政程序规定》在制定过程中已经充分考虑湖南省行政管理的现实情况。对此,一位参与《湖南省行政程序规定》制定的高级官员也坦言,之所以由政府制定规章,而不是由人大来制定地方性法规,就是考虑到:"如果由政府来制定,属于政府改革和自身建设的问题,你可以适度,可以考虑成本和能力去做。如果主导权交给人大,立法可能很严格,下手很重,政府就吃不消。"❸一位参与《湖南省行政程序规定》制定的专家也认为,《湖南省行政程序规定》起草过程主要是按照管理实践的需求设计相关制度,作为"行政权力运行的法"的成分要远大于"控制行政权力的法",注重切实解决问题的实用性。❹

对《湖南省行政程序规定》的文本进行分析,也可以发现,相关制度设计要求并不苛刻。决策听证、成本效益分析等制度仅仅适用于重大行政决策,❺而重大行政决策的具体事项和量化标准,由县级以上人民政府在前款规定的范围内依法确定。❻ 这实际上授权各级政府自行决定需要听证、成本效益分析的决策事项的范围。各级政府完全可以根据自身的能力,控制适用听证和成本效益分析事项范围。

实际上,《湖南省行政程序规定》意味着行政权力行使逻辑的变化,是对现行利益格局的深刻调整,这种调整必然会受到某些既得利益者的阻碍,这才是导致《湖南省行政程序规定》实施效果不佳的主要原因。对此,一些受访者也

---

❶ 2009 年 8 月 13 日调研小组长沙访谈记录。

❷ 2009 年 8 月 13 日调研小组长沙访谈记录。

❸ 2009 年 8 月 13 日调研小组长沙访谈记录。

❹ 王万华:"统一行政程序立法的破冰之举——解读《湖南省行政程序规定》",载《行政法学研究》2008 年第 3 期。

❺ 《湖南省行政程序规定》第 29 条规定,县级以上人民政府作出重大行政决策,适用本节规定。

❻ 《湖南省行政程序规定》第 31 条第 2 款。

认为,《湖南省行政程序规定》作为新导入的制度,面临制度惯性带来的挑战,来自旧的行政文化和体制的阻力使《湖南省行政程序规定》难以充分实施。以决策听证程序为例。在要求重大行政决策必须举行听证之前,决策者不用说明决策的必要性和成本效益,即可自主决定财政、政策资源的分配。而决策听证程序的引入,势必会削弱有关方面的权利,引发既得利益的抵触。调研中,一些基层工作人员也表示,执行《湖南省行政程序规定》的制度时,领导"打招呼"的情况不少。这样一来,就执行不下去了。❶

　　既然《湖南省行政程序规定》意味着对既有利益格局的调整,其成效将取决于《湖南省行政程序规定》实施动力与既得利益阻力之间的对比情况。调研结果显示,《湖南省行政程序规定》在各个部门之间的实施情况并不平衡,以政务公开为例,发改委执行得要差一些,而国土资源厅、工商局情况则比较良好。❷ 对此,一个合理的解释是,发改委的项目审批权所涉利益范围更大,调整引发的阻力也比较大。同时,发改委与行政管理相对人直接接触少,即使操作不规范引发纠纷的风险也较小,执行的压力不大。相对地,国土资源厅、工商局职权所涉利益范围较小,而且与行政管理相对人的接触更多,容易引发纠纷,促使其执行《湖南省行政程序规定》的压力更大。❸

　　可见,《湖南省行政程序规定》的落实,需要借助强大的动力。这样的动力可以来自两个方面:自下而上通过权利人主张自身权利以促使《湖南省行政程序规定》实施;❹自上而下借助于政治层面的推动。

　　从调研反映的情况来看,通过权利人主张权利来促使《湖南省行政程序规定》实施的动力尚未形成。虽然在个别领域,有关公众意识到可以根据《湖南省行政程序规定》主张权利,❺但整体而言,《湖南省行政程序规定》的出台并未导致权利人权利诉求的明显增加。据长沙市中级人民法院的受访者介绍,自2008年10月《湖南省行政程序规定》实施以来,长沙市两级法院行政诉讼

❶　2009年8月18日湘潭市调研过程中与当地公务员交谈得知。

❷　2009年8月13日调研小组长沙访谈记录。

❸　调查显示,整体而言,《湖南省行政程序规定》实施后,湖南省工商系统的进步比较大,作风转变很明显。2009年8月13日调研小组长沙访谈记录。

❹　即通过行政管理的相对人积极主张权利,与违反《湖南省行政程序规定》的行政管理者通过诉讼、复议等方式斗争,从而迫使行政管理者遵守《湖南省行政程序规定》。这种为权利而斗争促使法的实现的哲学参见鲁道夫·冯·耶林:《为权利而斗争》,胡宝梅译,见梁慧星主编《为权利而斗争:现代世界法学名著》,中国法制出版社2000年版。

❺　例如,在省级政府,自2008年10月1日到我组调研之时,有关当事人共提出了37项审查规范性文件的申请。(数据来自湖南省政府法制办。)

数量平稳,并没有如原来想象的急速上升。❶ 这种现象与理论上的想象有一定的背离:《湖南省行政程序规定》出台前,对行政程序的合法性审查往往只能凭借法官的个人信念和含义抽象的法律原则,当事人的主张很难获得支持。《湖南省行政程序规定》出台后,对诸多原来模糊的行政程序都作了详细规定,使人民法院审查行政行为的程序问题时有了可操作的标准,❷本应导致诉讼案件的明显增加。这种现象,可能与目前我国行政诉讼的体制性障碍有一定关系,但也说明,在短期内,尚不能期待通过公众积极主张权利促使《湖南省行政程序规定》得以实行的局面出现。

自下而上的动力不足,《湖南省行政程序规定》的实施只能借助于自上而下的推动。在促使《湖南省行政程序规定》实施方面,决策者也主要采取了自上而下政治动员的方式,从政治核心区发起的推动力量强劲。

为推进《湖南省行政程序规定》的有效落实,湖南省政府下发了《关于贯彻实施〈湖南省行政程序规定〉的通知》,进行了广泛宣传与全面培训,包括对全省所有行政机关(含法律法规授权的组织)公务员进行了一次全面的培训,形式包括举办专题学习讲座、组织领导干部和骨干力量培训等,部分地区还举办了相关的知识大赛。同时,建立《湖南省行政程序规定》实施的组织领导机制。各级人民政府的主要负责人是本行政区域内加强行政程序建设的第一责任人,对贯彻实施《湖南省行政程序规定》负总责。县级以上人民政府都要成立行政程序建设领导小组,由本级政府主要负责人任组长,分管法制工作的负责人任副组长,统一组织、领导、协调本地区的行政程序建设工作。

当然,宣传与培训要转化为实施的成果,仍然需要强有力的推行作配合。但是,要全方位推动《湖南省行政程序规定》的实施,显然面临资源和精力的限制。对此,决策者实际已有预见,《湖南省行政程序规定》出台之初,周强就认为,所有的制度或细节都立即实施有一些难度,应当循序渐进地在全面推开的基础上,每年重点抓几个制度。这种务实的战略得到了贯彻,湖南省以实施重点制度为支点,撬动对《湖南省行政程序规定》的全面贯彻执行;同时,创办典型示范单位,确定长沙市、株洲市、湘潭市、省工商局、省交警总队、醴陵市、耒阳市、新田县为行政程序建设的示范单位,以期以点带面。

通过政治动员创造舆论环境,普及知识理念,并以重点制度和创建典型推动实施,这实际上是很有中国特色的推进法律政策实施的方式,其作用不容低

---

❶ 2009 年 8 月 13 日调研小组长沙访谈记录整理。

❷ 受访的长沙市中级人民法院法官也持该观点,2009 年 8 月 13 日调研小组长沙访谈记录。

估。但是,其运动式的特征,也难以确保《湖南省行政程序规定》得以持续的贯彻:其一,政治层面的动员不可能长时间的持续,一旦政府工作重心转移,如何防止《湖南省行政程序规定》沦为具文值得担心;其二,考虑到《湖南省行政程序规定》是在周强的强力推动下形成并被大力推行的事实,这种在政治核心区发动的改革,如果遇有领导人的更替,很有可能引发实效的消减。

调研中,也有受访者表达了相应的忧虑。他们认为,《湖南省行政程序规定》的实施情况主要依靠行政监督。但目前的监督缺乏可操作性,存在着不同程度的"漏监"、"虚监"、"弱监"现象。❶

(二)责任依何而定? ——重庆市改革的困境

健全的行政问责制,应当建立在明晰的职责权限界定之上,对于谁应当对什么负责,如何评价相关行为是否需要负责等问题有充分确定的制度安排。❷只有以规则化的形式形成明确的责任清单,才能使行政首长对相关活动的后果有尽可能确定的预期,使问责活动以法治化的形式公平地适用,从而发挥其规范功能。

对此,《重庆市问责办法》第 5 条做了原则性的规定,包括七大类情形:(一)效能低下,执行不力,致使政令不畅或影响市人民政府整体工作部署的;(二)责任意识淡薄,致使公共利益或管理相对人合法权益遭受损失或造成不良社会影响的;(三)违反法定程序,盲目决策,造成严重不良政治影响或重大经济损失的;(四)不严格依法行政或治政不严、监督不力,造成严重不良政治影响或其他严重后果的;(五)在商务活动中损害政府形象或造成重大经济损失的;(六)市政府部门行政首长本人在公开场合发表有损政府形象的言论,或行为失于检点,举止不端,有损公务员形象,在社会上造成不良影响的;(七)市人民政府认为应当问责的其他情形。

这些规定显然过于概括,除第(六)项"市政府部门行政首长本人在公开场合发表有损政府形象的言论,或行为失于检点,举止不端,有损公务员形象,在社会上造成不良影响的"较容易判断外,其他几项责任的认定都存在相当大的不确定性。例如,第(三)项:"违反法定程序,盲目决策,造成严重不良政治影响或重大经济损失的"。该条准确适用的前提是:相关法律文件对决策程序

---

❶ 《湖南省行政程序规定》第九章专门规定了责任追究。

❷ 对此,学者已经有较为深入地讨论,参见王郅强、靳江好、赫郑飞:"健全行政问责制 提高政府执行力——'行政问责制与政府执行力'研讨会综述",载《中国行政管理》2007 年第 9 期。

的制度安排相当充分,能够清楚地判断行政首长决策是否违反法定程序、在哪个环节上违反了程序,如果对决策程序的规则供应不足,本条也难以有效地适用;再例如,第(四)项:"不严格依法行政或治政不严、监督不力,造成严重不良政治影响或其他严重后果的",治政不严、监督不力等均是相当不确定的概念,只有对行政首长在行政活动中的治政、监督职责有相当明确的规定,才能判断在造成严重不良政治影响或其他严重后果的行为中,行政首长是否有责任,责任有多大。

"欲使责任有效,责任必须是明确且有限度的"[1],如果对责任界定模糊,问责活动的公平性和有效性将受到很大的影响。调研结果也证实了相应的担心:一方面,一些受访者表示,上下级之间职责权限划分不清楚,出现下级部门有责任,但是无权限,或者出现上级部门职责的转移;[2]另一方面,一些受访者认为,如果责任界定不清,对行政首长问责可能会出现"领导权力有限化,但是责任无限化"[3];此外,由于没有完整的职位评价和绩效评价体系,导致"职能职责是部门化,但是责任却是个人化"、"部门责任有限化,个人责任无限化"、"有权无责、有责无权"的现象时有发生。[4]

责任认定标准的匮乏,导致难以借助规则化的力量来启动问责程序。受访者表示,即使出现需要问责的事项,要启动问责也必须报纪检监察的领导或者市政府的主要领导批示才能启动问责。[5] 根据《重庆市问责办法》的制度安排,在问责程序中,市长的确发挥着非常关键的作用,首先,市长是问责程序的启动者,《重庆市问责办法》第6条规定,市长发现市政府部门行政首长有本办法第5条规定情形之一,或根据下列情况,可以决定启动问责程序;其次,市长是问责程序的实际控制者,《重庆市问责办法》第7条规定,由市长决定是否提交市政府常务会议讨论追究责任的方式;最后,也是由市长来决定是否需要对问责的决定进行复核。

---

[1] 哈耶克:《自由秩序原理(上)》,邓正来译,生活·读书·新知三联书店1997年版,第99页。

[2] 理论上,在命令服从的科层体系中,上级具有的权力与责任通常被认为是大于下级的权力与责任的。但是,实践中,上级可能会利用权力优势将本应自己承担的责任也推给下级,形成"责任优势",从而导致权责不匹配。

[3] 层级的权责关系的博弈实际上具有双向性,由于具有信息上的优势,下级并非如大家通常认为的那样是被动的、从属的权力个体,他们实际上可以通过消极怠工、避重就轻等方式压缩自己责任的范围,将职责范围内的任务推向上级。例如,有学者认为,下属至少有两倍于上级的权力。参见尼古拉斯·亨利:《公共行政与公共事务》,张昕译,中国人民大学出版社2002年版,第157页。

[4] 2009年8月12日重庆市行政首长问责制上午录音材料。

[5] 同上。

　　这样的制度设计其实是一种无奈之举：责任认定标准过于概括，导致责任判断的制度供应不足，对相关行政首长是否应当问责难以达成共识，只能借助于主政官员的政治权威和管理经验来判断。因此，《重庆市问责办法》也主要授权作为主政官员的市长根据具体情况来决定是否启动问责程序。而且，市长对于是否启动问责有很大的自由裁量权。受访者表示，在七种问责启动情形中，只有人大代表、政协文员提出的问责建议；司法机关或仲裁机关启动的问责建议以及政府法制工作机构、政府政务监督机构、行政监督机关、审计机关提出的问责建议等三项对问责程序的启动具有较为刚性的约束，其他则主要依靠政府首长的裁量。❶

　　这样的制度安排，固然可以使地方主政官员根据具体情况，结合政治经验灵活处理，以实现个案的正义。但规则缺失也容易引发权力滥用的危险。受访者坦言，这种启动主要"看领导的法治意志强不强，对问责启动程序上的把握有没有素质要求，很危险"。❷ 这样的担心并非多余，要确保问责以法治化，而非政治运动式的方式进行，即有必要将领导个人的自由裁量限制在最低限度。实际上，责任认定标准的过度模糊，已经导致问责制度的公平性受到影响。有受访者表示，在已经追究的案例中，由重庆市纪委（监察局）负责调查的案件，责任追究相对比较平衡，但区县追究的差距很大。同时，社会舆论、领导批示等因素对问责的影响比较大。种种情况均说明行政问责的制度化程度不高，人治的特征明显。

　　责任认定的制度供给不足还将导致问责活动权威性甚至合法性的丧失，因为缺乏一个强有力的理由向被问责者和其他官员解释，为什么他应该为此承担责任？毕竟，秩序应当建立在认同的基础上，而不仅仅是领导者的权威。为此，一个可能减少争议的方法即是实施结果性的问责，即以发生具有重大危害后果或者恶劣社会影响的事件，作为是否启动问责程序的标准。在重庆市的问责实践中，我们也发现，突发事件造成恶劣后果是导致问责程序启动的最

---

　　❶　《重庆市问责办法》第6条规定，市长发现市政府部门行政首长有本办法第5条规定情形之一，或根据下列情况，可以决定启动问责程序：（1）公民、法人和其他组织向市人民政府提出的附有相关证据材料的举报、控告；（2）新闻媒体曝光的材料；（3）人大代表、政协委员提出的问责建议；（4）司法机关或仲裁机构提出的问责建议；（5）政府法制工作机构、政府政务督查机构、行政监察机关、审计机关提出的问责建议；（6）工作考核结果；（7）副市长、秘书长向市长提出的问责建议。

　　❷　2009年8月12日重庆市行政首长问责制上午录音材料。

主要因素。❶

　　要求行政首长对重大事件承担政治上的连带责任,即使他本人并无过错,这种做法有法律上的依据。❷ 在实践中也确实能发挥安抚民意、抚平社会情绪的作用。但是,如果仅仅采用以结果推定责任的简单化处理,弊端也比较明显:其一,单纯以偶发性的事件作为问责的标准,实际上使某种"运气"成为影响官员政治前途的关键,这并不能起到长期、普遍地促进工作改进的作用。其二,即使存在重大事故,可能需要负责的潜在主体也有很多,如果没有明确地确定谁承担责任的规则,同样会引发公务员系统的不公平感,例如,在上述石柱县交通事故的问责中。石柱县政府办公室工作人员唐仕龙在接受中央电视台记者采访时便明确表示:"我们听到这个消息(指岳中焕引咎辞职)之后,从感情上讲,肯定是不能够接受这样一个事实的,因为岳县长,从他本人来讲,无论从工作上还是从其他方面,都是一个非常尽职尽责的县长。"❸其三,单纯以结果论责,可能导致政府将有限的管理资源过度集中于一些敏感性的事件,例如群体性纠纷,以"严防死守"的方式来进行运动式、情绪化的执法,从而背离了公共管理应当具有的持续、节制并符合成本效益要求的理性精神。

四、建设政治压力与规则约束之间的行政——两项改革的启示

　　一项好的改革措施,总是某种政治伦理的胜利,就此而言,湖南省的程序革新和重庆市的问责实验无疑具有明显的进步意义。但是,一项好的改革措施同样不能停留于一时的说教,而应当能够持续长久地发挥作用,并随时光雕琢而愈加巩固。为此,无论是湖南省,还是重庆市,均还需要继续深入观察改革的真相与细节,并通过进一步的改革来拓展制度创新的效用。因此,两项改革存在的盲点需要克服。而两项改革在思路上的特点,似乎恰恰能够为对方盲点的克服提供解决的方案。

　　公共行政是一种责任行政,必须通过政治性的压力,让官员为管理失败

---

❶ 这实际是我国行政问责活动中存在的普遍现象,有学者的统计分析表明,目前的官员问责的原因中,突发公共事件引发的失职责任占据绝对多数。在问责原因和内容构成中,工作失职是主要原因,占总数的84%。同时,因突发公共事件引发的工作失职又占了工作失职总数的92%。参见宋涛:"中国官员问责发展实证研究",载《中国行政管理》2008年第Ⅰ期。

❷ 《中华人民共和国公务员法》(以下简称《公务员法》)第82条规定,"领导成员因工作严重失误、失职造成重大损失或者恶劣社会影响的,或者对重大事故负有领导责任的,应当引咎辞去领导职务。"

❸ 《焦点访谈:重庆实行问责县长为交通事故丢官》,载 http://news.qq.com/a/20051210/001256.htm,访问日期:2010年6月15日。

承担责任，方可确保行政向公共利益负责。因此，行政问责制的作用是无可置疑的。但是，问责制的逻辑起点是建立起权责明确的行政架构。也就是说："要有分工负责，要从上到下建立岗位责任制。这样，工作才能有秩序，才能职责分清，赏罚分明，不至于拖延推诿，互相妨碍。"❶对此，《重庆市问责办法》虽然也试图以微言大义的方式涵盖需要问责的情形。但显然，这种原则性的规定难以发挥作用。

这种缺漏，决策者也许并非没有意识到，而很可能是某种无奈之举：细致地框定行政首长的责任意味着要预先对行政首长在何种情况下，应当如何行动作出明确的规定。这在行政任务极其繁重的今天，几乎是一项不可能的任务——对于不断变化的社会经济状况，立法机关在立法时尚难以充分想象，只能授予行政机关大量裁量权以相机行事，❷以实体性的规定明确行政首长应做什么，不应做什么更是异常困难。

但是，《湖南省行政程序规定》却提供了另外一种解决方案：虽然实体上要界定一个行政机关及其首长应当如何行为非常困难，❸但是，界定行为的程序却相对较容易。那么，完全可以以是否违反法定程序，作为判断行政首长是否需要承担责任的重要标准。以决策为例，目前的问责活动极少有对决策失误进行问责的。虽然决策失误问责可以促进官员更加审慎地选择政策，从源头上堵塞漏洞，防止损失，因而更有价值。但是，由于决策活动具有高度的裁量性，很难找到判断决策是否失当的实体性标准。即使一些在事后看来有明显失误的决策，也难以证明在当时信息不充分的情况下，官员的政策选择是错误的。匆忙启动问责，也容易让当事人产生"事后诸葛"的不公平感。

但是，从《湖南省行政程序规定》的成果来看，完全可以对决策程序形成具体明确的制度安排，以确保决策的科学性和民主性。❹这样，可以以是否违反决策的法定程序，作为是否需要问责任的标准。实际上，《重庆市问责办法》本身也有"违反法定程序，盲目决策，造成严重不良政治影响或重大经济损失的"应当问责的规定，只是对何为决策的"法定程序"，该办法并没有充分详尽地规定。而《湖南省行政程序规定》的制度设计则可以弥补这样的不足。这样的思

❶ 《邓小平文选》第2卷，人民出版社1994年版，第97页。
❷ 参见哈贝马斯：《在事实与规范之间——关于法律和民主法治国的商谈理论》，童世骏译，生活·读书·新知三联书店2003版，第535～538页。
❸ 这也是目前尚没有国家拥有一部统一的行政法典的原因。
❹ 《湖南省行政程序规定》第三章第一节，以16个条文，详尽地规定了重大行政决策应当遵守的程序。

路也可以推及到行政执法、行政应急等其他方面。由于行政程序制度建设的成果已经详尽表述了行政活动要遵守的规则,这使责任的认定有章可循,从而在很大程度上解决责任认定规则不足的缺陷,提高行政问责的法制化水平。

反过来,就《湖南省行政程序规定》而言,其详尽的制度设计,可以使行政活动全面地处于规则约束之中,防止纲纪废弛的风险。但是,如果《湖南省行政程序规定》只停留于条文的制定、诠释与宣传教育,所能达致的,也仅仅限于建构依法行政的意识形态,而非解决实际的问题。虽然目前而言,来自湖南省决策中枢强大的政治压力正在推动《湖南省行政程序规定》的实施。但是,我们仍然有理由认为,如果不能形成促使《湖南省行政程序规定》得以实施的长效机制,伴随政治工作重心的转移和领导人的更替,《湖南省行政程序规定》的实施效果值得担忧。倘若果真如此,《湖南省行政程序规定》教义与实践的分离,将不仅使程序革新的改革功败垂成,还可能削弱依法行政等普世价值的感召力。

在目前来看,我们还不能寄希望于通过公众普遍性的主张《湖南省行政程序规定》赋予的权利,而形成促使官员遵守程序规则的长效机制。那么,一个可能的途径,即继续借助政治层面的压力,只是这种压力应当更加常态化,而不仅仅是运动式的政治动员。就此而言,问责制倒是提供了一种解决的思路。对违反行政程序的官员进行问责,将形成持续的压力,确保《湖南省行政程序规定》得以实施。❶ 实际上,《湖南省行政程序规定》本身也要求实行行政问责制度,对行政机关及其工作人员的行政违法行为进行责任追究。只是,概括性的要求尚未通过相关制度的建构得以落实。对此,受访者也表示,《湖南省行政程序规定》中虽然有对于违反行政程序的问责规定,但行政问责制迟迟未能建立,因此在现实中也难以发挥作用。而且,实施《湖南省行政程序规定》的过程中,作为主要执行者之一的法制部门(机构)既没有监督权,也无有效的问责程序,无法追究违法者的责任。❷ 可见,运行良好的行政问责制将可以有力地保障《湖南省行政程序规定》的实施。

良好的行政应当受到规则的约束,以防止行政的恣意;良好的行政同样应当受到某种政治性的压力,以确保及时地回应公共利益与民主政治的需求。

---

❶ 《湖南省行政程序规定》的动议者之一的江必新副院长也认为,贯彻实施《湖南省行政程序规定》应当建立责任追究机制。参见江必新:"贯彻实施《湖南省行政程序规定》需要关注的几个问题",载《湖南省社会主义学院学报》2008 年第 5 期。

❷ 《湖南省行政程序规定》第九章专门规定了责任追究。

而且,这两方面应当是互补的:无压力的规则,往往沦为具文,无规则的压力,也无从令人信服。而湖南省的程序建设和重庆市的问责改革恰好分别从这两方面切入,两项改革各自在思路上的突破和存在的盲点,给我们提示了一个想象的空间:通过两项改革措施的共用,利用协同效应,也许正好可以促进彼此的作用,从而形成良好的规范行政权力的模式。

教育法制专论

论大学治理中章程的功能定位[*]

李 昕[**]

摘 要:章程是现代大学治理的基础,是大学制度的载体,引领着大学的制度文明,发挥着明确大学目标、凝聚组织力量的功能,体现着政府干预与大学自治的界分,是实现大学内部组织化的必要手段。在我国,制度环境缺失制约着大学章程效能的发挥,因此,解析我国现阶段国家与大学的关系以及未来走向是界定大学章程功能的前提。

关键词:章程 功能 大学自治

"大学只能作为一种制度化的实体才能存在"。[❶] 作为大学的制度载体,章程是大学设立的基本要件,是大学组织、运营规则的凝聚。对外,章程彰显大学的法律人格特质;对内,章程规范大学的团体组织机制。因此,章程是大学治理的基础,它不仅承载着大学的历史,而且构筑着大学的未来,它引领着大学的制度文明,发挥着明确大学目标、凝聚组织力量的功能。

一、章程是大学的制度载体

"社团之章程为社团之宪章,系社团组织与实现其目的之准则"。[❷] 因此,

---

    * 本文是北京市哲学社会科学规划项目,北京市教育委员会社科计划重点项目:"首都高校法人化治理的现状与制度完善"的阶段性研究成果。

  ** 李昕(1969~),女,汉族,山西太原人,首都师范大学政法学院副教授,法学博士。

  ❶ [德]卡尔·雅斯贝尔斯:《大学之理念》,邱立波译,上海世纪出版集团2007年版,第108页。

  ❷ 刘清波:《民法概论》,台湾开明书店1972年版,第58页。

无章程则无以为团体。有关大学章程的表述有 Charter、Bylaws、Legislation、Statute、Ordinance、Organic-law 等。总体而言，可以分为两类：一类是单一型大学章程，即由一个统一的大学章程或总领性规章（charter、ordinance 或 by-laws 等）来统领大学事务。另一类是复合型大学章程，一般由一个总领性规章和一个实施细则（bylaws、statute 或 legislation 等）组成。虽称谓不同，但功能与属性基本相似。对于大学而言，章程不仅是其成立的行为要件，而且是大学"精神构造上的骨骼"和制度载体。

（一）自治决定着大学章程存在的基础与空间

制度是"任何一定圈子里的行为准则"❶，是"一种公开的规则体系"❷，美国学者 E. 博登海默（Edgar Bodenheimer）指出："任何值得称之为法律制度的制度，必须关注某些超越特定社会结构和经济结构相对性的基本价值。"❸"价值这一概念是从人们对待满足他们需要的外界物的关系中产生的"，❹因此，分析制度的价值必须植根于制度生成与运行的环境中，探析制度存在的目的和运行所蕴含的宗旨。同样，作为大学的制度载体，章程的文本之中必然承载着一定的制度理念，寄托着一定的价值目标，这种理念和目标共同构成大学章程的功能发挥的基础。

1. 自治是大学章程存在的基础

自治制度是大学传统最直接的表现，❺这一传统源于一个具有超国家、普适性特点的不朽理念：学术自由。大学是一个由学者和学生组成的致力于寻求真理之事业的共同体，大学的本质在于大学始终要将学术当做是一个尚未完全解决的问题加以持续地探索，在探索学术的过程中，自由是通往知识与研究的外在需求与内在汲求，此种源于学术本质的自律性使得大学对于学术事务，必须享有自我决定，不受不当干预的权利。因此，学术自由是一项特权，它使得传授真理成为一种义不容辞的职责，它使得大学可以横眉冷对大学内外一切试图剥夺这项自由的人。❻ 正是基于大学内在的学术性，美国教育学家

❶ ［德］马克斯·韦伯：《经济与社会（上卷）》，林荣远译，商务印书馆 1997 年版，第 345 页。

❷ ［美］罗尔斯：《正义论》，何怀宏等译，中国社会科学出版社 1988 年版，第 50 页。

❸ ［美］E. 博登海默：《法理学：法律哲学与法律方法》，邓正来译，中国政法大学出版社 1999 年版，第 5 页。

❹ 《马克思恩格斯全集（第 19 卷）》，人民出版社 1965 年版，第 406 页。

❺ ［美］查尔斯·霍默·哈斯金斯：《大学的兴起》，上海世纪出版集团 2007 年版，第 21 页。

❻ ［德］雅斯贝尔斯：《大学之理念》，邱立波译，上海世纪出版集团 2007 年版，第 19 页。

赫钦斯曾经指出,失去自治,高等教育就失去了精华。荷兰学者弗兰斯·范富格特(Frans Van Vught)就高等院校的改革与发展趋势指出,基于现代行政结构和专业管理,必须实行高度的自治和责任制。❶ 因此,大学自治乃学术事务之自律性使然,就两者的关系而言,学术自由乃大学自治之精神所在,而大学自治则是学术自由的制度保障。这种精神与制度并列为现代大学生命力之所在。综观大学的发展史,从历史上的师徒共同体到受到国家主义思潮影响下的公共机构以及近年来知识经济所带来的大学产业化,大学制度的演化和创新可谓沧海桑田,然而无论角色如何演变,作为精神的学术自由及其制度保障的自治传统都经久传承。

作为学术自由制度保障的大学自治是以法秩序为前提的自由,必须依赖于具体的法律规范才能得以贯彻和保障,章程正是通过规范性文件的形式将抽象的自治理念具象化为制度的结果,因此,章程可谓是大学自治的制度载体,一方面,自治是章程得以存在的基础,无自治则无章程;另一方面,章程是大学自治理性化、制度化的体现,无章程则无以体现自治。章程的源起可追溯至大学诞生的中世纪。当时,经由特许状而获得法人资格是设立法人团体的唯一途径。为保障学术自由,巴黎大学的教师经过艰苦斗争从教会获得了当时行会所拥有的特许自治权,使大学成为最早的特许法人之一,拥有了开设课程、招收学生、聘请教师、制定学术标准的自治权力。这些特许状是大学自治传统得以形成的重要起点。虽然,特许状与当时的教育立法处于混合状态,并不能完全等同于今天严格意义上的大学章程,但是特许状作为中世纪大学取得合法自治权的依据,已经勾勒出大学体制的基本轮廓,在形式和内容上具有了大学章程的雏形。

大学的历史渊源流长,学术自由的精神生生不息,正是秉承这一精神,章程成为承载学术自由、落实自治权、体现大学法律地位的制度载体。

2. 章程自由是大学自治的具体体现

在法律上,大学自治具体体现为取得一种受法律保护的自由和手段,使大学获得自主决定、实现其意志的可能性,这意味着大学具有型构自身制度的自由度,这种自由表现为大学拥有通过制定内部章程建构制度的空间,因此,章程自由是大学自治的手段与形式。

大学章程是伴随大学的产生而发展起来的,它是大学制度与文化的凝聚。

---

❶ [荷]弗兰斯·范富格特主编:《国际高等教育政策比较研究》,王承绪等译,浙江教育出版社2001年版,第2页。

秉承着同样的理念与宗旨,大学章程具有共性的使命,即通过自身作用的发挥体现大学自治精神,实现大学理念与规范之间的连通。同时,大学自治意味着大学之间既存在同质性也存在差异性。法律对这种差异性的认可正是章程发挥作用的空间,这种差异性体现着大学制度中共性与个性的融合,其目的就是在法律规定的一般合理性的基础上实现个别最优,因此,章程自由是大学自治的基本要素,没有章程自由就无法体现章程存在的价值。

追溯源起,特许状是最初确立大学自治地位的依据。随着成文法的发展,以制定法明确大学自治权,赋予大学制定章程进行自主管理的权利成为大学自治权的主要来源。随着大学制度的演进,成文法逐渐成为大学章程的效力基础。特别是在新一轮的高等教育改革中,以成文法的形式赋予大学自治权,授予大学自行制定章程的权力,成为推行大学自主化改革的一项重要举措。例如,《法国高等教育方向法》规定:"公立科学文化性机构及其所属教学与科研单位,依据本法及其实施法令的规定,确定各自的章程。"1993年7月,澳大利亚的维多利亚州启动了"未来大学计划",其中最重要的一项内容就是要求每个大学制定一份"大学章程"(School Charter),明确大学的发展规划、教职员工和学生的行为准则、财务预算和评估等。在日本,国立大学曾经属于政府机构的组成部分,受制于行政化的官僚体制,作为自治标志的章程并没有足够的存在空间。2004年4月正式实施的大学法人化改革,使得明治时期以来日本政府对大学的传统管理模式发生了翻天覆地的变化,在改革中,章程不仅是大学自治的重要手段,而且成为大学是否具有法人地位的具体体现。2003年3月,东京大学评议会通过的《东京大学宪章》正是这一背景下的产物,之后各国立大学纷纷效仿。

这种情况下如何界定大学章程的自由度必定涉及法律与章程的关系。一方面,法律应尊重作为自治规范的章程,赋予章程一定的自主权;另一方面,为了促成同类团体符合相似的团体法规则,国家有权规定团体法遵循的基本规则和框架。章程作为旨在约束内部成员的团体法,必须接受国家制定法的约束,凡是自治性团体法没有规定的事项,推定适用国家法律。由此形成凯尔森所说的"次级秩序",即"法律"只决定行为的属事因素,而将决定属人因素的任务留给构成社团的部分法律秩序,留给社团的法律。因此,"章程是整个国家法律秩序之内的一个次级秩序,章程不得违法乃不言自明之理。国家法律只决定社团法人可以干什么事,而社团章程所调整的独特内容是决定由哪些人去干这些事"。❶ 章程的自由度体现着大学在多大程度上能够意思自治,而法律的规制则划定了政府权力对大学自由进行干涉的限度。同样是作为大学治理的规范性文件,章程因其所具有的建构内部制度的自由度,承担着法律所无法取代的作用。在自治权的范围内,大学的运作仰赖内部自治章程,以自治章程作为内部管理的基本规则。可见,大学基于自治而产生的自我决定的权限,主要体现为"章程自主权",即对于"自治领域"内的事项,大学拥有通过制定"章程"的方式予以规范的权力,体现为通过行使章程自主权,大学可以订立规范、设立执行自治任务的机关,形成内部组织结构,规范大学成员的权利义务。这意味着"章程自由"是大学自治权的核心要素,是大学行使自治权的必要手段或工具。

(二)治理理念决定着大学章程的法律属性与效力基础

制度并非一成不变的。回顾大学的发展,大学制度的演变交织着自由主义和国家主义两种政治理念的冲突和融合,进而影响着章程法律属性的界定和效力基础的确认。

1. 自治法与契约两种法律属性的对撞

对章程法律属性到底是自治法还是契约,英美法系与大陆法系存在着不同的认识。这种性质认识分歧的根源在于大学治理政治理念的差异,即国家主义与自由主义大学理念的对撞。

在大陆法系,通常认为章程具有自治法的属性。这一定性与大陆法系自治理论的发展密切相关,意图在于通过强调章程在大学内部的整合功能,借以突出体现大学的组织性和团体性。在大陆法系,自治是一个具有深厚理论积淀的话题,历经了从政治上的"参与"自治到法律上的"团体"自治以及两种自治理念统一融合的演变。其中,19 世纪末以 Paul Laband 与 Heinrich Rosin 为代表提出的法律意义上的自治理论,即"团体"自治理论直接影响着章程属性的确立。Laband 认为,自治是一个介于国家与个人之间的公法主体,被利用来履行国家任务。❷ Rosin 也以"团体"作为自治的法律特征,认为自治纯粹是一种组织的表现而已,是借由一个组织的法人格地位的创设,去达成公共活

---

❶ [奥]凯尔森:《法与国家的一般理论》,沈宗灵译,中国大百科全书出版社 1996 年版,第113 页。

❷ 赵相文:"由法律观点论自治制度",载《中原财经法学》第 15 期。

动。❶ Hans J. Wolff/Otto Bachof 著名的行政法教科书将法律上的自治界定为，国家之下的主体或其他公行政主体，以自己的名义，独立且不受专业指令监督地，履行从国家本身分配或移转出去的公共事务。❷ 这一自治理念成为传统德国行政法学上的通说，强调自治是以法人格化的方式实现分权治理的组织手段，明确了特定的社会团体为达成一定的公共目的，在广泛的国家秩序中，可以组成分权的行政单位，并独立于国家影响之外去完成特定的公共事务。如此界定自治的法律属性体现了日耳曼民族精神中最重要的团体元素，目的在于通过强调人的共存性，体现成员对团体的依附，以组织化、制度化的方式将自治纳入国家权力结构之中，借以实现公共目的。具体到大学，这种自治观念把大学视为一种为了达成国家目的而建置的组织体，强调大学作为自治团体的主体性和作为公共机构的公共性，立足于大学作为人合性组织这一基础，以章程为媒介，通过制度化的方式将大学内部的多元个体意志整合、形成一个整体意志，实现大学内部的组织化，从而确定大学作为"团体"的法律主体地位。根据这一理念，法律既是自治的权力来源，又是自治的限制和界限。大学是一个社团法人，它有权制定具有团体法性质的章程，而作为团体自治法的大学章程承担着大学内部治理的组织功能，目的在于形成凯尔森所说的"次级秩序"。可见，在大陆法系，作为团体的大学是一系列法律制度集合的产物，章程的作用在于通过制度化的安排实现分散的个体意志的整合，进而实现大学的秩序化和组织化，法律则通过赋予组织化后的大学以特定的权利义务，确立大学的法律地位。这种自治是国家权力秩序架构下的产物。因此，将章程定位为自治法隐含着把大学作为公共机构纳入国家掌控，以实现教育公共性的意图，体现出国家主义政治理念在大学治理中的落实。

基于自由主义的政治理念，英美法系认为章程具有契约性质，强调章程的合意和自由属性。1819 年，马歇尔大法官在具有里程碑意义的"达特茅斯学院案"❸的判决中认定，法人的特许状就是法人与州政府之间的契约。契约一

---

❶ Hendler, Selbstverwaltung als Ordnungsprinzip, 1984, S. 116.

❷ Wolff/Bachof, Verwaltungsrecht II, 4. Aufl. , 1976, § 84 Rn. 34.

❸ 1819 年，新州政府抓住达特茅斯学院长和董事会产生争执的机会企图修改学院的特许状，目的是使公共部门的代表进入董事会。新州坚持认为尽管达特茅斯时代是作为私立机构而创立的，但却使新州的人民受益。因此，通过州立法机关，公共部门应获得学院办学中的发言权。作为美国高等教育历史上公共部门企图干预私立大学的一个重要事件，达特茅斯事件以州政府的失败而告终。这一法案也促使各州政府陆续撤销了对私立院校的资助，大力建设州立大学，从而促进了公立大学的发展。

个非常重要的特征在于其效力仅及于授权与被授权的双方主体,因此具有很强的个性化特点,这种个性化有助于体现个体大学自治的差异性。将章程定性为契约建立于大学的自发性、民间性和自律性上,强调大学自治中的多元、自由因素,强调章程与合同的同质性,将章程视为契约,充分体现了当事人意志自治,不仅解释了大学结构的基本特征,而且还用私法上缔约各方的合意说明大学自治存在的合理性,洋溢着浓烈的自由主义色彩。同大陆法系将章程视为自治法相比,契约属性更侧重于强调章程对政府与大学权利义务的界分功能,强调个性化发展,强调通过章程来体现最具有个性的、最优的大学制度设计,但这种观念忽略了章程的组织法特征,忽略了章程在大学内部治理中的整合功能。

随着大学治理中面临问题的共性化,目前,这两种学说渐次融合,强调章程的自由属性成为各国大学章程的共性理念。

2. 两种理念下章程效力基础的分化

大学自治的法律依据是大学章程的效力基础。特许状是中世纪大学法律地位得以确立的依据,是对大学学术自律能力的确认书,是界定大学与政府之间权利义务关系框架的法律文件,是大学自治的保障,也是大学章程的效力基础。作为大学自治依据的特许状以个别授权的方式明确了特定大学的法律地位,但这种授权并不具有普遍性,有关授权条款的法律效力限于授权人与被授权大学之间。随着民族国家的建立,出于确立共同价值标准、整合意识形态、为社会经济发展服务、教育民主化等多方面的现实需要,公立大学逐渐盛行。公私大学的分立、大学起源发展的历史差异以及各国文化传统和法律制度的不同,导致大学章程的效力渊源也不尽相同。

公立大学制度源于以柏林大学为代表的近代大学的建立,Marek Kwiek 认为"洪堡模式标志着大学现代性特征开始凸现,即一个大学国家主义时代的到来"。❶ 这一模式强调大学接受国家的统一管理,强调国家在大学治理中的积极作用,强调大学自治的制度化、规范化、统一化。在国家主义理念下,公立大学成为为达成国家目的而建置的组织体,是实现政府公共政策的基本工具,同时,国家通过赋予自治权保障大学运转的客观规律性即学术自由,并希望通过制度化的安排寻找两者之间的协调。这种大学自治是国家的目的性产物,国家通过法律赋予大学自治权,就特定领域的事项可以自行规范与管理,并受国家监督,以确保大学任务履行的合法性。对于公立大学而言,治理核心是建

❶ 阎光才:"全球化:一种意识形态",载《北京大学教育评论》2003 年第 3 期。

立一个中央集权的官僚制度,同时协调这一制度与学术自由的关系,平衡、协调国家主义与大学自治之间的冲突。在这种高等教育模式下,私立大学的存在空间很小。虽然,最初大学的法律地位源于特许状,但严格的理性主义与大学国家主义相结合,加之秉承着对立法的一贯崇尚,大陆法系国家最终走向通过成文法统一大学法律地位,明确大学自治范围的道路,如德国 1975 年颁布的《高等教育总法》中规定:"大学既是公法上的社团,同时又为国家机构。在法律规定的范围内,大学享有自治权。"法国有关高等教育法案赋予了大学的教学、学术、行政与财政自治权力,规定"以科学、文化和职业为特点的公立机构为国立高等教育和科学研究机构,具有法人资格,在教学、研究、行政、财政方面享有自主权"。❶ 1984 年正式生效的德国《高等教育指导法》,承认公立大学是科学、文化、职业的独立实体,具有教学科研、行政和财务的自主权。可见,在大陆法系,国家或地方政府统一颁布的教育法是大学自治地位得以确立的依据,而作为团体自治法的大学章程则根据国家成文法的规定享有一定的章程自由,从而形成以制定法作为大学自治的基础,以章程作为自治具体实现手段的模式。

在英美法系,基于自由主义的大学理念,采用多元化的大学管理模式。由于历史因素、文化传统、法律制度的差异,大学章程的效力渊源也不尽相同。英国早期历史上,大学是私立的,主要靠信托财产制度或皇室授予的大学特许状而存在。随着政府将高等教育纳入公共领域意图的强化,大学地位确立的依据呈现多元化的趋势,在英国,大学按照设立的方式可以分为三类:第一类是经由特许状设立的大学;第二类是根据公司法注册成立,如伦敦政治经济学院、格林尼治大学;第三类是通过议会法案(Act of Parliament)设立,如依据1988 年教育改革法设立的大学。设立依据的分化意味着章程的效力来源呈现多元化的特点。在美国,殖民地时期学院的合法性源于当时英国王室或殖民地议会颁发的特许状,大学章程也是在特许状的基础上发展演变来的。美国建国之后,为了实现国家的"政治目的",几任总统都曾反复提出过"国立大学计划"。达特茅斯学院事件后,1862 年颁布的《莫里尔法案》所推动的"赠地学院运动"使得美国现代公立大学体系开始形成,开创了公立与私立大学分立、并行的局面。这些公立院校通常由各州议会通过立法建立,大学章程的效力也源自联邦或州立法,如 1863 年成立的密歇根州立大学是根据莫里尔法案由州立法机构批准设立的赠地学院,其章程的法律渊源来自联邦政府的赠地

---

❶ 《法国教育法典》第 L. 711-1 条。

法案及国会的补充条例,建于 1865 年的康奈尔大学是一所公私合营式大学,其最初的章程源于纽约州立法机构的授权,即 1865 年莫立尔法案的 585 章的授权,现在该章程已成为纽约州教育法的第 115 章(第 5701-5716 节)。在美国,公立大学受政府直接资助,实行宪法自治或政府管治;而私立大学不受政府直接资助,故而具有更多的自主空间,实行基于契约或基于章程的自治,从而形成公立、私立大学在制度逻辑与治理系统上的分野。

二、章程是界分大学自治权与实现内部组织化的手段

在大陆法系国家,法人章程是一个统一概念,法律规定其为单一的法律文件。英美法系虽然对于法人章程并未形成一种形式逻辑上的定义,[1]但关于章程的含义与大陆法系的观点趋同,两大法系都认同章程是约定和阐述独立主体使命,界定内部利益关系的责任和义务,书面写定的有法定意义的组织规程。[2] 概括而言,作为大学治理依据的章程具有内外双重功能,即确定大学法人的外部法律地位以及整合大学法人内部意志。

(一)章程是实现大学组织化的必要手段

"社团法人为法律赋予以人格之自然人集合团体"。[3] 传统大学是仿照行会组织的师徒共同体,属于社团法人。作为人合性组织的社团法人是由多种异质性个体成员所组成的人的组织体。在罗马法中,社团(universitas 或 associazione)被视为一个观念单位(ideal unit),它必须通过获得特许状(charter)的明确授权才能够成立。"这种社团有着一个宗旨,而且其总体被承认为权利义务的主体,而不依单个人及其更替变化为转移"。[4] 社团形成的标志在于具有独立于成员个体意志的团体意志,这种团体意志的形成使其具备具有法律上的人格的基础,能够与自然人一样成为权利义务主体。从大学是一个拥有自治权的组织体的角度观察,自治的属性以及大学的组成性质决定了它需要整合成员的个体意志,通过内部的组织化形成团体意志。这种意志的形成将大学凝聚为一个整体,从而具备与外界产生法律关系的基础。因此,大学

---

[1] 即通过属加种差这种表述定义的形式,从界分对象中分离出若干要素,对这些要素进行抽象化的概括,从而形成一定的名词术语。

[2] 马陆亭、范文曜:《大学章程要素的国际比较》,教育科学出版社 2010 年版,第 21 页。

[3] 史尚宽:《民法总则》,中国政法大学出版社 2000 年版,第 208 页。

[4] W. W. 布克兰德、阿诺德·D. 麦克尼尔:《罗马法与普通法》,剑桥大学出版社 1965 年版,第 56 页。

法律人格的形成既是自治的手段,也是自治的结果。

在大学法人格的形成过程中,章程发挥着组织功能,这一功能体现为整合、形成大学法人的意志。作为一个自治团体,成员是大学的构成基础,基于"自治的正当性来自于每一个利害关系人参与团体意志的形成与决定过程"❶的理念,《德国联邦大学基准法》第 37 条明确规定:"参与自治事务是所有大学成员的权利与义务。"因此,在大学内部,所谓自治在一定程度体现为团体成员透过参与,在该团体中形成意志,作成决定,并受组织制度的保障,❷自治章程就是这种共同意志整合的组织制度与表现载体。章程作为发起或设立社员聚合为社团的协议与共同行为规则,其目的在于将组织中各种单项资源有机地结合,从而形成一个组织整体。因此,立于大学内部的视角,组织因素必然包含章程,章程是大学内部组织化的手段,大学依赖于章程将人合性的组织凝聚成一个权利载体,大学内部成员因组织章程而构建起共同的价值理念、形成组织认同感、营造组织文化氛围,在无序中实现有序创造与分享,从而更加有效地彰显大学的使命及其精神内核。❸ 在凯尔森看来,"社团及其法律、调整某些人行为的规范秩序以及由秩序所构成的联合体并不是两个不同的本体。联合或者共同体只是由秩序所决定的人的行为所组成,而这些行为只是当他们组成秩序规范的内容时才属于联合体或共同体",因此,社团的形成必须有规章制度以及在此基础上的组织分工,这种秩序和组织分工就是社团的法律,而"社团只有通过它的法律才能在法律上是存在的"❹。英国的政治家、社会学家麦基弗也指出:"任何一个团体,为了进行正常的活动以达到各自的目的,都要有一定的规章制度,约束其成员,这就是团体的法律。"❺可见,作为一个人合性质的团体,自治主要体现为在团体内部拥有规范、约束成员达成组织目标的权力,而章程作为适用于组织体内部的规范性文件,不仅是组织体内部利益整合的体现,亦是内部规制的依据,因此,章程是大学自治必不可少的组织要素,也是大学法人成立的一项法定形式要件,是实现大学内部组织化的重要手段,具有建构治理结构,调整团体意志构成的作用。

---

❶ Hendler, Das Prinzip Selbstverwaltung, in: HStR IV, 2. Aufl. , 1999, Rn. 16.

❷ 康育斌:"公立大学法人化之再思考",台湾中正大学法律研究所硕士论文,1992 年 6 月。

❸ 全家新、易连云:"论组织文化视域下的大学章程建设",载《中国高教研究》2011 年第 2 期。

❹ [奥]凯尔森:《法与国家的一般理论》,沈宗灵译,中国大百科全书出版社 1996 年版,第 111 页。

❺ 邹永贤等:《现代西方国家学说》,福建人民出版社 1993 版,第 322 页。

(二)章程体现着政府干预与大学自治的界分

大学"在其作为一个学术机构出现之后,就一直处于不同社会势力和力量的作用之下,最初是教会、皇帝、国王和城市的交互影响,之后是政府、市场和科学的相互作用"❶,大学在发展与演变中,始终与政府保持着千丝万缕的联系。基于国家主义政治理念的渗透,国家对大学的影响日益加强,在这一背景下,如何保持学术自由,平衡大学自治和国家监督的关系成为大学制度的核心。这也使得自治成为具有一定维度的概念,而章程则担负着界分自治程度与范围的功能。

作为大学章程雏形的特许状是界定大学与教会、政府之间权利义务关系的法律性框架文件。其功能在于确立大学作为特许法人的法律地位,规定大学内部的治理结构,纲领性地划分大学内部各方的权力、职责。因此,特许状是大学自治的法律保障。大学经由特许状而获得独立于出资人和举办人的独立法人地位,享有学术自由和独立的财产权,并享有独立于股东或发起人的永久存续权。在英美法系国家,特许状至今仍然是一些古老大学法律身份得以确立的依据。如伯明翰大学皇家特许状开篇即以皇室的名义对大学的成立加以许可,规定"大学自建立起,即以该大学的名称永久存续,并拥有完整的权利和能力"。特许状的契约性质也限制着政府任意改变大学的权利义务与性质的能力。在美国,1819 年,马歇尔大法官在"达特茅斯学院案"这一著名的判例中将法人成立的特许状视为法人与州政府之间的契约,依据《美国联邦宪法》第 1 条第 10 款关于州政府不得制定"损害契约义务"之法律的规定,州政府不得单方面损害该契约。❷ 这一判例肯定了特许状赋予大学法人基本的、甚至可以对抗其创造者的法律权利,因此,是界分大学自治权的基础。

在大陆法系国家,大学法律身份的确立主要依据成文法,如德国的《大学基准法》、日本的《国立大学法人法》。法人身份赋予的目的在于肯定大学具有基于学术自由所拥有的自治权。在大学功能的范围内,国家予以授权自治,强调其依民主程序产生具有代表性的决策机关,并在民主基础上形成自治。自治作为大学存在的核心,要求国家的监督活动只能限缩在合法性监督的范围。基于"与国家保持距离"的理念,一个具有自治权能的主体在其自治范围内,原则上不受合目的性监督,以防止国家侵害自治团体的核心领域。虽然,大陆法

---

❶ 张斌贤:"关于大学史研究的基本构想",载《北京大学教育评论》2005 年第 3 期。

❷ [美]伯纳德·施瓦茨:《美国法律史》,王军等译,中国政法大学出版社 1990 年版,第 74 页。

系国家大学的自治地位大都来自法律的赋予,但法律仅仅只是做一般意义上的抽象规定,如何划分法律监督与大学自治之间的界限仍是大学与政府关系的纠结点。从大学自治的目的出发,确定对大学进行法律规制的界限在于"自治的核心领域",例如依据德国《大学基准法》的规定,大学在保障学术自由的范围内享有自治权(《大学基准法》第1条)。学术自由保障的范围,即是立法者所设定的控制基准,国家对于大学事务的监督,不能逾越此项由立法者所预设的基准,否则即是侵害大学自治的"核心领域"。反映到法律与章程的关系上体现为章程自由空间的界分。一方面,大学作为一个法人团体,它有权制定具有团体法性质的章程,法律应尊重团体自治规范;另一方面,为保证大学自治符合统一的法则,国家有权规定大学章程应遵循的基本规则和框架,在此框架之下章程具有一定自主规范的空间,凡是大学章程没有规范的事项,推定适用法律的规定。

三、我国大学章程功能缺陷的根源与现实困境

从清末的西学东渐到解放初期的教育改革、知识分子思想改造等一系列运动,我国大学制度的发展跌宕起伏。《国家中长期教育改革和发展规划纲要(2010～2020年)》的通过,标志着中国高等教育改革开始探求"去行政化"之路,新的大学制度正在形成之中。

(一)我国大学章程的萌生、淡出与重塑

章程的发展与完善伴随着我国现代大学制度的建立与完善。中国现代意义上的大学始于1898年设立的京师大学堂。仿效西方,1902年清政府颁布了《京师大学堂章程》,又称为"壬寅学制"。该章程规定了大学堂的办学宗旨、课程设置、管理体制、教学组织形式等内容。这是我国近代意义上的第一个大学章程。由于当时京师大学堂是全国最高学府,也是最高教育行政管理机构,所以存在章程与国家教育法规混同的局面,但它无疑是我国大学章程的雏形,它的颁布标志着近代高等教育制度在中国的萌生。自辛亥革命到新中国成立期间,虽战事连连,国内动荡不安,但章程作为大学设立的形式要件得到了充分的发展。代表性的有:《东南大学组织大纲》、《清华大学组织大纲》、《北京大学章程》等。由于现代意义的大学并非源于我国,当时的大学章程大都借鉴了国外经验,例如:东南大学的组织大纲主要借鉴了德国经验,清华大学章程则来源于美国模式。虽然这一时期的大学章程在制定、实施上并不完善,但是,先进大学理念的引进对我国高等教育的发展仍起到了至关重要的作用。新中

国成立后,我国对高等教育采取高度集中的计划管理体制,大学逐渐成为政府的附属机构,这种体制在特定的历史时期发挥着整合资源的重要作用,但是,没有办学自主权意味着缺乏大学章程存在的基础和制度空间。

随着我国市场经济体制的引入,这种高度行政化的管理体制已经不能适应高等教育发展的需要。20世纪80年代以来,分权、放权成为我国高等教育体制改革的核心,并通过法律确立了高等学校的法人地位,逐步归还大学应有的办学自主权,进而着力于现代大学法人制度的建构。在这一背景下,建立和完善大学章程逐步提上日程。1995年《中华人民共和国教育法》(以下简称《教育法》)明确规定:设立学校及其他教育机构,必须具备"章程"等基本条件,学校按照章程自主管理。1998年《中华人民共和国高等教育法》(以下简称《高等教育法》)颁布后,大学章程被正式确定为大学成立的法定条件。1999年12月,教育部在《关于加强教育法制建设的意见》中进一步提出:各级各类大学要"依据法律、法规的规定,尽快制定和完善大学章程,经主管教育行政部门审核后,按章程依法自主办学"。《教育部关于实施〈中华人民共和国高等教育法〉若干问题的意见》中也指出:"根据《中华人民共和国高等教育法》第27条的规定,今后设立高等学校者,必须向审批机关提交章程。在《高等教育法》施行前设立的高等学校,未制定章程的,其章程补报备案工作由其教育主管部门制定规定逐步进行"。在这一背景下,2006年,我国高校颁布了第一部大学章程——《吉林大学章程》,此后,上海交通大学、中国政法大学、东北农业大学、东北林业大学、北京化工大学、广东外语外贸大学、黑龙江大学等也陆续出台了章程。大学章程从无到有标志着建设现代大学制度这一目标在我国的确立,明确了我国高等教育改革的方向。

《国家中长期教育改革和发展规划纲要(2010~2020年)》明确提出要"完善中国特色现代大学制度,加强章程建设,各类高校应依法制定章程,依照章程规定管理学校"。在政策推动下,目前,完善大学章程成为新一轮高等教育改革的标志,但观察我国大学章程建设的现状,一方面,大部分大学还尚未制定章程,存在章程缺失的现象;另一方面,已经颁布的章程大多采用统一、雷同的范本,存在效力不明、内容粗陋,表述过于抽象、空洞,缺乏客观、细致的操作规程的现状,造成章程泛形式化、千章一面的弊端,无法应对大学组织结构内部可能出现的矛盾冲突,难以发现自主的制度安排与创新,出现了"无章可依、有章难循"并存的现象。面对这种情形,如何发挥章程建设的实质功能成为一项重要的课题。

(二)制度环境缺失制约着章程的效能

对于大学治理而言,章程既是目的又是手段。作为一种目的,章程是现代大学的制度载体,秉承着大学的传统,蕴含着大学的精神和本质,无章程则无现代大学;作为一种手段,章程是建构现代大学制度的必要条件,发挥着确立大学法律地位、整合大学组织的作用。章程功能的发挥标志着国家对大学的生成管理与发展走向制度化。从管理学的角度来看,"制度条件"是大学运行中一系列准则的总和,"大学章程"仅仅是大学"制度条件"的载体之   。"制度是内生的",它的形成和功能依赖于它们产生和发展的环境,❶因此,章程的制度环境是章程价值确立的保障,探求章程功能的发挥必然离不开制度环境。章程是大学发展中成熟经验的总结,作为载体,在章程文字的背后演绎着制度变迁、利益平衡、权力博弈,而它所凝聚着的大学精神,沉淀着的大学传统正是章程的形成机制和功能实现机制的制度环境。在我国,由于大学精神与传统的缺失导致章程所依存环境的或缺,致使大学章程的作用始终游离于理想与现实之间。

新中国成立以后,作为整合、动员社会资源的方式,单位体制迅速成为中国社会的组织调控手段。在这种体制下,整个社会组织按职能被区分为行政、事业与企业单位,并纳入一定行政级别。这种管理模式导致各种类型的"单位"实际上是作为国家政治组织的"延伸体"存在,成为国家公共职能的承担者和行政体制的基本单元。上令下从、高度隶属、层级节制是"单位"组织规制的共同性。在这种体制下,作为事业单位的大学具有浓烈的行政色彩,也渗透出很强的官僚主义弊端。政府对高等学校采取以行政命令为主的管理方式,包揽了从举办到管理、监督的一系列权力。虽经多次改革,大学行政化、官僚化的现象依然十分严重。改革以来,由于体制变革和社会发展动力机制的开发,我国单位体制开始分化。改革所引发的社会结构变迁反映到法律层面可以概括为由官僚化的单位治理模式向自主化的法人治理模式演变。在这一背景下,我国从 20 世纪 90 年代提出确立高等学校的法人地位问题。1985 年 5 月,中共中央作出《关于教育体制改革的决定》,指出我国高等教育体制中存在的弊端,强调要"改革管理体制,在加强宏观管理的同时,坚决实行简政放权,扩大学校的办学自主权"。1986 年《中华人民共和国民法通则》(以下简称《民

---

❶ 〔美〕亚当·普热沃斯基:"制度起作用吗?",晓健编译,载《经济社会体制比较》2005 年第 3 期。

法通则》)从民事法律关系的角度明确了事业单位的法人地位。1992 年《国家教委关于直属高校内部管理体制改革的若干意见》首次正式提出，"国家教委直属高校是由国家教委直接管理的教育实体，具有法人地位"。1993 年 2 月，中共中央、国务院颁布《中国教育改革与发展纲要》，提出："在政府与学校的关系上，要按照政事分开的原则，通过立法明确高等学校的权利和义务，使高等学校真正成为面向社会自主办学的法人实体。"1998 年《高等教育法》第 30 条规定："高等学校自批准设立之日起取得法人资格。"从而对高等学校法人地位给予再次确认，但这种确认更多体现为民事主体地位的认可，并未从根本上明确高等学校与政府之间的关系，也未完全厘清科层管理与法人治理的具体差异。尽管《高等教育法》规定了七项办学自主权，但是由于现有法律规定过于笼统，权力的范围、尺度、规则不明，实施、监督缺乏相应的保障机制。加之长期以来我国大学缺乏自治的传统与经验，校内缺乏有效机制来确保大学自主权的落实，官僚体制的制度惯性仍根深蒂固。这意味着现行法律仅仅从形式上完成了对学校法人制度的认定，距离大学以独立法人身份处理与政府、社会的关系仍相去甚远。在政府与大学的关系上，大学仍具有明显的附属性，办学自主权没有得到具体落实。在大学内部管理中，传统的行政管理模式并没有实质改变，大学的学术品质仍得不到充分显现。

这一现状标志着我国的大学仍徘徊在传统体制之中，存在着大学精神不明，大学自治传统缺失，大学民主管理能力欠缺等弊端，意味着大学章程建构理念和基础尚存不足。"在法治化进程中，物质性与技术性的法律制度——即法治的'硬件'系统——相对而言是比较容易构建或引进的。但它们若要真正发挥其应有的价值功效，必须有与之相适应的精神、意识和观念——即法治的'软件'系统——予以奠基和支撑"。❶ 在建构现代大学制度的过程中，制定章程只是一种形式完备，章程功能的发挥还必须依托相应的保障机制。正是由于目前大学存在着"内在"与"外在"的结构性矛盾，严重阻碍了我国公立大学章程"制度作用"的发挥。

(三)制度构建中章程作用的合理期待

制度形成机制和功能实现机制是章程作用的保障。英国著名的教育学家阿什比曾形象地将大学比喻成处于缓慢进化过程中的有机体，章程的制度环境正是在这一漫长的过程中逐渐萌生、发展、完善。如果脱离制度生成的环境

---

❶ 姚建宗："信仰：法治的精神意蕴"，载《吉林大学社会科学学报》1997 年第 2 期。

依托,大学章程将无法走出效力不彰,千章一面、形同虚设的宿命,而这两种保障机制的确立是长期积淀的结果。这意味着单纯通过制定章程并不能解决我们所面临的大学治理问题。目前,我国高校去行政化改革的核心在于通过完善大学法人治理模式落实大学自主权,就路径而言,大有以章程建设促大学改革之势。无疑,章程的完善是促进大学改革的重心,但同时必须意识到在我国引入章程是政府推行大学改革的手段而非大学制度自然演进的结果,改革的阶段性与制度空间的有限性决定了现阶段章程建设并不能发挥决定性作用。因此,在今天方兴未艾的大学章程建设中,思考章程能否涵摄、统领我国现代大学制度建设,能否担当作为大学"基本法",彰显大学办学理念、界分大学自主权、引领大学文化、凝聚大学组织力量的功能,即冷静思考我国特定背景下章程功能的有效性与有限性是大学制度建构路径选择的前提。

反思我国章程建设的现实,解决章程功能困境的关键在于大学自主权确立的路径选择,这涉及大学章程的效力来源,关系到大学治理中的政治理念以及改革的原动力,也决定着大学自治空间的大小。如前所述,出于确立共同价值标准、整合意识形态、服务社会经济发展、实现国家"政治目的"等多方面的需要,大陆法系国家推行以公立大学为主导的高等教育体制。在公立大学的制度体系中,章程效力源于法律,形成了以法律为主导的大学自治模式。在这一模式中,大学自治乃是国家权力秩序架构下的产物,法律赋予大学法律地位,明确自治范围,决定章程的自由空间,设定章程遵循的基本规则和框架。章程的功能则在于落实国家法律所意图实现的自治目标,填充为落实自治目标所得到的自由空间。法律既是自治的权力来源,又是自治的界限。在章程必须接受法律约束的基础上,法律尊重章程自由。这种以法律和国家为主导的大学自治标志着大学被纳入公共机构的范畴,受到更多的政府管制,意味着国家在大学自治制度中处于决定性地位,是自治制度推行的主导力量。这种自治是国家主义大学治理理念的产物,与基于契约的自治存在本质的区别。大陆法系的德国、日本目前正在实施的公立大学改革所遵循的路径都体现为国家主导,推行一种自上而下的变革,将大学变革纳入政府行政体制改革中,表现为国家在大学管理中的退步抽身。在这场变革中,改革的阻力主要来自公立大学对传统体制的依赖。这种体制依赖性决定了改革的原动力并不在于大学本身,也决定了凭借章程建设实现大学治理的自我突破势必难以取得实质进展。

大学自治模式的差异不仅是大学章程研究的内容,也是制度借鉴的前提。公立大学处于我国现行高等教育体系的主导,无论是我国大学的起源还是发展均具有浓烈的国家主义传统与色彩。这种传统使得我国大学制度生成无法摆脱对国家建构路径的依赖。在我国当前的高等教育改革中,围绕着现代大学制度的构建涉及大学与政府的关系、大学自主权的落实和规范、大学内部学术权力与行政权力的调适等时下理论界的热点问题。在外部关系中首要问题是处理好政府与大学的关系,合理界分大学自主权的范围;而内部关系的核心问题是通过组织体系的制度化落实大学自主权的行使。现实中,这两个层面的改革都无法摆脱对政府主导路径的依赖。

　　一方面,在我国,大学的生存与发展取决于自身能力的建构与政府的认可。积极争取和维持体制内资源,并在政治层面上与政府目标保持一致是公立大学的共性,虽然大学自主性不断加强,但资源来源的非社会化和单一性,使得获得政府体制内资源的稳定支持仍是大学生存、发展的根本,在这种情况下,大学无不体现出强烈的"体制依赖"性,加之自治机制尚未得到充分的发育等现状,使得我国大学自治的制度建构中存在着严重的政府主导性,这意味着通过自上而下的行政改革改变政府与大学之间的传统关系是我国现代大学制度建设的主导路径,意味着大学改革是我国行政体制改革的组成部分,在很大程度上与我国行政体制改革具有同步性。

　　另一方面,"中国的大学治理是一个包含四种基本权力的权力结构体系,是一个要求四种权力在和谐关系中协同治理的权力关系架构……在四种权力的博弈中,目前的问题是:政治领导权力和行政权力居于强势地位,学术权力和民主管理权力则处于相对的弱势处境。明晰的学术权力和有效的民主参与的缺失,是当前我国现代大学制度发展进程中的制度性瓶颈"。❶ 在错综复杂的内部权力结构调整中,首要问题在于保障学术权力的合理地位,以确保学术自由这一大学精神的传承,这不仅关系科层体制的打破,同时涉及政治体制改革的深化,其目标的实现远非一校章程所能承载,也决定着单纯通过大学章程根本无法实现大学内部治理结构的完善。

　　总之,如何协调分权自主与国家干涉是大学制度的核心,这一问题的解决关系到大学与国家关系模式的选择,也是大学定位的决定因素。在我国,大学自主权的扩大是政府职能转变的体现,因此,大学制度形成中的政府主导性是不容忽视的。特殊的背景和目标决定着制度形成的必然之路,解析我国现阶段国家与大学的关系以及未来走向是构建与之相适应的法律制度的基础,也是界定大学章程功能的前提。

---

❶　秦惠民:"我国大学内部治理中的权力制衡与协调",载《中国高等教育研究》2009年第8期。

我国高校章程制定的法律分析

——兼论我国《高等学校章程制定暂行办法》的不足*

姚金菊**

摘 要:《高等学校章程制定暂行办法》的公布施行并未解决有关高校章程的诸多法律问题。有必要明确高校章程应当具有对内规范和对外制约双重功能,章程制定主体和程序在统一规定下应尽量尊重高校的自主性和多样性。有关高校章程制定的规范应当以充分实现章程制定目的、发挥章程功能为导向。

关键词:高校章程 功能 制定主体

教育部制定的《高等学校章程制定暂行办法》于 2012 年 1 月 1 日开始施行,但有关我国公立高校章程制定中的诸多法律问题仍有深入研讨的必要,有必要依据我国现行教育法律规定,结合我国现状进行全面的法律分析。

一、公立高校章程的内涵分析

较之以前的版本,《高等学校章程制定暂行办法》最终明确适用范围为国家举办的高等学校,即公立高校,❶排除了私立高校的适用。这样既考虑了公立高校作为我国高校主体的现状,也符合《中华人民共和国民办教育促进法》

* 本文系"中央高校基本科研业务经费专项资金资助"(Supported by the Fundamental Research Fund for the Central Univerisities)和"公立高等学校法律治理研究"(编号为 2010XJ001)项目的阶段性成果之一。本文写作受到北京大学教育法中心湛中乐教授举办的大学章程与大学治理研讨会上诸多位专家发言的启示,并得到教育部政策法规司王大泉的帮助,笔者在此表示感谢。

** 姚金菊(1977~),女,满族,河北遵化人,北京外国语大学法学院副教授,法学博士。研究方向为行政法学、教育法学。

❶ 《高等学校章程制定暂行办法》第 2 条:"国家举办的高等学校章程的起草、审议、修订以及核准、备案等,适用本办法。"《高等学校章程制定暂行办法》第 32 条:"新设立的高等学校,由学校举办者或者其委托的筹设机构,依法制定章程,并报审批机关批准;其中新设立的国家举办的高等学校,其章程应当具备本办法规定的内容;民办高等学校和中外合作举办的高等学校,依据相关法律法规制定章程,章程内容可参照本办法的规定。"

（以下简称《民办教育促进法》）的规定，依据该法，章程是民办高校获得行政审批的必要条件。公立高校的章程制定是我国亟待解决的问题。

制定章程，必须先了解高校内涵。高校章程内涵取决于高校章程功能的确定，高校章程功能的确定直接取决于我国高校章程制定的背景，即我国公立高校章程制定的背景决定了对高校章程的功能期待，进而决定了章程的内涵，章程内涵确定则章程的制定主体及内容等就容易明确。

目前，有关高校章程有两种功能界定：第一，高校章程是高校成立的法律依据。该观点强调章程对高校设立的作用，即高校的合法性问题，重点在于高校可以依据章程来处理与政府等的外部关系。客观来看，章程本身既是高校依法成立、成为独立法律主体的必要条件之一，也是高校成立后内部运转的法律依据。不区分高校成立的法律依据与高校运转的法律依据，简单地将高校章程理解为处理外部关系的规范，忽视高校章程本身也需要法律依据的做法是不正确的。第二，高校章程是高校的自治规章或契约法。该观点强调章程对高校内部运转的作用，重点在于高校可以依据章程来处理其内部关系，认为"高校章程是高校必须具备的、由设立者制定的对高校及其内部所有成员和组织具有约束力的调整高校内部组织关系和运转行为的自治规章"，❶此种将章程作为内部运转依据的观点忽视了高校章程对外部关系的制约作用。

从我国现行教育法规的规定来看，高校在设立时即应具有章程，学校有权"按照章程自主管理"。但从现实来看，我国大部分公立高校都没有制定章程，呈现出法律规定与现实脱节的尴尬状态。有人据此认为公立高校是"非法运转"。这种看法实际上混淆了高校成立的合法性与高校运转的合法性问题。《高等教育法》的制定实施在时间上晚于大多数高校的设立，根据"法不溯及既往"原则，不能据此认为公立高校非法成立或运转。"按照章程自主管理"具有双重含义，所谓"自主"是相对于高校外部而言，"管理"则相对于高校内部而言，自主管理是高校在相对于教育行政等部门外部独立的基础上进行的内部管理，可见高校章程具有对内对外的双重功能。从现实对高校章程的功能期待来看，高校章程也应具有双重功能。近年来，各界希望通过章程制定来完善现代高校制度，借此解决公立高校目前存在的问题——外部对政府缺乏自主性，内部运转不够规范。这导致各界对高校章程的制定抱有很高的功能期待，希望章程能明确高校对外部的自主性与对内部的规范运转。教育部也希望章程具有外部自主和内部规范的双重功能，曾在官方讲话和文件中提出："研究

---

❶ 参见《香港中文大学条例》。

制定《关于加快推进学校章程建设的若干意见》，依法规范学校与政府、社会的关系。"❶"发布《高等学校章程制定办法》，保障高校办学自主权，完善学校内部治理结构"。❷"要着力完善学校内部治理结构，坚持和完善公办高校党委领导下的校长负责制，颁布实施普通高等学校章程制定办法，促进高校章程建设"。❸"出台高等学校章程制定办法，系统推进学校内部管理体制改革，逐步形成依照章程规定管理学校的机制和氛围"。❹

　　无论从现行教育法规的规定还是从我国对高校章程制定的功能期待来看，高校章程都应该具有外部和内部双重功能。这样的功能定位也应是我国高校章程制定的目的。《高等学校章程制定暂行办法》最终也肯定了章程对内对外的双重功能。遗憾的是，《高等学校章程制定暂行办法》更多强调了章程的对内功能，即章程对高校行为的调整，在高校对外（举办者和教育行政部门）自主方面强调不足，而从实际效果来说，《高等学校章程制定暂行办法》作为部门规章也很难真正发挥对国家作为举办者的制约作用。❺

二、高校章程制定主体的理论分析

　　我国学者对公立高校章程的制定主体主要有几种看法，一是由高校自身制定，二是由高校设立者主要是教育行政部门制定，三是由立法机关如较大市以上地方权力机关制定，四是认为不同种类高校分别由不同主体如地方权力机关或教育行政机关或高校自身制定。

　　由高校自身制定章程，虽然符合我国目前章程制定的现实，但却与章程制定的功能期待及目的不一致。一般来说，公立高校自身制定的章程只能规范

---

❶　教育部政策法规司司长孙霄兵："全面服务教育科学发展 全面推进依法治教"，载 http://www. moe. edu. cn/publicfiles/business/htmlfiles/moe/moe_627/201008/97198. html。

❷　参见《教育部 2011 年工作要点》，载 http://www. moe. edu. cn/publicfiles/business/htmlfiles/moe/moe_164/201102/114836. html。

❸　参见袁贵仁 2011 年 1 月 24 日《全面落实教育规划纲要 深入推进教育事业科学发展——在 2011 年全国教育工作会议上的讲话》，载 http://www. moe. edu. cn/publicfiles/business/htmlfiles/moe/s3048/201102/115324. html。

❹　杜玉波《在 2011 年全国教育工作会议上的讲话》(2011 年 1 月 24 日)，载 http://www. moe. edu. cn/publicfiles/business/htmlfiles/moe/s3048/201102/115388. html。

❺　参见《高等学校章程制定暂行办法》第 3 条第 1 款："章程是高等学校依法自主办学、实施管理和履行公共职能的基本准则。高等学校应当以章程为依据，制定内部管理制度及规范性文件、实施办学和管理活动、开展社会合作。"《高等学校章程制定暂行办法》第 5 条："高等学校的举办者、主管教育行政部门应当按照政校分开、管办分离的原则，以章程明确界定与学校的关系，明确学校的办学方向与发展原则，落实举办者权利义务，保障学校的办学自主权。"

高校内部关系,无权也不可能规定高校与外部的关系。这样不利于解决我国公立高校目前遭遇的现实问题,而且依据《高等教育法》的规定,高校在设立时即应当提供章程,我国目前要求高校制定章程与其说是高校成立合法性的事后补正,还不如说是解决高校治理中目前遭遇的外部独立性不足与内部治理混乱的问题。

由教育行政部门制定章程,虽然在一定程度上提高了章程的效力,但并不必然因此使得章程对外部具有规章的效力。由教育部制定的高校章程固然可以具有规章的效力,在一定程度上解决了公立高校与外部的问题,但可能出现公立高校章程千篇一律的情况。从现实来看,教育部不可能有精力为每一所高校度身定做章程,况且我们绝对有理由怀疑教育部自身作为立法者制定的章程是否能够有效规范教育部自身行为。如果说教育部主管高校由教育部制定的章程还具有规章效力的话,地方教育行政部门所制定的章程则只是行政规范性文件,根本不具有任何属于法规范体系的效力,更无助于解决公立高校所面临的问题。

由地方权力机关制定地方性法规的形式来制定章程,从效力上来看固然能够规范公立高校与教育行政部门的关系,但实际上这也并不具有现实性。我国目前公立高校有国立和省立之分,对于大多数的公立高校,无论是全国人大及其常委会还是省级人大及其常委会都不可能针对每一高校制定章程,而如果权力机关为所有的国立或省立高校制定统一的章程,就会出现与教育部统一制定章程同样的弊端,忽视高校的个性与特色,甚至会起到与章程制定目的相反的作用。

其实,以上三种制定主体模式都忽视了高校章程在自治立法外还具有契约法的性质。即无论谁作为高校章程的制定主体,高校章程总是要对高校内部成员发挥作用。从社团法人性质出发,高校内部成员应当参与章程的制定。但从教育法规的规定来看,高校章程产生在前,成员确定在后,成员对章程制定的参与权仅能表现为同意权和修改权,而非创制权。从我国高校目前章程制定的现实来看,高校章程的制定已经在高校成员确定之后,高校成员应当有权参与章程的制定。这样高校章程就具有自治规范的作用,进而可作为高校内部治理的依据。因此,可以肯定的是,在现阶段公立高校要制定章程,一定要有高校内部成员的参与,并且应当以明确的制度加以保障。

在现行教育法律框架内解决公立高校章程制定主体的合法性问题,需要对相关规定进行分析。在公立高校无章程的现状与教育法规的规定不一致的情况下,最好的法律解决途径是将教育法有关章程的规定视为一种"法律授权",即授权公立高校有权事后补正制定章程——毕竟《高等教育法》的规定施行在后——教育部要求公立高校制定章程是对《高等教育法》规定的贯彻和落实。这样就从理论上解决了章程制定主体的问题。肯定了《高等教育法》的授权,无论是高校还是教育行政机关或是地方权力机关作为制定主体就都具有了合法性,也能够发挥章程对外对内两种功能。但不应统一公立高校章程的制定主体或单独由某一主体作为章程制定机关,而应视具体情况确定公立高校章程的具体制定主体,留出弹性空间。即使确定章程的制定主体,也可以在程序上有不同的设计。如部分公立高校自身制定章程,可以通过教育部或地方权力机关备案或批准程序,这样教育部或地方权力机关通过间接方式也参与了章程的制定。当然,不可忽视的是,无论是谁作为制定主体,都不能忽视高校的有效参与。

目前,我国公立高校的章程制定基本上都是以高校作为制定主体,方式较为单一。《高等学校章程制定暂行办法》有关章程起草主体的规定❶强调学校内部(行政和学术权力、教师和学生代表)的"应当"参与,社会等主体则属于"可以"参与,充分体现了章程的内部契约法性质。细究规定即可发现更加微妙之处在于应当参与的高校内部之外的两种主体:"相关专家"和"学校举办者或者主管部门的代表"。专家应当参与应该是为了保证章程制定的专业性,但应该如何界定专家?对专家来自高校内外有无要求?如何解决专家与高校可能的内部成员关系?如果专家来自制定章程的高校内部,如何保证专家的有效参与恐怕也是一个问题。而"学校举办者或者主管部门的代表"就更令人回味,主管部门无疑是教育行政机关,但谁是学校举办者呢?依据《高等学校章程制定暂行办法》,高校举办者是国家,那么该由谁作为代表才能与教育行政机关并列呢?权力机关吗?这里的语焉不详充分体现了有关章程制定主体的争论,这样规定不仅没有搁置争议,反而更增疑惑。或者这也是《高等学校章程制定暂行办法》的一种妥协?无论如何,笔者建议继续积极探索多种主体制定方式,在条件允许时不妨由立法机关参与章程制定,或者经过高校制定程序后考虑由立法机关通过的程序制度来进一步完善章程的制定。

---

❶ 参见《高等学校章程制定暂行办法》第16条:"高等学校应当按照民主、公开的原则,成立专门起草组织开展章程起草工作。章程起草组织应当由学校党政领导、学术组织负责人、教师代表、学生代表、相关专家,以及学校举办者或者主管部门的代表组成,可以邀请社会相关方面的代表、社会知名人士、退休教职工代表、校友代表等参加。"

三、对公立高校章程制定的实证分析

完善的制度离不开实证分析。《高等学校章程制定暂行办法》施行尚需时日,对已有高校章程制定的实证分析有益于其顺利实施。此处选择吉林大学、中国政法大学和北京化工大学三所大学的章程,从章程地位、制定主体、目的和依据、制定程序和内容方面进行章程文本分析,以提供借鉴。

第一,章程地位。章程的地位直接关系到章程制定的意义,但遗憾的是,三所高校中仅有中国政法大学在章程中明确规定了章程的地位及效力——章程在学校规章制度中具有宪法性地位。如果不明确章程在学校治理中的根本性地位,章程的制定在某种程度上就失去了意义。

第二,制定主体、依据和目的。三所高校的章程都未明确制定主体,但从制定过程来看,章程制定机构一般为高校内部设立的起草委员会,成员主体基本来自学校内部,没有教育行政机关以及其他外部主体的参与,在内部具体成员的选择上没有明确相应的标准。三所公立高校章程都规定了章程的制定依据,制定目的也有相通之处,但并不完全相同。如吉林大学和北京化工大学章程制定目的强调对高校内部的规范作用,中国政法大学则还强调了章程对学校自主管理的作用,这实际上是以一种比较隐晦的方式体现了有关章程内涵的争议——章程是仅仅对内还是兼具对内对外两种功能。

第三,章程的制定程序(包括审议、通过和备案)。三所高校章程虽然对制定程序有所规定,但并不完备,仅限于章程的审议、通过和备案等,对章程起草过程中的民主参与、公开等程序并未规定。即使仅将章程定位为对内具有约束力的规范,基于章程要对高校内部成员发生效力,也需要包括高校教师和学生等在内的高校成员的广泛参与,而这些在高校章程的制定程序中都明显缺乏,这使得高校章程较之于权力机关的立法程序更缺乏民主。另外,三所高校都规定了报教育部备案这一程序,但在备案的法律效力上规定并不明确,仅有中国政法大学明确规定章程经教代会审议后即生效,教育部备案并非章程生效的法定程序;三所高校章程在审议和通过程序上也存在着很大不同,主要体现为两种不同模式,一是单纯的教职工代表大会审议通过生效模式,二是教代会等机构审议后由党代会通过模式,而后一模式对教代会等机构审议与党代会通过程序之间的关系并未规定,而这涉及教代会与党代会的权力划分问题,不解决好二者之间的关系,很可能使该规定最终流于形式。

第四,章程的修改。三所高校都依据《高等教育法》规定了章程的修改事宜,但章程的修改主体及修改程序并不相同。中国政法大学的章程修改规定与章程制定程序保持了一致："由校长向教代会提出并说明理由"，章程的修正案仍由教代会审议通过，但与章程制定程序一样并未规定教代会的通过比例；至于吉林大学和北京化工大学则完全舍弃了章程制定程序规定的教代会审议环节，仅规定了党代会的章程修改权限。党代会与教代会在章程制定和修改权限方面的冲突体现的非常明显。

第五，章程的解释。《高等教育法》并未明确规定章程解释事宜，但除吉林大学外，中国政法大学和北京化工大学都规定了章程的解释权，但章程解释的主体各不相同，前者为教代会主席团，后者为党委会。这再一次彰显了我国目前教育法治亟待解决的问题——教代会与党代会及党委会的权力划分问题。

第六，章程的内容。三所高校在章程结构和内容上有着众多相似甚至雷同之处，但有关学校性质规定并不完全相同。三者虽然都肯定了学校的法人资格，但在法人的公法和私法性质上规定并不明确，即使同样规定学校的"非营利性事业组织"性质，但在法律责任的承担上强调的重点也不相同，相较于吉林大学强调独立承担"法律责任"，北京化工大学则强调独立承担"民事责任"。这些看似细微的规定上的不同实际上体现的正是目前有关高校尤其是公立高校法律性质的争议。如果法律上没有对高校法律性质的明确定位，章程有关学校性质的规定即使不是一纸空文，至少也是流于形式。此外，章程细节上的具体差异性体现了一些争议性话题，如在管理体制、校长职权、院系组织机构及其人选确定、教代会职权、教师任职条件等方面的规定上呈现出一定个性，尽管呈现出的这种个性非常有限。

《高等学校章程制定暂行办法》虽然对一些问题作了规定，但对章程制定过程中教代会与党委之间的权限仍然采取模糊态度，有关章程解释以及章程核准备案的效力等仍有待研究。《高等学校章程制定暂行办法》在《高等教育法》的基础上增加了高校章程应当规定的内容，为章程文本提供了进一步的框架和依据，但并不意味着高校章程的内容就一定是相同的，高校章程在此框架内应该有个性空间。

四、初步结论：公立高校制定章程宜稳步推进

如果说公立高校章程制定的目的之一就是去行政化，避免或者降低行政对高校的不合理侵入，那么现在教育部要求高校制定章程本身也是一种行政介入，尽管这种行政介入是以行政立法的形式加以体现的。这种悖论充分体现了我国公立高校的现状——既需要保障公立高校对外的自主权限，又需要规范高校对内的各种失范行为；既需要远离政府介入，又需要接近政府监督。

如何在远近之间衡平,使得政府有限介入、高校真正自主,这或许正是教育部推行公立高校制定章程的目的所在。

可以肯定的是,教育部推动公立高校制定章程的初衷是好的,公立高校也确实应该制定章程,但目前有关章程制定的理论探讨和实证分析还不充分,如果硬性规定公立高校在某个期限内要完成章程的制定恐怕并不能实现立法的初衷。现有公立高校章程个性化的缺乏就体现了这一缺陷。公立高校章程制定不应是为了完成教育部推行的任务,而应是为了保障和完善高校自身的治理。在强调公立高校制定章程之时,应该让各公立高校充分认识到章程制定对高校的意义。通过程序性规定对公立高校章程制定加以引导。从这种意义上讲,教育部没有采取命令或通知方式,而是通过规章方式;没有采取统一制定章程的方式,而是采取规定章程制定办法的方式来推动公立高校制定章程具有进步意义。

同时,教育部似仍有检讨空间。笔者建议如依照《高等学校章程制定暂行办法》高校章程经教育行政机关核准后以学校名义发布,考虑到章程制定主体中已经有"学校举办者或者主管部门的代表"参与,是否可以认为章程基于国家参与和核准而具有了法律规范的性质,这样章程才可能发挥对外的制约功能。鉴于未来有的地方立法机关可能愿意参照香港赋予高校章程以法规地位,《高等学校章程制定暂行办法》有关教育行政机关的核准规定等可能反而构成限制。或者,只要不与现存法律相抵触,允许不同类别的公立高校由不同主体通过不同程序制定章程,通过公法"授权理论"提升高校章程的法律属性,也不失为一个好的选择,至少地方探索高校章程制定的程序、提高章程的效力值得鼓励。

需要重申的是,必须在法律允许的框架内推进公立高校章程的制定,不能逾越法律界限,尤其要注意尊重高校的办学自主权和多样性,要以充分实现章程制定目的、发挥章程功能为导向。如教育行政机关可以制定章程示范文本,但不能求同,且要鼓励高校存异。总之,《高等学校章程制定暂行办法》还面临着一系列的问题,能否真正解决我国公立高校目前存在的问题也还有待检验。毕竟,制定规范本身不是目的,目的的实现才是最终所欲,但只要开始就有了希望。

论教师批评言论的合理界限

杜强强　阳　平*

摘　要:公立高等学校能否因为教师的批评性言论而将其解雇?对这个问题的回答,取决于对以下两方面法益的衡量:一是教师批评性言论受宪法言论自由保护的程度;二是高等学校对教师的自主管理权。教师的批评性的言论应当受到宪法的保护,但在强调这种宪法保护的同时,不能否认高等学校依法拥有自主管理教师的权利。只有在对这两种法益进行必要的衡量之后,才能确认对何者的权利保护为优先。

关键词:教师权利　特别权力关系　批评言论

2008 年 10 月,湖北民族学院举办建校 70 周年校庆大会。当时身为湖北民族学院外聘代课老师的郭广林,写了一篇名为《不明不白、不三不四、不痛不痒》的博文,他写到:"校庆变味了,摆开收钱的阵势,看着让人恶心,别忘了这是大学,一所以传播文化、教学育人为己任的学府,不以文化品位去感染社会、引导民众,反而附庸社会庸俗的风气,悲哀!!!"其博文被国内各大网站转载,引发了不少网友的批评性评论。后郭广林被解聘。尽管校方未公布解聘原因,但不少师生认为"肯定是批评的博文引起的"。❶ 对于这个事件来说,需要回答的问题就是:郭广林是否有权批评校庆活动?学校能否因这种批评言论而将其解聘?

实际上,因教师对学校发表批评性言论而招致报复性解聘的事件,在我国恐怕绝非郭广林一例。当然这亦绝非我国特有的现象,仅美国就发生过大量的同类争讼。从美国法院的实践看,在 20 世纪 60 年代以前,法院基本上都倾

---

* 杜强强(1972~　　),男,首都师范大学政法学院副教授;阳平(1972~　　),女,中央财经大学法学院副教授。

❶ 参见《新京报》2008 年 11 月 8 日、14 日的报道。

向于作出有利于学校的判决,其基本理由在于,教师既然接受了学校提供的岗位,那也就因此放弃了相应的宪法权利。20世纪60年代之后,法院态度大变,其基本思路是在教师的宪法权利与学校的行政管理之间营造一个大致的平衡。这个思路一直持续到今天。从最近几年发生的案例来看,美国法院似乎又在朝着倾向于维护行政管理的方向进发。本文拟就美国法院处理教师与学校之间争讼的实践做基本的介绍,同时借鉴美国法院的实践,并结合我国的高等教育法制现状,就我国处理教师与学校之间类似纷争的解决,提出自己的见解。

一、教师的公开信与学校的报复——Pickering 案的案情

在20世纪初期,对因教师的批评性言论而招致学校报复性解聘之争讼,美国法院基本倾向于维护学校的管理权。法院的思路是:教师既然接受了公职,就放弃了其作为普通公民而享有的宪法权利。这一原则,经典地体现在1892年霍姆斯在任马萨诸塞州最高法院大法官时的一份判词中。他这样宣称:"上诉人或许拥有谈论政治的宪法权利,但他没有宪法权利成为一名警察。按照雇佣契约的默示条款,几乎没有哪种工作岗位雇员不会同意搁置其自由讨论和闲逛的宪法权利。因为雇员接受了工作岗位的条件,因此他不能再对此提出质疑。"❶

霍姆斯的上述见解一直成为美国法院持有的信条。不过从20世纪50年代之后,美国联邦最高法院逐渐抛弃了这种理论,转而认为即便个人没有"权利"成为一名公职人员,但政府却不能免于宪法的限制而随意将行使自身宪法权利的公职人员解雇。❷这一转变的重要标志是发生在1968年的 Pickering v. Board of Education 案,其大致案情是这样的:

1961年2月,美国伊利诺伊州威尔县205学区的教育委员会,请求学区居民批准其发行债券以筹措资金创办两所新学校,但遭到居民的否决。不过12月它再次请求学区居民批准其发行债券创办新学校的请求,这一请求得到了居民的投票批准。1964年5月,教育委员会又向当地居民提出增税的建议并请求批准。在学区居民就该建议进行投票前,当地报纸刊发了一组号称出

---

❶ Mcauliffe v. Mayor of New Bedford, 155 Mass. 216, 29 N. E. 517 (1892). 这里需要说明的是,在美国,公立学校的教师和政府工作人员一样,都属于"政府雇员",享有和政府人员基本同等的法律地位。

❷ Van Alstyne, *The Demise of the Right-Privilege Distinction in Constitutional Law*, 81 Harv. L. Rev. 1968, p. 1439.

自205学区教师的信件,这些信件力主居民投票批准增税,声称否则将导致学区教育质量的下降。在投票日两天前,当地报纸还刊发了学区教育局长相似内容的信件,这封信的油印件还于次日被递送到了居民手中。不过居民还是投票否决了增税的提议。

Pickering是205学区的教师,他目睹了当地报纸刊发的他的同事们的信件。在学区的建议被居民投票否决后,他向当地报纸的主编写了一封信,揭露了个中缘由。他在信中指出,本来按照学区当局的承诺,1961年发行债券筹建的学校不应当建设游泳池、运动场等体育设施,但学区当局却进行了违规建设;学校不能为教师支付工资,却偏偏要借款为田径场铺设草皮,而与此同时学校的其他教学设施却得不到应有的维修。更为严重的是,学区当局在这次增税投票前的动作有误导居民之嫌。他指出,当地报纸在居民投票前曾刊载了多封声称来自学校教师的信件,但这些信件都经过教育局长的授意,而这些信件其实也仅仅得到了5、6个教师的同意,绝大部分教师对此根本毫不知情。他还说,教育局长还曾经告诫教师们:"谁反对这次投票就不会有好果子吃!"他在信中最后说到:我写下这封信,是基于我作为一个公民、纳税人和投票人的身份,而不是作为一名教师,因为教师的这种自由权已经被学区当局剥夺走了。

这封信件一经公开,学区教育委员会随即决定将Pickering解雇。在解雇其的听证会上,教育委员会指责Pickering的信件存在若干失实之处,而他对学区当局和学校"动机、诚信、团结、真诚、责任和能力"的攻击毫无根据,其行为损害了学校员工和学校管理层的职业声誉,无谓地挑起了学校教师、管理层、教育委员会和当地居民之间的争议和冲突。听证会因此认为,Pickering的公开信"妨碍了学校的有效运行和管理",从而决定将其解雇。Pickering随即提起诉讼,主张其撰写公开信的行为受宪法第一修正案的保护。伊利诺伊州最高法院否定了这个理由,法官认为Pickering既接受了公立学校的教师职位,就已经放弃了对学校管理予以评论的权利,而"如果不占有这个职位,他毫无疑问有权利这样做"。Pickering只好向联邦最高法院提出上诉。

二、平衡点的寻求——法院的基本思路

美国联邦最高法院于1968年6月3日作出了判决。诉讼刚开始时,法院指出,伊利诺伊州最高法院的观点是:教师因其岗位职责而放弃了他作为普通公民本享有的就学校管理等关涉公共利益的事务发表评论的权利,但这个观点已经被最高法院在先前的诸多判例中"毫不含糊地"拒绝了。与此同时,不

容否认的是,作为雇主的政府有权规制其雇员的言论,这是其合法利益。在任何案件中,作为普通公民的教师有权对公共所关切的事务发表评论,这是教师的利益之所在;而作为雇主的政府有权通过其雇员促进有效的公共服务,这是政府的利益之所在;法院的任务就是在这两者之间达到一种平衡。

在诉讼中,教育委员会提出,教师岗位是一种公共职务,因此教师负有支持其上级工作的忠诚义务。如果他必须公开陈述,他应当做到有事实依据和准确陈说。法院则指出,Pickering 的信件并不像教育委员会所说的那样存在严重地失实,其内容从实质上看都是正确的。综观全信可以看出,Pickering 所罗列的都是批评教育委员会在学校体育项目和其他教育项目之间分配资金不当以及教育局长在居民投票前的一系列小动作的。这些批评性言论根本没有针对其直接上级和一起从事教学的同事,因此固难以承认其公开信严重妨碍了学校的教学管理。另外,教师与教育委员会、教育局长之间,其工作关系并不十分紧密,并不属于那种一旦缺乏个人忠诚和信任,其正常工作就无法开展的情形。Pickering 关于资金分配不当的指责,只表明他对这一事关公共利益的事务持有同教育委员会不同的意见。Pickering 的公开信写于居民投票否决增税之后,这封信除了激怒教育委员会外,对学校的正常活动没有任何影响。更重要的是,学校是否需要额外资金是一个理应受到公众关切的问题。在一个将该类问题交由民众投票决定的社会中,包括教育委员会在内的学校当局对此问题的决定都不是终局性的。对于这个问题,自由和公开的讨论对公众就该问题作出有根据的决策而言至关重要。教师,作为一个群体,是对资金在学校运转过程中如何进行分配问题信息最精确的社会成员。因此,他们对该问题能畅所欲言而无遭报复性解雇之忧。法院最后的结论是:在欠缺实质性的证据能证明 Pickering 公开信的事实错误是出于其故意和草率的情况下,教师就公众关切的事务行使其评论的权利,不能成为解雇其的理由。❶

按照美国联邦最高法院后来的总结,Pickering 案首次提出了一个两层分析进路:法院首先认定,公职人员作为一个公民发表的言论,必须与公共关切的事务(a matter of public concern)相关;接下来就需要判断学校当局是否有限制教职人员言论的充分理由。法院要在教师人员言论自由与促进有效公共服务的利益之间进行衡量。❷ 学校当局的管理利益不能成为压制教职人员言

---

❶ Pickering v. Board of Education,391 U. S. 563,572 (1968).

❷ Carcetti v. Ceballos,547 U. S. 410,419(2006).

论自由的理由,但教职人员的言论也不能过分妨碍有效的行政管理。❶ 简言之,对教职人员言论的保护和对行政效能的维护不可偏废。美国联邦最高法院坦陈,对教职人员言论自由的保护,不仅仅出自于对教师个人利益的维护,而更多在于对公共利益的考虑。因为如果不能维护教职人员的言论自由,则公众就将失去必要的信息来源,从而无法有效监督学校当局的活动。但与此同时,美国最高法院认为,学校当局也像私人雇主一样,有权控制其雇员的言论,否则公共服务的有效提供就是一句空话。

三、教师言论自由的界限

《中华人民共和国教师法》(以下简称《教师法》)第 5 条规定:"学校和其他教育机构根据国家规定,自主进行教师管理工作。"从我国法律的规定看,高等学校与教师之间的法律关系,具有行政法上特别权力关系的属性。高等学校具有宽泛的管理教师的裁量权。例如《高等教育法》第 37 条规定:"高等学校根据实际需要和精简、效能的原则,自主确定教学、科学研究、行政职能部门等内部组织机构的设置和人员配备;按照国家有关规定,评聘教师和其他专业技术人员的职务,调整津贴及工资分配。"

应当指出的是,高等学校对教师自主管理的范围并不局限于《高等教育法》第 37 条规定的事项。实际上,高等学校还有权按照《教师法》第 8 条❷确定的原则,为教师的言行确立一系列的规范。其道理很简单,高等学校教师并不是普通的公民,而是负有对教育职责的工作者,他们的言行足以影响到广大学生正在形成中的世界观和人生观。因此,教师的言论绝不可以逾越必要的范围。他的言论,已经不是他个人的私事,而与公共利益密切相关。除此之外,各个高等学校在长期办学过程中也都形成或者正在形成自己不同的办学理念、校风和传统,学校有理由要求教师通过其一言一行贯彻学校的办学方针和理念,而不希望教师唱反调,处处与学校对着干。高等学校基于这个理由对教师言论的约束和规制,是正当的,也是学校的合法利益之所在。从这个意义

---

❶ 按照美国学者的解释,如果存在下述四个方面,法院就会认定公职人员的言论妨碍了政府的有效管理:(1)不可逆地影响到公职人员本身的工作;(2)破坏了工作场所的和谐与纪律;(3)干涉了政府机关的正常运转;(4)因为当事人释放出的错误信息,而使得政府不能有效地予以反驳,从而降低了公众对政府机关的信任。See D. Gordon Smith, *Beyond "Public Concern": New Free Speech Standards for Public Employees*, 57 U. Chi. L. Rev. 249, 252 (1990).

❷ 它规定了教师负有的各种义务,例如"为人师表"、"关心、爱护全体学生,尊重学生人格"、"批评和抵制有害于学生健康成长的现象"等。

上说,教师的言论自由确有其界限。

如上所述,高等学校可以对教师言论予以限制,但这样的限制也有其不能逾越的界限。不能因为认为高等学校与教师之间存在特别权力关系,就否认教师享有宪法规定的权利。"二战"后大陆法系国家行政法发展的一个重要方面,就是认定:在特别权力关系范围内,个人权利固然应当受到限制,但如果涉及基本权利时,却需要法律的依据,而不能听任行政机关的自由裁量。❶ 也就是说,不能因为高等学校为教师提供了工作岗位,就因此认为其买断了教师的宪法权利。因此,问题的核心在于:一方面要维护高校正常管理,一方面又要保护教师的宪法权利不至于受到过度的限制。这依然是一个平衡点的选择问题。借鉴美国法院的实践,并结合我国的高等教育法制,本文以为,在选择平衡点时需要考虑以下几个重要的因素:

第一,言论者的岗位职责。言论者的岗位职责是判断其言论是否受宪法保护的首要因素。不同的岗位职责意味着不同的义务承担,也意味着言论者与高校管理层之间不同的远近亲疏。《高等教育法》第 41 条规定,高等学校的校长全面负责本学校的教学与科学研究和其他行政管理工作。这些不同的工作需要由不同的教育工作者来担当。教学与科研工作的承担者是教师,而行政管理工作的担当者主要是教育职员。毫无疑问,教育职员与校长之间关系的紧密程度显然要高于教师与校长之间的紧密程度。这其中的道理很简单:校长可以对教育职员发出采取某种行政管理措施的指令,但校长却不能向教师发出如何教学的指令。借用美国法院的说法,教育职员与校长之间存在着"紧密的工作关系",对其上级负有忠诚义务,而普通教师则并非如此。正因此,我们可以说,普通教师可以批评高校的人事政策,而高校人事部门的职员却不可以这样做。对于湖北民族学院校庆事件而言,普通教师可以对此予以批评和调侃,但学校负责、执行校庆决策方案的人却不可以。

对于教师而言,《教师法》第 8 条明确规定了其所应当履行的义务,尤其是"为人师表"的义务。因为有这个品行义务的要求,所以教师绝不能满足于一个普通公民在道德上对自己的要求。作为普通民众,公民可以从事一些具有道德风险的行为,国家也不能予以禁止。国家并不能片面要求人民必须平等、博爱;宪法也不能要求每个国民都过着理智及道德的生活。❷ 但教师则不同,他应当"为人师表","关心、爱护全体学生,尊重学生人格",并"批评和抵制有

---

❶ 吴庚:《行政法之理论与实务(增订八版)》,中国人民大学出版社 2005 年版,第 147 页。

❷ 陈新民:《德国公法学基础理论(上)》,山东人民出版社 2001 年版,第 312 页。

害于学生健康成长的现象",因此他绝不能染指具有道德风险的现象。2008年汶川大地震后发生的"范跑跑"事件,或许也可以从这个角度进行分析。"范跑跑"的责任,不在于他在地震发生时第一个冲出教室,而在于他事后发表的不当言论。❶ 这种言论刺激了普通民众的基本情感,而且也引发了其同事的不满,❷这构成了对学校工作的妨碍,学校将其解雇,并不侵犯其表达自由。

第二,言论者的身份级别。高校虽然不是行政机关,但因为行政管理的需要,高校亦设有相应的管理部门和管理人员。另外,就我国高校的现状而言,高校的各个教学单位亦设有院长、系主任等负责人员,他们虽然也从事教学工作,但更负有单位的管理责任。从原则上讲,机关单位高级别职员的"言论自由"要受到相对于低级别职员更多的限制。一是因为,高级别职员通常参与机关单位的决策过程,他的不同意见通常可以在决策程序中得以表达,并在决策过程中接受意见的反馈。这使得其"言论自由"在一开始就得到了某种程度的行使和保障。二是因为,高级别职员是机关单位行政过程的关键环节,从行政效能的要求出发,他们也应当维护机关单位所做决策的权威,并身体力行,而不是"阳奉阴违",否则就将影响决策的执行。"用一个声音说话"也是机关单位的合法利益之所在。❸ 三是因为,高级别职员的不当言论,对单位整体形象与行政能力的伤害要大得多。与高级别职员相比,低级别职员通常不会参与决策程序,他们只是决策被动的执行者。他们即便对决策有不同意见,也必须执行,因此其不同意见不至于影响决策的执行和妨碍行政效能和工作的进展。除此之外,即便低级别职员的批评言论确为不当,其对单位整体形象的不利影响也要小得多——在这个"眼球经济"的时代,还有多少人会关注那些低级职员的言行呢? 上述所有差别决定了对低级别言论者的保护范围应当比较宽广。

第三,言论的场合。相同的言论在不同的场合下可能会发生全然不同的效果。同样是对高校某种政策或者行政管理措施的批评,如果在私下进行,则难以主张这种批评言论妨碍到了高校的管理。这里所谓的私下,是指不公开。教师之间对学校政策的私下批评,即便非常激烈并没有事实依据,原则上也不

---

❶ "范跑跑"在自己的博客中说:"在这种生死抉择的瞬间,只有为了我的女儿我才可能考虑牺牲自我,其他的人,哪怕是我的母亲,在这种情况下我也不会管的。"

❷ "范跑跑"的一些同事都认为其不配做老师。参见《扬子晚报》2008年5月30日报道"地震时先逃命教师被停职,网友称其'范跑跑'",载 http://news.qq.com/a/20080530/000193.htm,访问日期:2009年12月12日。

❸ See City of Kokomo v. Kern,852 N. E. 2d 623,630(2006).

能成为解雇的理由,因为这种解雇实际上意味着学校鼓励教师之间的相互"揭发",这将严重破坏教师之间的基本信任关系,团队合作精神将因此不复存在。相对而言,在办公场合下的不当言论,则有可能妨碍高校的行政管理,或者产生不易消除的负面影响。

四、外聘教师批评言论的宪法价值

前面提到,郭广林只是湖北民族学院的外聘教师,他只是根据合同的规定按时授课,并领取相应的课时费。除此之外,他的其他工作和生活都与湖北民族学院无关。湖北民族学院与郭广林之间是单纯的合同关系。那么,湖北民族学院能否以郭广林发表批评性言论为由解除双方之间的合同关系? 或者,换个角度说,在订立合同的时候,湖北民族学院能否以当事人不行使其言论自由权作为缔约的条件? 从宪法的角度看,这是不被允许的,理由如下。

第一,高校不能因当事人行使其宪法权利而终止合同的存在。按照《高等教育法》和《教师法》的规定,高校教师本具有参与学校民主管理的法定权利。教师对学校管理的民主参与,其重要方式就是对学校的决策提出批评、意见和建议。高校不能因为教师行使其民主权利而将其解聘。但是,如果高校可以以发表批评性言论为由解聘"外聘教师",则高校"正式教师"民主参与学校管理的权利亦将受到极大损伤。这其中的道理很简单:学校可以通过大量使用"外聘教师"的方式挤压"正式教师"的活动空间,从而达到规避《教师法》所规定的教师参与民主管理的权利。教师对学校民主管理的参与,需要教师的数量达到一定的规模,否则民主参与无从谈起。而学校恰恰可以大规模聘请"外聘教师",从而减少"正式教师"的数量,反正"外聘教师"对学校的管理无权置喙。这样,只要学校对教师岗位贴上不同的标签,就可以轻而易举地达到排斥教师参与学校管理的权利。这个结果绝非《高等教育法》的初衷。因此,在学校民主管理的层面上,并没有"外聘教师"与"正式教师"的区分,这一区分也没有存在的必要。❶

第二,"外聘教师"的独特价值,使得其不应当承受基本权利之损害。在这个事件中,有一个细节值得特殊关注。在湖北民族学院校庆前后,人们似乎没

---

❶ 美国宪法实践曾经也区分"正式"的政府雇员与政府的合同当事人。但在 1996 年发生的 O'Hare Truck Service, Inc. v. City Of Northlake 案中,美国联邦最高法院正式抛弃了区分政府雇员与政府合同当事人的做法,法院在这个案件中宣告 Pickering 案的原则适用于政府与其合同当事人之间。换言之,政府不能因为合同当事人对其的批评,而报复性地终止合同。See O'Hare Truck Service, Inc. v. City Of Northlake, 518 U. S. 712 (1996).

有怎么听到该校"正式"教师对校庆活动的公开谈论。倒是作为外聘教师的郭广林通过自己的博客向社会通告了校庆的有关情况。郭广林自己还这样说："如果我是正式教师，不知道我还敢不敢说。"❶"正式教师"的集体失语和郭广林的这句话，颇耐人寻味。

从事实层面说，作为湖北民族学院的教师，他们的工作、生活与学校的财政收支状况密切相关。学校的财政收支并不是抽象的数字。学校对教学的投入决定着教学质量；学校对学科建设的投入，在很大程度上决定着各学科教师的工作环境和学科发展；而学校对教师待遇等方面的支出则决定着教师的日常生活。教师是学校各项财政支出的利益攸关者。无论从法律角度看，还是从事实层面讲，教师对学校财政收支状况都有评论、建议和批评的权利和必要。虽然如此，但湖北民族学院"正式教师"的集体失语却是不争的事实。这恐怕也是我国高校普遍存在的现象。至少在现阶段，我国高校的剧烈行政化淹没了教师的声音，所谓的"正式教师"由于各种原因虽知而不言。"外聘教师"则不然，他们在高校并不拥有什么，因此也不会失去什么。这使得他没有什么后顾之忧，只要其觉得必要，就可以畅所欲言。两种教师的这种反差更凸显了郭广林批评性言论的价值：正是有了"外聘教师"郭广林，"正式教师"参与学校民主管理的权利不至于虚化。在这种情况下，如果高校还可以以"外聘教师"发表批评性言论为理由而将其解聘，则高校的民主管理实在是岌岌可危！

五、结 论

作为一个公民，教师享有宪法赋予的言论自由权；但高等学校也有自主管理教师的权力。因此，想要解决争议，就要在教师的言论自由与高等学校的自主管理权之间进行必要的平衡。对教师的言论自由的限制，需要考虑其岗位职责、身份级别以及言论的场合等因素。在我国高校目前的情况下，"外聘教师"的言论具有不可忽略的价值，其对基本权利的行使不能成为对其解聘的适当理由。湖北民族学院的不当之处，并不在于不能举办校庆活动，也不在于校庆活动不能花钱，而在于学校对受宪法保护的批评性言论的压制。

---

❶ "教师批校庆奢华遭解聘续：院长称其涉嫌无证经营"，载 http://society. people. com. cn/GB/8338985. html. 访问日期：2010 年 2 月 27 日。

大学章程建设状况及其思考[*]

陶 军[**]

摘 要:依法制定学校章程并严格依照章程治理,既是法律对每一所高校的基本要求,也是大学合法设立、运行、发展的前提。伴随着《高等学校章程制定暂行办法》的制定和颁布,我国的大学章程建设由初期探索时期转入快速发展时期。现阶段,回顾大学章程建设状况,从规范、理性的视角来审视当前的大学章程建设问题,并从理论和实践层面来认识其合理化路径,是继续深入推进大学章程建设的应有之义。

关键词:大学章程 建设状况 合理化 路径

大学章程被喻为"大学的宪法",在大学内部具有根本性、最高性和纲领性。[❶]大学章程是高等学校依法自主办学、实施管理和履行公共职能的基本准则,与其他法律性文件一样,它发挥着规范、指引、教育、调整、裁判等功能。

1995年施行的《教育法》对大学章程作了明确规定,随后《高等教育法》也进行了相应的规范。但当时并未引起应有的重视。世纪之交,大学章程开始成为各界热议的话题。在舆论关切、理论思考和实践探索的交互作用下,高等学校的章程制定活动逐渐开展,相关研究呈现一片蓬勃景象,政府层面对这项工作也给予重视、加以推动,我国的大学章程建设进入一个新阶段。在大学章程建设步入正轨、教育部《高等学校章程制定暂行办法》施行的背景下,重新审视、充实我国当前大学章程建设就显得很有必要。本文回顾了我国大学章程建设状况,探讨大学章程合理化问题并试图提出部分实现路径。

---

[*] 本文获教育部人文社会科学研究项目资助。

[**] 陶军(1981～),男,湖北人,武汉大学法学院宪法专业博士研究生,人文社科研究院工作人员。

❶ 陈学敏:"关于大学章程的法律分析",载《武汉大学学报(哲学社会科学版)》2008年3月号。

一、大学章程建设状况

建国后很长一个时期,我国大学章程整体缺失。20 世纪末,在高等学校自主办学、建设世界一流大学、提高高等教育质量等讨论和实践进行时,大学章程才逐渐回到人们的视野,大学章程建设开始启动。大学章程建设因应我国高等教育的改革发展,同时也离不开我国法治进步的总体形势:(1)宏观上,1999 年第九届人民代表大会二次会议将"实行依法治国,建设社会主义法治国家"写入宪法,这是中国近现代史上的巨大进步,大学章程正是"依法治国"在高等教育领域的落实和体现。(2)具体法律方面,随着 1995 年《教育法》的颁布,特别是 1998 年《高等教育法》的颁布,大学章程被正式定为大学成立的依据。大学章程是大学设立、运行的法律依据,制定大学章程,就是将大学管理纳入法制化轨道。(3)社会生活中,从田永诉北京科技大学案到刘燕文诉北京大学案,从黄渊虎诉武汉大学案到教师林某诉西北某高校的诉讼案,高校学生及教师个体权益的诉求引发了人们对大学章程的重视和思考。❶

正是在高等教育改革发展和法治建设深入推进的双重背景下,我国的大学章程建设取得了不小的进展。

1. 政策层面

从《教育法》和《高等教育法》颁布起,政府部门陆续出台一系列文件指导和推进大学章程建设。1999 年,教育部下发《关于加强教育法制建设的意见》,强调各级各类学校特别是高等学校要依据法律、法规的规定,尽快制定、完善学校章程。

21 世纪以来,政府进一步加大大学章程建设工作力度。2003 年,教育部下发《关于加强依法治校工作的若干意见》,指出"学校要依据法律法规制定和完善学校章程"。此后几年,教育部召开大学章程建设专题会议,并下发通知要求高校报送学校章程材料。2010 年 7 月,中央颁布《国家中长期教育改革和发展规划纲要》,明确要求"加强章程建设",并且强调现代大学制度的建设关键在于落实章程建设。2010 年 10 月,国务院办公厅下发《关于开展国家教育体制改革试点的通知》,针对高等教育管理方式,特别指出"推动建立健全大学章程",并确立北京大学、清华大学等 26 所高校为建立健全大学章程试点院校。❷

---

❶ 刘香菊、周光礼:"大学章程的法律透视",载《现代教育科学》2004 年第 6 期。
❷ 李强:"我国大学章程的历程与现状",载《国家教育行政学院学报》2012 年第 21 期。

2011 年 11 月,教育部正式颁布《高等学校章程制定暂行规定》,明确要求"高等学校应当以章程为依据,制定内部管理制度及规范性文件、实施办学和管理活动、开展社会合作"。2012 年 10 月,教育部召开高等学校章程建设试点高校工作会议,确定中国人民大学、北京师范大学、上海外国语大学等 12 所高校列入高等学校章程建设试点。中国官方吹响了大学"立宪"的冲锋号,力求从根本上改变大学章程缺失这一突出问题。

2. 研究层面

关于大学章程的研究起步较晚,中国知网数据库中检索到的最早研究大学章程的文献是发表于 1997 年《试论我国高等学校章程的制定和实施》一文。2006 年之前,人们对大学章程的研究还非常少,2007 年起,大学章程逐渐受到关注,研究文章显著增多。❶ 初步统计中国知网检索结果,比较直接相关的期刊论文有两百余篇,博士、硕士学位论文十余篇。这些论文主要从高等教育和法学的角度对大学章程进行研究,也兼带从文化视角进行审视,研究内容比较丰富,相对集中的方面有:大学章程的历史、国外境外大学章程、大学章程的制定主体、大学章程的内容及文本分析、大学章程的修改、大学章程的性质与法律地位、我国大学章程建设中的问题与对策等。关于大学章程的研究性著作也已出版,如北京大学在近年修编本校章程的过程中,充分调研国内外大学章程,收集、翻译、整理了大量重要文本,并将这些章程结集,由主管校领导张国有担任主编,于 2011 年 11 月在北京大学出版社出版了 5 卷本(共 7 册)的《大学章程》丛书。

研究工作厘清了不少理论问题,充分阐发了大学章程的意义和制定的必要性,并且在依法治校、政学分权、自主办学、现代大学制度、学术自由、师生权利保障等章程建设取向方面达成了基本共识,形成了对大学章程制定实践的思想动员和理论指引。

3. 行动层面

在法律、政策、舆论、研究的共同助推下,高校重视并自觉实施大学章程的制定工作。

1998 年《高等教育法》颁行后,不少地方高校如佳木斯大学、黑龙江大学、扬州大学、吉林师范大学、延边大学等率先制定了章程。2001 年 9 月 12 日,黑龙江大学教代表常设主席团审议通过《黑龙江大学章程》。2002 年 6 月,《吉林师范大学章程》试行。这些高校的行动是大学章程制定的起点。随后吉

---

❶ 丁琼:"大学章程研究综述",载《高校教育管理》2011 年 9 月号。

林大学、上海交通大学、华东师范大学、中国政法大学等教育部直属高校相继制定大学章程。2005年年底,《吉林大学章程》公布并实施。2006年4月,《上海交通大学章程(试行)》公布并实施。2007年10月,《中国政法大学章程》出台。2010年5月1日,中国政法大学又发布了章程的"修正案"。其间,《兰州大学章程(草案)》、《华东师范大学章程(试行)》、《合肥工业大学章程》和《东华大学章程(审议稿)》也先后出台。不同类型的章程体现了各类高校的特色。❶

有关资料显示,截至2007年,共有563所高等学校报送了章程或者已经进入章程草案审议阶段,占当时全国高校的21%,教育部直属高校中有10所报送了已制订的章程,另有13所报送了正在征求意见的章程草案,共占直属高校的31%。❷ 在教育部制定和颁布《高等学校章程制定暂行办法》的过程中,高等学校纷纷加快章程制定工作,形成了一股热潮。就目前而言,虽然正式公布章程的高校仍为少数,但大部分高校亦已完成了章程草案或正处在研制过程中。可以说,当下中国高等学校的章程建设已由初期探索阶段进入了全面铺开、快速发展的阶段。

二、大学章程的合理化问题——基于文本

大学章程是连接大学外部法律法规和大学内部规章制度的纽带和桥梁,当前正式公布的大学章程文本数量不断增多,然而,从法治角度审视,现有的章程制定过程是否存在缺陷或瑕疵? 我国现有大学章程究竟是如何进行内容设置的? 实体法中的现有规定与现实中存在的大学章程是否具有对应性? 如果没有实现对接,如何看待这些现象? 本部分尝试通过对部分大学章程的文本分析来讨论上述问题。

1. 章程制定主体

虽然有观点认为章程的制定主体应当是大学举办者,❸但现有大学章程均由高等学校制定。章程的通过程序有一定的差别,如黑龙江大学章程是由校长办公会、教代会常务主席团审议通过,吉林大学章程是经校务委员会和学校教职工代表大会审议,由中国共产党吉林大学代表大会通过的,中国政法大学章程经校教职工代表大会审议通过。学校章程经校教职工代表大学审议通

---

❶ 张国有、胡少诚:"中国大学章程建设的历程与形态",载《北大教育评论》2012年第5期。

❷ 李强:"我国大学章程的历程与现状",载《国家教育行政学院学报》2012年第21期。

❸ 杨德齐:"我国大学章程的法律之困及其解决——基于与公司章程之比较",载《学术交流》2012年第4期。

过,是目前大学章程制定中比较普遍的形式。

2. 章程制定形式

现有大学章程均采用单一型的形式。所谓单一型即相对于复合型而言，是指大学章程以总纲性的章程为表现形式，以此作为大学治理的基本形态。而复合型则指以总纲性的章程和相关实施细则共同组成大学章程。

3. 章程基本要素

现有大学章程的基本内容都明确规定了大学的理念与办学宗旨、大学的名称与校址、内部决策与管理体制、教职工与学生权利义务、经费与财产财务制度、章程修改程序等重大事项。具体而言，包括以下重要因素：(1)大学功能、办学目的、发展目标等宏观描述。这些事关大学定位、发展的重大问题均在总则部分规定。(2)大学管理体制、治理结构的原则规定。当下合理而健全的大学治理结构是党委领导、校长管理、教授治学。大学章程要对大学的治理机构明确进行界定，包括决策机构、行政机构、学术机构等。(3)教师与学生的权利义务。

4. 章程的效力、修改事项

大学章程的效力主要体现在时间效力、空间效力和对人员的效力问题。目前我国的教育行政法律和法规并未对大学章程的效力进行定位，没有明确大学章程的地位及其法律效力。《高等学校章程制定暂行办法》第 27 条规定，经核准机关核准的章程文本为正式文本。高等学校应当以学校名义发布章程的正式文本，并向本校和社会公开。据此，章程的效力问题仍是一个语焉不详、有待探讨的问题。一般观点认为，章程只是一个学校内部的规则，司法机关、政府部门及其他社会机构并不认可其外部的法律效力。因此，章程效力问题亟须明确。大学章程的修改事项涉及修改的主体和程序两方面的问题，其中修改主体又涉及修改建议的提出主体和修改建议的表决主体。大学章程的修改程序包括：提出修改的提议、修改案的拟订程序、修改案的讨论表决程序、修改案的报送审批程序等。

通过以上分析，可以看出大学章程制定过程中也存在着比较明显的共性问题：一是形式化现象较为突出，为制定章程而制定章程，对章程的权威性和实践性认识不足，章程规定与学校实践脱节。有些高校虽然制定了章程，但只是将章程作为"摆设"，章程规定与实际运行分裂为两张皮，大学章程沦为一纸空文。这背离了章程制定的初衷，也弱化了章程的应有作用。二是雷同化现象较为明显。章程应该是各高校历史传统、文化特质、学科特点、整体定位、发展目标的集中体现，但一些高校的章程未能反映明确的发展理念和思路，甚至有些内容照搬相关法律法规中的现成规定,而且在形式、内容等方面大同小异,没有形成自己的特色。三是可操作性不强,缺乏明确的导向性。大学章程作为高校设立和运行的依据,作为依法治校的基本规范和教职工共同遵守的行为准则,必须内容明确,通俗易懂,易于操作。但现有的一些大学章程内容过于抽象,表述不清,模棱两可,如广东某高校对党委及校长职权进行规定的内容,基本是按照《高等教育法》中关于校长职权规定的简单重复,没有体现章程的可操作性。

《高等学校章程制定暂行办法》的一些规定为以上这些问题提出了指导性原则,具有比较强的针对性。在已经公布的大学章程中,在程序、内容、形式等方面还存在不少与《高等学校章程制定暂行办法》不相符合之处,对此将会有一个比较长的继续探索、修订和报请核准、备案的过程。

三、大学章程的合理化问题——基于大学治理

大学章程是大学建设、管理与发展的基本指南,是依法治教的重要组成部分。根据《教育法》、《高等教育法》以及相关的法律法规、政策性文件的有关规定,大学章程应该通过规定学校的办学理念和特色、学校发展目标和战略,校内各种关系、学校的领导体制、治理结构、管理模式,教职员工的权利与义务,学生的权利与义务等重要内容,回答包括现代大学治理等现代大学制度的核心问题,为学校依法自主办学提供可行的自治规范。

对外部而言,大学章程扩大高校自主性和独立性,保障办学自主和"大学自治";对内部而言,大学章程实现大学在管理方面的良好治理,真正保障大学的学术自由,保障师生的合法权益。面对制定大学章程的汹涌浪潮,如何切实将具有法的规范性的章程文本贯彻到实际的大学治理实践中,像国家宪法作为"公民权利的保障书"这一核心性质一样,最终实现对大学自治权及其成员权利保护?这需要立足实际,在厘清相关理念和认识的基础上,正确处理好大学内外权力配置等关键问题。

1. 外部约束与大学自治的关系问题

大学作为独立法人,在民事行为方面,可以依据相关法律调整与社会各方的关系。但作为治理主体,大学如何在举办方、行政主管部门和社会的约束下独立运行,则需要大学章程充当其连接外部的规范性纽带。为了保障大学拥有的自主权,先通过立法确立大学的自主地位,再通过章程确定其运行规则,是现代西方发达国家的普遍做法。中国大学基本为国家举办的公立高校,在大学治理方面,核心是要厘清大学自主权与政府行政权的界限。1993年,中

共中央、国务院发布《中国教育改革与发展纲要》明确提出："在政府与学校的关系上,按照政事分开的原则,通过立法,明确高等学校的权利与义务,使高等学校真正成为面向社会自主办学的法人实体。"虽然国家文件对大学自主权作了明确规定,社会各界也比照国外境外经验鼓呼"大学自治",但大学自主权总体上仍处于政府权力的严格管控下。"世界上无论实行何种高等教育管理模式的国家,在形式上都承认高等学校的办学自主权。"❶如何实现大学自治、优化大学治理是高校普遍关注的热点问题。政府与大学关系法治化的核心是要从法律上确立大学的自治地位,明确规定大学的自治权,正确界定政府的职能。"政府作为大学的举办者和出资人,其在高等教育中的功能集中体现在公共利益的诉求上,是为了保障高等教育的公平性、公正性,实现公共财政的责任,以确保大学更好地为公众服务。"❷因此,政府的教育职能应当进一步转变,主要定位于教育的宏观规划。要维护好高等教育健康发展的政策环境,保证政策的公正性;健全对高等学校的审计、监督、巡视制度。政府的监管方式应当依靠运用立法、信息和政策指导等间接方式进行管理。

2. 大学内部的学术权力与行政权力的关系问题

大学内部的治理结构如何安排,历来是世界各大学章程制定的难题所在。"从大的方面看,高等学校内部的权力,主要由两部分组成,即学术权力和行政权力。"❸大学承担着人才培养、学术研究、社会服务、文化传承创新等功能,学术性是其根本属性。西方不少的著名大学源于"学者的行会",具有较强的自发形成的特点,其学术主导、学者自治的性质尤其鲜明。同时,大学作为一个正式组织体,特别是国家设立的公立大学,需要达成一定的公共目标,需要科学、高效的管理,行政权力也必不可少。作为两种不同性质的权力,学术权力和行政权力在大学治理的过程中必然会发生各种矛盾和冲突。"如何规限大学内部学术权力和行政权力的行使方式和适用范围,使二者协调一致、形成合力,世界各国的大学章程都给予了明确的规定。"❹两种权力之间的关系需要合理协调,不能简单化地完全偏向一方。一方面,在长期的计划经济思维影响和现有高等教育管理模式下,高校行政化色彩比较浓厚,行政权力影响、包办学术事务的现象比较突出,学术权力被很大程度上虚置、弱化,这种状况亟待

❶ 马陆亭:《高等学校的分层与管理》,广东教育出版社2004年版,第281~281页。

❷ [美]德里克·博克:《走出象牙塔——现代大学的社会责任》,徐小洲、陈军译,浙江教育出版社2001年版,第8页。

❸ 张德祥:《高等学校的学术权力与行政权力》,南京师范大学出版社2002年版,第1页。

❹ 米俊魁:《大学章程价值研究》,中国海洋大学出版社2006年版,第66页。

改变。另一方面,行政权力也是学校运行的重要支撑,特别是在大学大幅扩招、急速扩张的背景下,高校的管理压力巨大,必须很好发挥行政权力在大学具体治理中的作用。媒体曾报道上海某高校制定章程时,学校领导层着重强调以学术权力为导向,结果导致学校管理部门的集体沉默,这种状况就有矫枉过正之嫌,没有起到很好的效果。我国的大学章程也应当合理规范学术权力和行政权力各自的范围,形成分工明确、相互配合的良性状态。

3. 大学治理与师生权利的关系问题

大学章程是高校这一自治体内部的"宪法",是广大师生的权利保障书。一方面,章程要保障教师和学生参与大学管理的权利,通过教职工代表大会、学生代表大学等参与相关事项的民主决策,实施有效监督;另一方面,章程要维护师生个体的各项合法权益,虽然《宪法》、《高等教育法》和《教师法》明确规定了教师和学生的各方面权利,但我国大学更多将师生看作被聘用者和被培养者,比较强调对师生的单向管理,把师生当成被动管理和要求的对象,强调师生特别是学生的义务。高校师生在合法权益受到学校行为侵害时,寻求法律救济的途径也不明确。为落实宪法法律赋予教师的平等竞争等权利、学生的受教育权等权利,并体现高校师生的主体地位,在大学章程的制定过程中必须把师生的法律权利和义务进一步具体化,以明晰学校和师生的权力边界。一些大学在章程制定中已认识到这一问题,比如吉林大学的章程中规定:"教师享有按工作职责和贡献使用公共资源权、公平获得发展机会权、获得公正评价权、公平获得奖励权、重大事项知情权、民主管理参与权、申请救济权等权利;学生则可以享有公平受教育权、对专业和课程的选择权等 8 项权利,学生还应该履行维护学校名誉与利益等 4 项义务。"[1]《高等学校章程制定暂行办法》第 15 条也强调:"章程应当体现以人为本的办学理念,健全教师、学生权益的救济机制,突出对教师、学生权益、地位的确认与保护,明确其权利义务;明确学校受理教师、学生申诉的机构与程序。"

涉及大学制度安排的还有大学与各院系、大学与市场等重要问题。理论界和实务界已逐渐注意到上述问题,《高等学校章程制定暂行办法》作出了一些相应的原则性规定。但是,《高等学校章程制定暂行办法》的规定比较笼统,更多起到提供原则、指明方向的作用,而这些问题的解决,则有赖于学校各方持续努力,将合理的原则和理念上升为有效力的规范性文件,以具体、明确的规定切实维护章程的权威,并确保章程的稳定性,避免随意更改。

---

[1] 王丽坤:"大学章程建设中的权力关系研究",载《高教探索》2012 年第 3 期。

四、大学章程建设的实现路径

目前,虽然《高等学校章程制定暂行办法》规定了大学章程制定的基本内容、制定程序、核准与监督办法,但相关内容尚较抽象,需要我们在实践中不断探索、完善。并且,"徒法不足以自行",形式的完整、内容的完备只是大学章程建设的第一步,要通过大学章程建设实现依法治校、建设现代大学建设的目标,就必须根据我国高校的基本情况,合理借鉴其他国家的经验,正确定位大学章程的实现路径。

1. 大学章程要以类型化为基础,以共性规律为要素,突出办学特色

从实际运行的角度来讲,章程是在学校使命定位与办学目标下,对外部关系的一种说明和对内部管理的一种宣示。高等学校按不同分类标准划分为不同的类型,如专科学校、本科院校,地方高校、部属高校,综合性大学、多科性大学、专科性大学、职业技术学院,研究型大学、研究—教学型大学、教学型大学,等等。不同类型的高校,其历史传统、建设目标、现实状况各不相同,制定章程也应当针对不同类型的大学在体现共性的同时,突出个性化的特色。如何引导全国高校以分类发展为基础,结合自身特点制定大学章程,是当前高等教育事业发展中亟须解决的问题。制定大学章程应当在认真分析学校自身的优势劣势、潜能和发展情况等的前提下,在强调综合性、多学科、课程门类齐全的同时,突出自身的优势和特色,以形成个性化的品牌优势和特点,以期实现共性与个性的有机整合。

2. 大学章程要以民主参与为依托,体现学校与师生的良性互动

大学章程建设并不是学校单方或单向的行为过程,教师和学生作为章程的直接利害关系人,也是实现大学发展目标的基本力量,同时应是大学章程制定和完善的最重要的积极因素。在章程制定中,要充分发挥学校主导、民主参与的原则。民主参与意味着大学章程的制定要体现广泛的民主性,调动师生参与的热情与积极性是大学章程制定的关键。大学教授作为大学教育、科研的中坚力量,在大学章程制定中应当成为重要的力量。高校应当不断扩大师生知情权,赋予教师、学生以及其他行政服务人员在大学中的民主管理权力,建立沟通对话机制,搭建公众参与平台,增强师生参与的主动性。高效应通过大学章程明确规定党代会、教代表、职代表的职责,确保教师参与学校管理与决定的发言权和参与权。重视发挥以学生为主体的团代会、学生会制度的作用,增强管理和决定的民主性和科学性。

3. 要营造有利于大学章程实施的软环境，加强章程的实效研究

大学章程是大学理念、目标、运行方式的载体，大学章程建设除了制定完善的章程文本之外，更重要的是将文本中载明的原则、规则贯穿到大学治理的实际活动中。章程的实施首先需要营造良好的软环境，牢固树立依章程办学的观念，形成有章可循的习惯。世界一流大学的建设经验充分证明，按照大学章程自主办学、依章治校，不仅是教育发展的必然趋势，也是现代教育发展的客观规律。只有牢固树立依法治学、依章治校的观念，才能具有高度的责任感和使命感。学校管理者要率先严格遵守章程的规定，在大学章程的规范下开展工作。广大师生要增进对章程的了解，提高法治意识，既自觉遵守有关规定，又主动对学校中的各种权力行使进行监督，依法、依章程维护自己的合法权益。教育行政部门作为大学章程实施的保障力量，要以制定和实施大学章程为契机，一方面切实转变管理职能，使大学真正实现依法、依章程自主办学，另一方面加强章程实施情况的指导和监督，保障章程的良性运行。

高校对学生承担的安全保障义务探讨

丰　蕊　刘润仙*

摘　要: 近年来,我国高等教育事业发展较快,但与此同时,高校校园伤害事件不断增多,由此引发的民事赔偿纠纷逐年增多,给学生及所在家庭带来了不幸。由于相关高校校园事故法律法规和制度的不完善,在认定高校是否应当承担责任以及如何让高校合理承担等问题上,存在较大的争议。本文首先就高校应承担的安全保障义务以及违反该项义务后应承担的后果进行了分析,最后提出完善我国高校校园安全立法的若干建议,如建立高校校园危险信息公开及危险提醒制度、校园伤害事故责任保险制度、校园交通管理制度、校园心理健康干预机制和校园警察制度的观点。

关键词: 安全保障义务　校园伤害事故　建议对策

引　言

2004年云南大学发生的"马加爵事件",2010年李启铭饮酒后在河北大学酿成的"李刚门"事件以及在2012年国庆期间北京高校发生的因为求爱不成将女大学生杀死的恶性案件,给高校乃至社会提出一个较为沉重的话题,即高校对于大学生的安全保障义务的具体内容是什么,应当采取什么样的措施保护其人身安全,如何没有尽到安全保障义务,高校应承担怎样的法律责任。本文首先对高校应承担的安全保障义务进行了分析,接着对其负责事由中的意外事件以及自行滞留学校两种情况结合案件进行了初步探讨,最后提出建立高校校园事故侵权责任纵向、横向法律体系的各种设想。存在不当之处甚至谬误在所难免,尽请各位同仁批评指正。

---
* 丰蕊(1987~　　),女,中国中铁航空港建设集团有限公司法务人员;刘润仙(1966~　　),女,首都经济贸易大学副教授,硕士生导师,研究方向民商法、教育法。

一、高校对于学生承担的安全保障义务分析

《中华人民共和国侵权责任法》（以下简称《侵权责任法》）第 37 条中规定："宾馆、商场、银行、车站、娱乐场所等公共场所的管理人或者群众性活动的组织者，未尽到安全保障义务，造成他人损害的，应当承担侵权责任。"而公共场所是指提供公众进行工作、学习、经济、文化、社交、娱乐、体育、参观、医疗、卫生、休息、旅游和满足部分生活需求所使用的一切公用建筑物、场所及其设施的总称。❶ 高校作为公共场所的管理者或者支配者应当对于使用该公共场所的学生承担安全保障义务。另外，高校也是各种活动的组织者，对于参加该活动的学生也应承担安全保障义务。

2002 年 9 月教育部颁布施行的《学生伤害事故处理办法》是界定高校对于学生承担安全保障义务的重要部门规章，但该规章内容主要针对中小学校作出的规定，对于高校中已经成年的学生并没有太多的专门规定，所以界定安全保障义务的内容需要进一步探讨和总结，根据高校的特点，本文认为应包括以下几个方面。

（一）安全教育义务

安全教育义务的内容主要包括以下几个方面。

第一，实验课程的安全教育义务。高校尤其是理工类院校，课程中实验的比例会比较高。高校教师在实验开始之前，必须要提示大学生本次实验用具的安全使用方法和可能会发生的危险以及处理方法，还要警示大学生危险实验品不得私自拿走。

第二，在军训和体育课程中的安全教育义务。在这类活动中常会出现较大、较为激烈的运动，高校教师应该在活动开始前，仔细询问大学生身体有无特异体质、特殊疾病，如果大学生存在不宜参加运动的身体问题，教师应另作合理的安排和保护。此时，大学生也存在身体健康状况的告知义务。如果高校教师在询问时，大学生并未如实告知，高校的常规体检项目也未检查出大学生身体异样时，大学生在活动因自身疾病而突发不适症状，高校在及时救助并无过失时，不承担侵权责任。

第三，突发事件自救常识的安全教育义务。高校大学生在校学习生活期间，有可能遇到地震、火灾或者是突发暴力事件。高校应当对大学生进行必要

---

❶ 概念引自 http://baike. baidu. com/view/246441. htm，访问日期：2012 年 11 月 26 日。

的自救常识教育并定期安排大学生现场演练模拟,提高大学生的自防、自护、自卫、自救能力,做到未雨绸缪。大学生毕竟是成年人,较中小学生的认知能力相对较强,如果高校尽到了相关的安全教育义务,且其行为并无过失时,高校不承担侵权责任。

(二)安全管理义务

高校除了对大学生负有安全教育义务之外,还应当负有安全管理义务。其主要内容有以下几点。

第一,高校对校园设施设备、场地等的安全管理义务。高校应该保证校园内的大学生宿舍楼、教学楼等建筑物,公共空间设施以及教学设备、生活设施等符合国家安全标准。高校应保证校内大学生建筑物内外结构的稳固,对校内建筑物定期安全监测排查,在可能出现问题前及时采取加固、翻建、装修等措施,例如建筑物应做防震加固处理,以防止建筑物因老旧或地震发生坍塌或室内设施、外墙建筑材料脱落。在国家发布强风、暴雨等预警前,高校应及时对建筑物外围悬挂物、搁置物以及树木等进行处理,对地面设施例如井盖等要定时检查丢失、稳固情况,及时消除隐患。

第二,高校对校内安全保卫、消防设施设备的安全管理义务。高校应当建立完备的安全保卫系统、应急处理预案以及校内防灾减灾设施设备的安全管理制度,并保障它们正常有序的实施。高校应当保证合理的安全保卫系统资金支出,安装配套的校内监控设备,保证监控室 24 小时实时监控;还应购置设施齐全的校园巡逻车,安装校园报警系统。制定严格的校园安保人员招录标准,定期对安保人员进行安全教育,强化他们的安全思想,提高其安全保卫能力,更好的处理高校校园伤害事故。做到人防、物防和技防的综合防范。高校应当制定合理的突发事件应急处理预案,在遇到突发事件时,按照预案的规定有条不紊的处置,使事件对大学生的损害降到最低。此外,高校应当建立完善的防灾减灾设施设备的安全管理制度。高校的防灾减灾设施设备的配备必须要符合国家相关法律的规定,同时,高校还要定期对这些设施设备进行检查、维护和检修,防止出现安全隐患。如果由于高校的建筑物、场地、各项设施设备而导致高校校园伤害事故的发生或者是由于缺乏安全保障机制而加重大学生人身伤害程度,那么高校就存在过失,应当承担相应的侵权责任。

第三,高校对校内大学生食品、药品的安全管理义务。高校应当保证校内校医院、食堂、饭馆、超市、水房等部门向大学生出售和提供的药品、食品、水源等符合国家有关行业标准,保障大学生的人身健康。

第四,高校对受害大学生的及时救助义务。《学生伤害事故处理办法》第15条规定:"发生校园伤害事故,学校应当及时救助受害学生。"❶因此,大学生在校期间发生高校校园伤害事故后,高校应当及时采取合理、适当的救助措施,尽量避免不良后果的发生及结果的恶化。高校应当设立校医院,保证校医院24小时有校医值班,配备足够的、有医生资质的校医和必要的急救设备、车辆,保证受伤大学生及时送往医院急救。

(三)安全警示义务

第一,高校对已发生的高校校园伤害事故的调查公示义务。高校的管理模式和中小学极大不同,高校校园较之后者更为开放,不仅校内大学生可以进入校园,校外社会人员、车辆也可以随意进出校园,这就使高校校园环境更为复杂。大学生安全意识欠缺、人际关系、矛盾处理不得当,容易引发暴力冲突。由于这些原因,高校校园伤害事故容易发生。高校在及时、妥善处理事故之后,应当通过校内宣传板、广播等媒介解释向大学生进行通报。公布内容包括事故的起因、伤亡情况,并应提醒大学生注意安全。

第二,高校对校内施工的安全提示义务。高校在校园内进行管线铺设、建筑物建造、装修、加固等活动时,应当在校园内醒目位置提前张贴告示,告知大学生注意安全;在建筑工地周围设置明显的安全警示标志,加设夜间照明灯、围栏、挡板等设施,防止大学生出现意外。

二、违反安全保障义务高校侵权责任中免责事由的探讨

根据《学生伤害事故处理办法》第12条规定:不可抗力;意外事件(学生自杀、自伤、有特异体质、特定疾病或者异常心理状态而学校不知道的以及体育竞赛中意外伤害的);学生上学、放学、返校途中;自行外出或者擅自离校;节假日或者放假期间,学生自行滞留学校或者自行到校等均可以构成免责事由。笔者认为作为行政规章,此规定在一定程度上扩大了学校的免责事由范围,是否合理值得商榷。

(一)意外事件并非在任何情况下均是免责事由

2006年4月,山东某高校校内的一棵大树在狂风中倒下,砸中女大学生

---

❶ 国务院法制办公室:《学生伤害事故处理办法注解与配套》,中国法制出版社2011年版,第28页。

王某的头部,后王某经抢救无效死亡。❶ 本案中狂风吹倒树木砸伤人显然属于意外事件,但是,此时高校能否完全免责值得商榷。高校对校内树木有管理、养护的义务,如果树木由于树龄较长或树枝脆弱,已经出现明显腐朽、倾斜等迹象,高校工作人员应当及时对其进行修剪、加固,这属于高校履行安全管理义务的范畴。如果高校没有履行此项义务而致使树木存在明显安全隐患,高校就存在过错,不能免责,应当承担一定的民事赔偿责任。

在危险性、对抗性的体育比赛中,学生因为体育器材、场地的意外原因或自身的特殊体质而出现人身伤害,高校也不能一律将意外事故作为其免责事由。如学生在拔河比赛中,因为绳子突然断裂,学生摔伤。表面上绳子断裂是意外事件,但还要看学校选取的绳子是否适合拔河、绳子使用的年限、在拔河之前学校是否对绳子进行了检查等,如果上述事项中有一项高校没有做或者做得不到位,高校对于学生的伤害就应当承担民事赔偿责任。总之,高校只有履行了比赛之前的安全教育义务,告知大学生比赛规则、注意事项等内容,提示有特异体质、特定疾病的大学生不要参与比赛;履行了体育设施、场地的安全管理义务,保证体育器材和场地符合安全标准;履行了安全救助义务,在大学生在比赛过程中受伤后及时合理的进行救助。此时,高校已经尽到了相应职责,无需承担赔偿责任。但是,如果高校没有完全履行安全保障义务,间接导致或扩大了大学生的人身伤害,那么高校应当承担与其过错相适应的赔偿责任。

(二)自行滞留学校期间发生的损害不应是高校的免责事由

对于大学生节假日、假期等期间,由于自行滞留学校、提前到校发生的高校校园伤害事故。高校是否免责,要区分情况进行分析。2010 年某大学 2006级的大学生华某在北京市朝阳区人民法院对某大学、湖南某装饰建材有限责任公司提起民事侵权赔偿诉讼。经法院调查,2007 年 4 月 6 日,湖南某装饰建材有限责任公司的施工人员在原告居住的某大学 36 号宿舍楼内进行天花板检修时,不慎将手中的一块天花板滑落,该天花板将原告面部砸伤,后原告到民航总医院就医。经法院调解,最终由湖南某装饰建材有限责任公司一次性赔偿原告的医药费、家属住宿费、生活费、交通费共计 7 万元。因为是由第三人直接造成了学生的损害,高校是否应承担责任,法院并没有作出界定。❷

---

❶ 冯建立:《大学生伤害事故预防与处理》,科学出版社 2009 年版,第 2 页。
❷ 《北京市朝阳区人民法院民事调解书》(2010)朝民初字第 00575 号。

笔者认为如果高校在此期间对于学生的伤害有过错的,仍应承担相应的侵权责任。

三、完善高校在校园伤害事故侵权责任的对策

(一)建立高校校园伤害事故侵权责任纵向法律体系

所谓高校校园伤害事故侵权责任纵向法律体系,是指单就侵权责任法律制度而言,具体包括了以下几个方面。

1. 建立高校校园安全保障法律体系

处理我国公立高校校园伤害事故的法律依据分散地规定在《民法通则》、《侵权责任法》、《高等教育法》、《学生伤害事故处理办法》等法律法规中。《民法通则》、《侵权责任法》《高等教育法》虽然是法律,效力较高,但其并未针对高校校园事故的相关法律问题进行明确规定。《学生伤害事故处理办法》是针对学生伤害事故制定的法律,但它是教育部制定的部门规章,法律效力位阶较低。因此,我国亟待制定一部专门规定高校校园安全事故相关法律问题的校园安全法。

近几年,有代表在全国人大会议上提出制定校园安全法。第九届全国人大第四次会议期间,72岁的西南交通大学博士生导师陈大鹏代表就在议案中呼吁我国要尽早制定校园安全法,使校园安全管理有执法依据和执法队伍,走上依法治校的法治轨道。❶ 国外在这一方面有着成熟的立法经验。美国的校园安全法律法规涉及广泛,其中包括《学校安全条例》、《学生权利法案》等,这些法律法规要求大学要收集每年发生在校园里的具体案件的数量,并且在每年的9月1日报告上学年发生的校园案例。日本的教育法规体系也是十分完善严谨的,有关处理学生人身伤害事故的法律法规就有三十余部,形成了以《学校教育法》、《国家赔偿法》、《传染病预防法》、《日本体育及学校保健中心法施行令》为主的一套完备的处理学生人身伤害事故的法律法规体系。这一系列的法律规定为校园伤害事故的有效预防和正确处理提供了充分的法律依据。因此,在校园安全立法迫在眉睫的情况下,我国可以借鉴国外先进的立法经验,根据我国的实际情况,进一步完善立法,构建起一套完备的涉及校园安全各个方面的法律法规体系。❷

---

❶ 卢斌,贾鲁晶:"维护高校校园安全稳定呼唤更高位阶立法",载《理论月刊》2011年第9期。
❷ 文达:"关于我国校园安全立法和校园警察制度的思考",载《法学杂志》2009年第12期。

2. 建立完善的高校校园伤害事故赔偿制度

高校校园伤害事故的赔偿问题一直是社会关注的热点和司法实践处理的难点。我国国家财政性教育经费支出占国民生产总值的比例一直较低,高校教育经费总体呈现紧张状态。由于我国缺乏完善的高校校园伤害事故赔偿制度,而现实中,我国的公立高校为非营利性的事业单位,若高校将本已十分紧张的教育经费挪作高校校园伤害事故的侵权责任赔偿金,不仅影响高校正常的教育教学工作,不利于教育事业的健康发展,同时也不能及时、充分地弥补受害大学生及其家庭的损失。因此,要通过制定校园安全立法完善事故的赔偿制度。

第一,实行国家赔偿制度。把公立高校校园伤害事故赔偿的款项纳入各级政府的财政预算;第二,大力推行高校校园伤害事故责任保险制度和最高限额赔偿制度。高校校园伤害事故责任保险是由高校向保险公司缴纳保险费,当高校因过错而导致高校校园伤害事故发生,大学生人身遭受损害时,由保险公司依照法律规定或合同约定,向受害大学生或其家庭支付赔偿金额的商业保险。我国的学校责任险产生于 2001 年,仅 2006 年全国学校责任险就赔付了将近一亿元,在化解和转移高校校园伤害事故风险、构建和谐安全校园等方面,学校责任险起到了十分重要的作用。然而,截止 2006 年年底,我国学校责任险的覆盖面只有 10% 左右,很大一部分高校没有参保。中共中央、国务院、教育部、财政部、保监会等也发文推行学校责任险并对其投保对象、责任范围和责任限额等事项进行了详细规定。因此,应当鼓励高校参与高校校园伤害事故责任保险。为了规避由于高校投保学校责任险而放松对校园和大学生监管的不作为现象,防止出现道德风险,可以在保险条文中规定最高赔偿限额,一方面维护保险公司的利益,另一方面也可督促高校加强校园管理。第三,设立高校校园伤害事故赔偿基金。在某些西方国家,公立高校校园伤害事故由相关的基金负责赔偿。在我国,公立学校的财政拨款主要用于学校的教学、科研等支出,不包括意外赔偿金。我国高校可以借鉴西方国家的做法,尝试设立赔偿基金组织,通过筹集社会资金对高校大学生校园伤害事故进行赔偿,这样既减轻了高校因承担赔偿责任而造成的经济负担,也保护了高校大学生的合法权益。

创建完善的高校校园伤害事故赔偿制度,一方面有利于高校大学生在受到损害时能够得到及时有效的救助,保护高校大学生及其家庭的合法利益;同时也可以保护高校的利益,转移高校可能承担的主要经济赔偿责任,实现损害赔偿的社会化,为高校化解风险,使高校可以把主要精力投入到教育教学中。

这一制度可以真正兼顾高校和学生两者的利益,维护双方的合法权益。

3. 规范高校校园伤害事故免责制度

建立规范的高校校园伤害事故免责制度,有利于解决高校伤害事故纠纷的解决,而建立这样一个完善的制度,当务之急是解决当下高校与学生签订的"学生自律协议书"的效力问题。2010 年 11 月,山东建筑大学强制其学生签订"学生自律协议书"一事经媒体报道,受到社会广泛关注。这份《大学教育管理与学生自律协议书》中规定了在地震、洪水、雷电、台风等不可抗力造成的以及大学生自杀、自伤的等 6 种情形下,高校在履行了相应职责且行为不存在过错时,不承担法律责任。《大学教育管理与学生自律协议书》规定协议适用于所有全日制本科专科学生,协议如果与有关法律法规相违背,则以国家法律法规为准。

《大学教育管理与学生自律协议书》中规定的内容,并未违反我国相关的法律法规。但是,《学生伤害事故处理办法》不但规定了高校的免责事由,而且还规定了高校应该承担民事责任的情形。但是,这些条款却在《大学教育管理与学生自律协议书》中只字未提。这类学生自律协议书本意是给大学生以安全提示,倡导大学生自觉遵守国家法律、校规校级。但是,在这中要注意两点问题。一是,协议的签订应遵守平等自愿原则,任何一方都无权利强制要求另一方当事人在协议上签字。二是,协议中规定了如与国家法律相悖,以国家法律法规为准的条款,那么大学生是否签订协议书没有太多实际意义。因此,《大学教育管理与学生自律协议书》中的条款不能完全成为高校校园伤害事故的免责事由。

(二)建立高校校园伤害事故横向辅助法律体系

所谓高校校园伤害事故横向辅助法律体系,是指在高校校园伤害事故的发生、认定、归责、赔偿等一系列法律活动中,仅仅依靠侵权行为法来解决是远远不够的,需要建立并完善一些辅助性的法律制度来促进高校校园伤害事故的最终认定和解决,这些制度的建立不仅可以起到辅助法律责任认定的作用,同时对高校校园伤害事故的防控亦能起到积极的效果。

1. 建立违反高校校园安全管理的法律责任认定体系

高校校园安全关系到高校的和谐与发展,因此必须进一步落实有关部门的责任,建立一套完整的高校校园管理制度,对高校校园安全隐患实行责任制,涉及校园设施管理、治安管理、饮食管理等方面,认真落实不留死角。❶ 第

---

❶ 许悦、王睿、彭春红:"高校校园安全问题及对策",载《今日财富》2011 年第 10 期。

一,定期进行校园检查,排除安全隐患。高校管理部门应当定期对学校的建筑物、树木、设施设备等进行安全检查,发现问题及时处理,避免出现由于建筑物倒塌、设备设施不合格等原因导致的高校校园伤害事故。第二,加强校园车辆管理。高校应当结合自身实际,制订"高校校园车辆管理条例"。高校保卫处应对学校公用车辆、教职工和大学生私家车分类办理通行证,建立车辆档案;对校外来访车辆、临时通过车辆发放临时通行证,建立入校登记制度,严格控制校外车辆的进入;在大学生上下课高峰时段,在校内实行车辆限行制度,减少或者禁止车辆进入校园或在某区域通行,以确保大学生的人身权益不受损害。第三,实施现代化的安全防范措施。高校应当建立完善的防灾减灾、道路安全、门禁报警等电子监控系统,使高校校园安全防范形成严密的网络。(1)防火报警系统。高校应当在教学楼、宿舍楼等建筑物内配备灭火器材,安装自动喷淋装置。一旦楼内发生火灾,可以立即向保卫部门的校园安全监控中心以及消防部门传递报警信息;(2)校园安全监控系统。高校应设立校园安全电子监控中心,在校园内主干道、宿舍楼门等部位安装摄像监控,进行 24 小时监控,发现情况及时报警及时处理;(3)电子门禁系统。高校应当在大学生宿舍楼门口、图书馆门口等重要部位安装电子门禁系统,大学生凭校园卡或指纹、密码进出;(4)设置交通指示标。高校应当在校园道路上的醒目位置设置交通标牌、缓行标志,在重要路口设置红绿灯,提醒车辆和大学生注意安全。对于高校而言,采取上述有效措施可以大大提高校园的安全性,同时也有利于高校校园事故侵权责任的认定和纠纷的解决。就法律制度而言,应当对这样的做法给予认可,只有建立了严密的高校校园事故安全管理法规才能更加完善地保障大学生生命及财产安全。同时,法律中也应当明确规定违反高校校园安全管理的法律责任认定及承担,这样才能使高校校园事故侵权责任更加快速高效的解决。

2. 建立违反安全预防机制法律责任的认定体系

高校校园事故预防机制是校园安全管理的保障,是大学生人身安全的保障,同时也是高校校园事故侵权责任认定中的一个重要考量因素。高校违反了事故预防机制的规定,必然应当承担相应的侵权责任,相反,如果高校在事故预防机制方面已经尽到完全的注意义务,则相应的侵权责任应当减轻或者免除。因而建立违反安全预防机制法律责任的认定体系,对认定高校校园事故侵权责任是非常有意义的。笔者建议法律制度可以从以下几个方面来完善。

首先,建立并完善高校校园伤害事故应急处理预案,明确高校在应急处理预案中的权利与义务,并规定高校违反应急处理预案时应当承担的法律责任。高校管理部门应当制订高校校园事故应急处理预案,并报上级主管部门审批、备案。高校在高校校园事故应急处理预案中,应当明确规定校园伤害事故的范围、主要处理部门、事故处理顺序、主要负责人等相关事项。这样在遇到突发的校园伤害事故时才能有条不紊的按照预案进行处理,尽量将大学生的损害降到最低。

其次,用立法来规定大学生健康干预机制,并确立高校在安全教育、心理健康等方面的权利和义务,并规定违反该义务所应当承担的法律责任。对大学而言,主要应当做到以下几点:第一,加强大学生应对自然灾害、突发事件的安全教育。高校大学生在校学习生活期间,有可能遇到地震、火灾或者是突发暴力事件。高校应当对大学生进行必要的自救常识教育并定期安排大学生进行现场演练模拟,提高大学生的自防、自护、自卫、自救能力,做到未雨绸缪。第二,加强大学生交通安全教育。根据《道路交通安全法》的规定,高校应当对大学生进行道路交通安全教育,将道路交通安全教育纳入法制教育的内容。作为高等院校,应当把交通安全教育安排到教学计划当中。高校应当把交通安全教育作为大学生进入高校后的第一堂课,有时间、有计划、有教材、有目标地传授给学生,通过大量鲜活的事例,采取人性化的教学方法,使大学生树立良好的交通安全意识。第三,建立大学生心理健康干预机制。当今的大学生在面临学业、就业、感情、人际关系等压力时,一部分心理不健康、承受能力较弱的大学生,不能经受挫折与失败,在自己无法排解矛盾、压力,同时又没有获得外界的辅导、帮助时,可能会发生情绪失控而导致伤人或自伤、自杀事件。高校应当设立校园心理卫生辅导中心,配备有资质、有经验的心理学辅导员,通过与各院系建立联动机制掌握大学生的心理动态,对潜在的有自伤自杀倾向的大学生进行心理辅导,进行化被动为主动的隐性干预。第四,建立违反高校校园安全保卫规划的法律责任。目前我国高校的安全保卫规划及建设非常不统一,各学校投入的力量也不尽相同,有的学校甚至没有相应的安全保卫组织,只要一旦发生了高校校园安全事故,学生家长往往会以学校缺乏相应的安全保卫组织为由将学校起诉,而法院在审判案件的过程中,也会将学校是否建设有相应的安全保卫组织作为高校是否构成侵权责任的一个参考因素来考量。因而,法律中对高校校园违反安全保卫规划的法律责任给予明确是非常有必要的,在实践中建立完善的安全保卫体系也是势在必行的。公安部《关于企业事业单位公安机构体制改革的意见》中指出,校园安全保卫组织不再是公安机关的基层组织,它只是学校内部的职能部门,校园安全保卫组织的公安性

质和职权被取消了。❶

面对不断恶化的高校校园治安状况和日趋复杂的校园周边环境,高校校园安全保卫组织无能为力。不少发达国家都制定了体系较为完备的校园安全稳定法律体系。美国早在 20 世纪 60 年代就由各州立法建立了校园警察制度,美国议会于 1990 年公布了《校园安全法》,以联邦法的形式确立校园警察机构的法律地位。而日本、加拿大等国也同样构建了一套以保护校园安全为内容的法律法规体系。这些国家的立法经验将为我国的校园安全立法工作提供宝贵的资源。校园警察是美国高校保卫工作的一个重要特色。美国高校的校园警察具有两项主要职责,一是执法的职能,即按照法律规定,侦查破案、打击刑事犯罪,保障高校财产和师生、员工的人身财产安全;二是安全管理职能,即安全防范,预防犯罪,维护高校校园安全秩序,为师生的安全服务。美国的高校校园警察机构主要由三部分人员组成:一部分是经过考试培训取得资格的正式警察,他们持有警察证书,穿着警察制服,佩带警徽,并能持枪台佩带多种执法警械,在校园内可以行使执法权;一部分是文职人员,他们没有执法权,例如秘书、技术人员、值班人员、守护人员;还有一部分是勤工俭学的学生,他们承担巡逻护送、医疗救护、维护秩序等任务。后两部分人员是没有警察执法权的。❷ 无论是从世界范围来看还是从国内实际状况来讲,高校校园都是一个十分特殊的区域,大学生是一个十分特殊的群体。大学生作为校园活动的主体,是社会进步和文明发展的中坚和希望,他们的生活、工作和学习环境的好坏,直接决定着教育事业的兴衰成败,也制约着整个社会的发展进程。对于这样的具有特殊作用的区域和群体,只有建立专门的安全保卫机构为其提供特殊的专门的安全服务,才能更有效地维护校园安全,才能创造安定有序、和谐幸福的环境,才能充分发挥他们在社会进步和文明发展中的特殊作用。从美国校园安全管理的重要制度来看,校园警察机构的设立,高素质的校园警察队伍的建立,校园安全保卫部门权力和责任增大,也使得校园的安全管理更富实效。因此,我国对我国来讲,面对日益复杂的校园安全局面,针对特殊群体和区域,建立专门的校园警察机构应该成为我们做好校园安全管理工作的重要切入点。因此,我国必须高度重视和认真研究建立校园警察机构的紧迫性、必要性、可行性,切实推动校园警察制度的构建,努力打造一支高素质专业化

---

❶ 中国网:http://www.china.com.cn/law/flfg/txt/2006-08/08/content_7058646.htm,访问日期:2006 年 8 月 8 日。

❷ 张仁骏:"美国校园安全管理现状考察及启示",载《中共济南市委党校学报》2006 年第 4 期。

的校园警察队伍。❶

最后，明确高校违反校园危险信息公示所应当承担的法律责任。对高校而言，应当建立校园危险信息公开及危险提醒制度。随着高校的扩大与发展以及管理模式的改变，校园逐步开放化，校内外人员流动较大，高校校园便成为了不法分子所觊觎的对象。高校在处理这些校园安全事故的同时，还要及时做到内部通报和外部通报。高校应当建立校园危险信息公开及危险提醒制度，设立公开的校园信息板报，进行院系通报，并与所属地区公安机关联系。美国在高校校园安全问题方面经验比较丰富，建立了比较完善的安全保障制度，其主要特征有以下几个方面。第一，随时发布犯罪警报和安全提示。美国校园安全管理部门为了预防犯罪发生，建立了完善的犯罪警报体系，一旦校内外或当地有案件发生，犯罪警报将被及时发布，特别是有关性犯罪嫌疑人的资料包括面貌特征、居住地点、手段等。这些犯罪警报来源于被报告到校园警方和法律执行机构的犯罪资料，犯罪警报被及时通知学生和员工是为了防止类似案件的发生。另外，美国所有的大学警察局都有对外公开的网站，根据《联邦犯罪报告法案》，犯罪统计数字每月都要通过网站发布。美国校园安全管理部门的犯罪警报一般包括以下内容：案件发生的时间、地点、嫌疑人的性别、肤色、年龄、身高、衣着、体貌特征、携带物品；案件的主要过程和后果；防止此类犯罪发生的建议；公布联系方式并希望得到相关线索，等等。❷ 我国高校应当借鉴国外的先进经验，把高校校园发生的校园安全事故的发生、处理过程、调查结果公布在校园信息栏或高校校园网站上；对近期高校校园周边发生的人身损害事故在校内予以公布，提醒大学生出行注意人身安全。对法律制度构建而言，应当充分的肯定高校校园危险信息公示制度的做法，并规定违反校园危险信息公示所应当承担的法律责任，这样对于高校校园事故侵权责任的认定会更加清晰明确。

---

❶ 黎慈："美国校园警察制度及借鉴"，载《新疆警官高等专科学校学报》2010 年 11 月第 30 卷第 4 期。

❷ 张仁骏："美国校园安全管理现状考察及启示"，载《中共济南市委党校学报》2006 年第 4 期。

高校非在编教职工入会问题研究

李长城　徐惠妍*

摘　要:本文针对新时期高校用工制度的改革,分析逐步扩大的非在编教职工群体的权益维护及加入工会现状等,研究非在编教职工加入工会的可行性和保障维权的重大意义,并提出其入会途径措施。

关键词:非在编教职工　工会　权益

随着我国社会主义市场经济的发展,高等教育的改革进入新阶段,各高校在构建"和谐校园"主题的感召下,不断深化内部管理体制、人事制度的改革。其中,由于办学理念的转变和办学规模的不断扩大,高校为了更加自主的配置人力资源、提高人力资源的综合使用效益,用人制度逐渐走向多样化:由单一的行政事业型向多元化的社会型用工转变,职工的构成也由原行政事业编制人员占绝大多数向社会用工(以下称非在编教职工)转移。所谓非在编人员,是指事业单位根据工作需要聘用编制外人员,既不同于劳动合同制,也不同于事业单位聘用制,是事业单位体制下一种特殊的用工方式,按照这种方式聘用的职工即非在编人员。

目前高校非在编教职工与在编教职工相比已占到相当的份额,其队伍的日益扩大已成事实。据《北京高校非事业编制职工入会及维权状况的调查报告》显示,北京高校非事业编制职工已是事业编制职工的1/5,特别是高校后勤部门使用非事业编制职工达80%以上。以中国石油大学(位于北京)为例,学校教职工总人数为2133人,其中非在编职工为1056人,占全校教职工人数的49.51%,他们绝大部分在后勤等管理部门。这些非在编教职工为高校的长足发展作出了很大贡献,同时也成为建设和谐校园不可缺少的力量。

＊　李长城(1968～　　),男,江苏涟水县人,首都经济贸易大学副教授,硕士研究生导师,研究方向:民商法、法理学;徐惠妍(1987～　　),女,重庆人,首都经济贸易大学法学院硕士研究生,研究方向:民商法、劳动法。

高校后勤工作的发展直接影响到高校的办学水平和办学规模,然而由于制度上的缺失,非在编教职工在高校中的地位和待遇却没有得到相应地提高,大多数高校工会中也没有非在编人员的一席之地,这使得他们的利益诉求很容易被忽视,合法权益难以得到切实维护。在3.2万北京高校非事业编制职工中,非在编人教职工已入会人员占19.1%。在未入会的人员中愿意加入工会的为75.4%。结果显示高校非在编人员未入会的比例还很大,愿意入会的意愿较高。全国总工会第十五次大会提出要"切实履行基本职责,维护好职工的合法权益"。❶ 因此,高校非在编教职工加入工会,越来越受到社会的广泛关注,已然成为高校工会工作中具有现实意义的新课题。

一、非在编教职工队伍概况

(一)地位

目前,在高校这个特殊的小社会内部,教职工因其身份、职业和占有资源的不同,客观上形成了不同的阶层。一是领导干部阶层,他们掌握了主要的组织资源,行使实际行政管理职权,是整个高等学校结构中的主导性阶层,其社会态度、利益需求及行动取向,对于学校的结构变迁和其他阶层的特征变化等诸多方面都具有决定性的影响力。二是高层次人才阶层,主要包括高等学校在发展壮大中不可或缺的学科带头人、学术骨干、正高职称人员等高层次、高素质、有影响、有代表性的"两高两有"人员,这一阶层往往在学校教学科研工作和学科建设中充当重要角色,作出重要贡献,也因此享受较多的政策倾斜和优惠,可更多地利用各类资源。三是一般人员阶层,主要包括一般的专业技术人员、实验技术人员和管理人员,他们是高校教职工群体中数量最多的一个阶层,大多具备相当的专门知识和业务能力,承担着学校大量的基础性工作,是维持学校正常运转的重要力量。四是工人阶层,主要集中于后勤保障服务、教学科研辅助(如教学实验农场)等系统内从事体力、半体力劳动的一线工人中,较其他阶层来讲,这一阶层的影响力、受关注程度都不高,但是他们对学校的改革发展稳定大局却具有不容忽视的作用。❷

上述的第四阶层人员,即本文所指的非在编教职工。他们处于相对弱势

---

❶ 王兆国:"高举中国特色社会主义伟大旗帜,团结亿万职工为夺取全面建设小康社会新胜利而奋斗",载http://www.china.com.cn,访问日期:2010年1月10日。

❷ 赵建明、倪洪尧:"新时期高校教职工利益表达途径及其优化",载《高等农业教育》2010年第7期。

地位,而且从目前的发展趋势看,存在强者更强弱者更弱的可能性,由此带来的利益失衡则可能导致各阶层的对立,进而引发尖锐的矛盾,将影响学校改革发展稳定的大局,挫伤各阶层人员投身和谐校园建设的积极性。

(二)组成及特点

非在编教职工队伍结构较为复杂,差异性也非常突出。目前高校非事业编制职工队伍主要包括:(1)进城务工人员占大多数(占非事业编制职工的60% 以上),主要受聘于学校后勤集团、安全保卫、校办企业等工作较为艰苦的岗位,主要从事保卫、保洁、绿化、炊事、宿舍管理、校舍维修等工作,由于他们专业知识和技能相对较低,工资相对低廉,约为 1200～1400 元/月(经济发达地区略高),工作环境相对较差,工作关系不太稳定,处于高校非事业编制职工中的弱势地位;(2)学校实验室、图书馆、系部和机关部门也聘用了一定数量的非事业编制职工,他们具有一定的专业知识和技能,主要从事教辅服务、医疗服务、微机操作、行政管理等技术工作,工资收入相对较高,约为 2000～3200 元/月,工作关系相对稳定,工作环境相对舒适;(3)还有一部分非事业编制职工具备良好的素质和扎实的专业知识,在高校中直接从事教学、科研工作,按课时和科研工作量核算获取报酬,他们中大部分有固定的工作单位,只是利用业余时间在高校兼职,增加经济收入,工作生活环境较好;(4)校办产业集团中的高新技术人员,他们中相当一部分属于高学历、高素质、高技能、高收入的"四高"群体,主要从事知识创新、市场研发以及技术含量较高的产品制造等。他们追求"综合报酬",包括精神上的满足、良好的文化氛围、广阔而持久的发展空间。

(三)非在编教职工权益保护状况分析

1. 非在编教职工收入偏低,生活水平和质量也相应较低

虽然高校后勤部门严格落实国家有关最低工资标准,尽可能提高非在编教职工工资收入,使非在编教职工的月工资都在最低工资标准以上,但由于体制、编制等宏观原因,非在编职工的收入水平相对于高校当地的消费水平仍偏低。甚至有时候非在编教职工与在编教职工的工作内容相同,但收入差距却很大,且同等条件下,在编教职工就能享受"四险一金"的福利待遇。这种收入的差异极大影响了他们的心理平衡,工作上往往会自觉或不自觉出现凑合的想法,马虎了事,在岗位工作的同时,不时瞄着收入更好的单位和岗位,造成职工队伍的不稳定。因此,高校要改善非在编职工的待遇,稳步提高他们的收

人,最终实现同工同酬,实现公正、公平、合理分配的机制。

2. 非在编教职工的民主政治权益有待提高

虽然所有非在编人员都参加了工会组织,个别职工参加了教代会也参加了党组织。但参与人数也极为稀少,而且在参加教代会的代表和加入党组织的党员中,并没有临时工的身影。可见,非在编教职工在参与学校民主管理、民主监督,为学校发展建言献策等方面的权利相对薄弱。这一方面是由于非在编教职工尤其是临时工整体素质不高,还缺乏清醒的政治参与意识和民主权利意识;另一方面,学校对非在编人员的民主政治权益重视程度不足、措施不够得力。要解决这一问题,不仅要加强对非在编职工的思想政治教育,充分发挥工会的作用,通过组织培训、引导非在编职工积极参加各种活动,培养他们的民主管理、民主监督的意识,引导他们积极参与学校的建设和管理。学校相关部门也要切实重视非在编职工的民主政治权益,在教代会、涉及教职工切身利益的听证会、发展党员等方面把非在编职工纳入视野,对他们当中的骨干力量要着力培养,以点带面,切实提高非在编职工的民主政治权益。

3. 非在编教职工尤其是临时工的社会保障需要不断完善

受临时工的流动性强,相关措施不配套,"三金一险"无法异地转接等,导致单位和个人都不愿意交纳相关保险,常造成非在编教职工社会保障体系缺失。要解决这一问题,首先需要国家政策的大力支持,最起码要实现全面统筹。其次是学校要探索适合临时工的劳动保险、人身保险等社会保障模式,最大限度地为这部分职工解决后顾之忧。这是稳定职工队伍的需要,也是建设和谐劳动关系和和谐校园的需要。再次,要加大对困难职工的帮扶力度,帮助他们解决生活困难。

4. 非在编职工基本生活权益保障需要加强

受体制和条件所限,目前非在编职工在住房分配、子女上学等方面还不能与在编职工享受同等待遇,非在编职工的住宿、生活等基本条件还有待于提高。目前非在编职工大多住在比较拥挤、住宿密度大的集体宿舍,设施简陋,生活起居多有不便。尤其是一些已婚职工,子女上学也面临一定困难。工会组织要尽可能地协调学校各部门和地方政府部门,最大限度地改善非在编职工的基本生活条件,让他们安心工作,立足本职工作岗位,为建设和谐校园做贡献。这是建设和谐校园的需要,也是维护全体教职工利益的需要。

从以上情况不难看出,高校不同程度地忽视了非在编教职工的权益保护,这些问题会日益凸现出来,从主客观上既造成了非在编员工的利益缺失,也造成了非在编教职工地位不平等。鉴于此,工会如果能够接吸纳更多的非在编教职工,尤其是临时工加入会,他们的利益诉求就可以通过工会更加畅通地表达,工会也能实际解决他们的困难,及时处理各种矛盾、化解冲突,维护校园稳定和长久发展。

二、非在编教职工入会现状及问题

(一)入会情况

虽然非事业编制人员的数量在地方院校教职工队伍中占据着较大的份额,但目前高校非在编教职工加入工会的合法权益还没有得到全面保障,多数非在编教职工只是参加工会组织的文体活动,在民主权利和福利方面未能享受同等待遇。事实上,真正加入工会的非在编教职工人数极低,从调查情况来看,大约占非事业编制人员总数的20%左右,并且集中在个别学校,绝大多数高校没有吸纳非在编教职工入会。高校非在编教职工入会率与不断壮大的职工队伍现状很不适应,这不仅损害了非事业编制人员的合法权益,也影响了学校的改革和发展。

(二)没有加入工会的原因

首先,高校对非在编教职工入会问题没有给予应有的重视。

高校对普遍对非在编教职工没有平等对待的"俯视"的倾向。劳务市场供大于求的现实导致高校在招聘时或多或少存在着"居高临下"心理,认为只要提供相应的岗位就不愁招不到人,导致非在编教职工从一开始就处于弱势地位。因此,高校临时用工的聘用和解聘、工资标准、工作时间、缴纳保险等事宜没有完全按照《中华人民共和国劳动法》(以下简称《劳动法》)的规定去执行,而是根据院校的自身情况而定,对高校而言非在编教职工没有入会,反而省去了法规制度的限制。

又由于高校的临时用工机制还没有走上法制化的轨道,有的科研管理人员和后勤服务人员没有和学校签订劳动合同,没有劳动合同约束,随时都有可能被学校解聘或主动辞职;有的高校对某些工作实行季节性招工,招聘的临时教职工在完成某项工作或者完成某一时期的工作之后就必须离开学校。因此,非在编教职工的流动性非常大,对于他们入会的问题便少有人关注。

其次,非在编教职工本身入会观念淡薄。

许多非在编教职工对工会职能和作用缺乏充分地了解,认为高校工会只是正式教职工加入的组织,他们没有权利入会;有人认为,即使加入工会,工会组织和干部也不会把自己与正式教职工一视同仁,更不会为自己解决根本问题;还有人认为,自己是"临时工",甚至没有和学校签订劳动合同,没法预料以后能在学校干多久,自己有可能随时被学校解聘或者主动辞职,不加入工会组织,就没有那么多约束,可以"来去自由",省去很多麻烦。

而且对于工会来讲,高校非在编教职工人员的流动性较大,入会后给工会的管理工作带来许多不便,工会作为联系学校和临时教职工的中间组织,解决入会问题势必处于两难的境地。更重要的是,解决非在编人员入会问题,既没有上级部门的相关政策和实施办法可以依据,在全国高校中也没有大规模地发展起来,鲜有成熟经验可供参考。

非在编职工入会,还会带来一系列的维权问题,如签订劳动合同、投保"三险"、聘期及福利待遇等,这些都涉及高校及基层用人单位和非在编人员的利益,工会组织如果处理不当,还可能加深双方的矛盾。因此,多数高校的工会组织和干部对非在编教职工入会持消极态度,存在观望思想,他们关心非在编教职工,只是停留在组织参加活动的层面上,并没有实际解决他们生活中的困难,更无法把他们的维权工作落到实处。

三、非在编教职工加入工会的意义

(一)解决高校非在编教职工入会问题是切实维护权益的需要

非在编教职工为高校的建设和发展作出了很大的贡献,他们的合法权益也必须得到切实的维护。他们加入工会,使维权工作有组织保障、有法律依据、有可操作性。例如,非在编职工通过工会,可了解学校的政策、向学校提出合理化建议、维护自己的民主权利;成为工会会员,把自己纳入工会的管理和监督体系中,依靠工会形成与学校的合法劳动关系,有助于合理解决与工作相关的安全、责任等问题,维护安全健康权利;非在编职工入会,可以顺利解决福利待遇、生活困难、子女入学、投保"三险"等实际困难,真正维护切身利益。

(二)解决高校非在编职工入会问题是建设和谐校园的题中应有之义

非在编教职工是高校中一员,是参与建设和谐校园不可缺少的力量,非在编职工也是高校中的弱势群体,潜藏着不安定因素。因此,解决好他们的入会问题事关高校和谐发展的大局。非在编职工没有正式的编制,又不是工会会员,很自然地把自己当做高校的"边缘人",缺乏高度的工作热情和责任感;他们收入较低,要面临经济困难、子女入学等许多实际问题;容易与用人单位发生薪酬纠纷、意外事故处理、聘用和受聘双方合作等矛盾和问题。如果能将他们纳入工会组织中,依法维护好各方的权益,势必能减少学校建设和发展中的不和谐因素。从长远来看,维护非在编职工利益与维护学校的利益是一致的。

(三)解决非在编职工入会问题是高校工会的重点工作之一

解决非在编职工的入会问题,已被列为全国总工会的重点工作之一。高校工会应该积极响应号召,高度重视非在编职工入会问题,并且应立即行动起来,履行职责。全国总工会还向各级工会提出了"组织起来,切实维权"的要求,高校工会不但要把正式教职工组织起来,更要努力把非在编职工组织起来,这是认真落实全国总工会要求的具体体现。一方面,要深入贯彻实施《中华人民共和国工会法》(以下简称《工会法》),加大工会工作力度,确保非在编职工入会率大幅度提高,使会员发展与高校不断壮大的职工队伍相统一;另一方面,突出工会组织的维护职能,尤其包括维护非在编职工这一弱势群体的合法权益。高校工会组织和工会干部只有把职工全面组织起来,才能更好地构筑健全规范的维权体系和网络,扩大工会组织在职工中的影响力,增强凝聚力,更好地发挥桥梁和纽带作用。❶

四、非在编教职工加入工会的可行性分析

(一)入会发展动因

1. 教职员工的期求

发展非事业编制人员入会,不仅是法律法规的要求、社会发展的需求,更是教职员工的期求。非在编制人员与在编人员共同工作,其劳动强度和工作量相当,但获取的报酬不一样。他们希望享有平等的政治待遇和经济待遇。我们就入会问题在非在编教职工人员中进行问卷调查,其结果显示愿意加入工会组织者达 88%。其中,有 23% 的人加入工会组织是为了获得好的福利待遇,45% 的人是为了参加工会的活动,32% 的人是为了维护自己的权益。表面看来,他们的目的不一致,其实,都是为了维护个人经济上、政治上的权益。非在编教职工是学校的一分子,他们参与学校的建设,关心学校的发展。虽然在劳动报酬上不与事业编制人员完全一样,但他们希望学校这个"家"能够接纳

---

❶ 孔繁清:"高校非在编职工入会现状及对策研究",《北京市工会干部学院学报》2007 年第2 期。

他们,容纳他们,把他们当成家庭中的一员,这样他们才会有归宿感,才会全心全意投入到工作中去。

2. 社会发展的需求

新的历史发展时期,构建和谐社会是中国共产党的奋斗目标,也是广大群众的共同愿望。2005年,胡锦涛总书记在中共中央举办的省部级主要领导干部提高构建社会主义和谐社会能力专题研讨班开班式上指出,"各级党委和政府要加强和改善对构建社会主义和谐社会各项工作的领导,把构建社会主义和谐社会摆在全局工作的重要位置"。2011年,中国工会十五届五次执委会上,首次将发展和谐劳动关系置于"构建和谐社会的重要基础,是推动科学发展、实现'十二五'规划目标任务的必然要求,是维护职工合法权益,促进职工队伍稳定与社会和谐的重要途径"这一高度,并提出:"工会组织要牢记责任、扎实工作,大力发展和谐劳动关系,进一步加大维权力度,努力推动职工群众共建共享经济社会发展成果。"这就告诉我们,以人为本,构建和谐社会,是当今各项工作的重中之重,也是工会工作的使命和责任。因此,我们在加强地方高校工会组织建设上,应该创新组建思路,提升建会质量,把包括人事代理制人员、聘用制合同工、灵活就业职工和农民工在内的合同工、临时工等非事业编制人员组织到工会中来,构建和谐劳动关系。只有这样,学校建设者的力量才更为强大,学校的发展才更显活力。

(二)入会的理论依据

我国《宪法》第33条和第35条分别规定,"中国公民在法律面前一律平等","我国公民有言论、出版、集会、结社、游行、示威的自由"。这就是说,我国公民拥有法律所规定的权利和义务,只要符合条件,自己愿意,就可以加入传统的政治社团(如工会、共青团、妇联、工商联等组织)。如果说,《宪法》的条文为非事业编制人员加入工会提供了明确的导向,那么我国的《劳动法》、《中华人民共和国劳动合同法》(以下简称《劳动合同法》)与《工会法》、《中国工会章程》等则为非事业编制人员入会提供了可靠的依据。《劳动法》第7条规定:"劳动者有权依法参加和组织工会";《劳动合同法》第6条强调:"工会应当帮助、指导劳动者与用人单位依法订立和履行劳动合同,并与用人单位建立集体协商制度,维护劳动者的合法权益";《工会法》第3条明确规定:"在中国境内的企业、事业单位、机关中以工资收入为主要生活来源的体力劳动者和脑力劳动者,不分民族、种族、性别、职业、宗教信仰、教育程度,都有依法参加和组织工会的权利。任何组织和个人不得阻挠和限制";《中国工会章程(修正案)》

第1条更具体规定:"凡在中国境内的企业、事业单位、机关和其他社会组织中,以工资收入为主要生活来源或者与用人单位建立劳动关系的体力劳动者和脑力劳动者,不分民族、种族、性别、职业、宗教信仰、教育程度,承认工会章程,都可以加入工会为会员。"由此看来,法律不仅确定了高校工会发展会员的应尽职责,更是为非事业编制人员加入工会组织提供了强有力的依据和保障。非事业编制人员加入工会,只要本人愿意,任何组织和个人都不能以任何理由加以阻挠和拒绝。

(三)现实条件许可

1. 学校财力情况好转

前几年,地方院校为了扩招,纷纷征地扩建校区、新建楼舍,以致于债台高筑,财力吃紧。如今,随着国家对教育越来越重视,国家中长期教育改革和发展规划的实施,地方院校的财力也将会发生根本性改变。《国家中长期改革与发展规划纲要(2010~2020)》第56条规定:"要健全以政府投入为主、多渠道筹集教育经费的体制,大幅度增加教育投入","按增值税、营业税、消费税的3%足额征收教育费附加,专项用于教育事业。提高国家财政性教育经费支出占国内生产总值比例,2012年达到4%。"按照这一要求,各省都在积极开展"减轻高校债务负担,化解高校债务风险"工作,并增加高校经费拨款。根据各省政府的工作部署,地方院校都应在2012年化解完所有债务。这样,未来的地方院校将会轻装上阵,学校增拨非事业编制人员的工会经费和福利费也将不再是难题,发展非事业编制人员入会自然水到渠成。

2. 非在编教职工与学校融为一体

虽然,非事业编制人员在地方院校的作用不可小觑,但其在学校改革和发展中的重要性并未达到无以替代的地步。究其原因,关键在于非事业编制人员工作的不稳定性和短期性。一方面,一些非事业编制人员因其身份的特殊性,并未将学校当成自己的家,因此,他们即使能够完成好自己的分内之事,可工作几乎都停留在被动应对状态,缺乏主动性和创新性;另一方面,《劳动合同法》执行力的疲软,某些领导认识上的偏差,导致学校行政对待该部分人员的态度有些随意。于是,双方都未能达到和谐的统一。如果非事业编制人员能够全身心地投入到学校的建设之中,为学校的发展兢兢业业,呕心沥血,在自己的工作岗位发挥出最大的能量,将自己的一切都奉献给学校的事业,那么在他们的敬业精神感动下,学校就自然会视他们为自己的一部分,也就会逐步将其作为自己不可分割的整体。如此,当学校与非事业编制人员融为一体、彼此相依之时,解决非事业编制人员入会的一系列问题也就在情理之中了。

五、非在编教职工加入工会的途径探讨

(一)加大入会宣传力度,加强教育,营造良好氛围

高校工会组织要加强宣传工作的针对性和实效性。对学校各级领导和员工,要宣传非在编教职工也是学校建设者,也是建设和谐校园促进学校事业发展的重要力量。高校应推进他们入会,目的在于更好地协调他们和学校的关系,通过监督双方履行义务,维护双方权益,进而更好地维护学校发展大局。对非在编教职工要开展正确的引导工作,在进行入会相关知识宣传的过程中,进一步强化他们履行义务的意识和通过规范渠道维护自身权益的意识,正确认识自己的入会问题,增强他们对工作单位的归属感,进一步激发他们求上进和积极工作的热情,发挥聪明才智为学校建设建功立业。

高校工会吸收非事业编制职工加入工会,要从履行教育职能和建设职能的高度出发,以入会后的管理、教育、培训和维权作为工作重点。因此,工会可以组织非在编教职工学习《工会法》、《中国工会章程》和全国总工会有关吸收外来务工人员加入工会组织的宣传提纲以及学校的规章制度,提高其法律意识和工会会员意识,增强其主人翁责任感。同时还可以根据非在编教职工的从业性质、知识结构和能力状况,配合有关部门开展有计划、有针对性的岗位技能培训,提高他们的工作能力和水平。此外,工会组织还要加强对非在编教职工特别是农民工的心理咨询和辅导,帮助他们尽快适应高校工作和生活节奏,增强其对学校的归属感。

(二)分步实施,分块进行,全面铺开

鉴于非事业编制人员的数量较为庞大,各高校暂时难以全面落实他们入会后的全部待遇,高校工会可以首先将他们吸纳入会,暂时落实他们的政治待遇,让他们与事业编制人员一样参加学校的教代会、工代会,参与学校的民主决策、民主监督与民主管理。同时,积极组织他们参加工会举办的各项活动。培养他们的主人翁精神和爱校意识。当时机成熟之后,再逐步落实他们在经济上以及其他方面的各种待遇,最终解决他们入会后的所有问题。

考虑到非事业编制人员用工形式的差异,各高校也可以首先全面解决人事代理制人员的入会问题。在此基础上,在条件的允许下,再解决那些聘用制合同工的入会问题,随后,当各种条件都已具备之时,再分块解决劳务派遣用

工、农民工、临时工等人的入会问题。或者,可以首先解决独立学院非事业编制人员教职工的入会问题,然后再解决分布在管理、教辅岗位等聘用制合同工的入会问题,最后再解决从事后勤、保安工作的合同工、临时工入会问题,最终达到落实非事业编制人员全部入会后各种待遇的目的。

维护非在编教职工的合法权益是高校工会履行维权职能的一个重点和难点。工会吸纳更多的非在编教职工加入只是一个维权途径,目的是切实解决非在编教职工的权益保障问题。此外,高校工会一方面要重视和研究新时期劳动关系出现的新变化和新特点,加强理论和调查研究,探索解决新问题的途径和方法;另一方面要针对高校非事业编制职工的权益现状,构建有效的非事业编制职工维权机制,切实保障其合法权益。

学校突发事件网络舆情监管的法律规制[*]

王　翔^{**}

摘　要:为防止学校突发事件网络舆情的负面效应,政府需要对学校突发事件网络舆情加以监管和引导。但由于我国网络舆情监管工作在监管理念、措施和机制等方面存在一些问题,使得监管效果不尽如人意。为此,坚持比例性原则,积极、理性应对公众恐慌;做好信息公开工作,建立长效应急管理机制;做好行政补偿工作,实现行政措施自我限制;等等。这些措施都对学校突发事件网络舆情监管工作具有重要意义。

关键词:学校突发事件　网络舆情　法律规制

"有效的传播不仅能减轻危机,还能给组织带来比危机发生之前更为正面的声誉,而低劣的危机处理则会损伤组织的可信度、公众的信心和组织多年建立起来的信誉。"

——Kathleen Feam-Banks

与其消极回避风险,不如积极探求安全风险!"改善个人的生活固然重要,但是改善整个社会形态更重要";虽然我们无法创造一个平等互惠的世界,但若能让彼此有差异的人,有共同面对彼此差异的平台就有可能形成互相帮助。

——C. Stivers (2005):Governance in Dark Times

自 20 世纪 90 年代中国接入互联网络以来,网络逐渐实现了社会化,并作

---

　*　本文系马怀德教授主持的教育部哲学社会科学研究重大课题攻关项目"完善学校突发事件应急管理机制研究"的阶段性成果。

　**　王翔(1986～　　),男,中国政法大学青少年法制教育研究中心教师。

为"第四媒体"发挥着强大的舆情表达和传递功能。在突发事件发生、发展和变异过程中，因事件衍生的新闻报道、网民态度和观点等网络舆情在网络中形成扩散态势和井喷效应。而因日益分化的网民、多样媒体等的作为，突发事件网络舆情演变具有了不确定性、复杂性和变动不居的特点，这给公众认知以及政府引导突发事件网络舆情带来了极大困难。学校突发事件网络舆情作为社会舆情的重要组成部分，在发挥其积极性的同时，会带来一些负面效应，而成为我们需要高度重视的力量。同样，在学校在学生突发事件处置过程中，如何对网络舆情实施科学有效的监督和管控，已经成为学校亟待解决新问题。

一、学校突发事件与网络舆情失控

学校是指有计划、有组织地进行系统教育的组织机构。学校作为一个特殊的社会组织有其独特的属性和社会功能。因此，学校突发事件的含义与一般突发事件相比有其自身特点。参照《中华人民共和国突发事件应对法》（以下简称《突发事件应对法》）中的突发事件定义，可以将"学校突发事件"界定为：突然发生的危及师生人身和财产安全、对学校和社会的安全秩序造成或者可能造成重大影响，急需政府、学校和社会快速应对的负面事件。

学校突发事件除具有一般突发事件所共有的突发性、紧急性、一定的社会危害性和不确定性等特点之外，根据学校自身的特殊性还具备一些独有特征。只有充分掌握学校突发事件的特殊性，才能更加有针对性地对因学校突发事件而引发的网络舆情实施有效监管。然而遗憾的是，当前国内很多文献在分析学校突发事件的特征时，并未将其与一般性突发事件加以区别，这不仅影响到对学校突发事件特殊性的深层次把握，更导致有关应急管理机制的构建设想缺乏足够的针对性和有效性。

为此，借鉴国内外学者的观点，笔者将学校突发事件的特性总结为以下三点：一是敏感性。学校是青少年聚集的场所，学校突发事件牵动着学校和家长们的心，这些事件也往往涉及十分敏感的政治问题、涉及师生切身利益的问题等。这使得学校一旦发生突发事件，往往会引起社会的广泛关注和反响，这就要求相关主体在应对学校突发事件时要及时、谨慎。[1] 二是频发复杂性。[2] 我

---

[1] 丁烈云、杨新起：《校园突发事件应急管理》，华中师范大学出版社2009年版，第26页。
[2] 同上，第27页。

国学生数量巨大,约两亿人,❶学校突发事件时有发生,而学校突发事件频频上演的原因十分复杂。既有影响学校和社会稳定的群体性突发事件,也有威胁或造成师生伤亡的公共卫生事件、安全事故和自然灾害等其他类型突发事件;而且,学校突发事件发生的领域范围广泛,多集中在学校管理、学生管理、教学管理、后勤管理、科研管理、校园治安管理、对外拓展与外部公众的沟通等领域。这些领域几乎涵盖了学校管理工作的所有方面。三是隐蔽性。学校突发事件较难察觉,具有潜在隐蔽性,如果平时不加以预防,或者防范不及时,极易酿成影响严重的突发事件。

随着信息化时代的到来,网络成为反映社会舆情的主要载体之一。在网络环境下的舆情信息的主要来源包括新闻评论、BBS 等。网络舆情表达快捷、信息多元、方式互动,具备超越传统媒体的多元优势,同时具有直接性、突发性、互动性、偏差性和多元性的特点。网络舆情是指在一定的社会空间内,围绕中介性社会事件的发生、发展和变化,民众对社会管理者产生和持有的社会政治态度,是对社会中的各种现象、问题所表达的信念、态度、意见和情绪等等表现的总和。一般地,凡在学校发生学生突发事件,网络舆情容易迅速形成,对学校本身和社会影响较大。此时,任何不适宜行为,都容易对学校本身的公信力和执行力产生一定程度的冲击,导致学校网络舆情失控。

网络舆情失控的原因主要有:首先,缺乏自律的"网络达人"把网络平台当成绝对的言论自由空间,忽略和漠视其应承担的责任和义务,从而影响网络空间的正常秩序;其次,当出现突发性事件或重大性新闻时,由于网络具有不可控性,使得事件的缘由经过若干交互流通而变得失真甚至与事实完全不符;再次,目前我国对于互联网运营仍然存在一些需要完善的地方,法律方面的规制也不够,没有对人们形成强大的约束力。这些原因给学校、政府和社会增加了网络舆论控制的难度。

现实中,突发事件与网络舆情存在着交互作用。在突发事件的发生、发展和变异过程中,网络舆情具有强大影响,经过网络媒体和网民群体的主动作为和随机行动,现实中的本体事件会在网络上演变成与本体事件具有较大相异

---

❶ 据教育部统计,2010 年,我国在校学生情况如下:小学生人数为 99407043 人,初中生为52793300 人,普通高中为 24273351 人;中等职业学生为 18164447 人,普通预科生 31970 人;普通本科及专科生为 22317929 人,研究生为 1538416 人;成人本科、专科生为 5360388 人,网络本科专科生为4531443 人,电大注册视听生为 595048 人;留学生为 130637 人。据此,我国 2010 年在校生人数保守估计为 229143972 人。参见教育部官网:http://www.moe.gov.cn/publicfiles/business/htmlfiles/moe/s6200/list.html,访问时间:2012 年 11 月 6 日。

性的变体事件,即在网络诱致作用下,会形成网络诱致突发事件。❶ 事实上,在网络的作用下,因学校突发事件而衍生的网络舆情会扩散;而学校突发事件衍生的网络舆情也会使学校突发事件发生变化或调整发展路线,从而作用于事件发展和政府的应对。上述多元主体和多样因素交互作用的路径和过程在近年来一系列突发事件中得到反复印证。

本文研究的学校突发事件与网络舆情之间同样存在上述问题,这为我们应对学校突发事件提供了一个卓有成效的思路。

二、学校突发事件网络舆情监管机制的构建意义

近年来,我国突发事件类型不断增多、频次不断增加,事件关联性、衍生性特点不断凸显。而突发事件一旦被网络媒体或网民报道,短时间内就会引起网民关注,相关报道被重复转载、迅速传播和评论,形成突发事件网络舆情。一些重要的社会事件发生后,人们总能找到与之对应的网络舆情。

同时,近年来,学校突发事件屡见不鲜,它已经成为考量学校危机处置能力和信息管理能力的重要事件。因此,研究学校突发事件网络舆情监控机制的构建,并以机制促进学校网络舆情管理与舆论良性互动的生态环境营造具有现实意义。总的来讲,构建学校突发事件网络舆情监控机制有利于把握网络舆情主导权、加强舆论引导、提高对突发事件的管控能力。因为一般情况下学校掌握的信息远比学生个人所了解的信息全面而专业,可以通过校园宣传部门充分发挥媒体优势,适时发布系统化的专业信息,有力地引导网络舆论。同时,可以开展舆论监督,通过与学生积极沟通对话,帮助他们理解现代社会背景下学校公共治理的复杂性,缓释学生不满情绪,以达到对突发事件有效控制的目的。

三、学校突发事件网络舆情监管存在的问题

通过上文的分析,我们认为,学校突发事件网络舆情监管机制的建立确实必要而且具有重要意义。美国学者莱斯格曾言:"网络空间是一处政府无法控制的区域,这一观点我从来不同意。'网络空间'一词本意并非指自由,而是指

---

❶ 刘杰、梁荣、张砥:"网络诱致突发事件:概念、特征和处置",载《中国行政管理》2010 年第 2 期。

控制。"❶在一定程度上,政府的选择将决定网络空间的发展。事实上,从网络诞生以来,网络世界中的自由与控制的斗争始终没有停止过,而且这种斗争还将继续持续下去。这也决定了我们现在所享有的网络自由仍然处于漂泊不定的状态之中。❷ 当前,学校突发事件网络舆情监管带来一系列积极效应的同时也存在若干需要重视和解决的问题。

(一)突发事件中恐慌心理导致应急行为非理性

在突发事件应急管理中,公众对突发事件本身具有强烈的好奇感和求证欲、表达欲,由于突发事件的紧急性、突发性、敏感性及隐蔽性等特点,公众对突发事件的风险又会产生一定程度的恐慌感,而恐慌在风险决策中扮演着非常重要的角色。通过可得性启发和概率忽视以及信息连锁效应和声誉连锁效应,恐慌又会阻碍公众对风险的理性判断,不适当地扩大危机事件发生的可能性并促使规制主体采取过激的行为。大多数时候,政府规制风险的措施,与其说是理性思考的产物,还不如说是强烈情绪的产物。❸ 监管主体的恐慌情绪有可能会带来措施制定上的偏见或非理性,这非常不利于学校突发事件应对工作的有效开展。

(二)硬性措施的过度使用不利于建立长效机制

当前,我国互联网事业正处于兴起阶段,政府在传统社会管理领域中的许多监管措施,如行政命令、经济调节、法律规制在网络舆情监管中的运用还不够成熟,尚未形成完善的监管模式。这些在现实生活领域中行之有效的措施,在网络社会里还没有发挥出应有的作用。我国政府主要通过严格监管网络服务提供商、严厉整顿网站、积极管制网吧以及安装技术软件等手段对网络舆情进行"封"、"堵"、"删"等。虽然政府已经日益意识到利用网络评论员引导网络舆情等柔性措施在网络言论监管中具有重要作用,但是上述硬性监管手段仍然深受政府青睐。使用硬性措施带来的暂时性稳定往往会麻痹监管主体,使其延缓建立更加有益的长效机制。

---

❶ [美]劳伦斯·莱斯格:《代码:塑造网络空间的法律》,李旭等译,中信出版社2004年版,第5页。

❷ 冯务中:《网络环境下的虚实和谐》,清华大学出版社2008年版,第220页。

❸ 戚建刚:"极端事件的风险恐慌及对行政法制之意蕴",载《中国法学》2010年第2期。

（三）"虚"与"实"难以实现良好互动态势

如上文所述，在现实中，学校突发事件作为"实"的方面与网络舆情这一"虚"的方面存在着交互作用。鉴于这两者的交互作用，颇具实效的解决方法自然应该是实现两者的良性互动。然而，实践中，学校突发事件的解决和网络舆情应对的节拍往往是不一致的。一般地，学校突发事件解决的周期较长，这一方面源于事物普遍联系导致的问题本身的复杂性，另一方面囿于行政体系运作的迟缓抑或因组织的不科学导致的机制运行不畅；而网络舆情监管方面，学校以及相关部门往往采用硬性监管措施进行"封"、"堵"、"删"的效果明显。而因网民注意力转移或应对措施得力而网络舆情在较短周期内归于沉寂。事实上，这其中存在监管方与网民的沟通不畅。而且，监管方与网民及时、有效沟通是必要的，而简单的无视公众的恐慌情绪的硬性规制是相当危险的。

四、学校突发事件网络舆情监管机制的构建

互联网这一新媒体的出现改变了人类的生产、生活方式，重塑了社会结构。这种改变使网络监管环境变得动荡而复杂，这种复杂性集中体现在网络对于传统言论"时空"结构的重塑。首先，网络的普及大大缩短了网络舆情生成和传播的时长。因此，网络舆情监管需要的反应时间不断缩短，监管工作须不断加速以适应网络言论的即时性。时间压缩导致网络舆情监管工作信息超载和决策信息匮乏。由于时间紧迫与真实信息的匮乏，管理者决策的盲目性大大增加，这在学校突发事件网络舆情监管中表现得尤为突出。其次，网络大大地扩展了言论空间。传统言论生成与传播必须具备现实的场地和空间才能达到相应的效率，而虚拟空间则超越了这些限制。同时，由于网络虚拟空间与现实空间的高度重合性，虚拟空间与现实空间之间通过各种现实联系进行着广泛的信息交换，网络将学校与社会联结起来，校园网愈益成为媒体关注的焦点，这极大地增加了校园网络舆情监管的困难度。最后，时间的高度压缩与言论空间的扩展导致"节奏错位"。当今社会，人们的时间可以划分为"时钟时间"和"组织时间"，时钟时间是客观的和均质的，其每一秒对于每个个体都是相等的。而组织时间则各不相同，同一秒钟对于不同组织和个体蕴含着巨大的差异，这依赖于各个组织间的节奏。网络的加入使学校原有的管理工作、时序安排与虚拟空间和个体的习惯、期望存在较大差距，成为矛盾产生的一个重要因素。

可见，面对网络对传统舆情监管体制构成的挑战，监管主体需要在监管理

念、监管措施及监管机制等方面作出相应改进,并尽可能地将其纳入法制系统加以保障。

(一)坚持比例性原则,积极理性应对公众恐慌

面对公众的恐慌,政府官员往往被迫作出恐慌的反应,从而不能够正确评价国家所面临的风险。为了应对威胁、危险和风险所需要采取的应急性措施与公民个体由此所付出的成本经常性的严重失衡,政府在没有提供更多公共安全利益的同时,却侵害了公民自由,破坏了法治,违背了比例性原则。为避免这种消极后果、尽最大可能保证行政措施的合法性,美国学者凯斯·R. 孙斯坦提出:"成本 ——收益"分析方法不仅能够对不适当的恐慌进行控制,而且也能用以对客观上具有威胁性但在公众中不会引起内心深处情感的风险加以管制。❶ 然而,将行政措施依赖于专家理性的"成本——收益"分析而无视公众的恐慌情绪是相当困难的。一方面,利用效率或冷冰冰的技术性数字来限制民众需求的做法是相当不民主的,一项行政措施若要有效地贯彻执行也需要得到公众的信任和支持;❷另一方面,突发事件及与其互相作用的网络舆情的应对极具紧迫性,而成本和收益是很难在短时间内分析精确的。

在学校突发事件中,学生作为知识和阅历正在成长的青少年,他们对突发事件的敏感度更高、恐慌感更强。而对子女的深深关切之情也容易将家长置于焦躁和恐慌之中。所有这些都会给学校带来沉重的应对压力,加上网络带来的时空压缩,学校很容易采取极端的非理性行为。既然学生及家长的恐慌和网络的时空压缩导致了学校和政府的非理性行为,而网络引发的时空压缩已成客观现实,那么我们可以从预防和平抑学生及家长恐慌着手。为了更有成效,发挥现有的应急工作办事机构的职责很有必要:一是建立风险源信息库,并向社会及时公布,从而为突发事件的风险评估奠定基础;二是对公众开展风险教育和培训工作,培养公众抵御突发事件的心理能力,尽可能降低对突发事件、极端事件的恐慌情绪。❸ 这一措施将有利于学校突发事件网络舆情的应对工作步入理性轨道。

❶ Sun stein, C. Cognition and cost-benefit analysis University of Chicago Law School, John M. O lin Law& Economics Working Paper No. 85,1999. 转引自戚建刚:"极端事件的风险恐慌及对行政法制之意蕴",载《中国法学》2010 年第 2 期。

❷ 同上。

❸ 同上。

(二)做好信息公开,建立长效应急管理机制

在一个民主社会中,政府对公众需求进行积极和有效的回应是其管理合法性的重要基础。很多时候,恐慌源自可能或正在造成严重后果的神秘和未知事项,2003年的"非典"就是一个印证。目前,我国在监管网络言论方面多采用硬性措施,比如"封"、"堵"、"删"等,这些措施在现实中的实施状况并不理想。客观地讲,网络媒体所具有的广泛性、即时性、开放性、共享性和互动性等优势,这决定了网络愈益成为信息交换的重要平台,创造性地采用信息公开、互动交流等柔性措施引导网络舆情是十分必要的。美国是互联网发展比较成熟的国家,其在网络管理方面的经验值得我们研究和借鉴。在互联网的建设与管理上,美国政府一直扮演着推动者的角色,既不大包大揽,也非不闻不问,而是以立法为基础,从技术、道德、市场机制方面进行控制欲调解,为互联网快速发展创造了良好的环境。❶ 这也有利于形成"虚"和"实"结合的良好互动解决机制。公开信息的同时,需要建立良好的沟通互动机制。例如,开展学校领导、教师与学生校园网上交流和沟通,以快捷和节省费用的方式有效拉近学校、教师和学生之间的距离,这样可以由一个问题实现对大学生的群体教育,扩大教育对象的广度,增强突发事件应急措施贯彻的民众基础。

从长远看,建立多元协作应急机制是理想的学校突发事件网络舆情监管机制。马怀德教授指出,多元协作应急管理机制的制度设计的基本着眼点在于:一是科学规划和储备各类主体的应对能力;二是合理建构各类主体间的协同行动机制,以发挥储备的应对能力的效能,其关键是政府与社会间的互动机制。❷ 建立长效的学校突发事件网络舆情的监管机制,首先需要明确监管主体。一方面是由于网络舆情泛化而产生的局部负面影响,这些影响主要作用于学校,此时,学校应该成为监管主体;另一方面是网络舆情负面影响范围扩大,作用于整个社会,此时网络舆情的发展超越了校园而扩展到社会甚至在社会上引起风波时,网络舆情监管难度超越了学校的能力范围,应该由政府主导,学校及其他组织配合。另外,需要发挥自治组织作用。我们应充分发挥中国互联网协会等行业组织的自律功能,规范网络虚拟社区的自主自治管理。事实上,业者自律对网络言论自由的规制是一种由内而外的力量规制,无论是

---

❶ 钟瑛、牛静:《网络传播法制与伦理》,武汉大学出版社2006年版,第125页。

❷ 马怀德:《法治背景下的社会预警机制和应急管理体系研究》,法律出版社2010年版,第103～104页。

在保障网络安全方面,还是在防止不良信息和有害信息方面,都有积极的意义。当然,业者自律在一定程度上缺乏强制性,需要网络运营商和网民自觉、主动地协助以共同促进网络言论的良性发展。当业者自律不能有效地发挥作用时,则需要有法律做坚强后盾。❶ 近年来,政府为了提升治理社会能力、改善治理效应提出了"公私协力、互动治理"模式,优先建立一套明确的协力治理机制,接着通过持续的互动(包括共同参与、互信互惠、风险共担等),以活化和优化风险管理目标。❷ 这种模式不仅将改变政府主导治理社会的情状,实现治理主体多元化,而且这些主体之间会形成一种良性互动。这在本质上与"善治"❸思想不谋而合。可以预见,不久的将来这种模式将会成为未来网络治理的理想模式并发挥积极作用。当然,各个监管主体之间应该有科学高效的组织框架和制度。其次需要研究监管对象,即研究引发网络舆情的学校突发事件的类型,这也直接决定着学校应急管理机制及其法制化的调整范围和定位。从学者们对学校突发事件所做的多种分类中可知,学校突发事件种类繁多复杂多样。我们应以时间节点和事态重要性为准,在学校突发事件网络舆情的初步形成时期,即该舆情尚未形成严重恶劣影响的时候,学校应该以真实、及时、准确地发布信息为基本的柔性工作方法引导网络舆情向客观、健康的方向发展;如果突发事件在传播中已经失真甚至严重扭曲,发布主体已经严重失信,公布真实信息已经扭转发展态势,并将产生严重的社会影响,这时启动硬性监管措施才是必要的。

(三)做好行政补偿,实现行政措施自我限制

当学校突发事件发生后,基于非理性的或者存在偏见的行政措施对校园师生以及社会上一些无辜者造成人身或财产上损害的,在事件平息之后,责任方(一般为政府和学校)应当给予受害者相应的补偿。从功能上讲,行政补偿机制具有两方面作用,一是实现公平,二是为了增加行政措施的合理性,也会促使行政机关在今后的应急工作中采用符合比例原则的行政措施。

在突发事件网络舆情监管中,如果对政府等监管主体的权力进行过多的法律限制,只会大大降低监管主体的应急能力,也与应对突发事件的需要相背

---

❶ 赵春丽:《网络民主发展研究》,经济科学出版社 2011 年版,第 297 页。

❷ 李宗勋:《网络社会与安全治理》,元照出版公司 2008 年版,第 11 页、第 16 页。

❸ "善治"是政治国家与公民社会的一种新型关系,是两者的最佳状态。其基本要素可以概括为合法性、透明性、责任性、法治、回应和有效等。它体现了政府权力向社会回归,是一个还政于民的过程。参见俞可平主编:《治理与善治》,社会科学出版社 2000 年版,第 46 页。

离。如何实现保障应急权力的适度运行至关重要。耶鲁大学法学院的布鲁斯·阿克曼提出的类似于自动扶梯那样不断上升的"超级多数投票机制"是一种防止由突发事件引发的恐慌而造成政府权力无限扩大的自我限制机制,这种机制类似于对每一项行政措施的实施规定一个适用的"日落条款",即当一项行政措施适用期间结束时,除非对其继续适用的必要性进行科学的评估和审议,并通过一定的法定程序重新使其生效,否则将立即失效。❶ 美国的实践表明,这种机制有力地保障了政府权力的自我限制,对我国具有借鉴意义。

五、结　语

学校突发事件网络舆情监管问题是一个复杂的社会问题,这是由其监管对象特殊性、监管措施复杂性以及网络的复杂性等决定的。从根本上讲,现实世界是网络世界的根源和基础,网络世界中存在的各种问题在现实世界中都可以找到病因。因此,学校突发事件网络舆情监管的法律规制问题从根本上讲是学校突发事件应急的法律规制问题,不仅需要积极理性应对公众恐慌、建立长效应急管理机制、实现行政措施自我限制等,还需要政府高度重视以及全社会贡献智慧。

---

❶　Bruce Ackerman, Bruce Ackerman, "*The Emergency Constitution*", Vol. 113 Yale L. J., 2004. p. 1029. 转引自戚建刚:"极端事件的风险恐慌及对行政法制之意蕴",载《中国法学》2010 年第2 期。

环境行政执法的风险分析

高桂林[*]

摘 要：随着公民环境权的提出以及公民法治、民主意识的加强，加重了环保执法官员的职业风险，本文从行政法的角度研究环境行政执法所面临的风险问题，分别从执法主体、行政裁量权运用、具体环境行政行为、环境行政复议四个方面为执法部门提供良性执法的思路，对提高环保执法质量和规避相应的执法风险具有重要的指导意义。

关键词：环保执法主体风险 环境行政裁量风险 具体环境行政行为风险 环境行政复议

一、执法主体方面的风险

(一)行政主体与环境行政执法主体

行政主体，一般指能够以自己的名义实施国家行政管理职能并承受一定后果的国家行政机关和社会组织。我国行政法学中"行政主体"概念通常有两种用法：其一，是指行政机关和法律、法规授权的组织及其他社会公权力组织；其二，具体指能独立以自己名义对外行使行政职权和承担法律责任的某一行政机关或法律、法规授权的组织及其他社会公权力组织。[❶]

---

　* 高桂林(1964～)，男，河北武邑人，首都经济贸易大学法学院教授，法学博士，硕士研究生导师。

　❶ 姜明安主编：《行政法与行政诉讼法(第三版)》，北京大学出版社 2007 年版，第 113 页。

相应地,环境行政主体是指参加环境行政法律关系,依法拥有环境行政职权,能以自己的名义行使行政职权,并能独立地为自己行使行政职权的行为产生的后果承担相应法律责任的国家行政机关或社会组织。根据《中华人民共和国环境保护法》(以下简称《环境保护法》)及各专项环境污染防治法规的规定,我国的环境行政执法主体大体可以分为五类,分别是:(1)各级人民政府;(2)依法设立的各级环境保护行政主管部门及其派出机构;(3)经法律、法规授权的政府职能部门;(4)依授权行使环境行政职能的组织;(5)环境保护行政主管部门委托的特定组织。

(二)执法主体方面的风险

1. 各种力量对环境执法主体的不当干预

由于地方保护主义、部门利益本位主义、环境保护法制观念淡薄等原因,环境执法主体在执法过程中可能遇到来自各种社会力量的不当干预。比如,一些地方政府出于考虑地方利益的需要,采用行政命令的方式干扰执法主体依法行政;一些政府部门利用职权干扰环境执法主体的具体行政执法活动。这种风险的危害最大,直接关系到一个地区的环境行政执法秩序。另外,也存在少数行政执法监督部门出于对小集团利益的考虑,不正常地关注行政执法的情况。❶ 它来自于少数行政执法监督部门,方式是不正常的刻意关注。这种风险影响也很大,往往会影响到行政执法部门履行职能的主动性、积极性。

2. 执法管辖不当

根据《中华人民共和国行政处罚法》(以下简称《行政处罚法》)、《环境保护行政处罚办法》及有关环境法律、法规的规定,环境行政处罚的管辖主要包括职能管辖、地域管辖、级别管辖、移送管辖和指定管辖、委托管辖和报请管辖等。这些管辖又可以划分为纵向管辖和横向管辖两大类,纵向管辖是指不同行政层级环境执法主体之间的执法权限分工,横向管辖是指相同行政层级环境执法主体之间的执法权限分工。在环境执法过程中,具体管辖权限的划分,在法律法规和惯例上是有法源依据的,如果执法主体超越了管辖权限进行环境执法,可能引起行政违法的风险。

例如在某河流两岸有三家企业,分别为省级直属的化工厂、市级政府管辖的印染厂和某县开办的造纸厂,这三家企业在生产过程中向这条河里排放生产污水均达不到污水排放标准,其行为已违反了环境保护法律法规的相关规

---

❶ 李文涛:"行政执法风险的形式及成因探析",载《中国工商报》2005 年 1 月 25 日。

定。此时,针对这三个不同级别的企业,要由不同级别的环境保护行政主管部门分别对这三个企业的违法行为作出相应的处理决定。省级直属的化工厂由省级环境行政主管部门作出处理决定,市级政府管辖的印染厂由市级环境行政主管部门作出处理决定,县里开办的造纸厂则由县级环境行政主管部门作出处理决定。

3. 环保部门派出机构超出权限执法

按照有关法律规定,为了更好地完成环境保护监督管理工作,环境保护部门在必要的时候,可以设立一些派出机构,如县(市)环保局可以在其管辖的乡设立派出机构,区环保局可以在街道设立派出机构,这些派出机构本身隶属于派出它的环保部门,没有独立的执法权限,而只能在该环保部门授予的权限内,以环保部门的名义进行环境行政执法活动,由其隶属的环保部门承担法律责任。如果派出机构超出自身权限执法,就可能产生行政违法风险。

4. 受委托组织超出权限执法

环境行政机关可以委托特定的非国家机关组织行使一定的环境行政职能。受委托的组织在一般情况下不是环境行政主体,其仅能够根据委托行使特定的环境行政职能,而不能行使一般的环境行政职能;其行使环境行政职能必须以委托行政机关的名义进行。如果受委托的组织超出自身权限执法,就可能产生行政违法风险,导致委托的行政机关对其行为向外部承担法律责任。

5. 环境行政执法人员不适格

环境行政执法人员属于环境行政执法主体内部的工作人员,即依法设立的各级环保部门及其派出机构、受委托组织的工作人员。但是,并不是依法设立的各级环保部门及其派出机构和受委托组织的所有工作人员都可以成为环境行政执法人员。上述机关的工作人员必须具备一定条件才有资格成为环境行政执法人员。目前,我国尚无关于环境行政执法人员资格条件的明确法律规定,但是参照《中华人民共和国公务员法》(以下简称《公务员法》)、原国家环境保护总局《关于加强环境行政执法工作的若干意见》(1998年)以及其他相关规定,可以将环境行政执法人员的资格条件归纳为以下几点:(1)具有中国国籍;(2)年满18周岁;(3)拥护中华人民共和国宪法;(4)具有良好的品行;(5)具有正常履行职责的身体条件;(6)具有一定的组织协调和独立分析处理问题的能力;(7)通过相关行政执法考试,取得相应执法证书。如果环境行政执法人员不具备以上条件,就会出现执法主体"不适格"的情况,可能直接影响环境行政执法的效果甚至是合法性。

二、行政裁量权运用不当的风险

(一)行政裁量的概念

行政裁量一词源自德国、日本行政法学,一般是指行政机关拥有在一定范围内选择是否行使权力的自由,行政机关处理同一事实要件时可以根据具体情况选择不同的处理方式。❶ 国家必须承认行政裁量权的存在与作用,"现代统治要求尽可能多且尽可能广泛的自由裁量权"。❷ 行政裁量和行政裁量权的实质在于赋予行政机关和行政人员一定的判断和选择余地,因而在行政机关和行政人员拥有行政裁量权的情况下,存在着法律拘束程度降低和法律相对弱化的现象。但行政裁量为现代法制所必需,随着社会发展的专业化、技术化以及社会关系的复杂化和价值多元化,行政权的扩张已经成为各国共同的趋势。行政权的扩张,在很大程度上意味着行政裁量权的扩张,原因在于行政活动的多样性、复杂性使法律已经不可能对全部行政活动的各个方面都作出详尽的规定以作为行政机关行动的准则,这就使得行政裁量具有了非常显著的普遍性。

这一点在环境领域体现的至为明显。伴随着环境问题的日益严重,国家行政权力越来越深地介入到环境领域中。国家环境管理的基本表现就是环境行政,其任务"在于利用行政法之原理原则、行为方式来进行环境保护进程之规划预防、管制、诱导以及事后应变与处理,以达成环境生态的维护、环境资源的永续利用以及人类生存基础免受环境污染与破坏侵害之目的"。❸ 据此,环境行政裁量权可界定为:行政机关在环境保护进程中,有就规划预防、管制诱导以及事后应变与处理范围内选择是否行使权力和怎样行使权力的自由。❹

行政裁量权存在于行政活动的所有过程中,几乎涉及一切行政领域。一般而言,可以把行政裁量分为羁束裁量和自由裁量。羁束裁量是指行政机关在处理具体行政事项时,必须在法定的范围和幅度内进行裁量。自由裁量是指行政机关在符合立法目的和立法原则的前提下,自主地采取相应的措施,作出裁断。

---

❶ 周佑勇:"行政裁量的均衡原则",载《法学研究》2004 第 4 期;李洪雷:"英国法上对行政裁量权的审查——与德国法比较",载《行政法论丛》(第 6 卷),法律出版社 2003 年版,第 315 页。

❷ [美]威廉·韦德:《行政法》,徐炳译,中国大百科全书出版社 1997 年版,第 55 页。

❸ 陈慈阳:《环境法总论》,中国政法大学出版社 2003 年版,第 111 页。

❹ 王灿发主编:《中国环境行政执法手册》,中国人民大学出版社 2009 年版,第 201 页。

(二)行政裁量权运用不当

如果从羁束裁量和自由裁量两个角度看,则环境执法过程中行政裁量权运用不当的风险应做两种考虑:

其一,在羁束裁量的情况下,环境行政执法主体在处理具体环境事项时,必须在环境法规定的范围和幅度内进行裁量,任何超出法定范围和限度的裁量行为都是违法的,应当承担行政违法的风险。

其二,在自由裁量的情况下,环境行政执法主体可以根据具体的事项及情形,自主地作出行政决定,采取行政措施。在这种情况下,一般是不存在行政违法风险的。不过,所谓自由裁量,并非不受任何拘束之自由裁量,其行政裁量除应遵守一般法律原则外,也应符合法令授权之目的,并不逾越法定之裁量范围。❶ 环境行政裁量权的行使必须遵循以下原则。

第一,合法及合目的性原则。即必须符合法律的意图和精神,基于正当动机和适当考虑;行政机关解释不确定的法律概念,必须符合法律规范的精神和价值目标,符合公认的基本原则,不得任意进行扩大或缩小解释。环境行政裁量权的行使,必须符合环境保护的目的,保证合理开发利用自然环境和自然资源,保护和改善生活环境和生态环境,防治环境污染、环境破坏和其他环境问题。

第二,利益衡量原则。环境领域的执法涉及多元化的利益及利益关系,包括环境利益与经济利益、环境公益与个人私益。这些利益关系往往表现为冲突与矛盾,任何正当利益都必须受到社会的尊重和法律的保护,因此就需要权衡各种利益,在相冲突的利益之间作出选择。

第三,自我拘束和比例原则。自我拘束的原则是指行政机关在作出环境行政裁量决定时,若无正当理由,应受行政惯例❷或者自己已经作出行为的拘束,对于相同或同一性质的事件作出相同的处理。比例原则是指行政机关在实施环境行政裁量时,如果存在多个限制个人私益的手段可供选择,应当选择对行政相对人利益限制或损害最少的手段。

行政裁量可以存在于一个具体环境行政执法行为的各个阶段,因此,从理论上讲,执法风险可以存在于执法行为的全过程。具体而言,行政裁量主要存在于事实认定、构成要件的认定、行政程序的选择、行政行为的选择(选择何种

---

❶ 翁岳生主编:《行政法》,中国法制出版社 2002 年版,第 246 页。

❷ 城仲模:《行政法之一般法律原则》,台湾地区三民书局 1994 年版,第 41 页。

行政行为及是否作出该行政行为)以及时间的选择等方面。❶ 相应地,环境行政执法风险也可以根据以上几个方面进行梳理。

1. 事实认定方面的风险

在环境执法过程中,事实认定是最为基础的一个环节,只有在事实清楚、证据确凿的前提下,环境执法主体才能进一步作出判断。否则,如果在事实认定上存在错误或违法情形,那么就谈不上正确、合法的环境行政执法。

2. 要件认定方面的风险

在环境执法过程中,构成要件的认定是关键环节,它直接决定着环境行政执法主体对一个案件或事件性质及法律适用的判断,也直接决定对行政相对人权利和利益的处置。如果在要件认定上存在错误或违法情形,则可能直接导致行政违法或执法不当。

3. 行政程序选择方面的风险

环境行政执法是实体与程序相统一的过程,既要追求实体正义,也要追求程序正义。一般而言,行政程序的选择是辅助于实体法适用的,离开实体法,行政程序的选择在很多情况下难以独立存在。但在很多情况下,对行政程序的选择事关实体法的正当适用,如果行政程序选择违法或者不当,会影响环境执法行为的适当性甚至是合法性。

4. 行政行为选择方面的风险

在环境行政执法过程中,行政行为的选择意味着对行政相对人权利义务的设置或处分,对执法效果有着直接的影响。如《环境保护法》对环境行政违法行为规定了多种行政处罚方式,包括:警告、罚款、责令停产、停用、停业、关闭等,不同的违法情节,适用的行政处罚种类也是有区别的。实践中经常存在这样的情况:行政机关多采用罚款的方式,不论是情节轻微、只需警告的,还是情节严重、需要责令停产、停业等的。这种做法显然是违反正当行使行政裁量权要求的。

5. 时间选择方面的风险

在环境行政执法过程中,时间的选择有时能对执法效果产生重大影响。如《环境保护法》关于限期治理的规定,在限定期限上赋予了环境行政执法很大的裁量权,要求执法机关根据具体情况,适当地把握限期治理的时间长度,如果严重少于或者严重超出一般的合理限度要求排污企业限期治理,就可能构成裁量权的逾越。

---

❶ [日]盐野宏:《行政法》,杨建顺译,法律出版社1999年版,第91页。

三、具体环境行政行为中的风险

(一)环境行政许可中的风险

环境行政许可是指环境行政主体根据行政相对人的申请,经依法审查,准予其从事特定可能影响环境的活动的行政行为。环境行政许可中的风险可以从以下几个方面和环节进行分析。

1. 申请环节的风险

申请是指行政相对人向环境行政主体提出拟从事依法需要取得行政许可的活动的意思表示,申请可以通过信函、电报、电传、传真、电子数据交换和电子邮件等方式提出。就环境行政执法主体而言,申请环节的风险主要是法定义务的不履行或者履行不当,主要包括:环境行政机关没有依法公示有关行政许可事项的规定;环境行政机关没有履行依法答复行政许可申请人疑问的义务;环境行政机关非法要求申请人提交与其申请的行政许可事项无关的材料;等等。

2. 受理环节的风险

受理是指环境行政主体经对行政相对人提出的申请进行形式审查后,认为行政许可申请事项属于本机关职责范围,申请材料齐全、符合法定形式的,对其申请予以接受的行为。受理环节的风险主要是对法定义务不履行或者履行不当,主要包括:拒绝受理属于本行政机关管辖范围的申请;没有法律依据而拒绝受理申请人依法提交的符合规定数量、种类及格式的申请材料;对于拒绝受理,应当告知或说明理由而没有告知或说明理由;等等。

3. 审查环节的风险

审查是指环境行政机关对已经受理的行政许可申请材料的实质内容进行核查的过程。审查程序是行政许可的必经环节,审查的质量直接影响行政许可决定的质量。审查环节的主要风险包括:审查形式违法或者不当,如按照法律规定应当依法书面审查的,行政许可机关违法采用或变相采用实地核查的形式;应当依法举行行政听证程序而不履行;应当依法告知行政相对人的事项,行政机关没有告知;等等。

4. 决定环节的风险

决定是指环境行政机关根据审查行政许可申请材料的结果,作出是否准予行政许可的决定的过程。决定环节的主要风险包括:行政机关作出不予行政许可的书面决定,但没有履行告知和说明理由的义务;需要颁发行政许可证件而没有颁发；没有按照法定的期限作出许可决定；等等。

(二) 环境行政处罚中的风险

环境行政处罚是指国家环境行政执法部门依照法定权限和程序，对违反环境法律规范、尚未构成犯罪的单位或个人实施的一种行政制裁。行政处罚对行政相对人有直接影响性或侵害性，因此环境行政处罚是执法风险较高的一种行政行为。环境行政处罚中的风险可以从以下几个方面进行分析。

1. 违反处罚法定原则

处罚法定原则是由《行政处罚法》第 3 条规定的一项基本原则。其要求包括三个方面：第一，"主体法定"，即实施处罚的主体必须是环境法律法规明文规定的环境行政主体，未经环境法律法规授权或者环境保护行政机关委托的任何组织和个人均不能擅自实施行政处罚，否则会面临处罚无效的风险。第二，"依据法定"，即处罚的依据必须是环境法律、法规或规章等规范性文件，除此之外其他的规范性文件不得作为行政处罚的依据，否则会面临处罚无效的风险。第三，"程序法定"，即作出行政处罚必须严格依照相关法律、法规或规章明确规定的程序，否则会面临处罚不当或处罚无效的风险。

2. 违反公正公开原则

公正公开原则是由《行政处罚法》第 4 条第 1 款规定的一项重要原则。其中，"公正原则"的要求包括：一是环境保护行政机关实施行政处罚必须以事实为根据，以法律为准绳，处罚与违法行为的性质以及社会危害程度相符；二是与当事人有直接利害关系的环境行政执法人员应当回避；三是听证应当由环境行政机关指定的非本案调查人员主持；四是对情节复杂或者重大违法行为、需要给予较重行政处罚的，应当集体讨论决定。违反上述要求作出的行政处罚，在程序上是违法的，因而可能导致处罚无效的风险。"公开原则"的要求包括：一是行政处罚所依据的环境法律、法规和规章必须正式公开；二是对违法者依法给予行政处罚必须要公开，即要公开处罚程序。违反公开原则作出的行政处罚是无效的。

3. 违反罚责相当原则

罚责相当原则是《行政处罚法》第 4 条第 2 款规定的一项基本原则。其要求主要包括：一是环境行政处罚规范必须与环境行政责任规范相当；二是必须全面、准确认定违法事实，正确适用法律；三是行政处罚的轻重必须在法定幅度之内。违反上述要求，环境处罚在实体上构成违法或者不当，就会面临处罚失当或处罚无效的风险。

4. 违反保障当事人合法权益原则

保障当事人权利原则是《行政处罚法》第 6 条及第 42 条第 1 款规定的一项基本原则。在环境行政执法过程中,行政相对人一般享有陈述、申辩、听证以及申请行政复议、提起行政诉讼等权利,环境行政执法主体应当保障相对人的这些权利,否则,作出的环境处罚在程序上构成违法或者不当,将会面临处罚失当或处罚无效的风险。

5. 行政处罚法律适用的风险

环境行政处罚的法律适用既是一个实体问题,也是一个程序问题,适用的过程就是实体与程序综合的过程。行政处罚法律适用过程中的风险主要表现为:一是违反"一事不再罚"原则,对当事人的同一个违法行为,违法地给予了两次以上罚款,则第二次的罚款面临处罚无效的风险。二是以罚代刑,对于已经构成犯罪的环境违法行为,不将案件移送司法机关依法追究刑事责任,或者违法地以行政处罚代替刑事处罚,则行政处罚面临无效的风险。三是已经过了追究时效仍追究当事人的行政处罚责任。根据《行政处罚法》第 29 条的规定,环境行政处罚追究时效为 2 年,即在 2 年内违法行为未被发现或查处,则不应再进行行政处罚,否则会面临处罚无效的而风险。

6. 行政处罚执行中的风险

环境行政处罚执行程序中的主要风险包括:一是违反罚款决定与收缴分离的制度,由作出罚款决定的行政主体直接向当事人收缴罚款,这种行为面临违法的风险,当事人有权拒缴。二是当场收缴罚款的,环境行政执法人员没有向当事人出具省级财政部门统一印制的罚款收据,这种行为同样存在违法的风险,当事人有权拒缴。

(三)环境行政强制中的风险

行政强制是指行政执法主体为达成一定的行政目的,保障行政管理顺利进行,依法采取强制手段迫使拒不履行行政法义务的相对人履行义务或达到与履行义务相同的状态,或出于维护社会秩序或保护相对人人身健康、安全需要,对行政相对人的人身及财产自由采取的强制性的具体行政行为的总称,一般包括行政强制执行、即时强制、行政强制措施三个方面。❶ 与行政处罚一样,行政强制是一种典型的干预行政或侵害行政,也是执法风险较高的一种行

---

❶ 姜明安主编:《行政法与行政诉讼法》,北京大学出版社 2007 年版,第 325 页;胡建森:《行政强制》,法律出版社 2002 年版,第 24 页。

政行为。环境行政强制中的风险可以从以下几个方面进行分析。

1. 违反行政强制法定原则

这一原则要求：环境行政强制行为必须有法律依据；行政强制的执行主体法定，无执行权的机关和组织不得实施强制执行；行政强制必须依照法定程序进行。违反这一原则，行政强制将面临无效的风险。

2. 违反比例原则和适当原则

这一原则要求：环境行政强制的采取必须出于维护公共利益和公共秩序需要，对相对人采取强制措施时，必须做到行政强制对相对人权益侵害明显小于尽可能维护的公共利益和公共秩序。如果环境行政执法主体不遵循这一原则，则所采取的行政强制就是不合理、不适当的。

3. 违反公开公正原则

公正原则要求环境行政强制主体必须遵循公正的法律程序，在综合考虑多方利益的基础上实施行政强制。公开原则要求环境行政强制主体实施行政强制的依据、标准、范围、程序公开，便于当事人知晓，便于当事人参与意见进行监督。如果环境行政执法主体不遵循这一原则，则可能导致行政强制的程序违法。

4. 保护当事人合法权益原则

这一原则要求在实施行政强制时，特别是涉及公民人身、财产权益时，环境行政执行机关应该注意在程序上保护当事人的合法权益。例如，在查封、扣押财产时，或强制迁出房屋、强制拆除违章建筑、强制退出土地时，应通知被执行人或者其成年家属到场，并赋予被执行人陈述、申辩的权利，必要时，可组织一定范围内的听证。如果环境行政执法主体不遵循这一原则，则其作出的环境行政强制在程序上构成违法或者不当。

5. 即时强制中的风险

即时强制，是指行政主体根据目前的紧迫情况没有余暇发布命令，或者虽然有发布命令的余暇，但若发布命令便难以达到预期行政目的时，为了创造出行政上所必要的状态，行政机关不必以相对人不履行义务为前提，便可对相对人的人身、自由和财产予以强制的活动或者制度。❶ 环境即时强制中的风险主要包括：一是主体不当，环境行政执法主体是即时强制的唯一主体，其他机关和组织不能实施即时强制，否则可能导致违法、败诉的风险；二是行政不作为，环境行政执法主体应当立即依法采取必要的强制措施，但没有立即采取措

---

❶ 姜明安主编：《行政法与行政诉讼法》，北京大学出版社 2007 年版，第 327 页。

施,以至于发生危害社会秩序和社会状态事实的,就会面临行政违法(不作为违法)的风险;三是强制行为过当,环境行政执法主体虽然进行了即时强制,但该行为超过了一般必要的合理限度,造成相对人的人身伤亡或财产重大损失的,就可能面临行政违法、行政不当及相应赔偿、补偿的风险。

6. 行政强制执行中的风险

行政强制执行,是指在行政法律关系中,作为义务主体的行政相对人未履行其应履行的义务时,行政机关或者人民法院依法采取行政强制措施,迫使其履行义务或者达到与履行义务相同状态的活动。❶ 环境行政强制执行中的风险主要包括:一是错误执行。只有在相对人构成义务不履行的条件下才能强制执行,对于不构成义务不履行的,如对未到限定期限的义务,就不能行政强制执行,否则便因侵害相对人的合法权益而构成行政违法。二是执行主体错误。由谁适用行政强制执行必须依据法律规定,如《中华人民共和国食品卫生法》(以下简称《食品卫生法》)第 50 条规定,当事人逾期不申请复议也不向人民法院起诉,又不履行处罚决定的,作出处罚决定的机关可以申请人民法院强制执行。三是执法主体与相对人和解。在行政强制执行中,一般不得进行执行和解,对于义务主体相对人来说,只有一个选择:即履行其应履行的义务,不可能出现免除或者变更义务的情况,如果环境行政执法主体与相对人和解,则可能导致行政违法。

7. 行政强制措施不当的风险

行政强制措施是指行政执法主体为了实施行政管理,依照法律法规的规定,对行政相对人的人身、财产、行为实施一定的强制方法,以实现行政目的的行为。其风险主要包括:一是违法限制公民人身自由,如非法拘禁和以其他方法非法剥夺或者限制公民的人身自由,非法搜查公民的身体,将会导致行政违法的风险。二是对财物的查封、扣押、冻结等措施不当,如在没有确切证据的条件下,行使查封、扣押、冻结存款等措施的;查封与扣押期限超过 15 日的;冻结存款 30 日内没有作出处理决定或作出解冻决定的。这些行为将会导致程序违法的风险。三是行政强制检查不当。行政强制检查只限于生产经营场所,如果违反这一要求,到生产经营以外的场所进行检查,则会导致行政违法的风险。

---

❶ 杨建顺、关保英、戚建刚:"行政强制执行法的模式探讨——2000 年青岛行政法学年会综述",载《法学家》2000 年 12 月第 63 期;杨建顺:"日本行政执行制度研究",载《法学家》2002 年第 4 期;杨建顺:"关于行政执行权力配置的思考",载《人民法院报》2002 年 8 月 12 日。

(四)环境行政裁决中的风险

环境行政裁决是指环境行政主体依照法律的授权,运用其专业知识,对当事人之间发生的与环境行政管理活动密切相关的环境民事纠纷进行审查,并作出裁决的具体行政行为。环境行政裁决中的风险可以从以下几个方面进行分析。

1. 裁决对象选择不当

环境行政裁决的对象是"民事纠纷",但是环境行政裁决机关对民事纠纷的裁决,只限于特定的民事纠纷,即在民事纠纷与环境行政管理密切相关的情况下,行政机关才对该民事纠纷予以裁决。如果环境行政裁决机关不遵循这一要求,对与环境行政管理无关的民事纠纷进行裁决,则会引起行政违法的风险。

2. 行政裁决主体不当

环境行政裁决的主体是法律规范授权的环境行政机关,没有法律法规的专门授权,行政机关便不能成为行政裁决的主体,否则会引起行政违法的风险。

3. 裁决的启动程序不当

行政裁决是依申请的行政行为,必须依当事人的申请开始。因此,对于裁决程序的启动而言,当事人是主动的申请,环境行政裁决机关是被动的受理,如果环境行政机关不遵循这一原则,主动地要求进行裁决,则会引起行政违法的风险。

4. 裁决违反公正、平等原则

环境行政机关运用行政裁决权,必须坚持和贯彻公正、平等的原则。首先,裁决机关必须在法律上处于独立的第三人地位;其次,裁决人员应当实行严格的回避制度;第三,裁决机关必须客观而全面地认定事实,正确地适用法律,并实行裁决程序公开;第四,行政机关行使行政裁决权,必须在程序上为双方当事人提供平等的机会,以确保纠纷的双方当事人在法律面前平等。如果裁决机关和人员违反这些要求,就会导致实体上和程序上的违法。

(五)环境行政指导中的风险

环境行政指导是指环境行政主体基于国家环境法律、政策的规定而作出的,旨在引导行政相对人自愿作为或者不作为,以实现环境行政管理目的的一种非职权的行为。行政指导具有非强制性、事实行政性、能动性和优越性等特点,属于典型的"柔性执法",既是现代行政法中合作、协商的民主精神发展的结果,也是现代市场经济发展过程中对市场调节失灵和政府干预双重缺陷的一种补救方法。❶ 环境行政指导中的风险可以从以下几个方面进行分析。

1. 不具有正当性的行政指导

正当的环境行政指导,应当具有合法性、可接受性。就合法性而言,环境行政指导应有法律法规的依据,在没有法律依据的情况下,至少应有政策、惯例、法律原则与精神的依据,否则会面临不具有合法性的风险。就可接受性而言,环境行政指导行为在目的上必须是有利于相对人的,必须最大限度地保障行政相对人对行政指导的可接受性。这种可接受性表现为行政相对人对环境行政机关作出的行政指导在主观上认为如果自己接受行政指导将会产生对自己有利的法律结果。因此,如果行政指导将会对相对人造成不利影响或者侵害,则会面临不具有正当性的风险。

2. 强制性的行政指导

环境行政指导不是环境行政机关的权力性行为,它没有国家强制力为后盾,对行政相对人也不具有法律上的约束力。环境行政指导应坚持自愿性原则,是否接受行政指导,由行政相对人认同和自愿接受。如果行政相对人不愿意接受行政指导行为,环境行政主体不能借助于行政强制力实施和迫使行政相对人接受其指导,否则,该环境行政指导行为就会成为一种违法的行政强制。

3. 不具有必要性的行政指导

环境行政指导应坚持必要性原则,即如果法律规定必须采取行政权力行为的,就不应采用行政指导行为;如果既可以采用行政权力行为,又可以采用行政指导行为的,则要考量采取两种类型行为的效果,如采取行政指导行为比实施行政权力行为会产生更好的客观效果,则应采用行政指导行为。否则,行政指导就是不必要的,若一味地采用行政指导,就可能面临不具有合法性的风险。

四、环境行政复议中的风险

环境行政复议是指行政相对人认为环境行政机关的具体行政行为侵犯其合法权益,按照法定程序和条件向作出该具体行政行为的机关的上级机关提

---

❶ 杨建顺:《日本行政法通论》,中国法制出版社1998年版,第540～542页;姜明安主编:《行政法与行政诉讼法》,北京大学出版社2007年版,第338页。

出申请,由有管辖权的环境行政机关对有争议的具体行政行为进行审查,并作出决定的行政活动。行政复议具有"准司法性"的特点,在学理上往往被归为行政监督或行政救济的范畴。环境行政复议中的风险主要如下。

1. 主体不合法

提起环境行政复议申请的主体必须是被申请的环境行政行为所指向的行政相对人或者是与被申请的环境行政行为有法律上的利害关系的人,如环境污染案件中的排污人与受害人,环境行政许可中的申请人与受环境许可影响的第三人等。被申请人必须是作出被申请的环境行政行为的行政主体,它们可以是环境行政机关,也可以是法律法规授权的组织。受理行政复议申请的必须是法律、法规规定的环境行政复议机关。环境行政复议主体合法是行政复议合法的基本前提和基础,如果主体不合法,环境行政复议就无法实现预定的效果。

2. 行政复议不符合公开原则

环境行政复议过程应当公开,复议机关应最大限度地为申请人、被申请人和第三人提供参与环境行政复议程序的条件,除法律规定的情形之外,环境行政复议决定都应当在公开的情况下作出。这就要求环境行政复议机关应当尽可能听取申请人、被申请人和第三人的意见,让他们更多地介入环境行政复议程序。复议机关在申请人、第三人的请求下,应公开与环境行政复议案件有关的一切材料,确保申请人和第三人有效地参与复议程序。如果环境复议违反公开原则,就会导致程序违法,影响复议裁决的效力。

3. 违反一级复议制度

一级复议制度,是指行政争议经过行政复议机关一次审理并作出裁决之后,申请人即使不服,也不得再次申请复议,而只能向法院提起行政诉讼的一种法律制度。一级复议制度具有如下基本内容:其一,行政相对人不服具体行政行为的,只能行使一次行政复议的申请权;其二,行政复议机关对一个被申请的具体行政行为只能作出一个行政复议决定;其三,只有法律规定可以进行多级行政复议的,才能构成一级行政复议制度的例外。无论是环境行政复议机关、被申请的环境行政主体还是申请人,都应遵循一级复议制度,任何没有法律依据的"二级复议"都是无效的。

4. 不在环境行政复议受理范围内的申请

根据《中华人民共和国行政复议法》(以下简称《行政复议法》)的规定,行政法规和规章、内部行政行为、居间行为等不属于行政复议的受理范围。就环境行政复议而言,不能申请行政复议的事项包括:(1)环境行政机关对其所属国家公务员作出的行政处分或者其他人事处理决定;(2)环境行政机关对公民、法人或者其他组织之间的环境民事纠纷作出的调解、仲裁等居间行为;(3)申请环境行政复议超过法定申请期限又无法定正当理由的;(4)申请人在申请环境行政复议前已经向其他复议机关申请行政复议或者已向人民法院提起行政诉讼且已经被依法受理的。在这些情况下,当事人提起的环境行政复议已经超出法律允许的范围,相关环境行政机关不应受理,否则其受理行为无效。

5. 违反行政复议的管辖规则

有关法律法规规定了各行政复议机关对行政复议案件在受理上的具体分工,如果环境行政机关违反复议管辖规则,将会导致程序违法,其所作的复议裁决也不具有法律效力。

论全国社会保障基金的法律性质及其管理运营*

王显勇**

摘　要:全国社会保障基金是具有财政性质的国家战略储备基金。爱尔兰采用法定机构管理、投资政策与具体管理运作相分离的模式,新西兰采用法定机构管理、投资政策制定与具体管理运作相结合的模式,法国采用基金法人制,即行政管理与具体投资运营相分离的模式,荷兰采用预算管理,国债投资的模式。我国全国社会保障基金目前采用信托制管理运营制度,需要进一步完善,实行双重信托管理运营模式。

关键词:全国社会保障基金　信托　社会保障法

一、全国社会保障基金的法律性质

面对日益增长的社会保障支出压力,为应对人口老龄化高峰时期的社会保障支出,我国于 2000 年 8 月建立了全国社会保障基金。根据《全国社会保障基金投资管理暂行办法》及其相关规定,全国社会保障基金由中央财政拨入资金、国有股减持划入资金及股权资产、经国务院批准以其他方式筹集的资金及其投资收益构成。因此,全国社会保障基金的性质为中央政府集中的社会保障资金,是具有财政性质的国家战略储备基金,其设立和使用的目的主要在于弥补今后人口老龄化高峰时期的基本养老保险筹集基金的不足。

根据《全国社会保障基金理事会职能配置、内设机构和人员编制规定》、《全国社会保障基金投资管理暂行办法》、《全国社会保障基金境外投资管理暂行办法》的规定,全国社会保障基金理事会作为经党中央、国务院批准设立的国务院直属事业单位,受国务院的委托,管理中央集中的全国社会保障基金。

＊　本文获得北京市教委社科面上科研项目"养老保险法律问题研究"的资助。
＊＊　王显勇(1976～),男,湖南永州人,法学博士,博士后,首都经济贸易大学法学院副教授,主要研究方向为经济法、劳动与社会保障法。

全国社保基金的运作管理由全国社会保障基金理事会委托投资管理人统一进行，投资操作具有专业性、机构性的特征，可以将总资产的一定比例投资于资本市场的金融产品，如股票、债券等，具有完全的投资特性。而全国社会保障基金的战略储备性质又决定了其长期投资和价值投资的投资理念以及控制风险、提高收益的投资方针。因此，全国社会保障基金作为国家的战略储备基金，按照国际上对于主权财富基金的分类，属于特定类别的主权财富基金。虽然其并不从普通投资者处吸收资金，但其在资本市场中的投资环境、投资手段、投资对象等都表明，它具有稳健的投资基金的性质。作为资本市场中重要的机构投资者，全国社会保障基金与其他证券市场参与者一样，必然面临资本市场的一系列风险。

二、战略储备基金管理运营的典型制度模式❶

（一）爱尔兰模式：法定机构管理、投资政策与具体管理运作相分离

为了应对人口老龄化问题，爱尔兰于 2000 年 12 月通过了《国家养老储备基金法》，建立国家养老储备基金（NPRF），同时设立爱尔兰国家养老储备基金理事会（NPRFC）作为国家养老储备基金的管理机构。

根据该法，国家养老储备基金的资金主要来源于三个方面：一是从国企私有化的收入中划拨；二是在 2055 年之前的财政预算拨款。法律规定，2055 年之前，爱尔兰财政部应每年从中央财政资金或中央财政超收部分划拨总额相当于国民生产总值 1% 的资金，按季度等额充实基金；三是通过其他方式拨入。

国家养老储备基金理事会是基金最高的管理决策机构，直接对财政部和国会负责。理事会由 1 名主席和 6 名有相关背景的专业人士组成，并由财政部部长任命。理事会有着非常广泛的法律授权，可以根据商业原则在谨慎的风险管理下为储备基金制订投资策略。储备基金的具体管理则通过选定的执行机构来实施。

根据法律的规定，国家公债管理局作为理事会的执行机构对基金进行具体管理，国家公债管理局在管理养老储备基金时，也完全采取商业运作的模式，采取招标的方式选择基金的外部管理人，国家公债管理局每年分两次对管理人的

---

❶　关于各国的养老储备基金管理制度的具体内容，参见项怀诚主编：《养老储备基金管理——国际经验与中国实践》，中国财政经济出版社 2005 年版。

资格进行审查,管理人根据理事会制订的长期投资政策管理和运作储备基金。

《国家养老储备基金法》采用"谨慎人规则",取消了对理事会的投资限制规定。但是,为了防止政府变相动用储备基金,该基金禁止购买爱尔兰国债,并规定该基金不得用于谋求控制任何公司。❶

(二)新西兰模式:法定机构管理、投资政策制定与具体管理运作相结合

为了应对人口老龄化危机,新西兰于 2001 年 10 月颁布《新西兰养老金法案》,以法律的形式确立了养老储备制度。根据该法案,新西兰养老储备基金的来源有两部分:一部分是财政预算拨款,养老基金被列为每年财政预算的法定支出项目,按照法定的计算公式予以拨款,每年平均从 GDP 中拿出 1‰建立养老储备基金,财政预算拨款期限为 40 年;二是其他拨款。

根据该法案,新西兰养老金监管人委员会作为独立的政府法律实体,是储备基金的法定管理机构,负责养老储备基金的管理运营。该委员会由 5～7 名委员组成,由新西兰总督从财政部部长和国会其他政党代表协商推荐的名单中任命。委员会下设人事薪酬委员会、审计监督委员会和投资委员会。

根据该法案,新西兰养老金监管人委员会必须从商业角度出发,运用最优投资组合,审慎管理,获取养老储备基金长期投资回报,避免和减少不合理的风险。法律要求新西兰养老金监管人委员会必须基于商业基础制定投资政策、标准和程序,包括基金投资类别、业绩评价基准、期权、期货和其他金融衍生产品的适用、金融风险管理等。新西兰养老金监管人委员会每年至少审查一次这些政策、标准和程序。在养老金管理制度中,新西兰采用"审慎人规则",取消了投资品种和比例限制,同时还赋予了养老金监管人充分的投资决策权。另外,为了实现专业化投资,新西兰养老金监管人委员会依法选择投资管理人和托管人进行委托投资运作。❷

(三)法国模式:基金法人制,行政管理与具体投资运营相分离

为了应对人口老龄化危机,1998 年,法国政府修改了《社会保障财务法》和《社会保障法》等相关法律,成立了法国公共养老金"国家退休储备基金"(FRR),作为养老保险第一支柱的补充和长期储备。2001 年 4 月,法国修改

---

❶ 项怀诚主编:《养老储备基金管理——国际经验与中国实践》,中国财政经济出版社 2005 年版,第 2～4 页。

❷ 同上书,第 23～25 页。

了《社会保障财务法》,赋予了法国公共养老金"国家退休储备基金"独立法人地位。根据相关法律,法国公共养老金"国家退休储备基金"的资金主要来源于划入老年团结互助基金的公司缴税收入的一部分和特定国有资产的出售收入以及财政盈余。

法国信托投资局(CDC)负责储备基金的行政管理工作,下设监督委员会负责对法国公共养老金"国家退休储备基金"的投资运作进行监管。法国公共养老金"国家退休储备基金"执行董事会由 3 名成员组成,任期 6 年,具体负责任命投资管理人专家评审委员,选聘第三方资产管理机构管理基金,代表基金签署协议并检查协议的履行情况,确定基金内部控制政策和程序等日常管理运作,截至 2004 年 7 月,法国公共养老金"国家退休储备基金"选聘了 Morgan Stanley Investment Management 等资产管理机构为其管理 160 亿欧元基金资产。❶

(四)荷兰模式:预算管理,国债投资

为了应对人口老龄化危机,荷兰建立了养老储备基金。根据法律,荷兰养老储备基金的性质是一笔预算基金,其资金主要来源于社会事务和劳动部的预算拨款和基金的收益盈余。预算拨款数额由社会事务和劳动部部长和财政部部长协商确定,但每年向养老储备基金拨入的资金应不少于 113445054 欧元,且必须高于上一相关年度拨入的款项。

养老储备基金的投资只是存于国库账户,并由国家财政支付利息。每年向储备基金支付的利率上限由财政部部长决定。

此外,荷兰政府根据对未来人口老龄化和财政收支情况的预测,对养老储备基金设置了封闭期。法律规定,自 2020 年起,社会事务和劳动部部长可与财政部部长协商决定提取养老储备基金用于基本养老保险金支付的数额。❷

三、我国现行全国社会保障基金管理运营制度以及学界的主要观点

(一)现行全国社会保障基金管理运营制度

目前规范全国社会保障基金管理运营的法律法规主要有《全国社会保障基金投资管理暂行办法》、《全国社会保障基金境外投资管理暂行规定》,根据这些法律法规的规定,全国社会保障基金理事会负责基金的筹集和日常管理

---

❶ 项怀诚主编:《养老储备基金管理——国际经验与中国实践》,中国财政经济出版社 2005 年版,第 75~76 页。

❷ 同上书,第 95~96 页。

等事务,负责选择符合一定资格和条件的基金托管机构负责保管社会保障基金资产,选择符合一定资格和条件的基金管理公司或专业投资管理机构负责对社会保障基金资产的投资管理和运作,并向社会公布社会保障基金的资产、收益、现金流量等情况。社会保障基金投资管理人受全国社会保障基金理事会的委托,是作为社会保障基金投资管理的代理人执行"专家理财"职能的机构。社会保障基金投资管理人可以是符合规定条件的基金管理公司,也可以是国务院规定的其他专业性投资管理机构。社会保障基金托管人是取得社会保障基金托管业务资格,保管社会保障基金资产的商业银行。有学者对全国社会保障基金投资管理模式用下图予以表示。❶

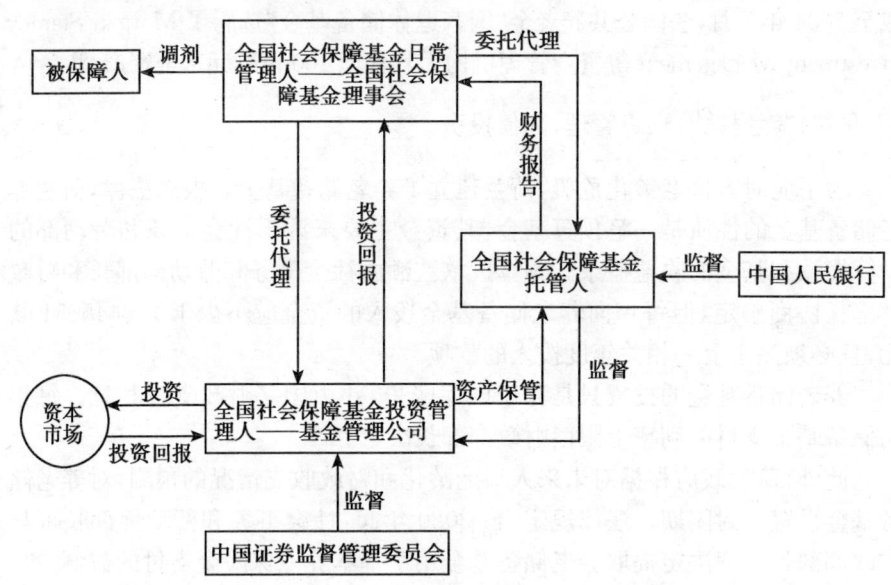

图1　全国社会保障基金投资管理模式运作流程图

(二)学界的主要观点

1. 基金法人制

张淳教授建议我国实行社会保障基金法人制度。他认为,从信托法的角度来看,作为信托财产的社会保障资产的所有权在这种基金设立后便当然系

---

❶　任杰、丁波:"全国社会保障基金资本市场风险管理研究",载《第四届中国社会保障论坛·2010年文集》,第63页。

由该基金本身享有;当政府主管机构或者由政府设立的专职管理机构以基金的名义并通过实施有关的信托设立行为以设立社会保障基金为目的投资信托时,从信托法的角度看基金本身即成为委托人,而政府主管机构或者由政府设立的专职管理机构则是作为该基金的机关存在;不仅如此,当受托人将作为信托财产的社会保障基金资产运用于投资所取得的收益向这种基金交付时,从信托法的角度看该基金则是以受益人身份接受这一交付的。张淳教授还主张,这种信托的投资对象的范围是除不动产之外的其他多元化的投资工具,具体做法是既允许社会保障资产投资于政府债券又允许其投资于资本市场上发行的其他各种有价证券,如公司债券、公司股票以及其他有关的财产受益权凭证等。❶

2. 双重信托法律关系说

程晓燕认为,现行制度下法律主体缺失,缺乏信托法律关系的委托人、受益人和监察人,主张构建双重信托法律关系:一是建立在委托人、受托人和监察人之间的公益信托关系,公益信托法律关系是全国社会保障基金管理的基础法律关系,其中,财政部门是委托人,全国社会保障基金理事会是受托人,参加了基本养老保险或享有基本养老保险金给付请求权的不特定的劳动者是受益人,劳动和社会保障部是信托监察人;二是建立在受托人与基金管理人和托管人之间的商事信托关系。❷

四、全国社会保障基金管理运营法律制度的完善

由前述的典型制度模式中,我们可以看出,大多数国家或地区采用由法定机构管理的模式,这些管理机构都具有独立法人地位,并且在基金的具体投资运营上,都可以通过由法定机构选定的投资管理人进行投资运作,而由外部投资管理机构管理运作采用的是信托的方式。另外,法定的管理机构,无论是直接投资运作,还是仅仅制定投资政策,都负有审慎管理或者谨慎投资的义务,即这些法定机构在某种意义上也遵循信托法上的信义义务。因此,全国社会保障基金的管理运营也应当采用信托管理模式。

我国学者大都主张采用信托管理模式,认为信托制是全国社会保障基金市场化运行的良好途径。基金法人制模式能够解决我国目前社会保障基金信

---

❶ 张淳:"关于在我国信托法中增设'社会保障基金投资信托'一章的建议——对存在于这一章中的重要规定及其内容的构想",载《南京农业大学学报(社会科学版)》2008年第4期。

❷ 程晓燕:《社会保险基金管理法律问题研究》,吉林大学2008年博士学位论文,第124页。

托管理中受托人缺失的问题,但是却与全国社会保障基金的性质有冲突,因为全国社会保障基金为中央政府集中的社会保障资金,是具有财政性质的国家战略储备基金,既然是国家所有,那么就不能实行企业所有制,不能为一个基金法人所有。笔者比较赞成双重信托法律关系说。首先,我们应当完善《全国社会保障基金投资管理暂行办法》、《全国社会保障基金境外投资管理暂行规定》等规定,明确它们作为《中华人民共和国信托法》(以下简称《信托法》)的特别法,运用信托制度对全国社会保障基金进行市场化管理运营;其次,建立国家与全国社会保障基金理事会之间的法定信托关系,这种信托属于公益信托。国家作为全国社会保障基金的初始所有权人,委托全国社会保障基金理事会来管理运营。笔者认为,应当在立法中明确全国社会保障基金的法定信托管理模式,由财政部门代表国家作为委托人,受托人是全国社会保障基金理事会,受益人也是国家,由财政部门代表;再次,建立全国社会保障基金理事会与基金管理公司等专业性投资管理人、托管人之间的商事信托关系。这种信托关系虽然是商事信托,但鉴于信托财产是具有财政性质的国家战略储备基金,因此,应设立信托监察人,由劳动保障部门担任。具体而言,全国社会保障基金双重信托管理运营模式可以用下图来表示。

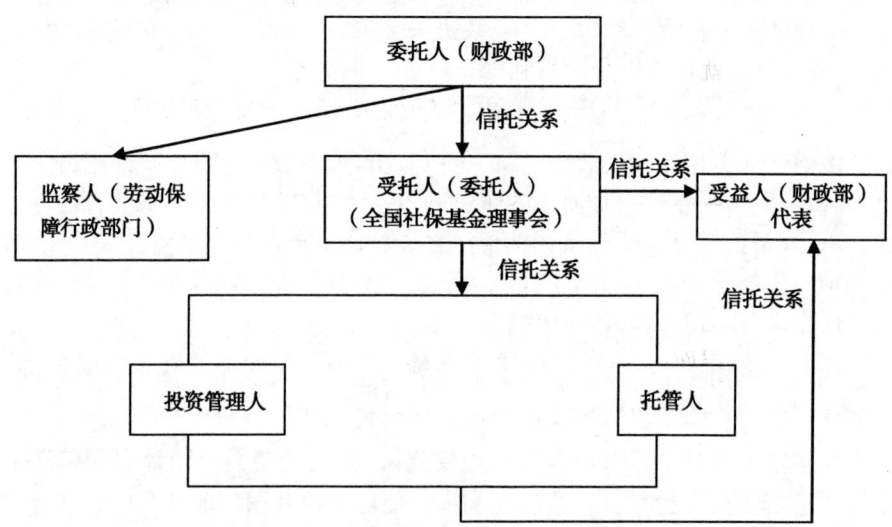

图 2　全国社会保障基金信托管理运营模式图

论柔性税务行政执法对纳税人权利的保护

翟业虎　雷　正*

"我们的时代是权利的时代"，❶随着民主法治进程的加快，人民主权意识觉醒，谁也无法抵挡权利本位思潮的涌起。在现代社会，公民的权利是国家各种权利配置运行的终极目的与界限，也就是说，国家运用其权力只是为了保障人民主体权利的达成并协调种种权利间犬牙交错的利益界限，这才是国家权力运用的正当性基础。依据古典政治学理论，公民权利是国家权力的基础，权利是权力的合法性本源，公民权利第一位，国家权力第二位。在权利与义务方面，权利第一位，义务第二位，义务是为了保证权利的实现而设置的。洛克认为，这就是"社会契约"。人们为了在社会中相安有序，各自自由地实现自己的权利，每人就必须让渡自己的一部分权利，并把这部分权利共同交给一个机关来管理和行使，这样就形成了一个公共机关，即政府。由此可知，政府和国家权力行使的目的就是行使公民权利。

"税是文明的对价"，❷它是国家和社会运行的物质基础，纳税人成为这种物质财富的提供者，是为了获取公共物品而支付的对价。纳税人权利从某种程度上讲也就是公共物品的享受权，国家征税机关的权力、所有纳税人的义务都需要围绕这种权利而设置、运行及协调。但是，在实然的状态下，纳税人权利却在某种程度上被淡化了，征纳双方都缺少对纳税人权利的保护意识，也缺乏对纳税人权利本位的概念的理解。

从现有法律层面来讲，税收法律关系是两个不同层面上的概念在逻辑上的体现。第一个层面是纳税人与征收机关的关系，即在税收征管法中规定的纳税人权利；第二个层面即为宪政层面上纳税人与国家的关系，这种关系实际

---

　　* 翟业虎(1968～　)，男，首都经济贸易大学法学院副教授，民商法学博士，硕士研究生导师，研究方向：民商法；雷正(1983～　)，男，首都经济贸易大学 2011 级研究生。

❶ 引自[美]路易·亨金：《权利的时代》前言，知识产权出版社 1997 年版。

❷ "*Taxes are what we pay for civilized society*,"declared Supreme Court. Justice Oliver Wendell Holmes in Compa? Ia de Tabacos v,275U. S. 87,100(1904)。

上也就是国家公权力对于私人财产权行使的宪法保障。税收和国家不可分离,国家职能的实现程度在某种程度上来说取决于征税水平以及纳税人的遵从度。而宪政理论告诉我们,公民与纳税人在法理上是一脉相承的,纳税人权利是公民权在税收领域内的彰显,也是"社会契约"理论在税收领域内的延伸与发展。

而在现有法律的第一个层面上,也就是最直接、最直观的政府作为征纳机关对于纳税人的征纳活动(税务行政执法行为)。此行为的正当性来源于政府作为公共权力的行使者以及公共物品的提供者要实现其国家职能。但是,政府就像一只"利维坦",虽由人组成、由人运作,但是在保护人的同时又在吃人。也就是说,政府一旦获得了权力,就总是在运作过程中自我膨胀。但其膨胀的同时,也恰恰削弱了公民的权利,在税收领域,削弱的就是纳税人权利。如何规制政府征税行为,如何在保障税收目的的同时保护纳税人权利,在立法、司法、执法的各个环节均有不足,本文着重从税收行政执法方面来论述纳税人权利保护问题。

一、纳税人权利的概念分析

界定纳税人权利,首先要界定"纳税人"概念。根据《中华人民共和国税收征收管理法》(以下简称《税收征收管理法》)的规定,纳税人是指"法律、行政法规规定负有纳税义务的单位和个人",我们不难发现,该规定只涉及主体的义务,而不涉及主体权利的赋予,把纳税人置于义务人的身份和地位。但是,权利和义务是相对应的概念,无权利则无义务。纳税人权利是纳税人在税收法律关系中所享有的权利,既包括宪政性的应然性权利,也包括具体法律运行中状态下实然性的权利。一般所说的纳税人权利,指的是实然性的权利。

2009年11月6日,国家税务总局发布了《纳税人权利与义务公告》,其中罗列了纳税人的14项权利和10项义务,基本涵盖了我国纳税人权利和义务的方方面面,但是在宪政层面上,缺少对于纳税人权利的宣誓性条款。现代国家是典型的"租税国家",其财政来源几乎完全依赖于税收,其宪法政治的内容也围绕着如何征税、税金的使用、纳税人权利保障等几个方面进行,也可以说,人类社会的和平、幸福、繁荣是以税收为经济基础的。税收是国家的血液,没有人能够摆脱纳税人这个角色,国家的任何一项活动也不可能离开税收而独自进行,无税收则无国家存在。从实定的税收法律关系来看,纳税人是纳税主体,国家则是征税主体,对纳税人的权利保障,也就是征税主体的基本义务。如果纳税人权利得不到充分保障,那么国家的征税权也会失去正当性的基础。

纳税人权利体现了国家与纳税人之间的血肉联系。从 1215 年英国的《自由大宪章》到现代的民主法制国家的宪法,无一不体现了对纳税人权利的保护。我国现阶段宪法没有规定纳税人权利,是因为我国税收学界在传统上奉行马克思主义的"国家分配论"有关。

马克思主义的"国家分配论"认为,国家可凭借其手中的政治权力,强制、无偿地取得国家财政收入,从而达到其国家职能。但近些年,西方社会契约思想为基础的"利益交换说"逐渐为人们所接受,以英国哲学家霍布斯、思想家洛克为代表。霍布斯指出:"主权者向人们征收的税不过是公家给予保卫平民安生立业的带甲者的薪饷。"❶洛克也提到:"诚然,政府没有巨大的经费就不能维持,凡享受保护的人都应该从他的产业中支出他的一份来维持政府。但是这仍须得到他的同意,即由他们自己或他们所选出的代表所表示的大多数的同意。"❷税收的本质应是"取之于民,用之于民",对于税收的理解,不应只强调义务,更应强调权利。

但是,在我国《宪法》中规定了公民有依法纳税的义务,而无相应的纳税人权利的规定,仅仅在《税收征收管理法》中罗列了相关纳税人的具体权利的条款。这就造成了宪政层面上纳税人权利的缺失。而在国家公权方面,会因这种缺失而造成国家公权(在税收领域内则为税权)对于公民权利的滥用,会导致政府变成"追求收入最大化的利维坦",进而导致民主社会的崩溃。

所以说,纳税人权利需要宪政层面上的涵盖,也需要具体部门法律的细化,纳税人权利需要从应有权利到法定权利再到现实权利的转化。真正地将法律规范转化为现实权利对于纳税人具有现实意义。

二、纳税人权利保护的理论基础

2001 年 5 月修订的《税收征收管理法》在第一章的"总则"部分第 8 条明确地规定了纳税人的权利,这在中华人民共和国的立法史上还是破天荒的第一次。然而早在英国的宪政运动期间,西方纳税人的权利就开始具有萌芽形态,到了资产阶级大革命时代,纳税人的权利早已确立。那么,如何正确把握纳税人权利的属性和本质? 如何突破狭窄的税法视野而上升到法学理论高度? 我们可以试从政治学、经济学、法学三大角度对纳税人权利的存在基础进行论证。

---

❶ [英]霍布斯:《利维坦》,黎思复、黎廷弼译,商务印书馆 1985 年版,第 269 页。
❷ [英]洛克:《政府论(下篇)》,叶启芳、瞿菊农译,商务印书馆 1964 年版,第 88 页。

(一)政治根源

政治学的核心在于人民主权理论和保障人权理论,人民主权理论涉及的是国家权力归属的问题,即国家主权的行使在于人民的同意,基于人民的利益。比如,我国《宪法》第 2 条明确规定:"中华人民共和国的一切权利属于人民"。人民主权理论发源于 17～18 世纪的社会契约论,主张全体人民为国家主权的享有者,而行使国家主权的机关或个人,必须是受主权所有者的委托行使权利,国家行为必须以体现国民意志的法律为合法性、正当性依据。

人民主权理论为政治义务的合理配置提供了理论依据。在政府征税权与国民纳税义务之间,则具体表现为国家为实现其职能的各项活动所必需的经费应由国民承担,但国家征税须以国民同意为先,并以国民的实际需要为目的,国民仅对符合此合法要件的税收承担纳税义务。

而人权保障理论则从人权角度审视税法中的纳税人权利。该理论认为:所有纳税人的权利是平等的,而且认为这是纳税人最基本的一项人权。人权的普遍性决定了其要融入一国的实定法律秩序中,而纳税人作为一国实定法律规范的一部分亦需要从普遍性的人权处去寻找其确定的、稳固的根据。从人权保障的角度审视纳税人权利,就要将一种具有普适性的人权内涵融入纳税人的权利体系中,而在此基础之上展现纳税人在税法中的法定权利。

人民主权理论和保障人权理论为政府的征税行为以及纳税人的权利与义务提供了正当性的基础。而且,由人权领域引申出的两项最基本的纳税人权利:税收立法权和税收支出监督权也得以确立。

(二)经济根源

马克思曾说:"权利永远不能超过社会的经济结构以及由经济结构所制约的社会的文化发展。"❶其基本观点是:经济基础决定上层建筑,权利需要稳定的经济基础作为后盾,权利的变更与发展取决于经济基础的变更与发展。并且,权利从应然状态转化为实然状态也受到经济基础的制约。

"公共物品"理论和"税收价格论"是关于纳税人权利经济根源的重要学说。"公共物品"理论最早由美国著名的经济学家萨缪尔森于 1954 年提出,❷

---

❶　马克思:《马克思恩格斯选集(第 3 卷)》,人民出版社 1995 年版,第 12 页。
❷　[美]保罗·萨缪尔森,威廉·D. 诺德豪斯:《经济法(第十四版)》,北京经济法院出版社,1996年第 6 版。

他认为,公共物品是指某一消费者对于某种物品的消费不会降低其他消费者对该物品的消费水平的物品。其具备三个特性:效用的不可分割性、消费的非竞争性、受益的非排他性。公共物品作为不可缺少的物品,公众无法从市场买到,也无法排斥他人"免费搭便车"而享有公共物品,因此,其只能由政府来提供。"公共物品"理论从经济学的视界揭示了税收的本质在于为国家的公共财政提供支持,由此满足公众对于公共物品的需求。国家征税权的本源在于公众对于公共物品的享受的权利。因此,从经济学上讲,纳税人与国家在税收法律关系中具有同等地位。

林达尔在"税收价格论"中提出:"税收是纳税人为消费公共产品而支付的价格。"他认为,国家可细分为单个的个人,国家满足公共需要其实就是满足每个人共同的私人需求。因此,每个人的纳税行为其实就是为其享受的公共产品进行支付的行为。税收就成为人们享受国家提供的公共产品而支付的价格费用。

在"税收价格论"的支撑下,纳税人会在税收的各个环节上积极地争取其各项利益。与此同时,国家征税机关也会极力地去争取最大程度地征税权来满足国家公共职能的实现。显而易见的是,纳税人与国家征税机关的目标存在本质差异,纳税人和征税机关在利益的争取上存在着一种零和博弈关系,也就是"此消彼长"的关系。我们可以这样理解:每项税收立法活动的实质都是对现有利益的调整和对新增利益的分配,因此,博弈双方都想尽可能地增加自己的受益。但现实情况是任何一方都不可能获得最大利益,而最后博弈的结果是各自的受益达到了一种均衡。因而,纳税人权利的存在基础以及权利的大小取决于这种博弈的结果,我们需要做的是建立一种科学合理的制度,并把其嵌入博弈的过程中去,促使现实社会中博弈双方达到最优均衡的状态。

(三)法学根源

一般认为,税收法定主义是纳税人权利的法学基础。税收法定主义诞生于资产阶级萌芽状态的英国。1215 年的《自由大宪章》和 1689 年的《权利法案》是税收法定主义的代表性文件。其中,《权利法案》对于议会权利和国王征税作出了规定,现摘录如下:

"凡未经议会同意,以国王权威停止法律或停止法律实施之僭越权力,为非法权力。凡未经议会准许,借口国王特权,为国王而征收,或供国王使用而征收金钱,超出议会准许之时限或方式者,皆为非法。"

税收法定主义,一般也称租税法律主义,❶是指税法主体的各项权利义务均须由法律加以规定,税法中的各项要素皆须法律予以明确规定。税法主体的权利义务只能以现行法律为依据,无法律依据,任何人或机关不得加减税。其具体内容主要分为三个部分:课税税种法定原则、课税要素确定原则和课税程序法定原则。

(1)课税税种法定原则,是指课税税种的数量、新税种的开征以及旧税种的停征,均须由法律法规加以规定。

(2)课税要素确定原则。课税要素是指构成税收实体权利义务和程序规则的基本要素。其具体包括:纳税人、征税对象、税目、税率、纳税期限等。课税要素须明确且无歧义地规定在法律法规之中,因为此项原则涉及税收法律法规的科学性、权威性及稳定性,且具有现实意义。

(3)课税程序法定原则,是指国家征税机关必须严格依据法律规定的程序进行稽核征收,且无权变动法定的课税要素及法定征收程序。

以上三项原则相辅相成,共同构成了税收法定主义的主要内容。

现代民主法治国家都将税收法定主义在宪法中加以明示或默示,或者在税收基本法律中予以阐明并加以规定。日本著名法学家金子宏认为:"税收法律主义在近代法治主义的确定上,起到了先导的和核心的作用。"❷在国家与公民权利的关系中,征税权与纳税人权利往往处于对立状态,而税收法定主义则是现代民主法治国家化解这种对立状态的根本方法。

三、当前我国纳税人权利保护在税务执法中的现状与不足

(一)我国纳税人权利保护在税务执法的现状

随着社会的进步和经济的发展,当下社会面临着诸多的问题,税务执法亦是如此。在改革开放的进程中,立法者、实践者在税法方面往往关注纳税人义务方面的问题,对于纳税人的权利保护则关注较少。

自 2001 年 5 月《税收征管法》实施以来,我国纳税人权利保护问题才有了较大进步,但是从保护的范围、层级、效力来讲还不够充分,不能完全涵盖纳税人权利的方方面面。并且,从实施的程序、效力层级、可行性及相关法律的配套来讲,纳税人仍处于弱势地位。

---

❶ [日]金子宏:《日本税法原理》,刘多田等译,中国财政经济出版社 1989 年版,第 47 页。

❷ 同上书,第 48 页。

到 2009 年 11 月,国家税务总局颁布了《关于纳税人权利与义务的公告》,这使得纳税人权利与义务第一次专门以规范性法律文件的形式出现。使我国有关纳税人权利保护的体系逐渐完备。但是,在实际的税务执法中,由于受到长期的"官本位"思想作祟以及现实因素的影响,漠视、践踏纳税人权利的事情时有发生,野蛮执法、粗暴执法也屡见不鲜,主要反映在几个方面。

1. 纳税人知情权的缺失

在税收法律关系中,纳税人与国家征税机关相比往往处于弱势地位,信息量少,更新速度慢,信息获得渠道单一。比如,某些地市的税务局网站常年不更新,内容陈旧。而纳税人获得税收信息的其他渠道也相对匮乏。对于纳税人的税法宣传培训也往往流于形式,得不到良好的效果。

2. 税务执法中滥用执法权,随意执法

我国税收法律法规本身正处于完备阶段,加上许多法律法规又缺少时间操作性,部分一线税务执法人员在实际工作中,出现了执法随意、执法限度的落差较大、同一事例不同处理结果等问题。

3. 税务执法人员的职业道德、执法水平有待进一步的提高

部分地区的税务执法人员职业道德缺失、执法水平不高,出现了损害纳税人利益等问题。

(二)我国纳税人权利保护在税务执法过程中的不足

1. 税务执法机关的在执法过程中违法现象严重

税务执法机关作为国家征税机关,是国家公权力在税务领域内的代理人,根据税收法定原则,应当严格依照法律规定的程序和内容依法征收,但是税务执法机关在执法过程中违法现象仍很严重。

(1)某些地方的税务局忽视法治而重人治,"人情税"、"关系税"时有发生,有的税务执法人员该罚不罚,该征不征,有的税务人员以罚款代替刑责。归根到底,还是部分基层税务人员高高在上的思想观念问题。这是一个根深蒂固的"人治"问题。❶

(2)重实体、轻程序。西方法谚曾有"迟来的正义非正义"之说。法律程序如此重要,是因为法律程序为实体权利得以实现的至关重要的保障。"程序的

---

❶ 靳东升:《依法治税:税收行政执法争议解决制度的完善》经济科学出版社 2007 年版,第85 页。

控制之所以重要,就是因为在实体上不得不赋予行政机关很大的权力。"❶在现阶段的税收执法过程中,因为法律法规赋予了行政机关较大的自由裁量权,程序性的规范则是规制这种裁量权的一种手段。但是许多税务执法人员在实际工作中,对于具体案例定性定量合法,但往往直奔主题,忽略了程序性规范,导致纳税人权利受到侵害。

(3)裁量权行使不当。自由裁量权是指税务机关及其工作人员在法律事实要件确定的情况下,在法律授权范围内,依据立法目的和公正、合理原则,自行判断行为条件、自行选择行为方式和自由作出行政决定的权力,其实质是行政机关依据一定的制度标准和价值取向进行行为选择的一个过程。立法者设立并赋予税务机关裁量权,主要是对在实际执法过程中出现的问题进行有针对性的处理。但是在税务执法过程中,税务执法人员往往背离了法律法规赋予其自由裁量权的初衷,利用其手中的自由裁量权,使行政处罚等执法行为不公正、公平。

2. 税务执法人员服务意识缺失

长期以来,在税收领域,"义务本位"、"国家本位"的思想根深蒂固。在税收执法领域内,"重管理,轻服务"的想法很普遍;税务机关的职责是为国家足额征收税款,而纳税人服务则似乎是"食之无味,弃之可惜"的鸡肋。近些年,国家致力于建立服务型政府,着力树立"以人为本"的科学发展观,但是在税务执法过程中,部分执法人员还是自觉或不自觉地将纳税人放在了对立面上,本着"疑罪从有"的错误思想把纳税人视为"潜在"的偷税者。税务执法人员应当树立"以人为本"的价值观,转变思维模式,本着为纳税人服务、规范执法、保护纳税人权利的思想,从而提高纳税人的遵从度,实现税款的合法、足额征收。

3. 税收执法监督的缺失

税务执法监督,是指具有税务行政执法监督权的国家机关或者纳税人,依照国家法律法规的规定,对税务机关及其工作人员的税收行政执法行为进行的行政内部监督和社会外部监督的总称。

法国思想家孟德斯鸠曾说:"一切有权力的人都容易滥用权力,这是一条万古不变的经验。有权力的人们使用权力非到了限度,绝不休止。"❷如果需要防止权力的滥用,就必须要形成一套行之有效的约束机制。税务执法机关拥有国家赋予其的自由裁量权,拥有弹性极大的裁量空间,这就需要建立监督

---

❶ 王名扬:《英国行政法》,中国政法大学出版社 1987 年版,第 62 页。

❷ [法]孟德斯鸠:《论法的精神(上册)》,商务印书馆 1961 年版,第 154 页。

机制来约束执法机关,防止裁量权滥用导致纳税人权利遭受侵害。但现阶段,税务行政执法主要是内部监督,一些基层税务执法机关对于监督在思想上不够重视,使监督流于形式且力度不大。一些税务机关认为监督是上级的事情,平时只负责传达一些文件精神,工作不落到保护纳税人权利的实处。而一部分税务执法监督人员业务不熟悉,法律法规掌握不到位,工作不热心细致,导致推诿扯皮现象严重,行政效率低下。而且,在税务机关内部监督机制中,对于税务执法监督的监督主体一般是本部门的税务法制工作机构。在实际工作中,税务法制工作机构在本级税务局长的领导下工作,并不能独立行使监督权,这样就削弱了内部监督机制的作用。而社会舆论监督往往又缺乏实质的监督制约权力,导致监督流于形式。

四、税务柔性执法对于纳税人权利的保护

(一)税务柔性执法的概述

随着现代民主法治进程和市场经济的深入发展,社会问题层出不穷,因此,以胡锦涛总书记为核心的党中央审时度势,提出了"社会管理创新"这一课题,要求各级行政管理机关以人为本,人性化执法,消除社会矛盾,实现和谐社会。而直面社会进行管理的则是众多代表国家行使公权力的行政机关。但是,行政法传统上的刚性执法已远远不能适应公民对于民主法治和权利的需求。传统观念下的行政执法多数表现为命令式的执法,方式简单、粗暴、手段机械、行政法律关系的相对方毫无意思表示的自由,这极大地抑制了相对人积极性的发挥,严重降低了行政执法的效率。

在税收领域,受"国家分配论"的影响,税务机关代表国家作为征税主体,其特质有强行性、无偿性、单方性,税务机关因其权力地位的特殊性、行政行为标的的敏感性、行政权力裁量的主观性,应在社会管理创新这一课题上有所作为。

而现实则是难以尽如人意的。近些年,湖州"织里事件"等群体性案件却是因为税务行政执法所引发的,究其原因,固然有法律法规的缺位、人员素质的提高、执法质量的提高、执法风险的管控、纳税人法律意识淡薄等原因,但更为根本的原因则是税务行政执法人员的思维模式和行为模式的僵化,这引起了笔者深入的思考:现代税务行政执法是一种直白生硬依照法律法规的命令式执法,还是一种软化、柔化、人性化的行政执法呢?

近些年,税务柔性执法思潮逐渐涌起,其核心内容是税务行政机关在其职

能、职责或管辖范围内,为适应复杂多样化的经济和社会管理需要,基于国家的法律精神、原则、规范或政策,适时灵活地采取指导、劝告、建议等方式谋求行政相对人同意或协力,以有效地实现一定行政目的之行为。因其具有不同于原有刚性执法特性的诸多特质而为世界各个政府所重视并采用。

首先,税务柔性行政执法的内涵非常丰富,包括行政指导、行政奖励、行政给付等各个方面。其次,在执法的具体手段上,柔性执法具有适度的弹性和方法的多样性。最后,税务柔性执法的适应性领域也非常广泛,在任何一类的行政执法中都可适用。税务柔性执法是在"以人为本"理念引领下的一种思维方式的转变,其注重运用多种手段来引导、劝服行政相对方,给相对方以一定的灵活度,符合每个人具有的被他人尊重、肯定和自我实现需要的心理特点,也代表了民主、协商的法治理念。

(二)税务柔性执法的内涵

1. 税务柔性执法的界定

税务柔性执法主要是指以"理性、人文、文明、民主"的观念为内核,以税收行政指导、税收行政奖励、税收行政合同、税务约谈等柔性方式执法,以税务机关与纳税人在税收行政法律关系中的平等地位为前提,以提高纳税人的纳税遵从度、降低税收管理成本、依法足额征收税款为目的的行政执法方式。具体包括以下几种类型。

(1)税务行政指导。税务行政指导是指税务机关在行政管理工作中,基于国家法律法规的规定、原则及立法精神和政策规定,立足税务行政管理职能,采用具体的辅导、建议、提示、警示、告诫、回访、说理等方式,谋求纳税人的配合或同意,引导其作出或不作出某种行为,从而有效实现税务行政管理目的的行为。

(2)税务行政合同。税务行政合同是指税务机关以实现税收行政管理、履行税收行政职能为目的,与合同相对方经过协商缔结的合同,此类合同所侧重的是税务机关及其权利设置、行使、制约和监督,是税务机关现行的一种柔和、富有弹性的行政手段。

(3)税务行政奖励。税务行政奖励是由税务机关依其法定职权,按照法定程序,向符合条件的受奖者颁布的正式奖励。

(4)税务行政调解。税务行政调解是税务机关处理平等主体之间民事争议的一种方法。税务机关根据法律、行政法规的相关规定,对属于本机关职权管辖范围内的平等主体之间的民事纠纷,通过耐心地说服教育,使纠纷的双方当事人互相谅解,在平等协商的基础上达成一致协议,从而合理地、彻底地解决纠纷矛盾。

2. 税收柔性执法的法理基础

税收柔性执法来源于行政法的平衡论。行政法的平衡论认为:人类社会是一个多元利益交织的空间,而从古至今人类社会能在错综复杂、冲突不断的利益格局中稳定发展,是在于一种利益协调机制的运作。而这种利益协调机制在现代社会使得代表公共利益的行政机关和代表个人利益的公民权能在动态平衡中找到各自的地位归属。也就是说,是这种利益协调机制构筑了行政法律关系的社会事实基础。而行政法律法规则是对这种利益协调机制的现实确认。

平衡论认为:"行政法关系的各方主体都是能动的,扩张的,又有两重性。双方既对立又合作,又要加以激励。行政主体应维护和增进相对方的合法权益,行政相对方要理解和支持行政主体的执法行为,特别是要通过互动的参与机制形成和谐、合作的行政关系格局。"❶在平衡论基础上所构筑的政府应当是一个有限政府,也是一个中立政府,但更应该是一个服务型的政府。卢梭认为,人们通过订立契约,将每个人结合自身及自身的一切权利、财产全部转让给共同体,使它能以全部共同的力量来卫护和保障每个结合者的人身和财富,并且由于这一结合而使每一个与全体相联合的个人又只不过是在服从自己本人,并且仍然像以往一样地自由。❷ 因此,政府的根本任务和目的应当是保障公民(缔约者)的人身和财富,或者是为公民权利的顺利行使提供条件,以增进公民福利。

在我国,人民政府代表了普通大众的根本利益,而"为人民大众服务,实现人民利益"则是人民政府的根本任务和最终归宿。"行政机关在本质上既是执法机关又是服务机关,是通过执法为公众提供服务的国家机关。"❸柔性行政执法以法的本质和精神为纲领,来最大限度地实现人民的利益。柔性执法不仅是我国行政执法实践探索出来的行之有效的执法方式,也是科学发展观在行政执法领域内的必然要求。可见,行政法平衡理论为行政机关的柔性执法奠定了良好的基础。

---

❶ 罗豪才等:《现代行政法的平衡理论(第二辑)》,北京大学出版社 2003 年版,第 3 页。

❷ [法]让·雅克·卢梭:《社会契约论》何兆武译,商务印书馆 2002 年版,第 29~30 页。

❸ 叶必丰:《行政法的人文精神》,湖北人民出版社,1999 年版,第 185 页。

(三)税务柔性执法语境下的纳税人权利保护

1. 税收柔性执法对于纳税人权利保护的意义

"征税的权力蕴含着毁灭的权力",●这句话的作用在于警示世人国家的征税权对于纳税人权利是一柄双刃剑,如适用不当则会对纳税人的权利造成毁灭性的打击。由此可见,代表国家行使征税权的税务执法机关要更加审慎地行使手中国家赋予的权力,以更加"文明、民主、协商"的心态改变传统的刚性执法模式,摒弃以税款征收额入库的大小作为评判工作标准的模式,牢固树立"以纳税人为本"的理念,采用以保护纳税人权利为核心内容的工作模式,彰显人权在税收领域的根本价值,这对于我国民主法治化的进程具有重要意义。

2. 税收柔性执法是人权建设的根本要求

2004 年,我国《宪法》修改,将"国家尊重和保障人权"写入《宪法》,而纳税人权利则是人权在税收领域内的延伸。税收柔性执法的理念充分反映了"以人为本"的民主理念,对于人权在税收领域内的建设在理念上相一致。人权的普遍性决定了人权要落实在一国的实然法律秩序中需要一种转化。也就是说,人权最终的现实需要从应然权利—实然权利—现实权利的转化过程,而这种转化过程在税收领域就是税收柔性执法在现实状态下的落实。这种落实也就是人权在税收领域内的延伸——纳税人权利得到了有效的保护和尊重。

3. 税收柔性执法是依法治国的必然要求

纳税人权利的保护是依法治国的应有之义,而税收柔性执法则是依法治国的必然要求。在民主法治的社会中,社会应具有权利本位的属性,每个个体间的权利义务应平等,并且政府与人民亦处于一种平等地位。这种平等理念的确立决定了税收法律关系的平等性,决定了国家征税权的正当性基础的来源以及公民私有财产权的保护。这种平等理念在税收领域也决定了柔性执法的提出与运行对于纳税人权利是一种提升和保护之举。因为现代税收法治的真正目的就在于有效保障纳税人的合法权利。

4. 税务柔性执法符合和谐社会的基本理念

社会和谐是一种社会的存在状态,而这种状态的达成需要人的具体行动。这就要求,我们实现社会和谐不仅仅是思维层面的,而更应该是人们的一种自觉行为方式。在税务行政执法中,应当将现代的执法理念通过转变落实到具

● 美国联邦最高法院前首席大法官约翰·马歇尔在"马卡洛诉马里兰州"一案判决中写的一句话。

体的执法者的行为中去。而税务柔性执法则是和谐社会理念在行政执法领域中的体现。行政机关作为国家权力的执法机关,既是和谐社会的领导者,也是和谐社会的先行者。税务柔性执法的确立是实现和谐社会理念的必然要求,而和谐社会的内涵也必定具有纳税人权利保护的内容。所以,税收柔性执法与纳税人权利保护在和谐社会的语境中是相辅相成的,均体现了和谐社会理念的应有之义。

5. 税收柔性执法有利于提高纳税人权利保护的工作效率

国家的征税权的正当性来源于公民权利的让渡。所以,国家行使征税权需要纳税人认同和服从,而纳税人对于征税权的服从和认同又是国家征税权的合法性基础之一。在传统的税收观中,税收法律关系的双方地位并不是平等的,这种错误定位导致征税机关的强势与纳税人遵从度的下降。税收柔性执法来源于税收契约论以及行政法的平衡理论,其认为在税收法律关系中双方当事人的地位是平等的。纳税人在此地位之下,主动性高,参与性强,权利义务也相互对等。自然纳税遵从度会有明显提升。而纳税人遵从度提升的成果则是征税机关能够合法、足额的征缴税款入库达到其行政行为的目的,并减少了税收法律关系双方的交易成本,达到"帕累托最优"的状态,同时也能有效提升纳税人保护的工作效率。

(四)税务行政法律关系主体在柔性执法语境下的地位安排

税务柔性执法选择一种应然性路径是至关重要的。在一次税务行政执法中,存在着三方主体:税务行政机关、行政相对人(包括纳税人、代扣代缴义务人等)、中介机构。这三方当事人都发挥着重要的作用。

首先,纳税人作为行政行为的相对人,从潜意识中天然地具有对税务行政机关的排斥、抵抗力,不论是自然人还是企业,天然地具有逐利性特质,而税务机关的行政活动则被其视为与其争利的一种表现,其自然表现出不合作态度,而税务机关作为国家的代表,本身具有国家征税机关的一切特性,总是期望利用手中权力去实现其行政目的。这就产生了一种貌似不可调和的矛盾,就像猫和老鼠的游戏:一方总是千方百计的避税、逃税甚至偷税,而另一方则是穷尽手段,利用现有强制性的法律法规,刚性地达到足额征税的目的(不论其程序抑或是内容是否介乎合法与违法之间)。中介机构作为第三方,与行政相对人是一种委托代理的关系,在行政法律关系中以委托人的名义为代理行为,其充分利用其掌握的知识技能为委托人服务,在理论上被视为纳税人的天然同盟者。

而处在社会治理创新与合作行政、柔性执法这一命题的考量下,对这三方主体地位、作用应有另一种解释。

首先,古人云:"赠人玫瑰,手有余香。"水亦软之,却足以穿石。"税务行政执法的根本目的在于保护纳税人权利,实现国家征税机关职能。行政执法行为的最优效果,应当是社会公众广泛认同并自觉接受。而税务柔性执法,则是达到这一效果的好手段。税务柔性执法是"行政多元化"的一种表现,也是行政管理模式从传统管理型朝着服务型行政的转变。但这绝对不是公权力的无限让渡,行政机关应保留其一部分应有的管理权限,通过非强制的执法手段,达到税务行政法律关系中各方主体的最大化。鉴于税务行政权力的优益性,其总是居于"强者"地位,因此,税务行政机关应创新其执法机制,将监督机制、行政相对人(纳税人)的权利保障及救济机制放在突出地位,以合作代替传统的对立,以行政主体与相对人利益双赢为目的,以人性化代替僵硬机制,积极探索建立事前预防、事中控制、事后应对的税收柔性行政执法监督机制,将柔性行政执法产生的执法风险降到最低,实现和谐社会的应有之义。而纳税人应意识到,税收是其作为公民的义务的一部分,具有不可灭失性,而其能够做到的是通过税务机关的行政指导、税务约谈等柔性执法实现其在纳税义务下的利益最大化——税金的范围与额度的最小化(合法性为前提)。作为中介机构,注册税务师应充分发挥其知识技能的优势,充分利用其地位的中立性,在行政机关与纳税人中间起着润滑与调和的作用,既要本着诚实、善良的义务为其当事人服务,也要从战略性的角度考虑,合理规劝当事人的不合法行为,为当事人减少违法成本,达到实体正义与程序正义的最优化。

(五)税务柔性执法对于纳税人权利保护的具体措施

1. 执法模式的选择

从税务柔性执法模式来看,有传统上的刚性执法模式和现代社会的柔性执法模式。刚性执法模式只是简单的命令—服从的关系,主客体之间缺乏必要的沟通。而柔性执法模式是一种互动参与型的执法模式,在此模式之下,公民与征税机关形成了一种良性的互动关系,通过互动,达到双赢。柔性执法模式也是一种服务行政模式,德国学者彼得·巴杜拉认为:"不似自由主义法治国专注个人财产(关系),而是以个人劳动(工作关系)为着眼的社会。行政法使行政与个人或团体产生了一种指导与服务性的法律关系,来保障个人的福祉。依社会法治国的理念,行政必须提供满足个人生活所需的引导及服务行为。"❶服务行政模式的精髓也就是"以人为本"理念在社会治理模式中起了主导作用。服务行政理念的落实需要价值合理性与实质合理性的调适,而柔性执法模式符合着服务行政的理念,对于纳税人的合法权利更加能够全面保护。

2. 税务柔性执法具体手段的完善与创新

税务柔性执法具体手段的完善与创新可以概括为以下几个方面。

(1)提高信息化程度,实施"一站式"服务,节约征纳成本。

我国自1994年以来形成了中央和地方两条征管体系,国家为了征税花费了大量的人力、物力、财力,同时维持着数以百万计的税务人员,征收成本畸高。在国外相关机构的一份调查中,中国的征税成本在全世界国家中排名靠前,而与此同时,征税成本与纳税人的满意度却成反比。其实,长久以来,在税收征管方面,征管机关头疼与纳税人"躲猫猫"、叫辛苦,而纳税人则埋怨税务机关办事拖沓、程序冗长。所以,在现有条件下,应全面实行办税一体化的执法模式,对于纳税人的诉求进行"一站式"服务。与此同时,应积极升级换代现有办公服务硬件和软件,充分利用信息化的手段,提高工作效率,节约征纳成本,提高纳税人权利保护的效率和水平。

(2)提高纳税服务水平,努力满足纳税人需求。

纳税服务是税务机关在税收执法中为方便纳税人、满足纳税人需要而提高水平的服务活动的总称。根据《税收征管法》,纳税服务已由传统的道德范畴上升到法定义务,成为法定行政行为的重要组成部分,税务机关应当重新定位纳税服务的价值,全面履行《税收征管法》规定的税务机关对纳税人的义务,树立现代税收服务观,拓展对纳税人服务的范围和空间,满足纳税人的个性化需求,提高完善对纳税人的服务工作,建立健全文明、规范的执法服务标准和体系,完善纳税服务部门的职能,整合相关部门的纳税服务资源,完善纳税水平的考核机制,切实保护纳税人的合法权利。

(3)合理规制柔性执法。

税收柔性执法并不是游离于法律界限外的执法模式,合法性即是税收柔性执法的前提和基础,其必须在法律规定的权限和程序内进行,否则就为非法。税收柔性执法虽然彰显了"以人为本"的执法理念,但其仍属于法律的产物,仍在现行法律框架内运作,其必然要将执法中人性化的非理性一面排除。

---

❶ [德]彼得·巴杜拉:《在自由法治国与社会法治国中的行政法》,陈新民译,台湾省三民书局1995年版,第112页。

在立法层面需要合理规制柔性执法,杜绝实际操作中的隐患,保持法律法规的稳定性,提高效力层级,避免法律冲突。在执法层面中,应当合理设立执法程序,以程序约束非法行为的发生,促进程序中主体的角色分化与独立,发挥柔性执法的功效,使纳税人权利得到切实落实与保护。

3. 税务柔性执法各项内容的制度化、规范化

从应然权利到实然法律中的权利,需要一种制度化的支撑与确认。那么税务柔性执法如果需要保持常态化运行,就需要将一些实效好、纳税人满意的执法手段纳入到法律制度当中去,使柔性执法能够有强有力的法律制度的支撑。可以加入的制度有以下几种。

(1)税务警示制度。是指在某一违法行为高发时段到来之前,以口头或书面形式向可能违法的纳税人宣传、解释法律法规,警示他们,让他们明白行为的后果,提示、引导、督促其按照法律法规的要求履行义务,加强自律,以尽可能减少违法行为发生的制度。

(2)税务约谈制度。是指税务机关在进行日常税务执法时,发现纳税人有一般性违法行为或有违法嫌疑的行为时,税务执法机关约见违法的相对人进行面谈,要求其采取有效措施进行整改,避免违法行为再次发生的制度。

(3)税务稽查建议制度。是指税务执法部门对稽查过程中发现的纳税人在财务管理、会计核算和税收缴纳方面存在的违法违规行为,有针对性地提出执法建议,并及时反馈给被查纳税人进行整改,从而不断规范纳税人的财务核算行为,引导纳税人正确执行税法及财务会计制度。

(4)税务重大案件经常回访制度。对于已经被税务执法机关处理过的、在社会上具有普遍影响的、重大违法案件,执法机关要定期或不定期地进行回访,以及时了解掌握案件的事后动态以及纳税人反馈情况。

论完善我国金融消费者的行政保护

宋成斌[*]

摘　要：金融消费者保护手段包括自我保护、行政保护、司法保护、舆论保护、社会团体保护等，但其中最有效的当属立法保护。从对我国目前金融消费者行政保护的现状的考察可知，我国急需完善对金融消费者的行政保护。本文重点从完善金融消费者立法、构建金融消费者保护机构方面入手，提出了完善我国金融消费者行政保护的相关建议。

关键词：金融消费者权益　　金融消费者权益保护　　行政保护

当前，国际金融发展大趋势是：将金融监管机关定位于"金融消费者"的保护者；将金融消费者权利的保护定位为金融改革、金融立法和金融监管的目标之一；将消费者保护法上的成熟理念引入金融法中来，给金融消费者提供更高层次的、全面的保护。

虽然，目前金融消费者在我国还不是一个法律概念，但一般认为，金融消费者是指在金融机构购买金融产品、接受金融服务的自然人。[❶] 由于金融产品本身的复杂性、专业性和技术性等特性，金融消费者合法权益受到侵害的现象在我国较为严重。这不仅打击了金融消费者对金融市场的信心，同时也扰乱了我国正常的金融市场秩序。目前，我国对一般消费者的行政保护较为完善，而对金融消费者的行政保护则比较薄弱。因此，探讨完善我国金融消费者的行政保护，以切实有效地保护金融消费者的合法权益，是顺应国际金融发展大趋势的，有着非常重要的现实意义。

＊　宋成斌（1966～　　），男，江西人，首都经济贸易大学法学院讲师。

❶　参见《中国人民银行南京分行金融消费者权益保护暂行办法》第2条规定。

一、完善金融消费者行政保护的理论基础及必要性

(一)完善金融消费者行政保护的理论基础

传统的金融监管以维护金融业稳定为主旨,保护的是金融机构的"经营者主权"。20世纪60年代后,消费者保护逐渐进入监管者的视野和金融监管目标体系中,"消费者主权"也开始取代"经营者主权"。

20世纪90年代,英国经济学家迈克尔·泰勒(Michael Taylor)提出了著名的"双峰"理论(Twin Peaks)。在"双峰"理论中,迈克尔·泰勒阐明了对金融消费者保护的迫切性,他认为金融监管存在两个目标:一是审慎监管目标,旨在维护金融机构的稳健经营和金融体系的稳定,防止发生系统性金融危机或金融市场崩溃;二是保护消费者权利的目标,通过对金融机构经营行为的监管,防止和减少消费者受到欺诈和其他不公平待遇。

迈克尔·泰勒建议成立一个独立的针对金融领域系统性风险进行审慎监管的"金融稳定委员会"和一个独立的针对金融机构机会主义行为进行合规监管的"消费者保护委员会"。在他看来,以银行业、证券业和保险业分业经营为背景的机构监管体制已经不再是最好的监管体制,应该根据不同的监管目标分别设置"金融稳定委员会"和"消费者保护委员会"这两个监管机构,分别履行审慎监管和金融消费者权利保护的职责,这样才能优化金融监管体系。

(二)完善金融消费者行政保护的必要性

1. 金融消费者司法保护存在困境

随着我国金融事业的不断发展,金融纠纷不断增加,金融纠纷案件也呈现逐年递增的态势。2011年3月11日,最高人民法院院长王胜俊在第十一届全国人大第四次会议上作《最高人民法院工作报告》时表示指出,2010年最高人民法院加强了对金融案件的审判指导,切实保护金融机构合法债权,防范逃废银行债务行为,维护良好的金融秩序,各级法院审结融资、证券、保险、票据、担保等金融纠纷案件578919件,同比上升11.63%。2012年3月11日,王胜俊在第十一届全国人大第五次会议上作《最高人民法院工作报告》时表示,2011年,最高人民法院出台为防范缓解金融风险、推进金融改革发展提供司法保障的意见,各级法院审结金融纠纷案件59.3万件。

但是,对金融消费者的司法保护却存在困境。一方面,司法保护侧重于事后监督,在争议发生之后予以救济。另一方面,司法保护的时间、精力和金钱

的成本高,使金融消费者往往感到诉讼困难。金融消费者诉讼困难体现在两个方面:首先是起诉难。有的案件,金融消费者人数众多且群体分散,个体差异大、组织性差,起诉不易。其次是应诉难。即使案件顺利进入审理程序,诉讼的程序性原则也使得金融消费者承担了高昂的诉讼成本和时间成本,自身利益难以得到及时的保护。由于金融消费具有鲜明的专业技术性特征,而金融消费者往往是缺乏专业金融知识的普通民众,不了解金融行业的规章制度,在诉讼中很难充分维权;同时,金融律师的缺乏、技术水平不高等原因直接导致案件败诉的风险大大增加。

据法院人士透露,源于专业性和取证难度过大等原因,金融消费者胜诉比例并不高,并且,诉讼时消费者承担取证、举证的成本远远高于诉讼后的收益。有学者概括我国对金融消费者保护的现状是:"消法不保、诉讼难赢、金融消费者成弱势群体。"❶

所以,通过诉讼来解决金融消费者权益的保护事宜具有过程上的非效率和结果上的高度不确定性这两方面的劣势,金融消费者的权益几乎不能得到及时救济。

2. 行政保护与司法保护相比较而言,具有优越性

行政保护既包括事前的预防和监督,也包括事后的救济,而行政保护追求效率优先,成本低廉,并且行政机关既有法定的执法权力,又具有较高的执行效率,在保护金融消费者权益方面有着得天独厚的优势。从金融消费者权益保护的有效性和经济性而言,行政保护无疑是最有力的一种救济方式。

3. 美国金融危机的爆发也说明必须加强和完善金融消费者的行政保护

深入研究美国金融危机,笔者认为金融危机爆发与监管标准的一再放松以及对金融消费者权益保护不足有非常密切的关系。

金融消费者权益保护不足是导致美国金融危机的重要原因之一。金融消费者普遍缺乏金融专业知识,难以识别五花八门的金融产品背后的陷阱;监管部门缺乏对消费者的保护,消费者容易受到蒙骗,从而购买大量不适合他们的金融产品。此外,信用产品缺乏透明度导致了消费者对这些产品的无知及盲目乐观,一定程度上引发了次级贷款的泛滥和房地产泡沫的膨胀,最终酝酿了这场殃及全球的金融危机。❷

---

❶ 陈颖婷:"消法不保、诉讼难赢、金融消费者成弱势群体",载《上海法治报》2010年12月7日。

❷ 中国人民银行西安分行课题组:"目前我国金融消费者保护的现状、存在问题及对策建议",载《西部金融》2010年第8期。

自金融危机至今,世界各国都积极作出反应以减少危机对本国金融体系的影响,并业已达成共识:对金融消费者的保护应作为金融监管的出发点与基础理念,以此防范金融危机的发生,维护金融消费者对金融市场的信心。美国、英国、法国等国政府及欧盟纷纷在 2009 年启动金融改革计划,并将对金融消费者的保护作为本次金融改革的重心,以重建金融消费者对金融市场的信任。❶

二、我国金融消费者行政保护的现状及问题

(一)有关金融消费者行政保护的法律规定过于原则,缺乏可操作性

《中华人民共和国消费者权益保护法》(以下简称《消费者权益保护法》)是由第八届全国人民代表大会常务委员会第四次会议于 1993 年 10 月 31 日通过的。由于通过的时间较早,这部法律在"金融消费"领域完全空白,不具有可操作性,难以充当金融消费者行政保护的基本法。

虽然《中华人民共和国商业银行法》(以下简称《商业银行法》)、《中华人民共和国证券法》(以下简称《证券法》)和《中华人民共和国保险法》(以下简称《保险法》)等金融基本法在此之后通过,但金融基本法中均没有消费者或金融消费者等概念。虽然我国金融基本法中均没有金融消费者的概念,但其中如客户、存款人、借款人、投保人、投资人等称谓都可以看作金融消费者的别称。

现行法律有关存款人、客户等金融消费者的保护规定过于原则化,缺乏可操作性,过多的原则性规定使得处理具体问题时难以裁量,难以真正有效地保护金融市场中消费者的权益,或者对受侵害的金融消费者予以有效救济。另外,一个不容忽视的事实是,我国金融立法长期以来重"行、刑"而轻"民",以"行、刑"为主,对侵害金融消费者的行为,往往以追究行为人的行政责任或刑事责任代替追究其民事责任,金融消费者的合法权益无法真正得以保护。❷

例如,《中华人民共和国银行业监督管理法》(以下简称《银行业监督管理法》)第 1 条的规定是:"为了加强对银行业的监督管理,规范监督管理行为,防范和化解银行业风险,保护存款人和其他客户的合法权益,促进银行业健康发展,制定本法。"该法明确将"保护存款人和其他客户的合法权益"作为立法目的,但在该法第三章监督管理职责中所规定的中国银监会的职责却没有一项

---

❶ 李明奎:"完善金融消费者保护监管制度建设",载《中国金融》2010 年第 23 期。

❷ 同上。

与保护存款人有关,第五章法律责任也存在这样的缺陷。

(二)立法未将金融消费者保护作为金融监管的目标

2003年5月29日,国务院新闻办邀请中国银监会首任主席刘明康会见中外记者。刘明康介绍说,中国银监会的监管有四大目的:通过审慎有效的监管,保护广大存款人和金融消费者的利益;通过审慎有效的监管,增进市场信心;通过宣传教育工作和相关信息披露,增进公众对现代金融的了解;努力减少金融犯罪,维护金融稳定。❶

虽然刘明康提到了中国银监会的监管目标包括"保护广大存款人和金融消费者的利益",但《银行业监督管理法》没有直接将金融消费者保护作为金融监管的目标。《银行业监督管理法》第3条规定的银行业监督管理的目标是:(1)促进银行业的合法、稳健运行,维护公众对银行业的信心。(2)银行业监督管理应当保护银行业公平竞争,提高银行业竞争能力。

(三)没有统一的金融消费者行政保护机构

一方面,目前我国消费者权益保护的行政机构主要是各级工商行政管理局。如国家工商总局消费者权益保护局的主要职责是:拟订保护消费者权益的具体措施、办法;承担流通领域商品质量监督管理工作;开展有关服务领域消费维权工作;查处假冒伪劣等违法行为;承担指导消费者咨询、申诉、举报受理、处理和网络体系建设工作。由于我国《消费者权益保护法》中规定的消费者仅指生活消费者,还未明确包括金融消费者,因此,虽然金融消费者在接受金融服务过程中权益受到损害,但各级工商行政管理局暂时还不能接受金融消费者的投诉。

另一方面,中国人民银行、中国银监会、中国保监会、中国证监会(以下简称"一行三会")内部虽然陆续成立了金融消费者权益保护机构(央行下设金融消费保护局,中国银监会下设银行业消费者保护局,中国保监会下设保险消费者权益保护局、中国证监会下设投资者保护局),但笔者认为,从国家立法层面看,由于《中华人民共和国中国人民银行法》(以下简称《中国人民银行法》)、《银行业监督管理法》等金融基本法没有明文规定,"一行三会"成立的金融消费者权益保护机构缺乏法律明确授权,没有法律地位。

---

❶ 刘明康:"保护金融消费者利益是银监会天职",载http://finance.sina.com.cn/tz/20030530/0919346545.shtml,访问时间:2012年10月20日。

(四)"一行三会"对金融消费纠纷的处理定位于信访工作,而不是行政处理程序

目前,"一行三会"承担了对金融消费者进行行政保护的主要工作,但保护措施主要局限于信访形式。如中国保监会《保险监督委员会信访工作办法》、中国银监会《关于完善银行业金融机构客户投诉处理机制 切实做好金融消费者保护工作的通知》等规定都属于信访形式。

根据《信访条例》第2条规定,信访是指公民、法人或者其他组织采用书信、电子邮件、传真、电话、走访等形式,向各级人民政府、县级以上人民政府工作部门反映情况,提出建议、意见或者投诉请求,依法由有关行政机关处理的活动。

尽管信访制度长期作为我国解决社会矛盾的一种制度,但是信访本身程序性不强,没有级别划分,纠纷的实际解决效果存在极大不确定性。"一行三会"的信访投诉多对受理范围、投诉形式等有较严格的限制,并且也不公布对信访投诉的处理、分析情况,基本上是一套不透明的处理机制。

值得一提的是,中国人民银行的一些分支行开始尝试制定具体针对金融消费者投诉的程序规定来保护金融消费者的权益,这可以说是一种进步。

如2011年7月,中国人民银行济南分行制定实施《中国人民银行济南分行金融消费者申诉处理暂行办法》(济银发〔2011〕134号)(以下简称《济南分行金融消费者申诉处理暂行办法》),共6章38条。

《济南分行金融消费者申诉处理暂行办法》指出,金融消费者是指在银行业金融机构购买、使用金融产品或者接受金融服务的自然人。人民银行各级分支机构成立金融消费者权益保护领导小组,下设金融消费者申诉处理中心,设在各级分支机构法律事务工作部门。处理中心主要职责包括:提供咨询服务;指导维权;受理申诉;组织对申诉案件进行调查处理;对申诉情况进行统计、分析和妥善披露;宣传普及金融知识。

《济南分行金融消费者申诉处理暂行办法》就人民银行各级分支机构对申诉案件的管辖范围和申诉的条件进行了规定,特别是重点明确了金融消费者可以向申诉处理中心申诉的种类,主要涉及十大类业务:办理人民币相关业务的争议;办理支付结算相关业务的争议;办理国库、国债相关业务的争议;办理征信相关业务的争议;办理反洗钱相关业务的争议;办理外汇相关业务的争议;个人金融信息保护领域的争议;办理金融市场相关业务的争议;办理黄金市场相关业务的争议;其他属于人民银行各级分支机构监督管理事项的争议。

按照《济南分行金融消费者申诉处理暂行办法》的要求,人民银行各级分支机构在处理金融消费者申诉中,对存在损害金融消费者权益行为的银行业金融机构,可以根据具体情形采取下列处理措施:约见高级管理人员,提出整改意见;对损害金融消费者权益的信息进行披露;依法进行专项检查;依法实施行政处罚;将损害金融消费者权益的行为纳入银行业金融机构综合评价;涉嫌犯罪的,依法移送司法机关处理。

但是,一方面,上述《济南分行金融消费者申诉处理暂行办法》效力很低;另一方面,由于缺乏《中国人民银行法》等金融基本法的明确授权,上述《济南分行金融消费者申诉处理暂行办法》是否合法值得探讨。一旦引发行政诉讼,制定《济南分行金融消费者申诉处理暂行办法》的人民银行分支机构将处于很尴尬的境地。

由于缺乏有力的行政保护,金融消费者与金融机构产生纠纷,往往直接诉诸司法途径来处理。这种做法大大激化了消金融费者与金融机构之间的对抗情绪,也很容易导致金融机构的声誉受到损害。

(五)侵犯金融消费者权益的纠纷逐年增多

近年来,随着金融市场的迅速发展,金融产品日益丰富,金融消费者与金融机构联系日趋紧密,金融资产在普通百姓的家庭财产中的地位越来越重要。与此同时,我国金融消费者与金融机构之间纠纷近年来还呈现逐年增多的趋势,消费者交易安全权、知情权、公平交易权、人格尊严和金融隐私权等屡遭侵犯,最终导致消费者资产受损,一些典型案例的出现还引发了媒体与社会的广泛关注。❶

侵犯金融消费者权益的纠纷具体来说,在银行领域有:片面夸大理财产品收益、风险信息披露不充分、银行多收费乱收费、ATM 机吐假币、网上银行交易没有保障、银行单方变更合同、强制订立"霸王条款"合同、泄露金融消费者信息等;在保险领域有:保险理赔障碍重重,拖延赔付、不赔少赔不在少数,投保时片面宣传只谈收益、不谈风险,诱骗消费者的事件层出不穷;在证券领域:证券公司职员挪用客户资金、单方承诺收益比例、全权代理客户操作账户、利用虚假信息诱导消费者买卖证券等。

---

❶ 中国人民银行西安分行课题组:"目前我国金融消费者保护的现状、存在问题及对策建议",载《西部金融》2010 年第 8 期。

三、发达国家对金融消费者行政保护的经验

（一）美国

经过美国参众两院长达两年的激烈政治交锋与妥协，2010 年 7 月 21 日，奥巴马总统终于签署了被称为"美国史上最为严厉的金融监管法案"的《2010年华尔街改革和消费者保护法》（Wall Street Reform and Consumer Protection Act2010）。该法又以参议院银行委员会主席克里斯托弗·多德和众院金融委员会主席巴尼·弗兰克命名，简称为《多德—弗兰克法》（Dodd-Frank Act）。这份 1279 页的金融改革法案标志着美国历时近两年的金融改革立法完成，华尔街从此正式掀开新金融时代的序幕。

《多德—弗兰克法》要求建立消费者金融保护署（United States Consumer Financial Protection Bureau，简称 CFPA），以统一对金融消费者进行保护。

消费者金融保护署的主要职责包括：负责在信用卡、储蓄、房贷等银行交易中保护消费者利益；防止各种损害消费者权益的行为；制止"不公平的条款和交易"；要求所有放贷人必须向借贷人提供标准、简单的贷款合同，确保消费者获得清晰全面的信息，并将对条款复杂的贷款进行严格的审查等。由于消费者金融保护署的涉及面很广，该机构可以监管各类银行和非银行机构，包括所有资产规模在 100 亿美元以上的信贷机构和各类金融中介，而且可以独立制定监管条例并监督实施。

《多德—弗兰克法》还对消费者金融保护署的组织结构进行了明确规定。根据该法案第 1011 条，消费者金融保护署是设在美国联邦储备体系（美联储）下的，"依照联邦消费者金融法对金融产品的供应与提供进行监管"。消费者金融保护署虽设在美联储内，但保持独立的监管权力，法律明确禁止美联储干涉消费者金融保护署的检查或执法行动、聘任及解聘雇员或高级官员、合并或重组等事务。根据规定，消费者金融保护署设置主席和副主席职位。其中，主席由参议院推荐和同意并经总统任命，全面负责消费者金融保护署的工作，任期 5 年。副主席由主席任命。

（二）加拿大

2001 年 6 月 14 日，加拿大通过《金融消费者管理局法》（Financial Consumer Agency of Canada Act），并依据该法成立了金融消费者管理局（Financial Consumer Agency of Canada，简称 FCAC），专门负责金融消费者的行政

保护工作。

加拿大金融消费者管理局作为一个为金融消费者提供保护和信息服务的独立机构,由联邦政府建立,目的是在金融领域加强对消费者纠纷的调查和消费者教育。其职责是:使金融机构遵守联邦的消费者保护法律和规章;监督金融机构遵守行业自律准则和其对公众的承诺;告知金融消费者与金融机构交易时的权利和职责;及时、客观地向金融消费者提供金融产品和服务的信息。

金融消费者管理局在消费者教育、监督金融机构守法方面开展了卓有成效的工作,但最具特色的还是其处理消费者咨询与投诉工作。如果投诉者认为金融机构违反了联邦的消费者保护法,金融消费者管理局的投诉处理官员会和金融机构进行联系,讨论消费者的投诉。如果投诉处理官员认为金融机构违反了消费者保护法,金融消费者管理局将向金融机构下发警告信或者违法通知单,并作出相应的罚款。金融消费者管理局也会公布金融机构的违法细节,包括金融机构的名称以及罚款数额。金融机构如对金融消费者管理局的处罚不服,可向法院起诉。金融消费者管理局的处罚手段仅限于警告和罚款等行政性处理手段,不负责民事赔偿,这就说明金融消费者管理局消费者投诉案件处理程序属于行政处理的性质。❶

四、完善我国对金融消费者行政保护的法律建议

(一)尽快修改我国的金融基本法

我国应对《商业银行法》、《银行业监督管理法》、《保险法》等金融基本法进行修改。一方面,应尽快统一法律规范,用金融消费者的概念取代"客户"、"存款人"、"借款人"、"投保人"、"投资人"等称谓;另一方面,明确将"保护金融消费者权益"列为金融监管的目标。

在未来条件成熟时,我国应当学习美国的立法经验,单独制定一部《金融消费者权益保护法》,以充分保障金融消费者的权益。《金融消费者权益保护法》应明确规定:金融消费者概念及范围;金融消费者的权利;金融机构的义务;金融消费者保护原则特别是倾斜性保护的原则;建立相对独立的执行金融消费者保护职责的专门机构;建立金融消费者投诉处理机制与程序等内容。

---

❶ 邢会强:"加拿大金融消费者管理局及其对消费者的行政保护",载王卫国主编:《金融法学家(第 1 辑)》,法律出版社 2010 年版,第 160 页。

(二)建立统一的金融消费者保护机构

我国应该建立一个统一的金融消费者保护机构,统一负责各个金融领域的消费者保护工作,其职责主要是监督金融机构遵守与消费者保护有关的法律;提升金融机构实施消费者保护法律的政策和程序;进行金融消费者教育,帮助消费者提高对金融服务和产品的了解;受理金融消费者的投诉,对违法金融机构进行行政处罚。具体来说:

1. 就性质而言,统一的金融消费者保护机构应是行政机构

这一点有别于消费者保护协会和金融行业协会。行政性的机构性质是当前金融消费者保护的现状所决定的。一方面,消费者保护协会的民间保护已经远远落后于经济发展下金融消费者权益保护的需求,消费者协会的职能仅仅局限于辅助消费者权益保护,而不能直接有效地对侵权行为采取措施,其效能大大降低,无法实现对金融消费者的有效保护;另一方面,消费者权益保护机构行政化是社会发展的必然选择,纵观英美等发达国家的发展历程,它们都是从民间协会向行政机构的演变,并且经受了实践的检验。

2. 应在中国人民银行内部设立统一的金融消费者保护机构——金融消费者保护局

我国应借鉴参考美国《多德—弗兰克法》的规定,在我国央行——中国人民银行内部设立金融消费者保护局。在中国人民银行内部设立统一的金融消费者保护机构的优势在于以下几点。

第一,有利于中国人民银行实现金融稳定的目标。《中华人民共和国中国人民银行法》(以下简称《中国人民银行法》)第 1 条规定:"为了确立中国人民银行的地位,明确其职责,保证国家货币政策的正确制定和执行,建立和完善中央银行宏观调控体系,维护金融稳定,制定本法。"根据《中国人民银行法》的立法目的及中国人民银行的法律地位,在中国人民银行内部设立金融消费者保护局有利于其实现金融稳定的目标。

第二,中国人民银行具有权威性。中国人民银行可以通过制定规章制度的方式确认金融消费者保护工作的重要地位,对被监管单位的行为进行引导与规范,并且在发生金融消费侵权行为时,有权对违规机构进行处罚,其金融消费者权益保护措施具有足够的权威性与威慑力。

第三,中国人民银行具有专业性。中国人民银行拥有专业化的金融人才队伍,金融知识储备充足,熟悉金融行业运作,尤其对金融交易中一些可能存在金融消费者权益侵权隐患的环节了解深刻。所以,面对复杂的金融交易,中

国人民银行可以克服其他消费者保护机构对侵权行为难以界定的困难,其对金融消费者的保护更具专业性与针对性。

第四,中国人民银行具有中立性。由于中国人民银行不属于"机构监管"者,其经费来源实行政府预算,没有行业收费,其维护金融消费者权益的道德风险较小。

(三)明确规定金融消费者保护局的职责

金融消费者保护局的主要职责有:制定相关保护金融消费者的行政规章;审查各专业金融监管部门制定的涉及消费者权益的部门规章,防止金融消费者在金融消费过程中因各种欺诈或不公平行为受到损害;负责监督、检查金融机构是否遵守各项金融消费者保护规则;提升金融机构实施金融消费者保护法律的政策和程序;开展金融消费者教育,帮助其提高对金融服务和产品的了解;受理金融消费者的投诉,对违法金融机构进行行政处罚。

我国应在修改《中国人民银行法》的同时,制定《欺诈金融消费者行为处罚办法》、《金融消费者保护局受理金融消费者申诉办法》等行政规章,赋予金融消费者保护局规章制定权、投诉处理权、行政处罚权等有关权力,并明确规定金融消费纠纷投诉处理的具体程序。

笔者认为投诉处理的具体程序应包括以下内容。

1. 受理

金融消费者可以通过口头或者书面形式,采取来电、来函、来访等方式,向金融消费者保护局进行投诉。金融消费者保护局依法受理金融消费者投诉;

2. 调查

金融消费者保护局在接到消费者投诉后通过电话、约谈、查阅交易记录等形式调查开展交易的过程,督促并引导金融机构与金融消费者协商解决问题;

3. 调解

若金融消费者与金融机构无法和解,则组织双方进行调解并提出调解建议。

4. 处罚

若金融消费者保护局认定金融机构确实存在侵犯金融消费者权益的行为,可对金融机构采取一定的行政处罚。

我国还可以借鉴美国金融消费者保护署的做法,设立金融消费者保护基金,将对金融机构的罚款存入该基金,对受侵害的消费者做适当补偿。

经济行政法域外效力研究

王　巍　沈敏荣[*]

摘　要: 近现代社会以来形成以民商法为主体的经济社会法律体系, 市民社会与市场经济成为社会结构的基础, 以个体的行为对市场毫无影响为前提, 而当这种个体的行为对市场具有显著地或决定性影响的情形出现时, 国家的干预就成为了必然。而国家对经济的干预, 往往借助于国家行政权力的行使。现代市场经济的活力是建立在世界市场的基础之上。在这一背景下, 经济行政法的实施就不仅仅局限于本国的经济主体, 必然涉及在本国的外国经济主体, 或是本国经济主体在国外的经济活动, 这就产生了经济行政法的域外效力。而经济行政法具有属地性和属人性, 由此而产生大量的域外效力的冲突。如何解决冲突就成了经济法的研究重心。

关键词: 经济行政法　域外效力　冲突

序　言

近现代社会以来形成以民商法为主体的经济社会法律体系, 市民社会与市场经济成为社会结构的基础,[❶]但这种以权利和自由竞争为中介的社会结构模式以个体的行为对市场毫无影响为前提, 而当这种个体的行为对市场具有显著地或决定性影响的情形出现时, 自由竞争的基础就受到了侵蚀, 国家的干预就成为了必然。这也就是所谓的在"看不见的手"的调节失灵的时候, 就需要借助国家的"看得见的手"的作用。而国家对经济的干预, 往往借助于国家行政权力的行使, 由此使得经济行政法在经济中的地位和作用就更为突出。尽管学者的观点各有侧重, 但对经济行政法的调整对象是经济行政管理关系,

---

* 王巍(1987~),男,首都经济贸易大学法学院 2011 级研究生;沈敏荣(1971~),男,首都经济贸易大学法学院副教授。

❶ 沈敏荣:《市民社会与法律精神—人的品格与制度变迁》,法律出版社 2008 年版,第 54 页。

即行使经济行政权过程中与经济行政相对人发生的关系这一点他们都是认同的。❶

在现代经济形态下,在一国的市场中,形成自然垄断或是经济垄断,或是优势地位的产生在现代的生产力与生产规模下非常容易达到,比如在 20 世纪初,市场经济最为发达的美国就形成了"托拉斯资本主义"。当个体的经营和计划能力对市场具有决定性影响的时候,自由竞争的经济模式就让位于计划方式,20 世纪 50~60 年代的英国的国有经济在国民经济中占有很高的比率就是一个例子。

但是在目前的生产力条件下,要对全球市场形成显著地或是决定性的影响则显得困难得多,也就是在全球意义上,自由竞争与市民社会的存在有其必然性,这也是由 20 世纪 40 年代末开始,在 70~80 年代显示出巨大影响的《关税及贸易总协定》以及在 90 年代后覆盖近乎所有国家的世界贸易组织形成的全球市场。自 20 世纪 70~80 年代以来,自由市场经济的活力重新得到彰显,外向型经济的发展,如日本和"亚洲四小龙"的成功都是在这一背景下出现的。中国在 20 世纪 90 年代之后提出的社会主义市场经济也是在这一背景下出现的,中国外向型经济的成功也是源于世界市场的发展。这一时期中国在一定意义上成为了"世界工厂"。

在这一背景下,经济行政法的实施就不仅仅局限于本国的经济主体,必然涉及在本国的外国经济主体,或是本国经济主体在国外的经济活动,这就产生了经济行政法的域外效力。而经济行政法具有属地性和属人性,由此而产生大量的域外效力的冲突。

一、域外效力的产生及冲突

法律效力,通常有广义和狭义的两种理解。广义的法律效力泛指法律的约束力和法律的强制性。狭义的法律效力是指法律的生效范围,即该法律对什么人、在什么地方和什么时候适用的效力,❷事实上就是法律效力的范围。作为法律的调整对象的主体行为只能发生在一定的空间里,而空间效力可以

---

❶ 王克稳教授认为经济行政法是规范政府干预经济的法律,经济行政法所调整的对象为政府在干预经济的活动中所形成的各种社会关系。王克稳:《经济行政法基本轮》,北京大学出版社 2004 年版,第 2 页。何建华则认为经济行政法作为行政法的部门法或特别法,是指调整国家经济行政主体的设立和活动以及经济行政主体与经济行政相对方之间社会关系的法律规范的总称,其理论基础是法治行政原则。何建华:"对经济行政法几个问题探讨",载《理论探索》2005 年第 5 期。

❷ 李琦:"论法律效力—关于法律上的力的一般原理",载《中外法学》1998 年第 4 期。

分为域内效力和域外效力两个方面。"域"在"域外效力"的界定中十分重要，主要涉及的问题是：这里的"域"是指法域还是领域。法域是指法律的有效管辖范围，❶而领域是指一个国家的领土范围。许多学者以领域作为分析法律效力范围的基础，认为法律的域外效力就是指法律在该国领域外具有约束力。这种观点无形中扩大了各法域法律的效力范围，因为法域和领域并不总是相等的。例如，在中国就存在着中国内地、香港特别行政区、澳门特别行政区、台湾地区四个法域，除了共同适用的国籍法外，大部分的法律都专属于某一法域，一般只在本法域范围内有拘束力，如果以领域作为确定法律的效力范围的基础，则中国内地法律对在香港特别行政区发生的行为的适用就不属于法律域外效力的情况，与实际不符。因此，域外效力中"域"应当以法域作为基础。此外，界定法律的域外效力是以法律空间的空间范围为准，还是同时使用空间范围和对象范围，在学界同样存在争议。如以空间作为认定域外效力的基础，法律的域外效力就是指法律在管辖空间之外有约束力，不考虑管制对象是本国人还是外国人，这是以属地原则为基础对法律的效力范围所作的划分；如果以对象作为认定法律效力范围的基础，法律的域外效力是指法律对外国公民具有约束力，这是以属人原则为基础对法律效力范围所作的划分。单纯的属地原则或属人原则都不能完整的涵盖法律效力的全部，所以，世界各国一般都以属地原则为基础，同时以属人原则作为补充来确定法律的效力。

广义的法律冲突是指两个或两个以上法律同时调整同一个社会关系而引起的相互抵触的现象。一般情况下，当不同国家的法律对同一问题的规定不同，而某一事实又把这些不同的法律联系到一起，从而导致这些法律对同一事实均主张管辖权时，法律的效力冲突就会发生。❷ 在很多情况下，行为人处在两个国家的夹缝中，往往会面临一个国家鼓励或逼迫从事的行为恰恰是另一国家禁止从事的行为的情况，所以，政府间的经济管制法律也像民商事法律一样会产生冲突。经济行政法所引发的法律冲突主要是国家之间的法律的冲突，其产生需要具备至少三个条件。首先，随着国际分工的发展和国际商品交换规模的扩大，商业活动便不再局限在一个地区或国家，而逐步扩大到国际范围，市场经济和全球化使世界市场更加完整统一，一切国家和地区，一切经济部门和企业都纳入全世界无所不包的市场体系之中，市场的扩展与商业活动的国际化，导致不同的市场主体之间形成了国际竞争关系。国际化使得法律所要管制的关

---

❶ 沈娟：《中国区际冲突法研究》，中国政法大学出版社 1999 年版，第 1 页。

❷ 韩德培：《国际私法新论》，武汉大学出版社 1997 年版，125 页。

系涉及不同的国家,意味着某一管制对象及其行为与多个具有管制权的国家发生了联系。国际交往关系的大量出现是法律冲突产生的客观前提和社会基础,跨国交往关系是不同管制法律发生碰撞所必需的"空间"。❶ 其次,一些发达国家,尤其是美国,凭借其经济、军事的优势,推行强权政治并且强制赋予经济行政法的域外效力。一国主张其法律对境外的行为有约束力,该法律效力必然与行为地国家法律的域内效力发生冲突。对同一行为同时有两个法律主张适用,两个法律的规定又不一样,相关的管制法律的冲突就产生了。在环境法、税法、证券法、劳动法及出口管制法等多个法律领域,一国推行的经济行政法的域外效力也与他国的经济行政法的域内效力发生了尖锐的冲突。再次,各国由于社会制度、法律文化传统和经济发展状况的不同,经济管理法律的规定也大不相同。正是由于这些差异,对同一法律事实,如果适用不同国家的法律,会产生不同的法律后果。一国认为合法的行为,其他国家可能会认为不合法,就算都认为是合法的,作出的处罚结果也是不同的。以反不正当竞争法为例,各国在反不正当竞争法的具体内容上均有不同的规定,虽然一些国际组织在反不正当竞争规则的统一方面作了许多努力,但至今还未形成实质意义上的统一规则,并且这些差异还将长期存在。美国政府机构、法院为执行美国的安全法、税法通常要求被管制人提供外国账户信息,即使会违反外国的法律,但瑞士、巴哈马、开曼群岛和其他一些国家规定未经客户同意不得泄露客户账户信息,否则将受到惩罚。管制法律规定上的差异是管制法律产生的必要条件。

二、经济行政法域外效力冲突的表现

经济行政法域外效力的冲突首先表现为不同的国家对同一管制对象发出相互冲突的命令,使他们无所适从。例如在冻结财产方式的制裁中,银行总部所在的国家要求冻结存放在其海外分支机构中的款项,而分支机构所在国家却责令银行应储户要求支付该款项。在战时和非常时期,国家常常会发布命令,不准敌对国家及其国民获取命令发布国控制下的财产,这种禁令经常使金融机构面临对立的要求。分支机构所在国要求履行对储户的金融合同,应储户的要求支付存款,而银行总部所在国却要求冻结该款项,不让储户支取,引发诉讼。相互冲突的命令还表现为一国禁止合同而另一国要求履行合同。1982年美国商务部要求任何源自美国的货物如果与石油的勘探和提炼有关,在出口到苏联之前必须得到美国政府的批准,对此许多欧洲国家作出了强烈的反应,表示不

❶ 张利民:《经济行政法的域外效力》,法律出版社2008年版,第316页。

能容忍美国带攻击性的制裁措施而命令他们国家的公司不准遵守美国的指令，结果产生了大量针对美国域外管辖权的国际诉讼。对经济行政法域外效力的外交干预，突出表现为对法律域外效力的外交抗议。美国赋予出口管理法域外效力的做法就遭到了欧盟国家的外交抗议。美国利用效果原则推行其反垄断法域外效力的做法也遭到了外交抗议，❶同样美国赋予雇用法律域外效力的做法也引发了其他国家的外交抗议，而且一些国家的劳工组织也对美国公司将美国劳工法适用于海外工厂的努力提出了抗议。美国的这些做法都体现了其强权政治和单边主义，美国强制赋予其经济行政法的域外效力，主张其法律对境外的行为有拘束力，与行为地国家法律的域内效力发生的尖锐的冲突，必然会遭到行为地国家的强烈抗议和反对，并针对美国的域外效力法律作出反制。对美国域外效力法律的反制手段之一是以法律对抗法律，制定阻挡法，通过禁止本国自然人和法人提供资料或提供协助，阻止美国法律的实施。第一个阻挡法是在1947年加拿大安大略省发布的《商业记录保护法》。当时纽约联邦法院在审理一起案子时，要求位于加拿大的一家美国公司的子公司提供处在加拿大境内的文件和资料，为此安大略省特别规定了该法，规定商业记录受到法律保护，本地企业不得向境外机构提供。❷ 除了英国外，其他国家也通过保密和索回的规定，反制美国域外效力的立法。国家之间法律域外效力冲突的另一个表现是一些国家发布司法禁令，不准其国民卷入或参与其他国家推行法律域外效力的诉讼。在银行业中，和其他行业一样，竞争法的域外效力也会产生管辖权的冲突。Laker Airways在美国提起反垄断诉讼，控告Miland Bank在英国的不良行为促成它的崩溃。针对这一美国的诉讼，英国法院发布禁令，不准Laker Airnays在美国法院起诉。英国法院认为，美国的反垄断法的效力必须控制在美国的管辖范围内，美国必须遵守公认的国际法准则。由于对禁诉令的违反会导致经济上的处罚甚至是刑事惩罚，当事人会因担心惩罚而不出席对方国家的审判，禁诉令在一定程度上能阻止，至少能干预对方国家的审判。政治和经济报复是对他国域外效力法律的颁布和实施进行报复的非常有效的威胁。美国经常因域外效力法律而引发其主要贸易伙伴的报复。比如，因为前苏联夸西伯利亚的输油管纠纷，美国威胁要对意大利实施制裁，意大利则对意大利的航空公司购买美国的喷气式飞机设定条件，以此作为对美国制裁的报复。对于是否构成冲突，美国学者也提出了一些淡化冲突的理论，可以通过设定一些分歧不构

---

❶ 李金泽："跨国公司域外管辖权"，载《2000/2001国际法年刊》，法律出版社2005年版。
❷ 王中美：《竞争规则的国际协调》，人民出版社2005年版，第70页。

成真正冲突而减少冲突的数量,或是坚持适用本国的经济行政法。

三、经济行政法域外效力冲突的实质

在不同的领域有不同程度的法律域外效力冲突。在某些领域,将国内法域外适用于国际商务是一种常态,而且此种适用还在增加,但是在银行监督、电信领域法律域外效力冲突却在减少。❶ 法律域外效力冲突主要是个别国家将其国内法适用的于域外行为的结果,如果坚持适用地域原则,不同国家间发生法律冲突的机会就少了。尽管存在国内法域外适用的做法,但如承认并遵守合理原则,域外效力的冲突以及冲突带来的负面影响也会减少。因为合理原则要求主权国家采取克制的态度,当法律的域外适用会不当干预其他国家和私人利益时,应拒绝将其法律适用于主要在国外发生的行为。在不同的领域存在不同的域外效力冲突的情况,这与特定领域的法律和政策的协调程度也有关系,在有关管辖法律规定和政策目的相近的情况下,域外效力发生冲突的频率就很小,而在法律和政策差异较大的领域,就比较容易发生冲突。域外效力的冲突还可因签订有关实体事项或法律效力界限的国际条约得到缓和。例如,在银行监管、税收和电讯方面,国际条约有效减少了冲突的概率,即使是容易引发冲突的竞争法领域,执行机构间的合作有时也能缓解冲突。实体规则和管辖规则的统一化一般由国际组织予以完成。制裁的类型影响冲突的发生,如果对违法行为施以严厉的处罚,就更有可能引起冲突。经济行政法域外效力冲突的实质是政府利益的冲突,❷政治、经济和安全利益的冲突才是法律域外效力冲突的基础,也是冲突的内在原因,而法律效力的冲突只是利益冲突的外在表现。在涉及安全和经济利益的场合,要求有关当事国对法律的域外适用进行自我克制也是很困难的,主权国家也很难接受对涉及其安全和利益的法律进行效力范围的限制。在主权国家的切身利益面临或即将面临危险,并且只能通过对域外行为进行管制能减少和消除这些危险时,主权国家一定会选择推行其法律的域外效力,此时说服主权国家放弃域外效力是不太现实的。在战时和紧急状态下,许多国家都限制和禁止其国民与敌国进行贸易,❸即使是在和平时期,很多国家也会对军火和战争物资的销售进行管制。建立这些管制的出发点在很大程度上在于对安全和政治目标的追求。是否对一些

---

❶ 张利民:《经济行政法的域外效力》,法律出版社 2008 年版,第 332 页。

❷ 邓正来:《现代美国国际私法流派》,中国政法大学出版社 2006 年版,第 95 页。

❸ 张利民:《经济行政法的域外效力》,法律出版社 2008 年版,第 335 页。

国家实施带域外效力的制裁,主要取决于这些国家是否威胁到了本国的安全和利益。在经济行政法域外效力冲突中,核心利益显得十分重要。国家为了捍卫主权和利益,有时必须超越领土的限制,对企业在国外的行为适用本国的管制法。在各国经济行政法域外适用的实践中,经常可以看到不顾他国的主权和利益,无视他国法律,强行干预他国管制的事例,这种未经允许的法律域外适用必然会招到他国的抵制和反对。美国和加拿大围绕《赫尔姆斯—伯顿法》[1]产生的矛盾,根本上是源于经济利益之冲突。美国《赫尔姆本—伯顿法》阻止加拿大同古巴进行贸易往来,损害了加拿大的利益,该法允许美国公民向加拿大公司及个人索取巨额赔款的条款更是严重触犯了加拿大的经济利益。加拿大之所以敢于冒犯美国去和古巴建立贸易往来,并不是出于政治上的同情,相反,加拿大政府还在一些国际场合抨击卡斯特罗政府和古巴的人权状况。但是古巴的资源和市场对加拿大有巨大的吸引力,因此加拿大不顾两国的各种差异(包括社会制度和意识形态的差异),坚持和革命后的古巴发展经济贸易关系并取得了巨大的经济利益。在竞争法领域起关键性作用的也是核心利益的考虑。美国、德国、欧盟和一些其他国家特别重视竞争和反垄断,所有影响国内或区域内竞争的行为都会被视为是对核心利益的最大威胁。民众和其他组织广泛支持对反竞争行为的管制,即使这些行为发生在域外,这种管制仍然能得到广泛支持。反对域外效力的国家注重的则是自己的经济利益,这些国家对自己利益的考虑大于对其他国家安全的关注。

四、经济行政法域外效力冲突的解决措施

推行法律的域外效力必然会导致法律效力的重叠,[2]各国政府对一些无关自己切身利益而他国政府又强烈主张域外效力的事项作出让步,在立法和执法过程中对法律域外效力的推行作出相应的克制是解决经济行政法域外效力冲突的有效途径。国际商会研究小组在比较分析了诸多减少冲突频率和降低冲突风险的方案后,提出了通过将国内法的域外效力最小化的措施来对法律域外效力的赋予进行克制的建议。该建议提出,尽量不要赋予域外效力,将国内法的适用范围局限在国内发生的行为,减少将国内法适用于国际商务行为的次数。用国际法对法律的域外效力进行控制,只在国内法的域外适用符合已经建立的国际法原则的情况下,赋予国内法域外效力。要合理地赋予国内法域外效

---

[1] 陈刚:"《赫尔姆斯—伯顿法》引起的美加冲突",载《美国研究》,2001年第3期。

[2] 张利民:《经济行政法的域外效力》,法律出版社2008年版,第367页。

力,使国内法的域外效力受到合理管辖原则的限制。认定域外效力的赋予是否合理时,应当充分衡量具有竞争关系的国家利益,包括合法的私人利益和国际商务便利的需要,国家应当尽量避免本国利益当然优先的做法,把国际协商和合作设定为恰当的机制。赋予法律效力的规定越复杂,在适用中越会无限扩大对境外行为的管辖。行为发生国、效果发生国、公司或个人国籍所属国都对同一行为主张管辖权和适用其法律时,法律效力的重叠和冲突就不可避免了,必然会引起法律适用及管辖的混乱。传统的管辖规则并没有提供跨国交易中多国管辖问题的解决措施。为此,一些国家发展出新的规则——合理管辖原则,该原则克服了效果原则简单化的做法,具有积极和进步的意义,按照该原则,合理的域外效力才能行使管辖权,不合理的则必须对他国的管辖权作出让步,合理性原则成了行使管辖权的前提和必须满足的条件。而且合理管辖原则的论证更翔实,逻辑更完满,并且充分考虑到每个具体案件的情形。[1] 因此,要解决经济行政法域外效力的冲突,首先应当在各国推行合理管辖原则,促使各国政府遵循合理性原则来赋予国内法域外效力,对本国法律不合理的境外适用须作出相应的克制。除了合理管辖原则以外,对本国经济行政法的域外效力进行克制的规则还有国家行为原则,即一国法院不对他国政府在他国领域内所做的行为进行审查。国家行为原则最早见之于美国联邦最高法院 1987 年 Underhill v. Hemandez 案,案中委内瑞拉军人不准美国公民离境,被扣留的美国人后向美国法院控告军人非法拘禁,美国法院依据国家行为原则驳回了诉讼,原因在于法院认定军人的行为是以政府官员的身份作出的,法院强调尊重外国主权在其领域内的行使。一行为要构成国家行为,[2]首先行为本质上必须属于国家行为,包括立法行为、规范性命令及警察权的行使。而且他国国家行为必须是在该国的领域内完成的非商业行为。国家行为原则是司法机关的自我限制和自我克制,在国家或其政府未被控告,但法院被要求对外国政府在外国领域内所实施的行为作出判断时,可基于外国主权行为不受法律审查为由,拒绝推行法律的域外效力。经济行政法域外效力冲突的实质就是政府利益的冲突,只要各国能认同并有效遵守合理管辖原则和国家行为原则,处理好国家之间的利益关系,在立法和执法过程中对法律域外效力的推行作出克制,对一些无害本国切身利益而他国政府又强烈主张法律效力的事项作出礼让,则经济行政法域外效力冲突必然会得到有效的缓解。

---

[1] 王中美:《竞争规则的国际协调》,人民出版社 2005 年版,第 61 页。

[2] 罗昌法:《贸易与竞争之法律互动》,中国政法大学出版社 2003 年版,第 100 页。

加强节能降耗工作 推进生态文明建设

——以北京市节能执法工作为视角的思考

吴　云　程春宝*

摘　要:党的十八大报告中指出:建设生态文明,是关系人民福祉、关乎民族未来的长远大计。在节能降耗工作方面,近年来,由于全体市民及各企事业单位的大力协助与支持下,北京市取得了很大的进步。但我们也看到,节能降耗是一项长期和艰巨的工作。为此,更好地建设生态文明,加强节能降耗工作,依法行政,努力建设美丽的北京,已成为节能执法工作的重中之重。

关键词:生态文明　节能降耗　依法行政

生态文明是人类文明的一种新形态,这种文明形态以尊重和保护自然为前提,以人与人、人与自然、人与社会和谐共生为宗旨,以建立可持续的生产方式和生活方式为内涵,致力于引导人们走持续、和谐发展的道路。生态文明是人类对传统文明形态特别是工业文明进行深刻反思的成果,也是人类文明形态发展的飞跃。

一、生态文明建设是构建我国和谐社会的重要方面

胡锦涛总书记在党的十八大报告中指出:建设生态文明,是关系人民福祉、关乎民族未来的长远大计。面对资源约束趋紧、环境污染严重、生态系统退化的严峻形势,必须树立尊重自然、顺应自然、保护自然的生态文明理念,把生态文明建设放在突出地位,融入经济建设、政治建设、文化建设、社会建设各方面和全过程,努力建设美丽中国,实现中华民族永续发展。应当讲,党的十八大报告把"生态文明建设"作为"社会管理"的五大建设的"一极"提出是我国

---

* 吴云(1967~),女,北京市节能监察大队副队长,经济师;程春宝(1982~),男,北京市节能监察大队主任科员,工学硕士。

构建社会主义和谐社会的战略目标,也是我们党在新时期对新世纪新阶段我国基本国情和阶段性特征的科学判断。这不仅体现了我们党对人类社会发展规律和社会主义建设规律的深刻把握,同时也是从人民福祉的高度与国民经济发展的需要相结合所提出的今后发展方向。从当前我国的基本国情来看,虽然我国地大物博,但人均资源占有量低,加上过去长期实行粗放式经济增长方式,使资源、能源消耗过快,生态环境恶化问题日益突出。在这种情况下,如果我们的生态系统不能持续提供必要的资源、能源和良好的环境条件,那么物质文明的持续发展就会失去基础,进而导致整个社会文明受到威胁。因此,我们应当贯彻党的十八大报告中所提出的坚持节约资源和保护环境的基本国策,坚持"节约优先、保护优先、自然恢复为主"的原则,一切从人民的利益出发,一切从人民的福祉考虑,制定各项经济社会政策、编制各类规划,着力推进绿色发展、循环发展、低碳发展的国民经济,着力形成节约资源和保护环境的空间格局、产业结构、生产方式、生活方式,建设资源节约型、环境友好型社会。

生态文明建设不仅是构建我国和谐社会的重要方面,同时也是一项系统工程,因此,我们需要根据党的十八大报告中所提出的"生态文明建设"的要求在以下几个方面作出努力:第一,要在思想上正确认识生态环境保护与经济社会发展的辩证关系,努力在全社会树立尊重自然、顺应自然、保护自然的生态文明理念,增强全民节约意识、环保意识、生态意识,营造爱护生态环境的良好风气。第二,要坚持节约资源和保护环境的基本国策,切实将保护环境上升到国家意志的战略高度,真正把生态文明建设融入我国经济建设、政治建设、文化建设、社会建设各方面和全过程。第三,要优化国土空间开发格局,严格控制开发强度,努力调整空间结构,促进生产空间集约高效、生活空间宜居适度、生态空间山清水秀,给自然留下更多修复空间,给农业留下更多良田,给子孙后代留下天蓝、地绿、水净的美好家园。第四,要全面促进资源节约,推动资源利用方式根本转变,提高利用效率和效益。第五,要加大自然生态系统和环境保护力度,坚持预防为主、综合治理,以解决损害群众健康最突出的环境问题为重点,强化污染防治力度。第六,要加强生态文明制度建设,进一步健全与我国经济社会发展特点和环境保护决策相一致的环境法规、政策、标准和技术体系,切实把资源消耗、环境损害、生态效益纳入经济社会发展评价体系,建立体现生态文明要求的目标体系、考核办法、奖惩制度,努力形成生态文明建设的长效机制。

二、北京市生态文明建设的成绩

中国共产党北京市第十一次代表大会工作报告中提出了今后 5 年推动首

都科学发展、建设中国特色世界城市的主要任务,其中包括需要在大力加强生态文明建设上取得重大进展,坚持生产发展、生活富裕、生态良好的文明发展道路,加快建设资源节约型、环境友好型社会,努力建设和谐宜居之都。加强绿色生态环境建设,加大能源结构调整力度,推进天然气等清洁能源替代工程,推广太阳能等可再生能源应用,推进五环内城区无煤化建设,努力建设"无煤城市",压缩郊区用煤总量,降低碳排放水平。加大节能减排力度,执行最严格的能耗和环保标准,完善节能减排计量体系建设,强化目标责任考核,健全落后产能退出机制,重点抓好工业、交通、建筑、公共机构等领域节能减排。完善节能减排激励机制,鼓励低碳技术创新,鼓励节能新技术、新产品运用。

在申办奥运会时,北京就在全球范围内率先提出了"绿色奥运"理念,并明确提出建设繁荣、文明、和谐、宜居的首善之区。这之中的文明在很大程度上可以理解为生态文明。奥运会后,北京市提出建设"人文北京、科技北京、绿色北京",并且及时发布了绿色北京行动计划,制定了明确的时间表。北京把现代化建设和生态文明建设相结合,来构建世界级绿色现代化的大都市,定位清晰。当前北京已经完成了从工业为主导的现代产业体系向现代服务业为主导的新型现代产业体系的转型,能耗大幅下降,在节能减排方面全国领先,并通过绿色投资、生态投资,将北京的水系逐渐发展起来了。

三、北京市节能降耗工作成绩及措施

"十一五"期间,北京市节能工作取得显著成效,全市万元GDP能耗5年累计下降26.5%左右,下降幅度居全国第一,万元GDP能耗绝对值全国最低。"十二五"时期,面对日趋严重的资源环境约束,北京市深入贯彻落实科学发展观,按照"人文北京、科技北京、绿色北京"战略和建设中国特色世界城市的总体要求,统筹兼顾经济和社会发展与节能减碳关系,坚持"创新驱动、标准引领、能力提升、重点突破、统筹推进",强化倒逼机制,变压力为动力,以降耗促发展,加快形成"内涵促降、系统促降"的绿色发展新格局,推动本市节能降耗和应对气候变化工作继续走在全国前列。

2012年是"十二五"规划落实的全面推进之年,是全年节能减碳工作由"以退促降、结构促降"向"内涵促降、系统促降"转变的分水岭。经北京市统计局初步核算,2012年,北京市万元GDP能耗同比下降4.67%,能源消费总量7179.5万吨标准煤,超额完成年度计划目标,为实现"十二五"规划目标奠定了坚实基础,主要工作包括以下几个方面。

(一)深入挖掘结构促降潜力,建立清洁高端高效的产业和能源结构

一是持续深入调整产业机构。完成 259 家"三高"小企业关停退出,积极推进东方化工厂停产调整工作。加快发展现代服务业,2012 年服务业比重进一步提高到 76.4%,以技术创新为主导的战略新兴产业得到较快发展。二是积极发展清洁低碳能源。完成 2600 蒸吨燃煤锅炉清洁能源改造,实现核心地区 2.1 万户平房采暖"煤改电"。因地制宜推进太阳能、地热等可再生能源利用。

(二)加快实施重点领域节能工程,提高各领域各环节设施能效水平

一是进一步挖掘工业节能潜力。发布《"十二五"时期企业技术改造指导目录》、《节能机电设备(产品)推荐目录(第一批)》、《高耗能落后机电设备(产品)淘汰目录(第一批)》,积极组织企业开展节能技术改造和落后设备淘汰。积极推进重点工业企业实施"可视化"节能管理试点。二是综合推进建筑节能改造。完成老旧小区抗震节能综合改造 1534.7 万平方米,更新改造了 140 个小区的老旧供热管网,实施完成 364 万平方米既有节能居住建筑供热计量及节能改造。三是强化交通节能降耗工作。截至 2012 年年底,地铁运行里程达到 442 公里,中心城公共交通出行比例提高至 44%。公交行业在用新能源与清洁能源车辆 4960 辆,出租行业在 7 个远郊区县共投入运营 550 辆。四是推进节能产品惠民工程。组织实施节能家电补贴和淘汰白炽灯行动,公开遴选 19 家"节能产品推广示范店",全市节能超市达到 17 家,中心城区实现每区均有节能超市。

(三)着力强化重点用能单位主体责任,将节能融入企业管理全过程

一是加强企业能源管理师培训。针对工业、建筑、交通重点用能单位及节能管理部门,新增培养能源管理师 627 名。二是创新推广能源审计,深入挖掘用能单位节能改造潜力。制定能源审计 3 年实施方案,首次安排市财政资金奖励能源审计项目,完成 179 家用能单位能源审计。三是引导用能单位建设信息化可视化能源管理平台。在学校、医院、工业等重点用能领域,启动能源管控中心示范建设工作,构建集远程监控、集中管控、效益管理有机结合的能源管理模式。

(四)切实强化技术创新驱动作用,多途径推广新技术新产品

一是发挥平台作用促进产学研用供需对接。强化节能低碳创新服务平台

建设,向社会推荐 15 类 65 项技术产品和五十余项典型案例。协调北京银行向节能低碳创新服务平台提供贷款授信额度 3 年 150 亿。二是加强新建项目能评环节的新技术推广。2012 年,针对 211 个建筑类节能专篇审查项目,鼓励各项目采用电机变频调速、采暖系统水力平衡等多项节能技术措施,使项目在节能标准基础上再节能 5%～10%。三是强化节能改造过程新技术推广。组织重点用能单位开展以节能新技术应用为核心的节能改造。

(五)坚持政府和市场双向驱动,建立完善节能降耗奖励引导机制

一是强化节能目标责任。深化实施三级"双控"机制,将 2012 年能耗强度下降率目标和能源消费总量控制目标下到 16 个区县、14 个重点行业领域主管部门以及 57 家重点用能单位并完成年度节能目标责任落实情况考核考评。二是强化节能形势会商预警机制。实区县节能指标预警制度,发布区县节能目标完成情况"晴雨表"。三是严格推进节能监察工作。完成重点用能单位能源利用状况报告监察、固定资产投资项目监察等专项监察工作。研究提出区县节能监察队伍建设初步方案。四是完善合同能源管理机制推广模式。在国家备案的节能服务公司总数累计达到 329 家。加快推进合同能源管理项目实践,全年平台备案项目 40 个,实现合同节能量 10 万吨标准煤以上。

(六)全面推进基础能力建设,推动节能精细化管理转型

一是实施标准体系建设。制订《北京市百项节能标准建设实施方案(2012～2014)》,2012 年已经完成 50 项标准修订。二是开展能源计量建设。组织推动重点用能企业开展计量器具配备和智能化升级。三是完善能耗统计制度。推动建立完善建筑、工业产品、非工业单位业务量能耗等 7 项能耗统计制度。四是持续推动节能监测。完成 230 家用能单位现场监测,启动用能单位现场节能在线监测服务平台(一期)建设。五是强化节能降耗基础研究。支持节能与减排协同推进研究等十余项重点基础课题研究,探索节能减排问题的策略和路径。

(七)启动一批先行试点示范建设,探索完善节能工作新模式

一是获批国家唯一的服务业清洁生产试点城市。拟定了《北京市清洁生产管理办法》,组织编制医疗机构、学校、住宿餐饮业等 10 大服务业领域清洁生产审核指南及清洁生产评价指标体系,完成 22 家企业清洁生产审核阶段性验收。二是深入推进节能减排财政政策综合示范工作。编制申报节能减排财政政策综合示范工作实施方案,获得中央财政综合奖励资金 6.09 亿元,完善

资金监管和部门协调机制。

(八)加强宣传教育和培训引导,努力营造全民行动的社会氛围

一是举办节能环保展览会。同步开展了论坛、信息发布会等特色活动。二是推进节能减排全民行动。启动家庭社区、学校等十大领域专项行动,开展节能低碳专家进社区、学校等"十进"活动。三是开展节能减排好新闻评选活动。四是组织开展节能减排宣传培训活动。开展能源管理师培训、节能超市推广等重点项目的宣传推介活动,广泛开展节能减排政策、技术培训。

四、北京市节能监察工作措施及成绩

自 2007 年北京市节能监察大队成立以来,节能执法已经成为推动北京市节能降耗工作不可或缺的重要手段。北京市节能监察大队的主要职责是:负责具体实施有关法律、法规、规章规定应由省级行政部门承担的节能监察职责,负责对本市重点用能单位实施节能监察,查处节能方面的大案、要案和跨区域案件,指导和协调区县的节能监察工作。

近年来北京市节能监察大队开展了一系列监察工作,有效支撑了本市的节能降耗工作。6 年来市节能监察大队共监察节能案件 1702 件,其中日常监察案件 1583 件,举报监察案件 119 件。其中,公共建筑室内温度监察 249 件,能耗限额标准监察 40 件,使用国家命令淘汰设备监察 275 件,节能制度监察 269 件,固定资产节能监察 284 件,能源利用状况报告监察 126 件,能源负责人备案监察 126 件,用能设备利用效率监察 214 件。纠正了 526 家用能单位的节能违法行为。对 154 家用能单位实施了行政处罚,上缴财政淘汰用能设备罚没拍卖款 611.67 万元。

北京市节能监察工作坚持以科学发展观为指导,围绕中心工作,突出工作特色,开展重点领域节能监察,确保实现"十二五"节能减排目标。积极探索,开展了 8 项专项监察,发挥了节能警察的作用,有力地配合了全市节能降耗工作。

(一)开展重点用能单位能源管理负责人备案和能源利用状况报告情况的监察

依据《中华人民共和国节约能源法》(以下简称《节约能源法》)和《北京市实施〈中华人民共和国节约能源法〉办法》相关规定,开展了对重点用能单位能源管理负责人备案和能源利用状况报告备案情况的监察。进一步强化了对重点用能单位的节能管理,完善了全市重点用能单位能源管理负责人备案和能

源利用状况报告制度。

(二)对重点用能单位主要用能设备能源利用效率进行节能监察

评价用能单位能源利用效率和重点用能设备能效水平,促进重点用能单位自主节能。

(三)完成国家明令淘汰用能设备专项监察工作

对20家重点用能单位的316台电力变压器和428台电动机共744台国家明令淘汰用能设备实施了没收解体处理,有效防止这些设备再次流入社会。

(四)开展固定资产投资项目监察,确保能评意见的落实

依托我委固定资产投资项目节能评估审查平台,对88个固定资产投资项目实施节能监察,对不符合规定的投资项目进行了处理。

(五)开展单位产品能耗限额监察,加强高耗能企业管理

加强高耗能行业节能管理和淘汰落后产能工作,对本市12家水泥和卫生陶瓷生产企业产品能耗限额情况实施了专项监察,同时委托北京节能和资源综合利用协会进行了技术核查。

(六)开展飞行检查,严格资源综合利用企业认定工作

为加强资源综合利用认定管理,保障资源综合利用企业执行认定条件,检查了14家申请认定企业,抽查了3家已通过现场检查的认定企业,确保了国家鼓励的资源综合利用企业认定。

(七)联合开展公共建筑室内温度专项监察

冬季供暖和夏季供冷期间,会同市住建委联合开展了公共建筑室内温度控制管理专项监察,共对51家公共建筑实施了节能监察。对违反温度控制标准的9家单位进行了通报并责令整改。

(八)联合开展供热机构节能专项监察

配合北京市市政市容委和市质监局对我市供热单位开展了供热节能联合专项检查,督促耗能高、管理落后的供热单位开展节能技术改造。

五、北京市节能降耗下一步工作

2013 年是实施"十二五"规划的关键之年,节能降耗工作进入了更加关注增量控制的"内涵促降"新阶段。节能监察工作将继续坚持以科学发展观为指导,强化基础性工作,加强对外宣传与交流,提升执法成效。

(一)加强组织领导

发展改革部门作为节能降耗工作的牵头单位,负责总体设计、组织协调、系统推进和预警调控;各相关主管部门围绕节能目标,按照职责分工,细化专项方案,抓好工作落实。各区县、各部门要进一步强化对节能降耗工作的组织领导,明确主要负责人为第一责任人。

(二)健全法规政策

修订、完善北京市现有节能降耗、节能监察相关法规政策。推进循环经济、清洁生产、生活垃圾处理等领域的地方立法,健全配套政策。研究完善促进城市节能低碳发展的地方性法规及科技、产业、税收、金融、价格等方面的政策。

(三)加强队伍建设

继续加强市级节能降耗管理部门人员配置,进一步完善区县节能管理队伍,充实能源统计、计量专业人员。加快区县节能监察能力建设,力争 2012 年年底前所有区县完成专业节能监察执法队伍组建。加强业务培训、内部交流,有效提高节能管理队伍专业化水平和节能监察队伍执法能力。

(四)强化执法监督

1. 深入开展重点用能单位节能监察,进一步挖掘节能潜力

一是继续开展重点用能单位能源管理负责人备案情况的监察,确保全市重点用能单位都能具备能源管理岗位和能源管理负责人,进一步提高节能管理水平。二是深化重点用能单位能源利用状况报告情况的监察。对未按规定报送能源利用状况报告或者报告内容不实的重点用能单位及时处理,进一步完善单位节能管理,督促实施节能技改项目,确保完成既定的节能目标,为全市节能目标的实现打下良好的基础。三是开拓重点用能单位能源审计工作。对存在问题的单位开展能源审计工作,帮助企业深入挖掘节能潜力,进一步提

高重点用能单位节能管理和技术水平。

2. 加强国家明令淘汰用能设备没收解体工作

对国家明令淘汰用能设备专项监察工作开展以来,已基本完成166家重点用能单位的淘汰变压器和电动机的没收解体工作。下一步推进我市供电企业和老旧小区近万台淘汰电力变压器没收解体工作。

3. 继续推进固定资产投资项目节能监察,进一步拓展监察领域

积极探索项目设计和竣工验收阶段落实能评审查意见开展专项监察,全面覆盖不同类型的项目及各个环节和单位,核查其是否按照节能审查意见进行建设方案和施工图设计,对违法违规项目做到发现早、处理快、纠正及时,做好固定资产投资项目的全过程节能监管。

4. 完善单位产品能耗限额标准体系

运用市场机制调整产业结构,继续推进非工业能耗限额标准制定工作。

5. 积极探索开展联合执法,努力形成工作合力

会同市住建委、市市政市容委和市质监局分别对公共建筑室内温度和供热单位开展联合执法检查,取得了良好的效果,有效推动了节能监察统筹协调的作用。继续加强和相关委办局及委内处室合作,建立良好的业务关系,发挥节能监察的工作合力。

6. 开展资源综合利用企业检查,保障政策有效落实

进一步完善资源综合利用认证条件和要求,对认定的资源综合利用企业进行抽查,规范企业使用利废原料行为,防止企业弄虚作假,骗取国家税收。

(五)完善基层节能监察队伍建设

完善市、区县两级节能监察队伍建设。力争在部分积极性高的区县试点,逐步推开,充分发挥"节能警察"在建设绿色北京中的作用。

(六)动员社会参与

完善展览会、论坛、主题活动、媒体宣传、教育培训等全方位多角度的宣传教育体系。继续打造节能宣传周、节能环保展览会品牌活动。持续加强科学舆论引导,弘扬绿色典范,积极倡导低碳绿色生活方式和消费模式,引导全社会每一位成员增强主动参与节能减碳工作的内生动力,形成政府、企业、社会组织、个人共同参与全市节能降耗工作的局面。

略论成员国欧盟法上之国家赔偿责任[*]

柳建龙^{**}

摘　要:欧洲法院于 1991 年 Francovich 案判决中以法官造法的形式确立了欧盟成员国违反欧盟法给个人造成损害应当承担欧盟法上国家赔偿责任的原则。经过 20 年的发展,欧洲法院通过判例不仅完善和巩固了其法理基础,同时也进一步细化了个人要求成员国承担相应赔偿责任请求权的各要件,即成员国行为具有违法性、违法性达到相当程度、存在损害、损害和违法行为存在直接因果关系。
关键词:成员国国家赔偿责任　欧盟法的优先适用性　相当违法性直接因果关系

公权力可以像私人那样侵害个人权利,但公权力侵害个人权利的方式却绝非私人所能仿效。❶

一、引　言

随着欧洲一体化进程的加快和深入,国家赔偿法和其他部门法一样,无论

　＊　本文为"人身损害国家赔偿标准研究"(中国法学会,CLS(2012)DI23)阶段成果之一。

　＊＊　柳建龙(1979～　　),男,福建惠安人,中国青年政治学院法律系讲师,中国人民大学比较宪法研究所研究人员;马克斯·普朗克比较公法和国际法研究所访问学者(2010 年度奖学金)。

　❶　Roberto Caranta,Governmental Liability After Francovich,52(2)*Cambridge Law Journal*,1993,pp. 272～273.

是在理论上还是在实践上都受到了欧盟法的巨大影响。❶ 1991 年欧洲法院 (EuGH)在 Francovich 案判决中确立了成员国不将欧共体(欧盟)指令❷转化成国内法应承担欧共体法上国家赔偿责任的法律；这使得成员国和欧共体(欧盟)的机构一样可能因为违反欧共体(欧盟)法而需要承担国家赔偿责任。❸此后，通过 Brasserie du Pêcheur 案判决和 Factortame 案判决确立了成员国立法机关违反欧盟基本法律(primäres Gemeinschaftsrechts)应承担欧盟法上国家赔偿责任的法律；2003 年更是通过 Köbler 案判决进一步明确成员国应就其违反欧盟法的司法不法(judikatives Unrecht)或者司法行为瑕疵承担欧盟法上赔偿责任，在某种意义上将成员国的全部公权力行为——立法、行政与司法——纳入欧盟法的调整范围内。这不仅表明作为民族国家意义上的法律 (nationale Rechtsordnung)的国家赔偿法的欧盟化(Europäisierung)达到了顶峰，同时也反映了民族国家意义上的其他法律欧盟化进程的加快。❹

然而，大陆学界对于此较少予以关注，且其中的多数论著都发表于 Brasserie du Pêcheur 案判决前，仅对 Francovich 案判决予以关注和分析，❺然而，从 Francovich 案至今近 20 年，成员国之欧盟法上国家赔偿责任法制无论是在法理基础上还是请求权要件上都发生了深刻的变化，极有必要予以重新审视。另外，相关研究或许也可为我国国家赔偿法的研究提供一些借鉴的材料。基于此，本文拟分为三部分对成员国欧盟法上之国家赔偿责任的法理基础、(请求权)要件及法律后果予以考察。

二、成员国承担欧盟法上国家赔偿责任的法理基础

欧洲共同体条约(Vertrag zur Gründung der Europäischen Gemein-

---

❶ Detterbeck/ Windthorst/Sproll,Staathaftungsrecht,C. H. Beck Verlag 2000,S. 22.

❷ 为表述方便,下文不区分欧洲法院和欧盟法院、欧共体指令和欧盟指令与欧共体法和欧盟法。

❸ Baldus/Grzeszick/Wienhues,Staatshaftrungsrecht,3 Aufl. C. F. Müller Verlag 2009,S. 72.

❹ Heiko Bertelmann,Die Europäisierung des Staatshaftungsrechts,Peter Lang 2005,S. 1.

❺ 朱军："浅论欧盟法上的国家责任原则",载《欧洲》1999 年第 6 期;许睿、李允载："欧盟国家责任原则探析",载《法学杂志》2001 年第 5 期;许睿、李风华、李允载："欧盟法中的国家责任原则探析",载《法学评论》2002 年第 1 期。

schaft,EGV,以下简称《欧共体条约》）❶并未对成员国违反欧盟法或者相似之法律的违法行为应承担国家赔偿义务（Ersatzpflicht）予以明文规定。其仅在第 288 条第 2 款（原第 215 条第 2 款）规定了欧共体的有关机构及其公务员在从 事 职 务 活 动 时 导 致 损 害 的 情 形 下 应 承 担 的 契 约 外 责 任（der außervertraglichen Haftung）。❷ 换言之，个人对成员国违反欧盟法而行使赔偿请求权（Ausgleichs-oder Entschädigungsanspruch）并无实定法上依据。❸不过，欧洲法院根据《欧共体条约》第 235 条赋予其的对基于该条约第 288 条第 2 款而提起的损害赔偿争议的管辖权，基于有效之法律保障原则（Prinzip des effektiven Rechtsschutzes）、有效性理论（effet utile-Gedanken）以及《欧共体条约》第 10 条所规定的成员国的协作义务（Mitwirkungspflicht）规定而予以推演，❹通过个案逐渐确定了成员国之欧盟法上国家赔偿责任法，并对其法理基础和请求权要件等进行了完善和细化。即欧盟法上个人对抗成员国之违反欧盟法规定而侵害其欧盟法上权利的请求权是由欧洲法院在 1991 年的Francovich 案判决❺通过法官造法的形式确立，之后通过大量案例予以具体化发展起来的。❻ 其中，1991 年 Francovich 案判决和 1993 年 Brasserie du Pêcheur 案判决❼共同构成了欧盟国家赔偿法的两大支柱❽：前者确定了成员国承担欧盟法上国家赔偿责任的法理基础和赔偿请求权要件；而后者则对其

---

❶　其前身为 1957 年 3 月 25 日签署的《欧洲经济共同体条约》（Vertrag zur Gründung der Europäischen Wirtschaftsgemeinschaft；Treaty Establishing the European Economic Community）。1993 年 11 月 1 日，欧洲共同体 12 个成员国于 1992 年 2 月 7 日签署的《欧洲联盟条约》（Vertrag über die Europäische Union；Treaty on European Union）经各成员国批准生效后，根据该条约第 8 条的规定，《欧洲经济共同体条约》更名为《欧洲共同体条约》。

❷　Monika Böhm, Halle/Saale, Voraussetzung einer Staatshaftung bei Verstößen gegen prmäres Gemeinschaftsrecht, Juristenzeitung 1997, p. 54.

❸　Prieß：Die Haftung der EG-Mitgliedstaaten bei Verstößen gegen das Gemeinschaftsrecht, NVwZ 1993, p. 118.

❹　Callies/Ruffert, Das Verfassungsrecht der Europäischen Union, 3. Aufl. , C. H. Beck, 2007, p. 40.

❺　EuGH, Slg. 1991, I - 5753 ff - Francovich.

❻　Baldus/Grzeszick/ Wienhues, Staatshaftrungsrecht, S. 72；Christian Armbrüster/ Jörn AxelKämmerer, Verjährung von Staatshaftungsansprüchen wegen fehlerhafter Richtlinienumsetzung, NJW 2009, 3061；Hans-Uwe Erichsen/ Dirk Ehlers（Hrsg. ）, Allgemeines Verwaltungsrecht, 14. Aufl. , De Gruyter, 2010, S. 1018 - 1019.

❼　EuGH, Slg. 1996, I - 1029ff - Brasserie du Pêcheur.

❽　Wolfgang Wurmnest, Grundzüge eines europäischen Haftungsrechts, Mohr Siebeck 2003, S. 43.

法理基础进一步予以完善，并对赔偿请求权的要件和标准作了修正，使之得以完善。2003 年 Köbler 案判决对此虽然无特别贡献，但其在一定意义上进一步明确了成员国之欧盟法上国家赔偿责任法的适用范围，使之涵盖立法不法、行政不法及司法不法，亦具有相当的价值。下面分成四个阶段对成员国之欧盟法上国家赔偿责任法制予以考察。

(一)Francovich 案判决前❶

Francovich 案判决之前，欧洲法院早在 1960 年 12 月 16 日的 Humblet v. Belgium 案判决中便指出：❷如果本院在判决中宣布成员国之立法或者行政行为违反共同体法，则根据《欧洲煤钢共同体条约》(the E. C. S. C. Treaty)第 86 条的规定，其应停止这一行为并对该行为所造成的不法后果予以补救。此项义务源于《欧洲煤钢共同体条约》以及其协议(protocal)，其一经成员国批准，在其境内具有法律效力并优先于该国法律。故而，一旦本院认定本案中比利时之征税估值(the tax assessment)违法，则比利时政府应采取必要的措施废除该系争法律，并对本案申请人就其被不当课征之(税收)额度予以补偿。

这一判决之后，欧洲法院仅在 1973 年的 Commission v. Italy 案判决❸中援引《欧共体条约》第 169～171 条对违反欧盟法可能产生的法律后果进行讨论。《欧共体条约》第 169～171 条及附录 B 规定了《欧共体条约》的实施机制。其赋予欧洲委员会及成员国向欧洲法院提起对某一成员国诉讼的权利。但 1992 年以前，这些规定中并未包含有倘若成员国违反这些规定会有怎样相应救济之内容。《欧共体条约》第 171 条只是规定："如果欧洲法院认定成员国未能履行本条约之义务或者其履行存在瑕疵，则该成员国应采取必要的措施以执行欧洲法院的判决。"

在该判决中欧洲法院认为可以从这些规定中推导出损害赔偿责任：本院根据《欧共体条约》第 169 条和第 171 条所做的判决，如果能确立成员国就其对其他成员国、欧盟以及个人之过失承担相应责任之基础，则具有实质性的贡献。

不过，之后欧洲法院并未从《欧共体条约》第 169～171 条中发展出成员国

❶ Ian B. Lee, In Search of a Theory of State Liability in the European Union, available at http://centers. law. nyu. edu/jeanmonnet/papers/99/990902. html.

❷ Covey Oliver, Humblet v. Belgium, 56 The American Journal of International Law 542 (1962).

❸ Case 39/72, Commission v. Italy,〔1973〕E. C. R. 101,〔1973〕C. M. L. R. 439.

欧盟法上的国家赔偿责任的法理。

(二)Francovich 案判决❶

欧共体 80/987 号指令❷规定各成员国应当设立基金,以保障在企业破产或者类似情形时雇员有获得补偿(compensation)的权利,并规定了相应的期限。然而,意大利政府在期限届满后仍未执行该项指令。为此,在意大利东部城市维琴察(Vicenza)某公司工作的 Francovich 等人在所在公司面临破产,无力支付剩余工资的情形下,就意大利政府未执行欧共体指令的行为提起损害赔偿诉讼。审理此案的意大利法院就申请人所提出的一些问题呈请欧洲法院先行裁决。❸ 其中最为主要的是成员国是否应就其违反欧洲法的行为给个人造成的损害承担欧盟法上的国家赔偿责任。基于以下几个理由,欧洲法院认为,成员国应当承担欧盟法上的国家赔偿责任。

1.《欧共体条约》对于成员国具有直接效力

即便欧共体指令赋予成员国在多种可以达到该指令规定的目的的手段中进行选择的权力(裁量权),但是,这并不排除在个人权利之内容依欧共体指令能予以足够明确地界定的情形下,个人请求成员国法院实现上述权利的可能性。❹ 换言之,欧盟法具有可直接适用性(unmittelbaren Anwendbarkeit),即对成员国具有直接的约束力,个人可以基于欧共体法所赋予的直接权利(un-mittelbar Rechte)请求成员国法院对成员国提起损害赔偿诉讼。成员国法院有义务保障这些权利的实现,并确保欧共体法之完全效力。❺

2. 有效保护理论

如果个人的权利由于成员国所实施的违反欧洲法的行为受到侵害,但却不能得到赔偿,则不仅欧盟法规定的效力会受到损害,且对其所保障的权利的效果也会受到削弱。使成员国承担欧洲法上的赔偿责任是极为必要的:一是

---

❶ EuGH,Slg. 1991,I - 5753 ff - Francovich.

❷ Council Directive 80/987/EEC of 20 October 1980 on the approximation of the laws of the Member States relating to the protection of employees in the event of the insolvency of their employer,其现已为指令 2008/94/EC 取代。

❸ 关于欧洲法院的先行裁决程序的介绍,参见马冉:"欧洲法院的先行裁决程序",载《人民法院报》2004 年 11 月 10 日 B3 版。

❹ EuGH Slg. 1991,I - 5357;NJW 1992,165.

❺ Andreas Wehlau,Die Rechtsprechung des Gerichtshofes der Europäischen Gemeinschaft zur Staatshaftung der Mitgliedstaaten nach Gemeinschaftsrecht:Ein Beitrag zur Funktion des Gerichtshofes im Rechtssystem der Gemeinschaft,LIT Verlag,1996,S. 32.

欧盟法的完全效力有赖于成员国之行动;二是成员国(立法机关)不作为的情形下,个人得通过成员国法院实现欧盟法所赋予其的权利。使成员国就其违反欧洲法行为所造成的损害向个人承担赔偿责任也是由《欧共体条约》所确立起来的法秩序的内在要求。

3.《欧共体条约》第 5 条

除了以上两点之外,《欧共体条约》第 5 条的规定也构成了成员国应承担欧盟法上损害赔偿责任的基础。根据该规定,成员国应当采取一切适当的措施(alle geeigneten Maßnahmen),无论是一般的抑或是特别的措施,都以实现欧洲法为目的,相应地也应就其违反欧洲法的行为所造成违反后果予以救济。❶

本案判决最大的贡献在于弥补了欧盟法上责任(赔偿)制度的不足,奠定了成员国承担欧盟法上国家赔偿责任的法理基础,即成员国应就其违反欧盟法的高权行为对个人承担欧盟法上的国家赔偿责任❷以及大致上确定了成员国承担欧盟法上国家赔偿责任的要件或者赔偿请求权的要件。

(三)Brasserie du Pêcheur 案判决

1987 年,欧洲法院就在一有关违反《欧共体条约》的诉讼(Vertragsverletzungsverfahren)中认定德国《啤酒税法》(Biersteuergesetz,BierStG)第 9 条和第 10 条的规定违反了《欧共体条约》第 30 条的规定。此后,来自法国阿尔萨斯的 Brasserie du Pêcheur 要求德国政府就该两条规定对其所造成的损失给予赔偿,他主张由于系争法律关于啤酒纯度(禁止添加剂)的规定使得其在1981~1987 年无法向德国输入自己所产的啤酒从而蒙受了巨大的经济损失。但德国联邦(最高)法院(die Bundesgerichtshof)以该项损害赔偿诉讼缺乏德国国内法上的根据为由驳回了他的请求。德国联邦法院指出,此项损害是由于《啤酒税法》的规定与《欧共体条约》第 30 条不一致造成的,然而,立法机关所做的仅是就一般事项(Allgemeinheit)进行立法,而非措施性立法或者个案立法(Maßnahme-und Einzelfallgesetzen),故而其(不)作为不构成对《民法典》(BGB)第 839 条和《基本法》第 34 条规定的针对第三人的职位义务(dritt-

---

❶ EuGH Slg. 1991,I‐5357;NJW 1992,165.

❷ Stefan Ulrich Pieper, Mitgliedstaatliche Haftung für die Nichtbeachtung von Gemeinschaftsrecht,NJW 1992,2454.

gerichtete Amtspflicht)的违反。❶ 为此,本案上诉至欧洲法院。欧洲法院将之与 Factortame III 案❷做了并案审理。

在判决中,欧洲法院指出,成员国应就其违反欧盟法的行为给个人造成的损害负欧盟法上的国家赔偿责任,该原则的适用,并不因为成员国的违法行为系与欧盟法的规定不一致而非 Francovich 案之不作为而有所不同。❸ 不过,在本案中,欧洲法院仍然面临着两个难题:一是 Francovich 案判决所确立之原则是否适用于成员国之立法行为;二是成员国承担欧盟法上国家赔偿责任是否以过错为前提或者是否可以受到成员国国家赔偿法的限制。❹ 对此,欧洲法院基于如下主张予以回答。

1. 欧盟法具有适用优先性

欧盟法的优先性(der Vorrang des Gemeinschaftsrechts)并可直接适用性使得其相对于与之冲突的成员国国内法具有优先适用性(Anwendungsvor-rang)。❺ 就本案件而言,德国的《啤酒税法》已经构成对欧盟法的违反,从而构成立法不法(legislativen Unrecht)。但是,由于德国国家赔偿法制将立法不法排除在国家赔偿法的适用范围之外,为此,德国法与欧盟法的冲突至为明显。在这种情形下,欧盟法具有优先适用性。但是,应当注意的是欧盟法的优先性并非一般规则,而是仅在成员国国内法与欧盟法相冲突的情形下才能适用,并拘束各成员国法院。❻

2. 欧盟法上成员国之赔偿责任亦适用于立法不法

成员国应就其违反欧盟法的行为给个人造成的损失向个人负欧盟法上国家赔偿责任的原则也适用于成员国立法机关。此项原则是基于《欧共体条约》而形成之法律秩序的内在要求而确立的(dieser aus dem Wesen der mit dem Vertrag geschaffenen Rechtsordnung folgende Grundsatz);它拘束成员国所有违法(欧盟法)行为,无论其是由哪个机关的作为或者不作为造成的。依此项原则而确立的损害赔偿义务是由欧盟法秩序的根本要求——欧盟法的统一适用(die einheitliche Anwendung des Gemeinschaftsrechts)——决定的,与

---

❶ Mattias Herdegen/Thilo Rensmann,S. 526.

❷ Case C - 221/89,[1991] E. C. R. I - 3905.

❸ EuGH Slg. 1996,I - 1029;NJW 1996,1267.

❹ Ian B. Lee,ibid.

❺ Wang,Fu-Ching,Die Frage nach dem Verhältnis des gemeinschaftsrechtlichen Instituts der Staatshaftung zum deutschen Staatshaftungsrecht,VVF-Verlag,2003,S. 77.

❻ Wang,Fu-Ching,S. 77 - 78.

成员国宪法关于各机关权限的分配无关。❶

除此之外,本案判决最为重要的作用在于其进一步完善了欧盟法上成员国国家赔偿责任请求权或者成员国承担欧盟法上国家赔偿责任的要件,使得欧盟法上国家赔偿法律制度得以进一步的完善。

(四)Köbler 案判决

本案申请人 Gerhard Köbler 教授从 1986 年 3 月 1 日起在奥地利茵斯布鲁克大学(Innsbruck University)供职,其于 1996 年 2 月 28 日根据 1956 年《居留法》(Gehaltsgesetz)第 50a 条第 1 款向有权行政机关申请(该法所规定的服务满一定年限所应享有的)特殊津贴。后者以其未在奥地利服务满 15 年为由拒绝了该请求。Köbler 教授认为自己在德国(欧盟成员国之一)的工作年限应包括在服务时间内,系争规定违反欧盟法并构成不当的间接歧视(nicht zu rechtfertigende mittelbare Diskriminierung),故向奥地利(最高)行政法院(der Österreichische Verwaltungsgerichtshof,VwGH)提起行政诉讼。❷ 其主张系争《居留法》规定合乎《欧共体条约》(EGV)第 177 条第 3 款(现第 234 条第 3 款)及第 48 条(现第 39 条)有关工作迁徙自由的规定。但奥地利行政法院在向欧洲法院申请先行裁决之后以系争事项为欧盟法的例外事项驳回了他的请求。为此,Köbler 另向维也纳民事法院提起诉讼。该法院就《居留法》第 50a 条之合欧盟法性问题、成员国就其司法不法是否要承担欧盟法上国家赔偿责任等问题向欧洲法院申请先行裁决。

在本案裁决中,欧洲法院指出究竟是哪个国家机关违反欧盟法并不重要,欧盟法上的国家赔偿责任同样适用于成员国的司法不法;重要的是欧盟法上国家赔偿责任的适用范围是有边界的,换言之成员国的行为必须满足一定要件。就本案件而言,如果系争违法行为满足成员国之承担欧盟法上国家赔偿责任的要件,即违法性、相当违法性、存在损害、直接因果关系要件,则亦应对个人给予损害赔偿。欧洲法院进一步指出,至于成员国之司法不法是否具有相当违法性,其判断权限属于各该成员国法院,但其在判断时应当考虑欧盟指令的特别规定的功能,以系争司法行为违反欧盟法之明显程度而定。但是,至于哪个法院对此类法律争议享有管辖权则属于各成员国国内法问题。❸ 最

---

❶ EuGH Slg. 1996,I‐1029;NJW 1996,1267.

❷ Marten Breuer,Staatshaftung für Judikativunrecht vor dem EuGH,BazVBl. 2003,586‐587.

❸ EuGH Lexetius. com,2003,p. 1907.

后,欧洲法院认定,在本案中奥地利行政法院的司法行为并未构成对欧盟法的明显的违反,不具有相当违法性。

虽然从理论上讲,Köbler 案判决对于成员国之欧盟法上国家赔偿责任问题并无新的贡献,但是,由于本案判决进一步明确,成员国就其司法不法行为亦应承担欧盟法上的国家赔偿责任,从而使得欧盟法上成员国国家赔偿责任的适用范围涵盖了成员国所有公权行为,❶为此,也受到学者的普遍关注。

三、承担国家赔偿责任的要件

《欧共体条约》第 288 条第 2 款并未对损害赔偿请求权的成立要件,或者成员国承担欧盟法之国家赔偿责任的要件予以明确规定。欧洲法院根据《欧共体条约》第 235 条赋予自己的对基于该条约第 288 条第 2 款而提起的损害赔偿争议的管辖权,通过个案逐渐确定了欧盟法上成员国国家赔偿责任请求权的构成要件。❷ 就此而言,成员国承担欧盟法上国家赔偿责任的要件是由欧洲法院通过判例❸根据违法行为和损害的类型确立起来,❹并逐渐予以细化的,其主要包括如下四个要件。❺

(一)成员国行为具有违(欧盟)法性

系争成员国之行使公权力的行为具有违法性,即违反欧盟法,是其承担欧盟法上之国家责任的重要前提之一。这包含了以下三方面的涵义。

首先,存在应当承担责任的行为(ein haftungsauslösend Verhalt)。存在着由自然人或者法人实施的行为是其承担责任的前提条件。❻ 其既包括立法行为和行政行为,也包括司法行为;既包括法律上行为的,也包括事实上的作为(Tun)和不作为(Unterlassen)。❼ 欧洲法院明确指出,无论是作为还是不作为,均有承担国家赔偿责任的必要性(haftungsrelevant),特别是成员国本

---

❶ 此处不考虑政治问题。

❷ Baldus/Grzeszick/ Wienhues,Staatshaftrungsrecht,S. 153,576f.

❸ Sasa Beljin,Staatshaftung im Europarecht,Carl Heymann Verlag,2000,S. 43.

❹ Callies/Ruffert,Das Verfassungsrecht der Europäischen Union,3. Aufl. ,C. H. Beck,2007,Rn 40.

❺ 也有不少学者将最后两个要件合为一个,在"违法行为和损害之间存在直接因果关系"或者"直接因果关系"的标题下予以探讨。

❻ Jürgen W. Hidien,Die gemeinschaftsrechtliche Staatshaftung der EG-Mitgliedstaaten,Nomos Verlagsgesellschaft,1999,S. 41.

❼ Jürgen W. Hidien,S. 41.

身负有诸多防止和排除危险(Gefahrenabwehr)的义务。❶

其次,这一行为须是可归责于欧盟成员国的行为(muss dem betreffenden Mitgliedstaat zurechenbar sein)。❷ 而要成员国承担国家赔偿责任,毫无疑问地,这一行为应当是职务行为,即各该成员国国家机关或者公务员所实施的高权行为(hoheitliche Akt)。至于公务员的范围,根据欧洲法院的判决,应依各成员国的国内法予以认定。❸ 除此之外,这一行为应当对外产生作用,即其可能或者已经对人民的法益产生影响。国家机关的内部措施或者内部行政行为通常不会对个人的权利产生影响,故而也不会导致损害赔偿的问题。❹

最后,系争行为必须构成对旨在赋予人民权利的欧盟法规范。只有满足上述条件,才可能令成员国承担欧盟法上之国家责任。只要其构成对欧盟法秩序(Gemeinschaftsrechtsordnung)的违反即可,而不管其违反的究竟是基本法(Primärrecht)抑或是辅助性法律(Sekundärrecht)。❺ 由于欧洲法院至今尚未根据《欧共体条约》第 249 条第 4 款作出判决,故而此处之"欧盟法"其是否确实包含辅助性法律尚有疑问;不过,由于欧洲法院判决具有与欧盟法相当的法律效力,故成员国若违反欧洲法院判决无异于违反欧盟法。就此而言,"欧盟法"应包括辅助性法律在内。❻ 不过,此处所谓的欧盟法,首先指的是《欧共体条约》,而后是包括欧盟条例(Verordnung)以及具有直接效力的指令(unmittelbar wirkende Richtlinien)。❼

(二)具有相当违法性

成员国并非对其所有违反欧盟法的高权行为都需要承担国家赔偿责任;❽依照欧洲法院在 Brasserie du Pêcheur 案判决所确立的标准,只有当系争行为违反欧盟法达到一定程度时,即具有相当违法性(hinreichende qualifizierten Rechtsverstoß),❾其才承担赔偿责任。这一标准毫无疑问是欧盟法上

---

❶ Sasa Beljin,S. 44 - 45.

❷ Prieß,S. 121.

❸ 同上.

❹ Jürgen W. Hidien,S. 42.

❺ Heiko Bertelmann,S. 81.

❻ 同上.

❼ 同上。

❽ Jürgen W. Hidien,S. 50.

❾ 从字面上翻译应当为"充分适格的违法行为",但基于中文的习惯,此处译为"具有相当违法性"。

国家赔偿责任的核心构成要件，❶其对确定欧盟法上的国家赔偿的适用范围
有着决定性作用。❷ 它是欧洲法院为处理欧盟的规范不法（normatives Un-
recht）所应当承担的契约外责任而提出来的，❸是融合 1971 年 Schöppenstedt
案判决❹和 1978 年 HNL 案判决❺的产物。❻ 欧洲法院主张，在根据《欧共体
条约》第 288 条第 2 款处理有关共同体机构是否应当承担契约外责任（der
außervertraglichen Haftung）的案件时，应考量其行为是否具有相当违法
性。❼ 仅以其所制定的法律无效为由尚不足以让欧盟承担欧盟法上的契约外
责任，须在立法明显且严重地违反高位阶的、旨在保护个人权利的法律时，欧
盟才承担相应责任。❽ 之后，欧洲法院通过类推的方式将其作为判断成员国
是否应当承担国家赔偿责任的标准。❾ 换而言之，成员国仅在其高权行为明
显且严重地（offenkundig und erheblich）逾越欧盟法所赋予的裁量范围时，才
承担欧盟法上的国家赔偿责任。❿ 至于成员国的高权行为是否构成"相当违
法"，或者说是否明显且严重地逾越了欧盟法所赋予其的裁量范围，根据欧洲
法院的判决，原则上由各成员国的法院进一步根据违法行为的类型和方式⓫
逐案加以衡量。⓬ 欧洲法院原则上尊重各成员国法院对"明显且严重地"这一

---

❶ Margit Maria Karollus, Der hinreichend qualifizierte Verstoß als Voraussetzung der gemein-
schaftsrechtlichen Staatshaftung, im Peter Fischer/Margit Maria Karollus/Sigmar Stadlmeier（Hrsg.），
Die Welt im Spannungsfeld zwischen Regionalisierung und Globalisierung: Festschrift für Heribert
Franz Köck, Linde, 2009, S. 175.

❷ Matthias Herdegen/Thilo Rensmann, Die neue Konturen der Gemeinschaftlichen Staatshaf-
tung, ZHR 161（1997），540.

❸ Detterbeck, Windthorst, Sproll, 57.

❹ EuGH, Slg. 1971, 975 Rn. 11.

❺ EuGH, Slg. 1978, 1209 Rn. 5 f.

❻ Jürgen W. Hidien, S. 51.

❼ Wolfgang Jakob, Rechtswidrigkeit im Staatshaftungsrecht, Peter Lang 2004, S. 130; Detter-
beck, Windthorst, Sproll, 57.

❽ Athanasios Gromitsaris, Rechtsgrund und Haftungsauslösung im Staatshaftungsrecht, Dunck-
er & Humboldt, S. 239.

❾ Hans-Uwe Erichsen/ Dirk Ehlers, 1022; Bernd Grzeszick, Recht und Ansprüche, Mohr Sie-
beck, S. 505.

❿ Wolfgang Jakob, S. 130; Christian Koenig, Staatshaftung für hinreichend qualifizierte" Ge-
meinschaftsrecht -verstöße im nicht oder teilharmonisierte Bereich und die Vorlagepflicht nach Art. 234
Abs. 3 EG, EWS 2009, 249.

⓫ Baldus, Grzeszick, Wienhues, Staatshaftrungsrecht, S. 75.

⓬ Bettina Schöndorf-Haubold, Die Haftung der Mitgliedstaaten für die Verletzung von EG-Recht
durch nationale Gerichte, JuS 2006, 113.

不确定法律概念的解释,但这也并非意味着其放弃了对成员国行为是否构成对欧盟法的"明显且严重地"违反的审查权。英国电讯案判决(British Telecom)❶就明确指出,必要时,欧洲法院将根据所掌握的信息径直就成员国高权行为是否构成对欧盟法的相当违反作出判断。

然而,无论是"相当违法性"抑或是"明显且重大地违法",其概念都存在较大的不确定性。为此,如何判断成员国的行为究竟在何种程度上构成了对欧盟法的相当违反也非不言而喻的。就此而言,一方面,尽管如前面所指出的,欧洲法院虽然承认成员国的高权行为是否构成对欧盟法的相当违反的判断权属于各该成员国法院,但这并不意味着各成员国法院可以"各自为政、莫或同心",换而言之,即便欧盟法和国内法性质上或有所不同,但其适用亦应合乎法制统一性和明确性的要求。更何况在这一点上,欧洲法院也并非无所作为。其在 Pêcheur 案判决中指出,成员国的高权行为,特别是立法不法与行政不法(legislative und administrative Unrechts)在何种程度上构成"相当违法",应依个案进行衡量。❷ 欧洲法院给出"相当违法性判断"所要考虑的各项因素,❸在一定程度上为各成员国国内法院在判断系争高权行为是否具有相当违法性提供了指引作用。此外,由于欧洲法院实质上享有对成员国行为是否具有相当违(欧盟)法性的最后判断权,这使得其判决具有结果优先性,从而具有与先例相似的拘束力。为此,它对"相当违法性"的解释在一定程度上也能够起到拘束各该成员国法院的作用。另一方面,正如学者所指出的,应透过其背后的实质意图去理解"相当违法性"(要件),应注意到它其实也构成了成员国承担欧盟法上国家赔偿责任的边界(Haftungsbegrenzung),❹即它旨在将成员国承担欧盟法上的国家赔偿责任的范围限定在一个相对狭小的范围内,或者说,它本身毋宁是对各成员国所享有的广泛的裁量权(Ermessen)和余地(Spielraum)的肯认。❺ 就此而言,成员国的高权行为是否具有相当违法性取决于成员国究竟享有多大的裁量权。❻ 故而,对"相当违法性"的"相当"的认定可以成员国的裁量权范围的大小作为标准,区分成羁束行为或者裁量限缩至零的

---

❶ EuGH, Slg. 2003, Ⅰ- 1631. Fußnote 14, im Bettina Schöndorf-Haubold, S. 113.

❷ Hartmut Maurer, Allgemeines Verwaltungsrecht, 17 Aufl. , C. H. Beck, 2009, S. 816.

❸ 见下文。

❹ Hans - Uwe Erichsen/ Dirk Ehlers, 1022.

❺ 欧洲法院在使用"裁量权"和"余地"的概念时未像德国行政法学界那样严格地区分"裁量权"和"判断余地"(Beurteilungsspielraum),二者均指"裁量权"。

❻ Sasa Beljin, S. 48.

行为与裁量行为,进行考察。不过,在此之前需要指出的是,系争高权行为究系具体行为(Einzelakten)或者抽象行为(generellen Akten)对其是否具有"相当违法性"的判断并不产生影响,因为后者的"相当违法性"需要通过具体行为表现出来。❶ 与之相反,这一区分在决定欧盟机构是否应承担欧盟法上的赔偿责任时具有重要的意义。❷ 以下予以简单介绍。

1. 羁束行为或裁量权限缩至零

决定成员国裁量空间大小的是成员国所负担的具体义务而非其所涉及的规范领域。❸ 在欧盟法就结果义务、作为义务和不作为义务对成员国做了相当限制的情形下,成员国在该规范领域可能未必享有多大的裁量空间。❹ 对此,欧洲法院在其判决中明确指出,在裁量空间限缩,特别是限缩为零的情形下,成员国已无在多种手段间选择的自由,只要有所逾越就构成相当违法。❺ 比如,在成员国负有执行欧盟指令的义务的情形下,只要成员国在合理的期限内不作为,则构成相当违法。因为在这种情形下,成员国的裁量范围已然限缩为零(auf Null reduzierten Spielraum),其并无选择执行或者不执行的裁量权。

但是,在某些情形下成员国只是将欧盟指令的部分内容转化成国内法,即其转化不符合欧盟指令的要求(nicht ordnungsgemäßen Umsetzung),对此,或认为,将之视为不作为恐非妥当,因为毕竟成员国在一定程度上保障了指令的执行。❻ 不过,较为有力的见解认为,应将之视同不作为对待,因为成员国不仅没有选择执行或者不执行的裁量权,同样也没有选择完全执行或者部分执行的自由。❼

2. 成员国享有广泛的裁量权

根据欧洲法院的见解,如成员国享有广泛的裁量权,则其国内法院在判断成员国之违反欧盟法的行为是否具有相当违法性时应当遵循欧洲法院所给出的如下因素进行考量:❽(1)被违反的规定之明确(Klarheit)和精确

---

❶ Sasa Beljin, S. 48 – 49.

❷ Sasa Beljin, S. 49.

❸ 同上。

❹ 同上。

❺ Sasa Beljin, S. 46; Mattias Herdegen/Thilo Rensmann, S. 542.

❻ Sasa Beljin, S. 52.

❼ 同上。

❽ EuGH Slg 1996, Ⅰ – 1029 Rn 56-Brasserie du pêcheur; Detterbeck/ Windthorst/Sproll, S. 58; Hans-Uwe Erichsen/ Dirk Ehlers, 1022 – 1023.

(Genauigkeit)程度;(2)被违反规范所容许之裁量空间(Ermessenpielruam)范围;(3)违法之主观因素:故意或者过失;(4)损害之产生,是故意导致的抑或是过失而造成的;(5)是否存在阻却违法之事由;(6)对系争违法行为欧盟机构是否也有责任。但是,在实务中,除成员国完全不执行欧盟指令的情形外,欧洲法院对"相当违法性"标准的适用范围作了非常严格的限制,换言之,其政策向成员国倾斜,对受害人不利。❶

(三)须有损害的发生

要成员国承担欧盟法上的损害赔偿责任尚需有损害(Schaden)的发生。这包含了以下两层含义。

一是,成员国之违法行为必须导致一定损害。❷ 所谓的损害,系指由于成员国的某些行为而使相对人的财产(Vermögen)或者法律所保护之利益(rechtlich geschützten Gütern)遭受损失。❸ 但其不限于物质性损害,非物质性的损害同样也属于损害的范畴,可能导致成员国承担欧盟法上国家赔偿责任的后果。❹

二是,该损害的发生与系争违法行为之违反欧盟法存在因果关系,❺即并非只要存在损害就能够请求成员国予以赔偿,或者说并非所有的损害都是违反欧盟法的违法行为造成的"违法后果"(rechtswidrigen Folgen)。❻ 换而言之,这种损害必需能够被违反的欧盟法规范的保障目的(Schutzweck)所涵盖,❼或者说,属于欧盟法的保障范围(Schutzbereich),具有德国法上所谓的主观权利功能,个人方能够取得国家赔偿请求权。

(四)违法行为和损害之间存在直接因果关系

成员国承担欧盟法上之国家赔偿责任的最后一个要件是:系争成员国之违反欧盟法的行为必须和该损害之间存在直接因果关系(unmittelbarer

---

❶ Sasa Beljin,S. 60.

❷ Callies/Ruffert,Rn. 67.

❸ Bernd Grzeszick,S. 499.

❹ 同上。

❺ Callies/Ruffert,Rn. 67.

❻ Hans-Joachim Prieß:Die Haftung der EG-Mitgliedstaaten bei Verstößen gegen das Gemeinschaftsrecht,NJW 1993,123.

❼ Mankowski,Handbuch des Rechtsschutzes in der EU,2 Aufl. C. H. Beck 2003,Rn121－123.

Kausalzusammenhang)❶——尽管现在某些情形下,"直接的(unmittelbar)"这一限定词会被略去,不过,即便如此也并不导致实质性的不同(sachlicher Unterscheid)。❷ 这一要件是欧洲法院在 Brasserie du Pêcheur 案判决中提出的,随后通过 British Telecommunications 案判决、Lomas 案判决以及 Dillenkofer 案判决予以发展和巩固。❸ 它是对欧洲法院在 Francovich 案判决中所提出的成员国承担欧盟法上国家赔偿责任的因果关系要件的修正。在 Francovich 案判决中,欧洲法院认为,只是要求成员国之违法行为和损害之间存在因果关系,即应承担欧盟法上的赔偿责任;"直接的"一词的引入表明欧洲法院放弃了 Francovich 案判决中基于《欧共体条约》第 288 条第 2 款而确立的标准。❹ 这一转变使得成员国承担欧盟法上赔偿责任的因果关系要件和欧盟机构之基于《欧共体条约》第 288 条第 2 款承担欧盟法上之契约外责任的因果关系要件取得了一致。❺

至于何谓"直接"因果关系,通说认为,其即德国法上的相当因果关系理论(Adäquanztheorie)。❻ 在相当因果关系的判定上,与刑法和民法一样采"若无前者,即无后者"的公式(die *condicio sine qua non-Formel*)。❼ 换而言之,依照一般之生活经验(allgemeinen Lebenserfahrung),若能认定,只要某行为存在就足以导致该项损害的发生,则可以认定该行为与损害之间存在相当因果关系。❽ 这是一种法律上的因果关系——判定上的因果关系(wertende Beziehung),❾不同于事实上的因果关系。不过,应当注意的是作为违反欧盟法的结果的损害的发生不应是完全基于想象的,损害的发生必须是客观的,或者至少依照一般人之经验是可预见的。❿ 至于在具体案件中成员国违法行为和损害之间是否存在直接因果关系,根据欧洲法院的判决,其判断权原则上属于各成员国法院或者其他有权机关。⓫

---

❶ Baldus,Grzeszick,Wienhues,S. 76.

❷ Sasa Beljin,S. 63.

❸ Detterbeck/ Windthorst/Sproll,S. 60.

❹ 同上。

❺ Detterbeck/ Windthorst/Sproll,S. 61;Hartmut Maurer,S. 816.

❻ Dirk Looschelders,Schuldrecht:Allgemeiner Teil,8 Aufl. Vahlen 2010,S. 316.

❼ Sasa Beljin,S. 63.

❽ Hans－Uwe Erichsen/ Dirk Ehlers,1023.

❾ Sasa Beljin,S. 63.

❿ Hans－Uwe Erichsen/ Dirk Ehlers,1023.

⓫ Bernd Grzeszick,S. 500.

四、法律后果

一旦成员国的违法行为合乎上述承担欧盟法上国家赔偿责任的要件，或者说个人针对欧盟法上成员国的国家赔偿责任的请求权满足上述要件，则针对成员国之欧盟法上国家赔偿责任诉讼的法律后果一般是由成员国以金钱的方式给予受害人赔偿。就财产之损害赔偿而言，只对那些确实可得的财产造成的损害进行赔偿，至于仅仅是期待利益（Erwartung）或者机会（Chance），则不予以赔偿。❶

除此之外，倘若欧盟法上的国家赔偿责任的承担是由于成员国不执行欧盟指令或者不将之转化成国内法，或者其执行或者转化存在瑕疵而造成的，则判定成员国承担欧盟法上的国家赔偿责任，除了具有一般意义上的"惩戒"作用外，它在一定程度上也加强了欧盟法的效力，并督促成员国执行欧盟指令或者将之转化成国内法，或者完全执行欧盟指令或者将之转化成国内法。❷

除了上述法律后果之外，由于欧盟法上成员国国家赔偿责任的承担是欧洲法秩序的一个重要组成部分——而根据《欧共体条约》第 255 条的规定，欧盟负有监督条约执行的义务，从而确保统一有序的欧洲市场的建立——在这个意义上，特别是随着成员国的败诉，也意味着欧盟有义务也有权力对成员国执行欧盟指令或者将之转化成国内化的情况进行监督，而有关成员国也有义务接受欧盟的监督。

五、结　语

欧洲法院有关成员国之应承担欧盟法上的赔偿责任的判决，对欧洲法院和各成员国法院的关系产生了巨大的影响。

1. 欧洲法院与成员国法院之间的关系

一般认为欧洲法院和各成员国的法院之间是一种协作关系（Kooperationsverhältnis）。然而，相关判决无疑使得欧洲法院的判决在某种程度上在取得结果上有相对优势和相应的效力优先性，即便在多数情形下其尊重成员国法院就系争违法行为是否具有相当违法性及其与损害结果之间是否存在直接因果关系的认定。❸ 与此同时，越来越多的案件涌入欧洲法院和

---

❶　Stefan Ulrich Pieper, S. 2458.

❷　Bettina Schöndorf-Haubold, S. 115.

❸　Bettina Schöndorf - Haubold, S. 115.

欧洲人权法院,这也使得成员国国内的法院的权威受到一定的挑战。

2. 成员国法律和欧盟法律之间的关系

从当下的主流见解来看,欧盟法在位阶上并不高于成员国的国内法,仅具有适用上的优先性,为此,即便成员国法律与欧盟法律之间存在冲突也并不当然无效,仅是使得成员国法律在某种意义上处于一种"休眠状态",一旦相关欧盟法律被废除、修改,则成员国的法律又重新"恢复"其效力。但是,从当下情形来看似乎并非如此——尽管各成员国法院均不承认欧盟法相对国内法具有更高的效力——其在实务上表现为:一方面在缺乏国内法作为根据或者国内法与欧盟法存在明显抵触的情形下,基于欧盟法的直接可适用性(unmittelbare Anwendbarkeit),成员国法院越来越多地援引欧盟法判定本国政府应当承担违反欧盟法所应承担的国家赔偿责任;另一方面,在成员国法律与欧盟法间存在抵触但能做一致性解释的情形下,成员国法院则日益频繁地诉诸"合欧盟指令的法律解释"(richtlinienkonformen Gesetzesauslegung),对国内法做与欧盟法一致(gemeinschaftrechtlichen Harmonisierung)的解释。与此相一致的是,在法国、德国和意大利等一些欧盟成员国国内,在有关成员国违反欧盟法的侵权赔偿诉讼中国内法院判定国家承担欧盟法上的国家赔偿责任案件的数量也日益增多。❶

3. 促成了成员国国家赔偿法的变革

随着欧洲法院对欧盟法上赔偿法制的发展和完善,其对成员国的国家赔偿法制的理论和实务产生的影响也日益激烈。以德国为例,其国家赔偿法理论和实务多以针对第三人的职位义务(drittgerichtete Amtspflicht)的违反为国家赔偿请求权的要件之一,从而将立法不法排除在国家赔偿法的适用范围之外。然而,在 Brasserie du Pêcheur 案判决之后,这也受到了相当挑战。一方面学术界对于欧盟法国家赔偿法制越来越多地给予关注,并将之作为国家赔偿法学不可分割的组成部分加以研究。❷ 其中的部分教材影响深远,可以想象的是受此类教材影响的法学院毕业生,很可能会将之带到国内法的实践中去,从而间接地对各成员国的国内赔偿法制的理论基础和实务产生影响;另一方面是,在一些国家中,如德国,国家赔偿法本身是基于判例法或者习惯法而确立的,在这种情形下,欧盟法上国家赔偿法的发展也为之提供了一定的参

---

❶ Mattias Herdegen/Thilo Rensmann, S. 525.

❷ 如本文所引的 Hans - Uwe Erichsen/ Dirk Ehlers、Detterbeck/ Windthorst/Sproll、Baldus/ Grzeszick/Wienhues 等诸位所合著、编写的行政法、国家赔偿法教材中都设专章对欧盟法上的国家赔偿法制予以探讨。

照，国内法院越来越多地援引欧盟法院判决和裁决拓展国家赔偿法的适用范围。

就上述三点而言，或者可以说成员国欧盟法上之国家赔偿法制的确立，其意义大体上是积极的。然而，正如硬币有两面一样，这不过是其中的一面。随着理论研究和实务的发展，也有越来越多的学者对欧洲法院所确立的这一项制度提出了以下批评。

第一，欧洲法院所"发明"的成员国之欧盟法上国家赔偿责任的法理在某种意义上使得自己陷入一种"腹背受敌"的境地。一方面，尽管目前各成员国基于欧洲一体化的需要在很大程度上承认并接受欧洲法院的判决，但是欧洲法院的日益"能动"也受到了来自成员国的不少批评。另一方面，尽管欧洲法院之引入欧盟法上成员国的国家赔偿责任旨在对各成员国的公权力进行限制，并为人民提供相应的保护，然而，同时却又对其中的各项要件的内涵与外延作了严格的限定，从而使得其保障范围具有相当的局限性，就此而言，或与欧盟法上之权利保障原则相违背。

第二，法制统一性和安定性问题。就以法治国原则而言，法制统一性和安定性有着非常重要的价值。由于成员国之欧盟法上国家赔偿责任本身系欧洲法院的发明，并未见诸成文的规定。虽然，随着时间的推移欧洲法院发展出了成员国之承担欧盟法上国家赔偿责任的要件，但是，由于这些要件并无确定的内容，且在多数情况下委由成员国的法院进行判断，很可能会造成对欧盟法的解释与适用的诸多分歧；为此，在这种情形下，对于如何保障欧盟法的统一性和安定性的担忧也并非杞人忧天。

然而，以上诸问题的解决，就其实质而言，取决于欧盟未来的变化。就当下而言，作为一个超国家的国际组织其不可能完全越俎代庖，使得欧盟法上之国家赔偿法制完全取代国内的赔偿法制，就此而言，欧洲法院在成员国之欧盟法上国家赔偿责任问题保持克制或许是适当的，更何况，其并未放弃进一步拓展成员国之欧盟法上国家赔偿责任的可能性。

隐私权的宪法保护

——以美、加两国非法证据排除规则为视角

戴　莹*

摘　要：美国、加拿大两国对于公民基本权利的保护以宪法为基础，由于刑事诉讼涉及公民最基本的人身财产权利，两国都确立了宪法刑事诉讼体系。两国的非法证据排除规则均以宪法为依据，以隐私权保护为核心，但也在具体制度上存在差异。美、加两国各自的联邦最高法院对案情相似的两个案件作出截然不同的判决，充分说明了两国在非法证据排除规则上的差异。

关键词：宪法刑事诉讼　隐私权　非法证据排除规则

试想这样一种情况：警察在没有搜查证的情况下，使用红外线热量感应仪（thermal-imaging device）在室外对嫌疑人的住所进行监测，根据仪器所显示的房屋散热量以及其他证据推断出嫌疑人在室内种植大麻。警察的行为是否侵犯了嫌疑人的宪法权利？这样的侦查行为是否属于非法搜查？由此得到的证据是否需要排除？

规则植根于文化，法律依托于社会，不同的法律规则背后是不同的法律体系、司法理念及社会文明。加拿大与美国可谓同根同源、国情相似，在刑事诉讼领域都确立了以宪法为基础的制度体系。两国的非法证据排除规则都在功能上实现了隐私权的宪法保护，但在进路上却存在着一定区别，尤其体现在对非法实物证据的排除上。

一、美国宪法上的隐私权保护

美国的非法证据排除规则以联邦宪法第四修正案为基础，以威克斯案❶

＊　戴莹（1981～　　），女，首都经济贸易大学法学院教师。

❶　Weeks v. United States, 232 U. S. 383 (1914).

为起点，以马普案❶为确立标志，成为公民免受不合理搜查、扣押的救济措施。虽然违反以宪法第五修正案为基础的米兰达规则和第六修正案的律师帮助权所取得的证据也不具有可采性，不能在审理中用来证明被告人有罪，但这属于对非法证据排除规则的扩大适用。在原始意义上，非法证据排除规则只是针对非法搜查、扣押而言的。

美国宪法第四修正案规定："人民保护其人身、住房、文件和财物不受无理搜查扣押的权利不得侵犯；除非有合理的根据认为有罪，以宣誓或郑重声明保证，并详细开列应予搜查的地点、应予扣押的人或物，不得颁发搜查和扣押证。"第四修正案适用的前提是政府行为的存在以及公权力的滥用，其所规范的对象是政府及其雇员。适用第四修正案的救济措施，对非法证据进行排除，前提是要有非法搜查、扣押。对于搜查、扣押的定义，最高法院设定了"双叉检验"（two-pronged test）的标准：政府的行为必须侵犯了公民主观表示的对于隐私权的期待及利益，同时这种期待和利益也是为社会所接受和认同的、被认为是合理的。不具有"合理的隐私利益"（legitimate privacy interests）的物品和行为无法得到第四修正案的保护，比如违禁品、抛弃物、开放场所的行为、公众可得到的信息等。如果隐私权的权利主张人有立场主张权利，其对政府搜查扣押的对象又有合理的隐私期待，那么在通常情况下政府必须拥有令状才能进行搜查和扣押，这就是美国法的令状原则。除非符合一定例外，❷无证搜查或扣押一般是被推定为不合理的。

非法证据排除规则有一例外，即"善意的例外"❸。非法证据排除规则的理念在于威慑警察违法，如果警察依据中立、无偏倚的司法官员签发的令状授权进行了搜查扣押，后来却发现该令状缺乏相当理由的支持而属无效，那么最高法院认为警察依据对令状的合理信赖从事，并无违法意图，造成的违法结果不是他们所能预见的，排除证据既不能达到震慑警察的效果，也丧失了探究真实的机会，因此在这种情况下不予适用。

如果搜查、扣押行为系属违法，又不属于"善意的例外"，那么所获得的证据就不得在刑事审理中作为实质性证据采纳。❹ 也就是说，美国的非法证据排除规则的适用是强制排除，即自动排除。其理由是，法律实施官员任何违反

---

❶ Mapp v. Ohio, 367 U. S. 643 (1961).

❷ 如紧急情况的例外、汽车的例外、合法逮捕后的搜查、取得权利人同意、一目了然法则等。

❸ United States v. Leon, 468 U. S. 897 (1984).

❹ 但是非法证据排除规则不适用于大陪审团程序、量刑程序、假释和缓刑撤销程序等，也可以作为弹劾证据用于质疑被告人的可信性。

宪法的行为都是严重的,因而必然导致证据排除的后果,而不由法官自由裁量,也不适用比例原则。❶ 美国的非法证据排除规则不仅适用于非法搜查扣押所直接获得的实物证据,也适用于由此间接取得的衍生证据,即"毒树之果"。

在凯罗案❷中,警察怀疑被告人在家种植大麻,但是没有足够的证据申请令状。由于种植大麻需要一定的热量,警察在公共街道上用红外线热量感应仪对被告人的住所进行监测,发现被告人车库的屋顶和墙壁的散热显然比邻居的多。根据这一证据再结合其他线索,警察申请到搜查证对被告人住所进行搜查,结果发现被告人家中确实种植了 100 株大麻。被告人以生产毒品罪被逮捕和起诉。他向法院提出排除搜查所得证据的动议,声称侦查人员在得到搜查证之前以红外线热量感应仪监测他家的散热情况构成了非法搜查。美国联邦最高法院于 2001 年作出的判决认为,警察的行为构成非法搜查,因为他们所使用的方法和工具已经远远超过了以肉眼窥视别人的房间,这种加强感官的仪器已经不是普通公众都会使用的。由于不存在善意的例外,房屋散热信息这一证据不可采。这样一来,警察就没有足够的证据申请签发令状,以致之后对房屋的搜查也成为非法搜查,所得到的证据都要作为"毒树之果"被排除。

无独有偶,加拿大也发生了与上述案情基本一致的案件,面对美国联邦最高法院就凯罗案作出的判决,加拿大联邦最高法院对非法实物证据的排除采取了一种更为缓和的方式。

二、加拿大宪法的隐私权保护

加拿大的非法证据排除规则同样以宪法为基础,其依据是《加拿大权利与自由宪章》(Canadian Charter of Rights and Freedoms)第 24 条第 2 款的规定:"如果在本条第一款的诉讼程序中,法院断定证据取得的方式曾经侵害或者否定本宪章所保障的权利或者自由时,如果认定,考虑到全面情况,在诉讼程序中采纳此项证据势将败坏司法名誉,即应拒绝接纳此项证据。"❸这一规

---

❶ 郑旭:《非法证据排除规则》,中国法制出版社 2009 年版,第 122 页。

❷ Kyllo v. United States, 533 U. S. 27 (2001).

❸ Where, in proceedings under subsection (1), a court concludes that evidence was obtained in a manner that infringed or denied any rights or freedoms guaranteed by this Charter, the evidence shall be excluded if it is established that, having regard to all the circumstances, the admission of it in the proceedings would bring the administration of justice into disrepute.

定的实际意思是,如果法庭认定,取证方式侵犯宪章所保障的权利或自由,并在考虑了各种因素之后认为采纳该证据将破坏司法,则该证据应当排除。

　　加拿大排除非法证据的标准首先在科林斯案❶中确立,在判断是否会导致司法败坏时,法官必须考虑三个问题:(1)采纳该证据是否会对公正审判产生负面影响?(2)对宪章的违反程度如何?(3)排除证据是否会破坏司法?针对第一个问题,斯蒂尔曼案❷确立的判断标准是该证据是否是"征召性"(conscriptive)证据而非"可发现"(discoverable)证据。所谓征召性证据就是以强迫被告人参与创造或发现证据的方式获取的证据。而如果控方能够证明证据具有独立来源或者必然会被发现,则该证据属于可发现证据。采纳征召性证据——无论是直接证据还是衍生证据——都会对公正审判产生负面影响,而采纳可发现证据则通常不会。针对第二个问题,布黑案❸中认为所应考量的因素包括:警察是否依据善意行事,或者说警察是故意的、恶意的还是仅仅犯了技术性错误;情况是否紧急或必须;警察能否以其他方式取得证据;搜查的侵权程度;被告人所具有隐私期待利益大小;是否存在合理的、有根据的理由。针对第三个问题,布黑案中主要取决于被告人所涉嫌罪行的严重程度及证据对控方的重要性。

　　可以看出,在对第二个和第三个问题进行考量时,最高法院都采取了一种自由裁量排除的方式,唯有在第一个问题上对征召性证据进行强制排除,似乎所有征召性证据必然导致不公正审判。但公正审判的衡量标准是多方面、具体性的,不仅要求保障诉讼权利,也要求实现查明真实的公共利益。因此,一刀切式的强制排除征召性证据与宪章所规定的标准并不一致。于是最高法院在格兰特案❹中将标准改变为:一个理性人在考虑到所有相关情况和宪章所涵盖的所有价值之后,是否会认定采纳证据会破坏司法。宪章的证据排除政策是立足于长远,立足于社会的,是具有前瞻性的。法院应当考虑到社会对司法体系的信心,在决定是否采纳证据时必须考量和平衡以下因素:(1)政府违反宪章行为的严重程度;(2)违反宪章行为对被告人宪章权利的影响;(3)依据证据对案件进行审理的社会利益。据此,对于实物证据的排除要按照案件具体情况,根据警察的主观意图、所侵犯隐私权的程度、违法行为的具体方式、案

❶ R. v. Collins,[1987] 1 S. C. R. 265.
❷ R. v. Stillman,[1997] 1 S. C. R. 607.
❸ R. v. Buhay,[2003] 1 S. C. R. 631.
❹ R. v. Grant,[2009] 2 S. C. R. 353.

情的紧急程度等综合因素决定排除与否。对于非法证据的衍生证据,如果是警察依据善意行事、并未严重损害被告人宪章利益所取得的可靠证据,通常可采;反之则排除。

非法证据排除规则是加拿大宪章权利的救济手段之一,但只有在政府官员的行为构成搜查、扣押的前提下,才能启动《加拿大权利与自由宪章》第 8 条所规定的"免受不合理搜查和扣押的权利"。在对此进行判断时,亨特案❶所确立的标准是政府行为是否侵犯了合理的隐私期待。

判断何谓"合理的隐私期待"需要一个客观标准。杜尔特案❷摒弃了"风险分析法"(risk analysis),认为判断是否存在合理的隐私期待的标准是,按照人们在一个自由民主的社会里所能期待享有的隐私标准,政府官员实施所争议的行为时是否应遵守宪章要求。换句话说,如果允许所争议的某种未经授权的监控,是否会导致公民所保有的隐私和自由降低到无法与自由开放的社会目标所共存的程度。❸ 加拿大联邦最高法院在女王诉旺案❹中适用了这一标准。在女王诉旺案中,被告人在多伦多一家酒店房间里组织赌博,控方将其赌博的录像作为证据,初审法院认为录像带侵犯了被告人的宪章权利,应予排除;上诉法院认为,被告人以赌博为目的邀请公众进入酒店房间,因此不存在合理的隐私期待。最高法院认为,问题不在于被告人锁起酒店房间大门进行违法活动时是否享有合理的隐私期待,而必须把问题放在一个广大的、中立的角度去考察,在我们的社会中,人们在酒店房间里锁上门后是否享有合理的隐私期待。个人不同于政府,具体行为合法与否也不同于事关社会利益的法律政策。隐私期待的防范对象是政府,这与权利人是否邀请他人进入房间是两码事。最高法院承认警察无证录像系属违法,侵犯了《加拿大权利与自由宪章》第 8 条所规定的被告人的权利。但由于当时没有取得录像令状的法律规定,并且警察依据善意行事,采纳录像带作为证据不会破坏司法,所以录像带是可采的。

可见,加拿大对于实物证据的排除标准,首先取决于政府行为是否构成搜查、扣押,具体而言就是是否侵犯了被告人合理的隐私期待;其次对违法行为的各种相关因素进行考察,在综合全部因素之后,采纳该证据是否会破坏

---

❶　Hunter v. Southam Inc. ,［1984］2 S. C. R. 145.

❷　R. v. Duarte,［1990］1 S. C. R. 30.

❸　Anthony G. Amsterdam, perspectives on the fourth amendment, 58 Minn. L. Rev. 349, 1974, p. 403.

❹　R. v. Wong,［1990］3 S. C. R. 36.

司法。

在特索林案❶中,警察在没有搜查令状的情况下,搭乘飞机使用具有红外热量探测功能的相机对被告人的住所拍照,记录了建筑物表面所散发的热量。与其他证据相结合,警察推断被告人在家种植大麻。被告人认为警察使用探测仪的行为已经构成了非法搜查,侵犯了自己的宪法权利。

加拿大联邦最高法院首先回顾了普兰特案❷和爱德华案❸所确立的"总体情况"的检测标准(totality of the circumstances test)。合理的隐私期待要求同时具备主观的期待和客观的合理性。隐私利益共分为三种:人身型、区域型、信息型。但这三种利益在实践中并非总是泾渭分明,在特索林案中就出现了重叠:既涉及信息隐私利益——获取被告人室内活动的信息,又涉及区域隐私利益——虽然警察并未实际进入被告人家中,但确实是在家中进行的活动。但最高法院认为警察真正的标的物不在于建筑物散发的热量,而在于由此得出相关室内活动的推论,因此本案主要触及信息隐私利益。《加拿大权利与自由宪章》第 8 条所保障的信息隐私利益是自由民主社会中的个人希望自己保有、控制、免于政府所知的个人核心信息,其中包括可能泄露个人选择或生活方式细节的信息。❹ 最高法院认为红外热量探测仪的操作不具有侵犯性,其所能收集的信息也属于一般信息。只靠这个仪器所收集的信息是不足以签发令状的,警察之所以能够成功取得令状是因为还掌握着其他证据和线索。因此,现阶段使用的红外热量探测仪并不等同于直接把警察置于家中。这个仪器确实收集到了被告人家中的信息,但《加拿大权利与自由宪章》第 8 条保护的是人而不是地方。仪器所收集到的信息既没有触及个人核心信息,也不会泄露个人生活方式的细节,因此不足以启动《加拿大权利与自由宪章》第 8 条进行保护。既然警察的行为不构成对宪章权利的侵犯,不属于不合理搜查扣押,所得证据也就无需排除。

三、美加隐私权保护之比较

结合上述规则和案例,可以对美、加两国非法实物证据排除规则进行总结。首先,美国和加拿大的法律体系都以英国普通法为基础,具有同源性,在

---

❶ R. v. Tessling,[2004] 3 S. C. R. 432.

❷ R. v. Plant,[1993] 3 S. C. R. 281.

❸ R. v. Edwards,[1996] 1 S. C. R. 128.

❹ R. v. Plant,[1993] 3 S. C. R. 281.

对实物证据的排除规则上有很多共同之处,如理论基础、法律依据等。具体表现为以下几个方面。

1. 以宪法为依托

美国非法证据排除规则以宪法第四修正案为基础,之后又通过案例扩展到第五修正案和第六修正案,由此免受不合理搜查、扣押的权利,不强迫自证其罪的权利以及律师帮助权都具备了以宪法为基础的救济措施。与历史悠久的美国宪法不同,《加拿大权利与自由宪章》在 1982 年才作为宪法法案的一部分纳入加拿大宪法。宪章规定了免受不合理搜查、扣押,免受任意逮捕、拘禁,不强迫自证其罪,知情权以及律师帮助权等公民在刑事司法领域的基本权利,并对侵犯宪章所保障的权利和自由的行为设定了排除证据的程序性制裁,使非法证据排除规则在加拿大也具有了宪法基础。

2. 以隐私权为核心

最初,美国并不承认言词、谈话等无形权利受到第四修正案的保护。不论是欧姆斯泰德诉美国案❶还是古德曼诉美国案❷都显示,如果不存在实体上的侵入就无法基于第四修正案得到保护。但卡兹案❸中,最高法院推翻了先例,确认了警方的窃听行为侵犯了宪法第四修正案所规定的被告人的权利。他们认为,使用电子技术录音和窃听被告人的谈话侵犯了他在使用电话亭时合理期待的隐私权,因此构成第四修正案意义上的搜查、扣押。是否存在实体上的侵入,在宪法上不具有实质意义。自此,美国宪法第四修正案的保障就以隐私权为核心。当然,第四修正案所保护的不仅仅是隐私权,但非法实物证据排除与否确实以隐私权的有无作为重要标志。《加拿大权利与自由宪章》并没有隐私权的字眼,但几乎从宪章存在伊始,加拿大联邦最高法院就以"是否存在合理的隐私期待"作为非法实物证据排除规则适用的第一道门槛。此后的种种案例虽然对隐私权的判定标准和层次划分进行了发展,但始终围绕着隐私权展开分析。不论是美国还是加拿大,其最高法院都曾在判决中指出,宪法(美国宪法第四修正案/《加拿大权利与自由宪章》第 8 条)保护的是人而非地方。

3. 相似的整体制度结构

在美国和加拿大,判断是否排除非法实物证据,首先要看当事人是否享有合理的隐私期待,所谓合理的隐私期待既要求有主观的期待,又要求有客观的

❶ Olmstead v. United States,277 U. S. 438 (1928).

❷ Goldman v. United States,316 U. S. 129 (1942).

❸ Katz v. United States,389 U. S. 347 (1967).

合理性;如果存在合理的隐私期待,那么政府行为可以认定为搜查、扣押,需要依司法令状执行;如果属于无证搜查、扣押,又不属于任何例外,则可认定公民宪法权利受到侵犯,按照非法证据排除规则决定由此取得的证据是否可采。两国在非法实物证据排除的分析层次上基本一致。

但对美国凯罗案和加拿大特索林案的对比,也彰显了美、加两国宪法权利的刑事司法救济中的一个亮点——以隐私权为基础的、不同的实物证据排除规则,其不同之处具体表现为以下几个方面。

1. 宪法性地位不同

虽然美国的非法证据排除规则以宪法第四修正案为基础,但对于这一规则是否是宪法规则始终存有疑义,很多人质疑它只是司法创设的预防性规则,并非宪法本身规定的。而且,近年来美国联邦最高法院接连作出限制非法证据排除规则适用的判决。美国联邦最高法院首先在 2009 年扩大了善意的例外的评判标准,❶又在 2010 年连续作出三个判决大幅度限制米兰达规则的适用,❷评论者认为这几乎是推翻先例、废除非法证据排除规则的预示。但这一制度在加拿大的宪法地位毋庸置疑,因为《加拿大权利与自由宪章》第 24 条第 2 款对"排除证据"作出了明文规定,即使在具体操作标准上存疑,对于加拿大非法证据排除规则系属宪法规则并无争议。

2. 合理隐私期待的具体判断标准不同

虽然美、加两国对于合理的隐私期待的基本评判标准都采纳双叉检验,但具体标准相去甚远。美国通过判例所确立的评判标准更为明晰,更具强制性。如前所述,违禁物、非法行为、抛弃物、开放场所和公众可得到的信息都不受隐私权保护。因犯对其牢房及其内物品不具有合理的隐私期待。因此,警犬探嗅和毒品检测作为只能发现违禁品和非法活动的"搜查"都不构成第四修正案意义上的搜查。❸ 加拿大则对隐私期待的合理性采取"总体情况"的检测标准:通常认为人身型隐私享受较高的合理期待;区域型隐私要考虑当事人在搜查当时是否在场、是否对该区域或物品享有财产权、占有支配权或控制进出权以及该区域或物品的使用历史等;信息型隐私的影响因素包括信息的性质、泄

---

❶ Herring v. United States, 555 U. S. 135 (2009).

❷ 分别是 Florida v. Powell , 559 U. S. (2010), No. 08-1175. Maryland v. Shatzer, 559 U. S. (2010), No. 08 - 680. Berghuis v. Thompkins, 560 U. S. (2010), No. 08 - 1470.

❸ 不过并非所有的毒品检测都不构成搜查,如果是尿液的毒品检测就构成搜查,因为这一检测可以显示很多具有隐私性的信息,收集尿样的过程对公民而言也更尴尬、更具有侵犯性。Skinner v. Railway Labor Executives Association, 489 U. S. 602 (1989).

密方与权利方关系的性质、取得信息的场所、取得信息的方式以及所侦查犯罪的严重程度等。根据这一标准，加拿大最高法院已经认定警犬探嗅也有可能构成宪章所禁止的不合理搜查，侵犯当事人的隐私权。尽管警犬探嗅具有低侵犯性和高准确性，但这只能在总体情况下对合理性采取较低的评判标准，仍然要求警察具有"合理的根据"怀疑当事人持有毒品才能进行搜查。❶

3. 非法实物证据排除方式不同

众所周知，美国非法实物证据的排除是强制性的、自动的。一旦认定警察的搜查、扣押行为违反宪法，又不属于善意的例外，该证据即不具有可采性，无需权衡，也没有自由裁量的余地。但在加拿大，即使已经确认警察的搜查、扣押行为违反了《加拿大权利与自由宪章》第8条，仍然要综合考虑违法行为的严重程度、被告人权利的受损程度以及证据对案件的重要程度等总体情况，只有在认定采纳该证据会破坏司法时才予以排除。在整个过程中，权衡和裁量不仅是允许的，甚至是必要的。

4. 衍生实物证据可采性不同

实物证据不仅可以通过警察最初的违法行为直接获得——原始证据，也可以通过原始证据间接得来，比如通过非法讯问得到的口供找到尸体或凶器等实物证据——衍生证据。在美国，衍生的实物证据原则上要作为"毒树之果"强制排除。联邦最高法院也发展出一系列毒树之果的例外，如稀释原则、污染中断、必然发现以及独立来源的例外等，对衍生实物证据的排除进行了一定限制，但总体而言还是遵循着"非例外，即排除"的强制排除做法。加拿大对衍生实物证据依然采取自由裁量排除的做法，由于实物证据一般具有较强的真实性，如果警察依据善意行事，并非恶意违法，也未对被告人的宪章权利造成重大损害，正常情况下该证据是可采的。但是如果警察的行为过于恶劣，严重影响被告人的宪章权利，那么即使证据可靠也要排除。此外，还有一个特殊的考虑因素，即法官要特别注意自己在作出认定衍生证据可采性的判断时，不能造成鼓励警察通过非法讯问以期得到衍生实物证据的效果。

美、加两国非法实物证据的排除在规则的具体设置和分析方法上截然不同，这就导致了两个案情极为类似的案件在美国和加拿大得出了相反的结论。

如果凯罗案发生在加拿大，那么根据《加拿大权利与自由宪章》第24条第2款以及第8条的规定，首先要考察警察的行为是否构成"不合理的搜查、扣押"，判断标准就是警察的行为是否侵犯了合理的隐私期待。本案主要涉及信

---

❶ R. v. A. M. ,2008 SCC 19.

息型隐私,警察收集的信息并没有触及被告人个人的私密信息,被告人对于房屋散热的信息不具有合理的隐私期待,警察的行为不构成不合理搜查、扣押,非法证据排除规则无从启动。

如果特索林案发生在美国,那么按照美国对于"利用辅助工具加强观察"的评判标准,红外热量探测仪已经超出普通公众普遍使用的范围,因此警察行为构成搜查。由于没有令状授权,不符合任何例外情况,因此可以认定构成不合理搜查。对于这种违反第四修正案的、不合理搜查所取得的实物证据,美国非法证据排除规则要求强制排除,该证据不可采。

四、结　语

美国和加拿大在地域上比邻而居,拥有相似的文化和共同的语言,也都属于移民国家,在人口组成上具有相类似的多元性。这为双方的文化交流和制度借鉴奠定了基础,加拿大建国后的法治发展深受美国影响,逐渐发展起以宪法为基础的刑事司法制度。美国以宪法第四修正案为基础,建立了以隐私权为核心、以震慑警察违法为目的的非法证据排除规则,对实物证据进行强制排除。加拿大以《加拿大权利与自由宪章》第 24 条为基础的非法证据排除规则,同样以隐私权为核心,但其目的在于维护司法名誉,保护司法正洁,对实物证据的排除要在考虑到全部情况的基础上裁量排除。加拿大的非法实物证据排除规则是在对英美相关规则进行考察和反思后的扬弃,是立足于本国传统和现实的理性选择。这种冷静和沉淀也许正是中国在学习、借鉴域外法时所需要的。

美国北达科他州调解制度及其对我国的启示[*]

刘 丽 雷 静^{**}

摘 要:在美国北达科他州,调解主要有家事调解、社区调解、政府或公共部门调解、法院调解四种类型,每种调解类型的形成都经历了从质疑到逐步得到认可并最终被广泛利用的过程。四种调解类型的法制化发展体现了从议会立法到行政立法再到法院规则的特点,同时,北达科他州亦十分重视对调解的灵魂人物调解员的培训,并针对不同类型的调解规定了不同的调解培训内容和调解员资格制度。该州在调解制度方面精细化的规定及完备的法律制度,对具有调解传统的中国来讲,具有一定的借鉴意义。

关键词:美国北达科他州调解制度 调解的法律依据 调解人员的培训

调解起源于中国,作为中国传统法文化的组成部分,调解不断被传承和发展,并被域外诸多国家发展运用到极致,比如没有调解文化和调解传统的美国,却在近三四十年间,随着 ADR(非诉讼纠纷解决程序)运动的兴起,将调解发展得如火如荼。美国的北达科他州和美国其他州一样,在 20 世纪 80 年代之前,诉讼一直是北达科他州纠纷解决的最热门工具,然而 80 年代初,随着民权运动、政治不稳等社会问题凸显,法院的医疗纠纷、产品责任纠纷、交通事故纠纷、保险纠纷以及行政机构管制行为纠纷、集团诉讼案件等纠纷的增多,产生了"诉讼爆炸"的现象,此外,诉讼程序的昂贵、耗时和程序繁琐,使得一个最简单的案件在北达科他州走诉讼审判程序可能要花上几年时间,很多类型化

* 本文系湖南省哲学社会科学重点研究中心——诉讼法中心重点研究项目:《美国土地纠纷解决的结构性障碍及启示》成果。感谢张彬、刘培、尹媛和刘波同学提供的部分资料翻译工作。

** 刘丽(1978~):女,法学博士,湘潭大学法学院副教授,硕士生导师,主攻方向:行政法学;雷静(1989~):女,湘潭大学法学院 2012 级宪法学与行政法学硕士研究生。

案件的重复出现,促使人们开始反思这些类型化且不涉及法律原则的纠纷是否必须采用诉讼才能解决。❶ 通过反思,人们逐渐想要寻找避开司法体系拥堵的方法,开始寻求诉讼以外的纠纷解决方式,调解也就应运而生。笔者以北达科他州调解的四种类型为基础,深入探析该州调解的法律依据、调解员培训等法律制度,以期为我国调解制度的发展和完善提供一定的域外经验。

一、北达科他州的调解类型

在北达科他州,调解作为一种合法的纠纷解决方式在长期的实践中已形成了几种主要的类型。

(一)家事调解

家事调解就是针对家事纠纷而进行的调解,凡是与婚姻家庭有关的纠纷就是家事纠纷,其分为人身关系纠纷和财产关系纠纷,具体包括配偶权纠纷、亲权纠纷、亲属权纠纷、离婚财产分配关系纠纷等。家事调解是北达科他州调解历史上最早实行的调解,它一步步的类型化是一批调解先驱的不断实践和一批机构的不断尝试的功劳,笔者试图用表1来更直观的呈现家事调解发展的脚步。

表 1　家事调解类型化的脚步❷

时间	家事调解的推动者	对家事调解的具体贡献
20 世纪 80 年代初期	社会工作者邦尼·汤普森	(1)1981 年,通过路德会社会服务机构(Lutheran Social Services)组织的家事调解实践,邦尼·汤普森最早将家事调解引进北达科他州; (2)建立了一个强大的家事调解实践团队
20 世纪 80 年代中后期	职业律师迈克·里弗瑞克	将家事调解作为律师业务引进其律师事务所,在他调解工作开展的七八年间,仅监护权案件就调解了 1000～1200 起
20 世纪 90 年代早期	律师梅尔·韦伯斯特	(1)帮助人们解决离婚问题以及已离婚父母有关子女的抚养问题; (2)参加地区法院的家庭调解试点项目

---

❶ 李政:"中国特色的调解制度研究——基于美国调解程序和效力的启发",载《比较法研究》2011 年第 5 期。

❷ See James R. Antes, Kristine Paranica, The promise of mediation for North Dakota, 84 N. D. L. Rev. 2008, p. 669.

续表

时间	家事调解的推动者	对家事调解的具体贡献
20 世纪 70 年代中期	家庭法院	设立了强制性协商制度,规定在判决离婚前必须经过协商或调解❶
20 世纪 80 年代早期	格兰福克斯少年法庭	制定了一项关于缓刑监护官指导少年犯进行自愿性监护调解的计划❷
1995 年	北达科他州州立律师协会	建立"家庭法"工作小组,来研究离婚和监护权等家庭纠纷的调解
1995 年成立至今	联合争端解决研究委员会（Joint Dispute Resolution Study Committee)	(1)一直致力于对调解方案的研究,不断的发布报告,提出调解建议; (2)成立了一个有关家事调解的下属委员会
1988 年成立至今	北达科他大学冲突解决中心（CRC)	(1)为北达科他州地区的居民提供家事调解并对他们进行冲突管理教育; (2)对整个州的家事调解员进行调解培训
2007 年	北达科他州州立法机关	资助建立一个有关孩子监护权和探视权的试点项目

从表 1 可以看出北达科他州的家事调解具有以下特点。

1. 家事调解主体的多元性

北达科他州的家事调解的兴起源于家事调解员的个人实践,这些实践者的职业是多种多样的,包括社会工作者、律师、法官,甚至还有商业专家、理疗师等,其实像邦尼·汤普森他们这些先驱也许当时并不能称之为家事调解员,因为他们还面临着各种质疑和挑战,这些质疑的声音来自那些鲜少知道调解制度的人们以及对调解持抵抗的律师们,因此,他们的实践是勇敢的、有意义的,正是他们的实践逐渐让人们认识到调解的便利,让律师和其他工作者认识到调解的好处和利益,进而加入到这个队伍中来。在这些调解员实践的同时,还有一些机构也尝试对家事纠纷进行调解,如表 1 中所列的家事法庭和少年审判庭,这些机构早期的尝试可能最后大多无疾而终,但是这些尝试仍是值得肯定的,其推动了家事调解类型化的进程;而对家事调解作出贡献的机构还有另外一些,如冲突解决中心、联合解决争端研究委员会、州立法机关等,因为有了前人的奠基,它们通过研究调解方案、提出建议、资助调解项目等方式使得家事调解在北达科他州确定了它的地位。

---

❶ 这项立法不是真正意义上的调解且最终被废止,但是,它显然是法院系统采用的区别于传统的诉讼模式来解决离婚案件的一种尝试。

❷ 因为缓刑监督员的工作负担过重,截至 2008 年年底该项计划一直未得到执行。

2. 家事调解兴起的早期性

家事调解是北达科他州最先开始发展起来的调解类型,开始于 20 世纪 80 年代,从表 1 中可以看出,1981 年的路德会社会服务机构(Lutheran Social Services)组织的邦尼·汤普森家事调解实践开启了家事调解在北达科他州的实践。在之后二十多年的时间里它的发展也是日益迅速。

3. 家事调解前期的挑战性

无论对于家事调解员还是家事调解机构,前期的挑战与困难是无可避免的。像前文所说因为人们鲜少知道调解制度的存在和律师们对调解的怀疑态度,导致了对早期调解员的挑战接踵而来,人们因为不了解调解所以质疑调解,而律师们对调解的抵抗则在于他们担心在调解中他们顾客的利益不能很好地实现或者调解会让他们失去生意;而对于参与调解的机构而言,它们遇到的挑战更是多方面的,繁重的工作导致计划无法实施、纠纷双方的逃避等,家事法院和少年法庭尝试的失败就充分说明了这点。

4. 家事调解具体工作的多样性

根据家事调解主体的不同以及地位的不同,他们的具体贡献也是不一样的。对家事调解员来讲他们的贡献主要集中在家事调解的实践上,通过具体的实践帮助当事人解决纠纷,让更多的人了解调解;而对于地位更高与社会影响力更大的机构来讲,他们对于调解的贡献是不同的:对家事调解进行更深的研究、制定有关家事调解的计划或方案、进行家事调解的培训、建立家事调解试点项目等。

当然我们不能说北达科他州的家事调解进程单靠表 1 中的这些人物、机构的尝试与工作就能完成,但是这是一个时间的进程,在北达科他州还有许多的人、许多的团体、许多的机构都在引领或跟随着家事调解类型化的脚步,这些只是他们的代表,而我们只是从一个小的缩影看到了北达科他州家事调解的发展脚步。

(二)社区调解

20 世纪 60 年代末 70 年代初,社区调解登上了美国的调解舞台,它是一种以解决社区婚姻家庭纠纷和社区邻里纠纷等人际纠纷为目标的非正式的纠纷解决机制。发展初期主要是美国联邦政府广泛资助社区调解项目的发展,而随着这些项目的成功,许多州也开始积极地资助社区调解项目的开展,各州开展的调解项目数量也从 1984 年的 4 个增长至 1995 年的 20 个,并且在接下来的时间里一直在增长。❶ 20 世纪 80 年代末期社区调解在北达科他州开始盛行。

社区调解在美国的流行取决于其以下特色：第一，社区调解最大的特点就是使用经过培训的社区志愿者来提供调解服务，而对于这些志愿者是没有学历背景和职业资格的要求的；第二，社区调解机构可以是私人非营利机构也可以是公共机构，每个机构都有一个内部的管理委员会或者咨询委员会；第三，社区调解的工作人员，包括调解员都来自他们所服务的社区，具有代表性；第四，社区调解为社区公众提供直接进行调解的机会，并努力减少各种障碍，方便公众参加调解；第五，社区调解机构向公众提供免费调解服务，即使收取费用也是很低的；第六，社区调解促进社区居民发展合作型、和谐型的社区关系；第七，社区调解还积极开展教育活动，唤醒公众对社区调解价值和实践的认识；第八，社区调解在纠纷出现的早期阶段为解决纠纷提供对话平台；第九，在纠纷的任何阶段为纠纷双方提供纠纷调解服务。❷ 这是美国社区调解的共性，然而作为独立州的北达科他的社区调解肯定也有着自己的独特之处，其最大的独特之处就在于北达科他大学冲突解决中心。

1. 北达科他大学冲突解决中心为社区提供调解服务

社区调解顾名思义是主要围绕社区来开展调解工作的，而北达科他州唯一的社区调解和培训中心就是北达科他大学冲突解决中心。冲突解决中心位于北达科他大学校园，是通过一群北达科他大学的教职员工为北达科他大学校园社区提供调解服务而成立的一个非营利性的社会调解和培训机构。自1988 年成立起，其目的就很明确地指向社区调解，其成立后一直在扩大自己的服务范围，广泛地致力于家事调解和其他调解。现在，冲突解决中心仍然提供冲突管理培训和教育，是北达科他州唯一的社区调解和培训中心。

作为社区调解形式的调解服务机构，北达科他大学冲突解决中心的调解做法也存在着自身的特点，而这些特点也是北达科他州社区调解的特点，主要是通过北达科他大学冲突解决中心的调解员的调解实践体现的。首先，冲突解决中心的社区调解案件很少是准备审判的案件，其调解主要涉及的纠纷包括：双方是上下级或同事的，地区的非营利机构，以盈利为目的的企业，国家或地方的政府单位以及以社区为单位的案件；其次，北达科他大学冲突解决中心的调解员很少是律师，更多是来自各行各业的工作人员，如教士、企业界人士、

---

❶ 刘静、陈巍："美国调解制度纵览及启示"，载《前沿》2011 年第 4 期。
❷ 赵民兴："略论美国社区调解对我国人民调解的借鉴"，载《法制与社会》2012 年第 3 期。

辅导员等,他们通过培训和指导成为调解员。最后,北达科他大学冲突解决中心的社区调解是向公众免费提供的或只收取少量费用的,客户支付给北达科他大学冲突解决中心的费用也只是被用来支付办公、工作人员的薪金和其他必要开销。从收费和志愿者贡献出来的时间这些方面,不难看出北达科他大学冲突解决中心是一个非营利机构。❶

2. 北达科他州大学冲突解决中心的调解培训服务

北达科他州大学冲突解决中心对社区调解的贡献不仅仅在它提供的调解服务上,也同样在于其作为一个培训机构对调解的发展所做的努力。几乎从冲突解决中心成立时起,它就在努力以教学的方式教导州和地区的人们如何进行调解,传授他们相关的技能,并且每年召开几个关于民事或者家事调解的专业培训研讨会,来促进调解的发展。

北达科他州的社区调解员基本上跟北达科他大学冲突解决中心有密切联系。冲突解决中心是这个州唯一的社区调解和培训中心,我们难以想象到底有多少社区调解员通过这里走上了调解之路。参与冲突解决中心进行调解工作的要求是几个小时的培训、指导和持续的教育和服务。同时,社区调解员有着独特的性质:志愿者,他们免费为社区、校园等提供免费的纠纷调解服务。作为社区调解的志愿者他们来自各行各业,范围十分广泛,并具民主性,只要参加了培训和指导,那么无论是何种职业的人都可以成为社区调解员。史蒂芬·马夸特❷、杰克·马希尔❸等就是社区调解员的代表,他们在接受过调解培训后积极地从事着社区纠纷的调解工作,当然,正如同家事调解员一样,社区调解一开始也存在着来自各方的挑战和质疑,也经历了一个从抵触到接受的过程,这其中冲突解决中心和这些调解员的不断实践和努力值得称赞。

北达科他州大学冲突解决中心的两方面贡献显示了社区调解在北达科他州的发展特点,也正是冲突解决中心的努力推动了社区调解的类型化。

(三)政府、公共部门调解

20 世纪 80 年代末 90 年代初,北达科他州政府的各个部门对调解的积极

---

❶ James R. Antes, Kristine Paranica, The promise of mediation for North Dakota, 84 N. D. L. Rev. 2008, p. 669.

❷ 史蒂芬·马夸特律师早在 80 年代开始了社区调解的实践,他不断扩大其律师事务所的业务,逐步涉及民事案件,人身伤害案件,雇佣和合同案件的调解。

❸ 杰克·马希尔律师在调解界具有很高的威望,被看成中立者的代表,他在积极进行诉讼和仲裁的同时,接手了大量与就业法和房地产案件相关的社区调解。

性迅速升温,有关调解的项目显著增加,这些调解涉及工作中的方方面面,主要包括工作中的种族、性别、雇佣歧视、人事关系、残疾人的生活保障以及其他类型的纠纷等。❶

从北达科他州政府来看,有大量的职能部门提供调解服务,笔者企图用表2的十个部门来具体分析政府、公共部门的调解。

表 2　政府、公共部门的调解❷

时间	调解的部门	具体的调解工作	调解员的选择
1985 年	农业部下属的农业调解服务机构（AMS）	农民——债权人调解是北达科他州最早的政府层面的调解	调解员由农业调解服务机构内部指定,调解任何与农民有关的纠纷
1996 年	人力资源管理服务机构(NDHRMS)	主要为州机关和其雇员之间的人事和人际关系的纠纷提供调解服务	调解员是在科罗拉多州的一个机构中接受过调解培训的员工
20 世纪 90 年代以来	劳工部	将调解作为其处理住房和雇佣歧视性投诉程序的一部分❸同时还指导与劳动或管理合同有关的调解会议❹	无论针对住房或雇佣歧视,调解员都是由劳工部的工作人员担任
20 世纪 90 年代中后期	北达科他州行政听证办公室	为任何试图调解纠纷的政府机构提供调解❺	由行政法法官担任调解员
1999 年	美国邮政局	美国邮政局在北达科他州设置的办事处根据邮政局的调解方案对雇员的歧视控告进行调解❻	方案中的调解员不是美国邮政局的雇员,而是通过调解的变革理论❼培训后被选择列入调解名单的人员,其基于合同开展调解工作

---

❶ 刘静、陈巍:"美国调解制度纵览及启示",载《前沿》2011 年第 4 期。

❷ James R. Antes、Kristine Paranica ,The Promise of Mediation for North Dakota,84 N. D. L. Rev. 2008,p. 669.

❸ 当事人在住房歧视性案件调解中基本没有任何正式的面对面会谈,而雇佣歧视案件调解体现了更多的面对面或私人会议。大约三分之一的住房和雇佣歧视的案件当事人是同意调解的,且每年基本上会主持 50 次调解。如果调解被拒或者案件通过调解没有得到解决,那么一项正式的调查将会启动,并且劳工将据此作出一项裁决。

❹ 但在 2005～2008 年劳工部并没有指导过与劳动或管理合同有关的调解会议。

❺ 但到 2008 年末还未进行过任何调解。

❻ 该方案是平等就业机会申诉程序的一部分,根据这个方案,雇员在控告歧视时可以在正式的申诉前选择调解。美国每年都会进行成千上万的调解,统计数据表明这项方案是非常成功的。

❼ See Robert A. Baruch Bush、Joseph P. Folger,Promise of Mediation:The Transformative Approach to Conflict,2004,pp. 26 - 27. (discussing the decision of USPS to use transformative mediation).

续表

时间	调解的部门	具体的调解工作	调解员的选择
20世纪90年代后期	青少年服务部	青少年服务部经常对犯罪的青少年适用恢复性司法程序❶中的"问责讨论会"❷	调解员被称为"协调者",进行由路德会服务机构付费的有偿服务
20世纪90年代后期	北达科他州管教所内部的受害者服务部	对受害者和犯罪分子进行调解❸	受害者服务部内许多管教员都进行了调解培训,由他们担任调解员
2000年	美国运输安全管理局	美国运输安全管理局要给他们的雇员提供替代性纠纷解决方法,无论是在平等就业机会申诉前还是申诉过程中	美国运输安全管理局在个案合同的基础上雇佣调解员,然后由调解员实施基于变革理论的调解
2001年	北达科他州公立高等教育机构	通过了一项针对高等教育机构全体教员的政策,规定适用调解来解决有关教育的纠纷❹	若当事人不同意调解员,则由北达科他州大学系统指派经过培训的调解员担任
2004年	公共指导部门	公共指导部门可以为任何发生在特殊教育中的受影响方提供调解❺	调解员基于合同关系而工作,不属于公共指导部门,还必须进行特殊教育的额外培训

从表3可以看出北达科他州的政府、公共机构调解具有以下几个特点。

(1)政府、公共部门调解机构的众多性。这是北达科他州调解的独特之处之一,农业部下属的农业调解服务机构、人力资源管理服务机构、劳工部、北达科他州行政听证办公室、美国邮政局办事处、青少年服务部、北达科他州管教

❶ 恢复性司法程序由北达科他州最高法院创始于20世纪90年代后期,区别于其他为了维护法律威严的司法程序,它的功能在于补救受害者所受到的损失并且促进社区的安全和保障。

❷ 这是路德会社会服务机构在调解中经常使用的一个术语。实质上就是受害者和犯罪分子自愿进行调解,犯罪分子同意为其行为负责且意识到进行补偿的必要性,受害者则必须给犯罪分子补偿的机会,其目标是希望达成一个双方都能接受的赔偿协议,协议内容一般是犯罪者赔偿金钱或为受害者进行定时的服务或一定时间的社区服务。路德会社会服务机构2007年的报告指出共有254个青少年和他们的受害者参加了问责研讨会。

❸ 因为对管教员作为调解员身份的质疑,鲜少有受害者对此感兴趣,所以,其并没有进行过受害者——犯罪分子的调解。

❹ 规定了调解在"教员申诉"案件中是强制的,这类案件涉及对州高等教育机构委员会的政策、程序或者与雇佣关系相关的控告。在有关教员奖惩、不续期以及雇佣的案件中,只要当事人双方一致同意即可参加调解。但在因故解聘的案件中,调解就不能被适用。

❺ 根据2004年美国联邦最高法院《残疾人教育法》,调解可以用来处理特殊教育中父母与学校教职工之间的纠纷。任何受影响方都可通过公共指导部门来调解,费用由公共指导部门的财政负担。

所内部的受害者服务部、美国运输安全管理局、北达科他州公立高等教育机构、公共指导部门这些机构也许还只是一个缩影，可想而知它的盛行，也不难理解它的类型化原因。

（2）政府、公共部门调解工作的内部性。北达科他州的每个机构的调解主要针对的是自身内部有关就业和管理调解工作中的特定事项的纠纷。各个机构或者制定规则确定采用调解，或者建立一个内部机构进行调解，抑或只是发布一个方案来明确调解方式。虽然形式上存在差异性，但是调解工作的内部性是不容置疑的。

（3）政府、公共部门调解员主要由该部门的工作人员担任。政府、公共部门调解的调解员的特点就在于他们是"内部"或者行政工作的专业工作人员，这也是由政府、公共部门调解工作的内部性所影响的。这些工作人员对自己所在机构的工作有具体的了解，因此，可以运用自己的专业知识对机构内的专业事项进行更好的调解，如北达科他州行政听证办公室的行政法官、受害者服务部内的管教员等都从事着调解的工作，其基本上都经过了一定的系统培训后才开始进行调解工作，而且，不同的部门在内部也许对调解培训有着不同的要求，如公共指导部门就要求其调解员必须经过特殊教育的额外培训。

(四)法院调解

20 世纪 60 年代后期以来，随着法院受理案件的大幅度上升，为了提高办事效率和节省司法资源，一些法院开始试行调解制度。20 世纪 90 年代，美国国会相继出台了《民事司法改革法》和《ADR 法案》，要求在美国各个联邦法院推广和应用法院附属非诉讼纠纷解决程序，要求联邦法院有自己的非诉讼纠纷解决程序项目，可以自由裁量当事人在进入诉讼程序之前进行调解等非诉讼纠纷解决程序形式。根据法律的规定，非诉讼纠纷解决程序已经在美国所有的联邦法院中存在了，其中以调解为主。法院调解是指纠纷发生后，纠纷当事人向法院起诉，法院组织当事人在司法程序中进行的调解。首先我们必须明确的是北达科他州的法院调解不是一种审判方式，它同审判是相分离的，是独立运作的一个程序。而根据调解员身份的不同，法院调解又可以分为法院附属调解和审判法官调解两种。前者是由审理法官之外的人主持调解，后者则类似于我国的法院调解，是由案件的主审法官积极地推动调解，但值得注意的是这种模式与美国传统的法官承担的消极角色是不相符的，虽然在美国实践中得到了肯定,但是学界则是观点不一,也遭到了批判。❶ 而法院附属调解项目不仅得到了联邦法院的认可和推广,在所有的州法院中也都有所开展。北达科他州亦不例外。

表3　北达科他州的法院附属调解❷

时间	调解的主体	具体的调解工作	调解员的选择
1995 年	北达科他州最高法院	建立联合解决争端研究委员会要求其评估进一步发展法院附属调解的必要性并为建立更多的法院附属选项提出建议	北达科他州的各个法院内部都有一份调解员名册,名册内的调解员都是经过挑选的,这些经过挑选的调解员必须达到调解员的准入资格并且经过专门的培训。他们进行调解依赖于司法体系的工作分配,免费为当事人提供调解❸
1998 年	联合争端解决委员会	发布总结报告建议法院发展非诉讼纠纷解决程序项目并建立一份中立者花名册	
1998 年	北达科他州立律师协会指定的家庭法联合专责小组	发布总结报告,支持最高法院探索建立法院附属调解方案和制定调解者道德行为准则	
2000 年	北达科他州地方法院	发布地方法院规则 16.2,鼓励更早参加非诉讼纠纷解决程序,并说明法院提供非诉讼纠纷解决程序的最主要形式是"法院发起的和解会议"	

从表 2 可以看出,2000 年以前,北达科他州的法院附属调解具有以下特点。

(1)与其他的调解类型相比还处于理论发展的初期,法院的实践则相对较少。原因不仅在于当事人选择法院附属调解的几率较小,而且法院自身对采用非诉讼纠纷解决程序还没有彻底接受。

(2)调解员的人选从调解员名册中挑选。法院附属调解员跟其他的调解员是存在区别的,如表 3 所示,在北达科他州的各个法院内部都有一个经过挑

❶ 刘静、陈巍:"美国调解制度纵览及启示",载《前沿》,2011 年第 4 期。

❷ James R. Antes、Kristine Paranica ,The Promise of Mediation for North Dakota,84 N. D. L. Rev. 2008,p. 669.

❸ 大多的当事人不愿意选择法院调解员来帮助他们达成调解,因为他们不信任法院调解员,他们担心法院调解员与法院有着千丝万缕的关系,不能独立、公正的进行调解。法院附属调解员不仅有着来自当事人的压力,另一方面也常常受到来自上面的压力,他们的生存依靠在于是否能有效地处理细小的纠纷及对法院移交案件的处理质量。但同时他们也面临着当事人的许多质疑。刘光华、王猛、陈洪娇:"美国调解人的类型、义务和责任",载《山东审判》2009 年第 2 期。

选的调解员名册,法院对这些调解员一般都会有严格的培训要求。法院在进行调解之前,主审法官一般会询问纠纷当事人的意愿,是选择私人调解员还是法院附属调解员,而有时法院也会直接指定法院附属调解员。

二、北达科他州调解的法律依据

对于每一种类型的调解,北达科他州都会在法律法规上给予支撑,使其更具正式化和威信化。

表 4 北达科他州有关调解的法律依据

类型	法律依据
家事调解	(1)议会的法律 ① 1987 年,州议会批准了一项法律,规定任何对孩子的监护或探视问题的争议,法院可以自行调解,也可以命令当事人自费调解❶ ② 1993 年,州立法机关进一步规定法院可以在祖父母的探视权发生争议时进行调解❷ ③ 2003 年,北达科他州法院规则 8.5(ND Rule of court 8.5)❸被永久法律化 (2)法院的规则 ① 1989 年,州最高法院要求按州行政法规则(Administrative Rule 28)❹的规定执行,即法院委任的调解员必须进行至少 40 小时家庭调解培训 ② 1996 年,州最高法院颁布北达科他州法院规则 8.5,允许在两个地区用简易程序来审理家庭关系问题并以此作为试点项目 (3)其他规则 1995 年,北达科他州州立律师协会指定"家庭法"工作小组来研究家庭法律问题,而"家庭法"工作小组也于 1998 年发布总结报告来支持北达科联邦他州最高法院探索建立法院附属调解选择方案并制定调解者道德准则的行为
政府、公共机构调解	(1)议会的法律 1985 年,北达科他州议会在农业部下成立了一个信贷审查委员会,处理农民与贷款人之间的农场丧失抵押品赎回权的纠纷;1989 年,信贷审查委员会更名为农业调解服务机构,并于 1991 年将其调解工作进一步扩展到包括任何与农民相关的问题 (2)其他规则 ①北达科他州高等教育委员会批准通过了一项针对高等教育机构全体教员的政策,规定了强制调解、自愿调解以及不适用调解的三种情形 ②美国邮政局出台一项调解方案,规定雇员在控告歧视时,可以在正式的申诉前选择调解

❶ North Dakota century code14 - 09.1 - 02.

❷ 如果调解"失败",法院可要求调解员充当仲裁员的角色(North Dakota century code 14 - 9 - 05.1)。

❸ 调解被列入此规则的"听证程序"部分。该 8.5 规则的第五部分听证程序中的第 5 条规定:调解或其他非对抗性的方法,应作为解决纠纷的一种方式在适当的时候使用。

❹ 该规则的第三节规定了法院委任调解员资格制度,具体要求调解员应该品德良好,具有至少40 小时家庭调解培训的经历,此外还包括教育和经费的要求。

续表

类型	法律依据
法院附属调解	(1)法院的规则 ①北达科他州联邦最高法院在 1995 年建立了联合争端解决委员会并委以其重任,其中就要求联合争端解决委员会评估进一步发展法院附属调解的必要性并为建立更多的法院附设选项提出建议 ②2000 年,北达科他州地方法院发布规则 16.2 鼓励更早的参加非诉讼纠纷解决程序,并说明法院提供非诉讼纠纷解决程序的最主要形式是"法院发起的和解会议" (2)其他规则 ① 1998 年,联合争端解决委员会发布总结报告中建议要鼓励发展非诉讼纠纷解决程序项目并要求法院建立一份中立者花名册 ②同时,北达科他州州立律师协会指定的家庭法联合专责小组也发布总结报告,支持最高法院探索建立法院附属调解方案和制定调解者道德行为准则

北达科他州的调解类型的立法化非常明显,即使对于一些类型没有从法律上对其进行确认和规定,但是也会有法院法规、其他规则等形式对其进行规定,从而规范调解行为。

三、北达科他州调解员资格的确定与培训

(一)调解员资格的规定

随着调解员的作用和地位的日益重要,就有必要对其资格进行明确的规定,美国的立法者试图通过规定调解员的准入条件来规范调解员资格,从而确保调解的质量。但围绕着调解员的资格问题,美国学界仍然存在着以下两个方面的争议。

1. 对调解员实行准入制还是认证制[1]

对调解员实行准入制是指要想成为调解员必须获得某部门的许可;而采用认证制则是指获得认证的人就可以具备成为调解员的资格,但是,这并不是说未获得认证的人不能成为调解员,相反的,认证制并不会妨碍未取得认证的人成为调解员。目前美国主要采用的就是认证制。

2. 获得调解员资格是否必须具备高等学历或专业知识[2]

目前美国各州对调解员资格的要求各不相同。这些要求一般包括学历、调解培训和经验等方面,对于学历的要求通常集中在法律、心理健康或行为和

---

[1] 肖建华、杨兵:"对抗制与调解制度的冲突与融合——美国调解制度对我国的启示",载《比较法研究》2006 年第 4 期。

[2] 同上。

社会科学等领域。

3. 北达科他州对调解员资格的法律规定

北达科他州对调解员资格有明文规定。1989 年,该州行政法规则就规定了法院委任调解员资格制度,具体要求:调解员应该品德良好,并有至少 40 小时家庭调解培训,这个培训必须经过国家机构认证且认证的机构必须已至少存在 3 年。调解员还必须有:(1)行为科学学士学位和两年的家庭/儿童调解服务的经验;或(2)行为科学硕士学位和 1 年的家庭/儿童调解服务的经验;或(3)法律执业许可证辅以两年的家庭关系案件的经验;或(4)有经国家机构认证的调解员认证证明,证明成员在替代纠纷解决程序中的实践且该组织必须已经存在至少 3 年。

2001 年 3 月 1 日,北达科他州法院规则 8.5 被法院规则 8.9(ND Rules of Court 8.9)所取代,法院规则 8.9 对法院委任调解员的资格进行了进一步的修改,规定了法院替代纠纷解决中的调解中立者名单,其中包括不同类型调解员的资格要求:民事调解员要求至少应该完成 30 小时的最低调解培训;家事调解员,要求在调解家庭关系或一个有关儿童问题的有争议的诉讼调解时应完成最低 40 个小时的调解培训,其中包括 2 个小时的家事暴力培训和每 3 年 1 次的持续 9 个小时的家庭关系调解训练。具体要求:(1)有两年家庭/儿童调解服务的经验,有行为科学学士学位;或(2)有 1 年家庭/儿童调解服务经验与行为科学硕士学士学位;或(3)有执业许可证辅以两年家庭关系案件的经验。但是出现在这些名单上并不意味着调解员具备了必要的技能和调解某一案件的能力,名单所要求的是调解员的最低资格标准,当各方当事人选择调解员后一般仍会进一步查询调解员相关的资历和经验,所以,这个名单的作用只是协助当事人寻找合适的调解员。

(二)调解员的培训

在调解员作为一个新兴职业被逐步认同的同时,调解员培训也开始备受关注,包括培训前的资格条件、培训时间、培训课程以及培训结束时对调解员的测试和评估。调解员培训是必需的,无论是私人调解员、社区调解员还是政府调解员和法院调解员只有通过培训才能开展调解工作。调解的专业课程在北达科他州的大学教育系统、司法系统、公司企业等机构广受欢迎,并产生了许多争议解决中心和一大批的调解员。调解培训的内容基本包括：❶对调解程序各个阶段的指导、对使用联席会议（the Joint Session and Caucus）的指导、沟通技巧、协商程序以及调解员的中立、保密等职业道德等。由此可见，培训不仅包括调解员的调解技巧，同时也包括调解员的职业道德，而且职业道德一般要占培训课时的四分之一。

邦尼·汤普森和迈克·里弗瑞克都参加了北达科他州的调解培训，杰克·马希尔也通过美国商务仲裁协会参加了调解的培训。那么调解培训的标准是什么，内容是什么，这也是我们迫切希望了解的。来自于哈佛大学谈判项目的创始人罗杰·费舍尔和威廉·尤里的作品被运用到调解程序中，并形成了调解员的培训和教育的新标准。❷

调解可以分为三种形式，即促进性调解（Facilitative Mediation）、评估性调解和转化型调解。这三种形式也反映出三种不同的培训标准。促进性调解要求一个中立的调解员帮助推动冲突双方之间的沟通和谈判，从而取得令双方满意的结果。在费舍尔和尤里的作品中所描述的就是：调解是力求达到一个双赢的局面。促进性调解的宗旨是自我决定，即由当事人自己控制程序和结果。在此调解模式中，允许有重大利益的当事人对调解员引导的程序产生中度干扰。通常情况下，调解员基于案件中具体的法律问题熟练地进行协商解决，有时为了实现和解，调解员也会权衡案件的价值或者审讯的可能性，因此，自决权的宗旨其实只限于当事人各方参与并达成协议的意愿。

评估性调解模式在一定程度上是事务性调解和早期中立评估程序的结合。在此种模式中，一般要求一个评价性的调解员提供一个有关实质问题的更高程度的技术咨询意见，而不仅仅是争诉结果的可能性，这是一种调解员运用有关实质问题的知识来说服当事人各方的高度指令形式的调解。

而转化型调解模式被许多调解员和机构所使用，包括美国邮政管理局、运输安全管理局和冲突解决中心等。这是一种非指令性风格的调解，其原理是认识到冲突经验的基本性质是为所有人创建一种劣势感和自我陶醉感。调解员的任务就是将劣势转为优势，把自我陶醉转变为怜悯，从而使当事人各方重新获得作出决定所需要的资源，使当事人之间互相作用的冲突从破坏性的转

---

❶ 赖婷、郭晓珍："调解员资格与培训之比较法考察"，载中国民事程序法律网，http://www.civilprocedurelaw.cn/html/xzwy_1164_2500.html，访问日期：2013 年 7 月 24 日。

❷ James R. Antes、Kristine Paranica, The Promise of Mediation for North Dakota, 84 N. D. L. Rev. 2008, p. 669.

化为建设性的。具体而言就是调解员通常都支持和促进当事人各方一起在调解桌上交换意见而不是单独进行,并赋予当事人更多的支配权,如他们希望怎样沟通、洽谈、辩称的权利,征询意见的权利以及对他们认为最重要的问题做决定的权利等,并充分相信当事人有能力实现调解的目标。

从北达科他州法院规则 8.9 可以看出对于不同类型的调解员,培训的内容也有所不同。民事调解员的培训包括至少 30 个小时的调解培训,另外还必须完成每 3 年 1 次的持续 9 个小时的调解培训。民事调解员的具体培训内容包括调解和解决冲突的理论、调解的技巧(如沟通技巧、谈判技巧、信息收集技巧等)、调解程序中的组织能力(如召开会议、提出解决方案、起草协议等以及调解员的行为和遵守的规则等)。而对于家事调解员,培训主要针对调解家庭关系和有争议的有关儿童问题诉讼调解,要求必须完成最低 40 个小时的调解培训,其中包括 2 个小时的家事暴力培训和每 3 年 1 次的持续 9 个小时的家庭关系调解训练。对于这些在调解名单上的调解员的培训不是一时的,而是持续的,基本上是每 3 年就需要继续培训,这就是所谓的初始培训和进修培训,并且由专门的机构,即法院管理办公室来管理和登记。

四、北达科他州调解制度对我国的启示

从北达科他州调解制度的类型化入手分析其调解的法律依据、调解员的培训等内容,对促进我国调解制度的发展具有极大的意义。

(一)调解组织形式与参与主体的多元化

在北达科他州参与调解活动的主体包括社会工作者、律师及律所、志愿者、政府及公共部门、公司企业、行业协会和法院等,几乎包括了所有的社会主体。参与主体的多元性使得调解的组织形式和类型多样化,这也就形成了北达科他州的四种调解类型,这注定了调解的可持续发展,使得大部分类型的纠纷可以得到专业的解决;而我国的调解主要分为三种形式:人民调解、行政调解以及司法调解。其中调解的主力其实在于政府和法院,而其他的民间力量,如律师协会、民间团体、公司企业的积极性并没有得到有效的发挥,据统计我国共有 800 万名人民调解员,每年调解的民事纠纷却仅有约 600 万件,平均每个调解员 1 年调解的案件不足 1 件,工作效率极为低下。❶ 要改变这种现状,

---

❶ 肖建华、杨兵:"对抗制与调解制度的冲突与融合——美国调解制度对我国的启示",载《比较法研究》2006 年第 4 期。

要从以下几点入手：

（1）首先政府要加大对人民调解的资金投入，保持其在不收费前提下的正常运作，而人民调解自身应该重新定位其功能，真正落实其调解的功能；

（2）积极鼓励一些市场化调解组织的介入和发展，建立真正的民间调解制度，使广大的社会调解力量得以充分的发挥；

（3）无论是人民调解还是民间调解，最重要的是赋予调解协议效力，保障调解协议的实施；只有让调解有了约束力才能真正地发挥作用。

（二）完善法院附属调解，扩大行政调解的范围

调解与诉讼并非"井水不犯河水"，法院可以在其内部设立专门的调解机构作为处理纠纷的方式之一。在北达科他州，从 2000 年以来，法院附属调解已运用的十分娴熟，不仅有专门的资金注入，而且法院、联合争端解决委员会以及律师协会等机构都制定了专门的法律法规予以推动。同时法院附属调解的调解员是经过培训和聘请的社会人士，并不是法院的法官，体现了法院权威性与社会力量广泛性的紧密结合；而我国的法院附属调解还属于起步与摸索阶段，审判法官调解单一模式仍然处于主导地位，不仅在资金上的支持力度不够，而且还未形成规范的法律制度予以规范。❶

同时，可以看出北达科他州的行政调解的趋势呈上升状态，它的各个部门如劳工部、青少年服务部、邮政局等都倾向于采用调解来解决纠纷，这些部门的调解涉及工作中的方方面面，主要包括工作中的种族、性别、雇佣歧视、人事关系、残疾人的生活保障以及其他类型的纠纷等。作为行政机关，这些部门不仅可以对其管辖范围内的民事纠纷提供调解服务，而且将行政性的纠纷也纳入了其调解范围。在我国行政机关参与调解的积极性略显不足，且其调解范围相对较窄，更多地是在民事纠纷领域，对于行政性纠纷的调解，虽然不乏这样的尝试，但不管是从制度上还是实践上可行性都是较低的，因为其处理纠纷时缺乏相对的独立性和公正性，调解纠纷的程序在实践中随意性很大，且行政调解结果没有明确的法律效力，还往往会把参与行政调解的机关自身拖入诉讼纠纷中。因此，要扩大行政调解范围并使其法制化。

（三）加强调解的法制化建设

北达科他州的调解无论是家事调解、社区调解、政府调解、法院附属调解，

---

❶ 刘静、陈巍："美国调解制度纵览及启示"，载《前沿》2011 年第 4 期。

还是调解员的培训,都有相关法律、法规的支持;而在我国,有关调解的规定可谓凤毛麟角。《中华人民共和国人民调解法》(以下简称《人民调解法》)、《人民调解委员会组织条例》以及《人民调解工作若干规定》等法律、法规都只是针对人民调解而言的,而《民事诉讼法》对民事调解也是略微带过,对于其他法院调解、行政调解在法律上的规定仍是空白一片。没有法律的肯定与支持,调解的发展将会受到极大的阻碍,所以,我国应该注重调解的立法化,让调解有法有据。

(四)规范调解员的资格准入制和培训的要求

对于调解员的资格,北达科他州采用是认证制,可以说也有一定的门槛,并有专门的法律对资格做了规定;其对调解员的培训也是十分重视的,它的培训内容包括培训前的资格条件、培训时间、培训课程以及培训结束时对调解员的测试和评估。在北达科他州调解员培训是必需的,无论是私人调解员、社区调解员还是政府调解员和法院调解员,只有通过培训才能开展调解工作。调解的专业课程在北达科他州的大学教育系统、司法系统、公司企业等机构广受欢迎,并产生了许多争议解决中心和一大批的调解员。培训不仅包括调解员的调解技巧,同时也包括调解员的职业道德,而且职业道德一般要占培训课时的四分之一。不仅这样,北达科他州有专门的法律针对不同类型的调解做了不同的培训规定。而在中国调解员资格的取得大多是通过群众选举或者接受聘任的方式产生,并没有法律对其规定一定的标准,没有相应的资格条件要求,这使得调解的专业性和技巧性不足;而对于调解员的培训虽然也有了重视,但培训的内容主要偏重于法律知识的传授。调解不等于诉讼,我们不仅要传授调解员基本的法律知识,同时调解的技巧、调解的道德规范等专门的调解知识也应该传授给他们,这样才能保证我们培养的是调解员,而不是审判官、仲裁员。

青年学子论坛

价格约谈行为的法律分析

孔祥稳*

摘 要:本文通过对国务院发展和改革委员会自 2010 年年底以来实施价格约谈行为整个历史的梳理,分析了价格约谈行为本身的性质及其在应用过程中发生的变化,并提出了完善约谈制度和解决现有问题的建议。

关键词:价格约谈 行政指导 法律规制

一、引 言

2010 年年底,国家发改委价格司召集了中粮、益海嘉里、中纺和九三粮油等四家食用油巨头座谈。面对严峻的通胀形势,发改委要求各企业生产的小包装食用油 4 个月内不得涨价。谁也没有想到,这样一次有些不寻常的举动,将一种新的经济调控方式推上了前台。越来越多的此类行为在此后的 1 年时间中愈演愈烈。

价格约谈行为在某种程度上固然控制了生活必需品价格的上涨,对民生有其积极的一面。但伴随着其大规模的应用而同时出现的,是政府指导行为脱离法律框架的变异。这样一种不够规范、缺乏约束的行为在影响正常经济活动的同时,也在逐渐侵蚀着本就不够完善和开放的市场经济体制。

---

* 孔祥稳(1991~),男,首都经济贸易大学法学院 09 级本科生。

二、价格约谈行为的起源和发展

(一)价格约谈行为的依据

价格约谈行为的根源可追溯到 2007 年国家发改委颁布的《价格监督检查提醒告诫办法》。这一行政规章规定,出现"重要商品和服务价格显著上涨或者有可能显著上涨;市场价格总水平剧烈波动;社会集中反响强烈的价格、收费问题"等 8 种尚未构成价格、收费违法行为的情况时,国家发改委可采取多种方式予以"提醒告诫"。并明确规定了价格主管部门实施提醒告诫措施可采取"约谈提醒告诫"的方法。应该说,这是有关价格约谈有文可查的最初规定。

2010 年 11 月,在强大的通胀压力之下,《国务院关于稳定消费价格总水平保障群众基本生活的通知》,即通常所称的"国十六条"公布。其中第 9 条规定:"有关部门和地方要把握好政府管理价格的调整时机、节奏和力度,对已经确定的调价方案,要充分考虑社会承受能力,完善配套措施,审慎出台。必要时对重要的生活必需品和生产资料实行价格临时干预措施。"这一通知再次明晰了价格主管部门具有把控市场局势的权力,并毫不犹豫地指出在"必要时"可行使价格干预措施。据此,国家发改委价格司和各地价格主管部门开始了一轮又一轮的价格约谈,各大企业或行业负责人频繁进京,疲于奔命。

(二)约谈行为的发展过程

1. 发展初期(2010 年 11 月～2011 年年初)

在 2010 年 11 月初召集了中粮、益海嘉里、中纺和九三粮油等四家食用油巨头的座谈之后的短短数周,国家发改委又召集古船面粉、五得利面粉、利达面粉等大型粮食企业座谈,要求这些企业在 2011 年"两会"前稳定价格。此时的价格约谈,普遍被认为是国务院面对通胀为保民生而采取的一种小规模的临时措施,并未引起太大的争议。因为涉及"两会"期间市场稳定的问题,各市场主体也将其理解为一种暂时性的措施,积极配合,表示接受指导,暂时搁置或是放弃涨价计划。发改委官员在接受媒体采访时也一再声称:"涨价是企业自己的行为,政府没有利用行政手段干预企业定价的行为。"

2. 迅速扩张时期(2011 年 3 月～2011 年 6 月)

而到了 2011 年,通胀形势依然严峻。发改委价格司在上述几次约谈均取得一定效果的情况下再次出手,对中外多家日化业巨头进行了约谈。2011 年 3 月,宝洁、康师傅等企业在受到约谈告诫后,纷纷搁置了涨价计划。总部位于新加坡的丰益国际发言人也于 2011 年 4 月 8 日表示，中国政府官员已经要求该公司推迟上调食用油价格。

2011 年 4 月 27 日上午，发改委价格司约谈几家大型煤炭企业，就保持市场煤炭价格稳定进行沟通。被约谈的几家煤炭企业主要是向秦皇岛港口销售市场煤炭比较多的企业。秦皇岛是中国煤炭的主要中转站，其煤炭报价一向是国内煤炭市场的风向标。此段时间受到电厂缺煤、原材料价格上涨等因素的带动，秦皇岛煤炭价格呈现不断上涨的态势。这一行动也标志着发改委的约谈行为从日用品领域扩展到工业领域。

随着约谈对象数量的增多、涉及领域的扩大，价格约谈行为在社会上引起的争议也越来越多。这一争议在 2011 年 5 月达到了顶峰。5 月 6 日，国家发改委在其网站发布公告，以散布涨价信息，扰乱市场为由，对联合利华处以200 万元人民币的罚款。出乎人们意料之外的是，联合利华并未提出抗议，而是发表声明称，作为一家对中国有长远承诺的跨国公司，充分了解中国国情，尊重国家发改委及上海市物价局的决定，并交纳了罚款。事实上，早在 3 月下旬，国家发改委在北京约见宝洁、立白、纳爱斯等日化巨头时，就明确表示过希望日化企业不要轻易涨价。在约谈后，又派出专人飞往上海，再次约谈联合利华。因此，联合利华因为"散布涨价信息"而遭到罚款也普遍被认为是发改委对于联合利华在约谈行为中不配合的报复性惩罚。

3. 平稳时期（2011 年 6 月至今）

在经过了数月大规模、密集的约谈后，发改委进行约谈的动作逐步放缓，但依然保持着较高的约谈频率。2011 年下半年，发改委数次约谈了中国酒类流通协会、中国酿酒工业协会等组织与企业，并对白酒行业"不妥当"的定价行为提出了批评。在这一轮约谈中出现的新特点是，发改委逐渐从约谈个别企业转向了约谈企业组织、协会等相关机构，期望通过行业组织内部施压的方式来控制涨价。

三、价格约谈行为的性质分析

在 2010 年年末兴起，持续至今日的这场价格大战中，实施价格约谈行为的主体为发改委价格司以及各地的价格主管部门，约谈对象多为某一行业的龙头企业或行业组织，谈话内容大多可归结为告诫企业不要违反《中华人民共和国价格法》（以下简称《价格法》）有关规定，不要跟风涨价，并就市场形势展开对话和交流。发改委的官员也承认，与企业的谈话实质上是一种互相的"沟通"。

发改委作为行政主体,对作为行政相对人的企业主体进行一定行为,内容为针对市场情况展开双向沟通,行政机关所为仅是提醒和劝告,并不具有法律上的强制力。因此,从本质上看,价格约谈应该属于一种行政指导行为。

行政指导是行政机关就执掌的范围内,对特定对象给予建议、劝告、协助或是其他信息等并无拘束力的指导性行为,来达到行政目的。❶ 相对于行政机关的其他活动,行政指导作为一种事实行为,具有非强制性、能动性的特点。正如《价格监督检查提醒告诫办法》中的规定,价格约谈仅仅是对可能违法的行为事先予以提醒,或者是对不需要处罚的轻微违法行为进行告诫。因此,价格约谈应是在相对人"自愿接受"的前提下进行的一种有关市场价格的指导,属于一种非正式的影响,并不能够带来直接的法律后果。在价格约谈行为兴起的初期,发改委的官员也一再强调,约谈只是对企业进行善意的提醒,并不是要干预企业的自主定价权。

但我们同时也要看到,随着约谈次数的增加和范围的扩张,约谈行为本身逐渐发生了一些变异。在传统经济生活中本身就足够强势的发改委逐渐将约谈变成了课以企业义务的新方式,以约谈这种行政法难以规制的行政活动对企业直接或间接发布价格指令,有不服从者则将背上行政责任。此时的约谈,已有些背离了行政指导相对方自愿合作、不产生法律效力的特点。

以联合利华案为例,在处理决定中,国家发改委称联合利华有限公司的行为违反了我国《价格法》第 14 条、《价格违法行为行政处罚规定》第 6 条第(1)项的规定,属于"散布涨价信息,扰乱市场价格秩序"的价格违法行为,情节较重,社会影响较大,决定对联合利华(中国)有限公司作出 200 万元罚款的行政处罚。而对于问题的关键,即联合利华的行为如何构成"散布涨价信息,扰乱市场价格秩序"却没有作出具体的说明。毫无疑问地,发改委是将之前与之进行的价格约谈内容当成了企业必须遵守的秩序,认为其违反了约谈内容即违反了正常市场秩序。这一处罚也被业界普遍认为是杀鸡儆猴之举。

我国台湾地区的类似行为被称为"行业导正",由"行政院公平交易委员会"发布的"行政院公平交易委员会行政指导处理原则"所规定,且台湾地区的"行政法院"在 1990 年"纯青职棒事业股份有限公司案"的判决中正式将其认定为行政指导行为。但台湾地区学者也认为,委员会发布的函告若"其内容已对特定之相对人,课与行政法上之作为义务"则"造成权益受影响,即已产生外部效力,应属行政处分"。

---

❶　陈新民:《中国行政法原理》,中国政法大学出版社 2002 年版,第 236 页。

四、价格约谈行为带来的后果

(一)易催生行政主管部门的不作为

客观地说,通货膨胀原因复杂,有输入性通胀、成本上升和流动性过剩等因素。在多次调整存款准备金率和加息没有取得明显效果的情况下,即财政政策效果不明显的情况下,国务院采用了行政手段,即寄希望于发改委的价格约谈行为。应该说这样的尝试有其可取之处,但这种简单、直接、粗暴的方法从根本上而言并不符合国家宏观调控的要求。控制通货膨胀,缓解物价上涨趋势应从多方面着手,一而再再而三采用变质的、带有行政命令色彩的调控方式,会使其他本应积极应对通胀的行政部门放松警惕,产生依赖性和惰性心理,毕竟对于行政机关而言,采用行政手段要方便和快捷得多。此种情况也使其他主管经济的行政机关"可能因依赖行政指导,而对正规权限之发动有消极之倾向。特别是本应发布命令之情况,却持续为行政指导"❶。

(二)规避了法律控制,容易带来权力的扩张和滥用

行政指导在除日本和我国台湾地区以外的很多国家和地区的行政法立法中没有得到普遍的承认,其原因之一便是本身存在较大的问题,难以规范。而这种难以规范的程度又以国家行政权力的大小不同而有所差异。因为行政指导既然属于行政部门同相对人的"谈心"、"沟通"之举,不具有外化的法律效力,故法律对其内容、方式,都难以作严格的限定。而行政机关掌握强大的公权力,在进行行政指导时为了保证指导结果的实现,很容易主动去增添一些"附加条件",如在指导之时增加恐吓,告知当事人如果不服从指导,将在之后的行政活动或行政裁量中分配其最不利的后果等。在强大的公权力面前,行政相对人往往本着"破财免灾"的心理选择妥协。盖如陈新民教授所言:"行政机关所为的指导行为一旦'变质'时,例如劝导变成带有恐吓(即不听劝导时将予最严厉的处分)意味,或是将行政指导作为日后为行政裁量之'实质前置行为'——例如对不听从辅导者,在日后为行政决定时,予以不利的裁量——,则易引发出滥权的后果。因此行政指导本身并无法律拘束力,但仍会有产生滥权的'后遗症'。这是必须特别注意之处。"❷

---

❶ 李建良、陈春生等:《行政法入门》,元照出版公司 2005 年版,第 330 页。
❷ 陈新民:《中国行政法学原理》,中国政法大学出版社 2002 年版,第 237 页。

中国是一个有着悠久的文官传统的国家,在法治背景下的行政机关虽与传统的官僚机构有很大差别,但其强势性在很长一段时间内仍将继续存在。政府习惯于此种强势,而民众也习惯于接受此种强势。这样的心理无疑更是在有意无意间赋予了诸如价格约谈这类行政指导行为更大的效力。而行使此种行为的机关既不会受到严格控制,利益受损方也没有适当的救济途径,这样的行为必然会一次一次上演。

五、约谈相关制度构建

因其成果好、见效快,价格约谈在今后很有可能依然会被继续采用,但对其进行程序和实体上的规制,确实防止其迈入滥权深渊是相当必要的。本文提出以下三点意见供参考。

(一)程序约束

应该说,通过设定程序规则来限制行政机关的权力,从而保证约谈行为的合法性是一种成本低廉,收益较大的方法。对于价格约谈这种较为特殊的行政行为,采用行政程序法作统一规定不失为一个明智的选择。行政程序法通过将一般行政法令共通的原则明文规定的方式,提高了行政机关的工作效率,统一了纷繁复杂的行政权力运作。更重要的是,因为其是对一般化程序原则的规定,所以不至于有遗漏事项,从而可以更周全更完善地保护行政相对人的利益。日本在1994年实施的《行政程序法》中便专门列出一章对行政指导作出了规定,这一规定也被学界普遍认为是日本的《行政程序法》的一大亮点。

《价格监督检查提醒告诫办法》虽在第9条规定了实施约谈时要将约见谈话的时间、地点、要求等以书面形式提前通知提醒告诫对象,但因其属于位阶较低的行政规章,并未受到相应的重视。且发改委作为价格主管机关本身享有对规章的解释权,并不处于中立的地位。其规定的程序性保障易沦为一纸空文。

通过行政程序法来做相关细节规定,能真正给予相对人一定的选择空间和保障措施,真正将约谈行为控制在行政指导的范围之内。同时,保证约谈行为的公开和透明,防止权钱交易、暗箱操作。如杰弗逊所言,"阳光是最好的防腐剂,路灯是最好的警察",价格主管部门在约谈行为中逾越边界,越走越远,很大程度上便是约谈行为不够透明公开所致。

(二)行政法基本原则约束

作为行政指导一种的价格约谈既然是由行政主体作出的行政行为,便不能游离于行政法体系之外，而应该受到行政法上一般法律原则的约束。如合法行政原则要求作出行政指导的机关必须对指导事项具有管辖权，且必须尊重法律保留原则，即要求进行约谈的行政机关要对约谈的企业有管辖权，且约谈事项是该机关的主管事项。倘若是价格主管部门对企业进行安全生产方面的约谈，则当然违法。

又如合理行政原则要求行政机关在进行指导前应充分考虑比例原则，即约谈是否满足妥当性原则，能否产生预期目的。又应考虑是否满足必要性原则，即在解决问题的诸多方法中是否是对公民权利侵害最小的一种，如果是因为原材料价格上涨等因素发生的价格波动，有无必要采用约谈的方式解决？再如是否满足均衡原则，对行政相对人带来的损害是否小于社会整体得到的价值？

(三)司法约束

"无救济则无权利"早已是人人皆知的箴言。在我国现今的行政诉讼体系中，行政指导因为不属于具体行政行为而被排除在外，同时也无法得到行政复议等手段的救济。实际上，单以价格约谈行为而论，最有滥权之虞的情况应该是行政机关将一种不具有强制力的指导行为变为具体的行政指令，如前文所述的联合利华的案例。针对这样的情况，完全可以在现行的法律框架之内将这种超越了行政指导的行为列入行政诉讼受案范围，即若行政相对人可以举证证明指导行为已变相成为具有实际强制力的行政行为，便属于行政诉讼的对象。这样既可以防止价格主管部门利用约谈的特性逃避法律规制，又可以给予因行政指导行为而受到权益损害的相对人以救济。

2000 年 3 月生效的《最高人民法院关于执行〈中华人民共和国行政诉讼法〉若干问题的解释》第 1 条规定："公民、法人或者其他组织对下列行为不服提起诉讼的，不属于人民法院行政诉讼的受案范围：……(四)不具有强制力的行政指导行为……。"此规定作为行政诉讼受案范围的排除条款，对行政指导行为加上了"不具有强制力"的定语。也即意味着，若行政指导行为中带有强制意味，则可以进入行政诉讼受案范围。因此，将带有强制性的行政指导行为纳入行政诉讼框架也完全合乎现行法律体系的规定。

六、结　语

价格约谈行为从诞生到兴盛，有其独特的历史和现实背景。必须承认，其作为一种独特的调控手段，在应对严峻的通胀形势，缓解民众生活压力方面起到了一定的作用。但也正是这种独特性,帮助它逃避了现有法律的规制,成为依法行政大环境下的法律盲区。

市场经济条件下,政府需要关注的信息量逐渐增大,需要防范的风险也逐渐增大。但这并不意味着政府应该掌控社会生活的方方面面,尤其是以一种看似软性实为硬性的方法来控制社会。从管理型政府走向服务型政府是现代政治文明的一个趋势,而在这个过程中,约束政府权力,规范政府行为,应是最为重要和关键的一个环节。正如福斯多夫 1963 年在《法学者的重担》里说过的一样:"法学者应该是政策的一个警告者、控制者及刹车者。"

海洋生态损害的法律问题研究
——以渤海溢油事故为视角

付锦凝*

摘　要:2011 年 6 月上旬,渤海湾蓬莱 19 - 3 油田发生的溢油事故是中国目前最大的海上油田漏油事件。由于其规模的巨大及相应处理的不合理,该事故引起了中国社会各界的广泛关注。我国海洋生态损害赔偿的法律机制并不健全,导致溢油污染的损害往往得不到充分、合理的赔偿。因此,完善海洋环境保护法律,对改善我国海洋环境和对油污损害进行合理索赔,有着重要的理论和现实意义。本文通过对渤海溢油事故从法律责任、诉讼机制方面的分析,指出我国海洋生态损害赔偿制度的不足,并提出完善建议。

关键词:溢油污染　法律责任　诉讼机制　生态损害赔偿　环境公益诉讼

2011 年的夏天,渤海溢油事故刺痛了每一个中国人的神经。尽管已经宣布"彻底封堵溢油源",但此次事件对环境的污染和造成的损失却难以"封堵"。发生溢油的蓬莱 19 - 3 油田,是中国国内建成的最大海上油气田,由中国海洋石油总公司和美国康菲石油公司(以下简称康菲石油)的全资子公司康菲中国石油(以下简称康菲中国)合作开发,康菲中国于合同下有 49% 的参与权益,中国海洋石油总公司中国于合同下有 51% 的参与权益,作业方为康菲中国。2011 年 6 月 4 日,渤海蓬莱 19 - 3 海上油田 B 平台附近发现有原油漏出。2011 年 6 月 17 日,于 C 平台发现有原油漏出。截至 2011 年 9 月月底,溢油事故共造成 5500 多平方公里的海水污染,给渤海海洋生态和渔业生产造成严重影响。

舆论和法律界常常将渤海溢油事故与美国墨西哥湾漏油事故作比较。

---

* 付锦凝(1989～　　),女,山东济南人,首都经济贸易大学法学院,法律硕士。

2010 年墨西哥湾漏油事故发生 9 天后,美国当局及司法系统开始全面介入事态进展,并成立了总统委员会对漏油事故进行调查。而渤海溢油事故发生 1 个月后,国家海洋局才对该事故进行了通报。美国司法部门曾以《清洁水法》、《1990 年油污法》以及《濒危物种法》等数部法律为根据,追究英国石油集团公司(BP)的责任,并要求索赔和惩罚,高额的赔偿金背后是明确的法律支撑。相较而言,渤海溢油事故中《中华人民共和国海洋环境保护法》(以下简称《海洋环境保护法》)的 20 万元行政处罚上限是仅有的具体赔偿规定。这一切将我国在处理海洋环境污染问题方面的不足暴露的一览无遗。截至今年年初,有关渤海溢油事故的各类新闻已从人们的视线中淡淡褪去。但是痛定思痛,渤海溢油事故还远远没有结束,对它的法律追问才刚刚开始。在这一事故中,哪些主体应当承担法律责任? 谁可以提起诉讼或作为适合的原告? 我国海洋生态损害赔偿制度还存在哪些问题? 笔者将从这几个问题入手,从法律角度厘清渤海溢油事故的脉络,并对完善我国海洋生态损害赔偿制度提出合理建议。

一、渤海溢油事故法律责任

(一)康菲公司承担法律责任的依据

依据一般法学理论,每个民事主体都要为自己的行为负责。《中华人民共和国民法通则》(以下简称《民法通则》)第 117 条规定:"损坏国家的、集体的财产或者他人财产的,应当恢复原状或者折价赔偿。受害人因此遭受其他重大损失的,侵害人并应当赔偿损失。"新近出台的《侵权责任法》单列"环境污染责任"一章,其中第 65 条明确规定:"因污染环境造成损害的,污染者应当承担侵权责任。"也就是说依据一般民法规则,污染者要为其污染行为承担责任。就此次漏油事故,首先污染了我国大面积的海洋水域,使得属于国家的海洋资源遭到严重的破坏,国家财产受到严重损害。其次,海洋环境作为环境重要的组成部分之一,其受到污染当然适用《侵权责任法》关于环境污染责任的一般规定,即污染者承担责任。又根据《海洋环境保护法》第 17 条和《中国人民共和国海洋石油勘探开发环境保护管理条例》(以下简称《海洋石油勘探开发环境保护管理条例》)第 30 条的规定,实施海洋石油勘探开发作业的实体应当为它所造成的漏油事故负责。在本案中,进行海上钻井平台作业的实体是康菲公司,它既是作业者又是引起海洋污染的企业,理应由其为此次严重海洋污染承担法律责任。

那么,对于享有此油田51%参与权益的合作方中国海洋石油总公司是否也应承担相应责任呢?根据《中华人民共和国对外合作开采海洋石油资源条例》(以下简称《对外合作开采海洋石油资源条例》)第6条:"中华人民共和国对外合作开采海洋石油资源的业务,由中国海洋石油总公司全面负责。中国海洋石油总公司是具有法人资格的国家公司,享有在对外合作海区内进行石油勘探、开发、生产和销售的专营权。"由此可以得出康菲中国是油田开发的作业者,而中国海洋石油总公司是油田开发的招标者、管理者及监督者。因此,他们之间的法律关系是由合作开发合同来确定的。针对康菲中国漏油事件的赔偿问题,康菲石油和中国海洋石油总公司的赔偿分担问题应该由二者之间的合作开发合同来确定。根据2011年11月11日国家海洋局网站公布的蓬莱19-3油田溢油事故调查结论,❶此次事故的原因主要在于,康菲中国在蓬莱19-3油田生产作业过程中违反总体开发方案,制度和管理上存在缺失,明显出现事故征兆后、没有采取必要的防范措施,由此导致一起造成重大海洋溢油污染的责任事故。这说明国家海洋局认定康菲石油为溢油事故唯一责任方,中国海洋石油总公司并不承担责任。同时,《中华人民共和国公司法》(以下简称《公司法》)第5条规定:"公司从事经营活动,必须遵守法律、行政法规,遵守社会公德、商业道德,诚实守信,接受政府和社会公众的监督,承担社会责任。"虽然漏油事故的作业方和直接责任者是康菲公司,但中国海洋石油总公司作为股份有限公司,也应当受到《公司法》第5条社会责任原则的约束。

(二)行政法律责任分析

1.康菲石油行政法律责任分析

根据《海洋石油勘探开发环境保护管理条例》第16条的规定:"企业、事业单位及作业者在作业中发生溢油、漏油等污染事故,应迅速采取围油、回收油的措施,控制、减轻和消除污染。发生大量溢油、漏油和井喷等重大油污染事故,应立即报告主管部门,并采取有效措施,控制和消除油污染,接受主管部门的调查处理。"康菲石油在事故发生之后,应当尽快把事故情况以书面的形式报送国家海洋行政主管部门,但其没有做到这一点。事故发生之后1个月,在渔民和其他社会公众的发现下才得以曝光,中国海洋石油总公司和康菲石油

❶ 国家海洋局:"蓬莱19-3油田溢油事故联合调查组公布事故原因调查结论",载 http://www.soa.gov.cn/soa/news/importantnews/webinfo/2011/11/1320551791757083.htm.发布日期:2011年11月11日。

迫于社会压力才向社会承认引起了海洋石油污染。这说明,康菲石油严重违反了中国海洋污染事故报告的规定,应当承担相应的行政法律责任。

2. 行政主管部门责任分析

相比起康菲石油对事故信息的隐瞒和对污染程度的轻描淡写,公众更多的不满则来自于海洋主管部门。《中华人民共和国政府信息公开条例》(以下简称《政府信息公开条例》)第10条之(10):"县级以上各级人民政府及其部门应当依照本条例第9条的规定,在各自职责范围内确定主动公开的政府信息的具体内容,并重点公开下列政府信息:……(十)突发公共事件的应急预案、预警信息及应对情况。"《环境信息公开办法(试行)》第11条之(5)规定:"环保部门应当在职责权限范围内向社会主动公开以下政府环境信息:……(五)突发环境事件的应急预案、预报、发生和处置等情况。"从以上规定可以看出,我国政府信息公开更加强调主动公开,即强调政府在应对紧急突发(环境)事件时,应该及时主动地披露相关信息。而在此次事故中,自6月4日、6月8日国家海洋局北海分局两次接到康菲石油提交的"蓬莱19-3油田B平台东北发现不明来源油膜"的漏油报告,时隔1个月后,国家海洋局才于7月5日在北京举行新闻发布会,这一事故才得以公之于众。这不仅损害了公众的环境知情权,还使养殖户失去了规避风险的机会,导致损失进一步扩大。

(三)民事法律责任分析

根据《海洋石油勘探开发环境保护管理条例实施办法》第28条的规定,康菲石油作为作业者,其赔偿责任应当包括下面三个方面:

第一,由于作业者的行为造成海洋环境污染损害而引起海水水质、生物资源等损害,致使受害方为清除、治理污染所支付的费用;

第二,由于作业者的行为造成海洋环境污染损害而引起受害方经济收入的损失金额,被破坏的生产工具修复更新费用,受害方因防止污染损害所采取的相应的预防措施所支出的费用;

第三,为处理海洋石油勘探开发引起的污染损害事件所进行的调查费用。

依据我国现有法律法规,本案件中民事赔偿范围应当包括:周边渔民因石油污染所遭受的直接经济损失、海洋生态环境、渔业资源遭到破坏的损失、清理污染的费用。其中,生态损害、渔业资源损失的具体数额应当由国家海洋局或农业部组织有法定资质的机构进行评估,或在诉讼中由双方当事人委托或人民法院指定具有法定资质的评估机构进行鉴定评估,并作为损害赔偿的直

接依据。❶

　　(四)刑事法律责任分析

　　根据《海洋环境保护法》第 91 条的规定:"对造成重大海洋环境污染事故,致使公私财产遭受重大损失或者人身伤亡严重后果的,依法追究刑事责任。"这里"公私财产遭受重大损失"的标准,最高人民法院则在 2006 年颁布了《最高人民法院关于审理环境污染刑事案件具体应用法律若干问题的解释》中予以规定,即"致使公私财产损失 30 万元以上的"属于"重大损失"。而此次漏油事故被称为"我国最严重的海洋环境生态事故",所造成的财产损失显然不止 30 万,❷依法可以追究刑事责任。同时,2010 年美国政府在解决墨西哥湾 BP 公司的深水地平线石油钻井平台石油泄漏一案中,曾以追究 BP 公司主管的刑事责任为威慑,迫使其更换公司总裁,并加大赔偿损害的力度。可见,在这类案件中,刑事制裁手段可以有效地发挥作用。

　　2011 年颁布的《刑法修正案(八)》,对原《中华人民共和国刑法》(以下简称《刑法》)第 338 条"重大环境污染事故罪"做了较大修改。修改后的条文规定:"违反国家规定,排放、倾倒或者处置有放射性的废物、含传染病病原体的废物、有毒物质或者其他有害物质,严重污染环境的,处 3 年以下有期徒刑或者拘役,并处或者单处罚金;后果特别严重的,处 3 年以上 7 年以下有期徒刑,并处罚金。"取消了原来"致使公私财产遭受重大损失或者人身伤亡的严重后果的"的规定,这就降低了入罪门槛,极大地增强了《刑法》的威慑力。这对我国刑事法律责任的完善、加大对环境污染犯罪行为的打击力度,具有重要意义。

二、渤海溢油事故诉讼机制

　　对海洋环境污染损害赔偿的救济问题我国法律已有规定,但目前还没有形成完备的法律体系。散见于各部门法的损害赔偿规定在处理海洋环境污染损害赔偿纠纷中就成为基本的法律依据。这主要包括《民法通则》中的有关规定和《侵权责任法》、《环境保护法》、《海洋环境保护法》,以及《中华人民共和国海商法》(以下简称《海商法》)中的有关规定。这些规范性法律文件基本涵盖了责任主体,责任要件制度,责任客体制度,损害赔偿范围等基本问题。

---

❶ 曹明德、王婉璐:"康菲渤海漏油案索赔十问",载《新京报》2011 年 9 月 3 日。
❷ 王超:"渤海溢油渔民至少损失 10 亿元",载《中国青年报》2011 年 10 月 13 日 07 版。

（一）渤海溢油事故的索赔主体

《海洋环境保护法》第 90 条第 1 款规定："造成海洋环境污染损害的责任者，应当排除危害，并赔偿损失；完全由于第三者的故意或过失，造成海洋环境污染损害的，由第三者排除危害，并承担赔偿责任。"第 90 条第 2 款规定："对破坏海洋生态、海洋水产资源、海洋保护区，给国家造成重大损失的，由行使海洋环境监督管理权的部门代表国家对责任者提出损害赔偿要求。"法律对污染海洋环境造成损害和破坏海洋生态造成损害的赔偿责任分两款分别做了规定，说明二者之间是存在明显区别的。其中污染海洋环境造成的损害，指的是污染海洋环境的行为造成的人身损害或财产损失，属于民事侵权法上的环境侵权责任，索赔主体是其利益直接受到侵害的单位或个人。而第 90 条第 2 款规定的海洋生态损害行为，如破坏海洋生态、海洋水产资源和海洋保护区的行为，所侵害的对象是不属于任何私人所有的海洋生态环境要素，它归属于国家利益的范畴，这就决定了海洋生态侵权者所承担的责任有别于传统民事侵权法上的责任，不以特定受害者的人身伤害或财产损害为条件。任何私人都无权提起海洋生态损害赔偿的诉求，而只有国家行政管理部门作为国家利益的代表者才有权提出此类诉求。

1. 污染受害者提起民事诉讼

所谓环境侵权是指因生产活动或者其他人为原因，造成环境污染和其他公害，并给他人的财产、人身等权益造成损害或损害危险的法律事实。❶ 环境污染侵权诉讼从法律性质上看属于一般民事诉讼。依据侵权责任法的一般原理，因侵权行为遭到直接损害的受害者，有权请求侵权人承担侵权责任。根据《侵权责任法》第 65 条的规定："因污染环境造成损害的，污染者应当承担侵权责任。"所以在此次渤海溢油事故中，直接遭受石油污染带来的损害的普通民事主体，如沿海养殖场的渔业主、出口蓬莱水产品的出口商、受污染海滨浴场的旅游业主等，均有权利提起损害赔偿之诉。

据新闻报道，在此次污染事故中，河北省乐亭县、昌黎县两地的 200 多名水产养殖户养殖的海参、扇贝因污染而死亡所造成的损失已在 1 亿元以上。由于受害者人数众多，北京一家律师事务所已发起成立了"环渤海水产养殖维权律师团"，在 2011 年 8 月接受了河北省乐亭县、昌黎县 100 多名水产养殖户的授权委托，免费代理维权，于同年 12 月向天津海事法院提起诉，以海上、通

---

❶　张梓太：《环境法律责任研究》，商务印书馆 2004 年版，第 57 页。

海水域养殖损害责任纠纷为由向康菲石油提出环境污染损害赔偿,要求康菲石油停止侵权、消除危险并赔偿经济损失 4.9 亿余元。然而直至今天,天津某法院对此案既未驳回也还未立案。❶

2. 行政机关代表国家提出索赔

自然资源属于国家所有,对自然资源的损害,属于污染加害人对国家享有的自然资源所有权的侵害,污染加害人应当赔偿国家的损失,这属于民事侵权法律关系。国家通过立法和行政授权,将自然资源的监督管理权授予相关的政府和行政机关。2010 年 6 月 29 日,最高人民法院出台《最高人民法院关于为加快经济发展方式转变提供司法保障和服务的若干意见》,其中第 13 条中规定:"依法受理环境保护行政部门代表国家提起的环境污染损害赔偿纠纷案件,严厉打击一切破坏环境的行为。"《海洋环境保护法》第 90 条第 2 款进一步规定了海洋环境监督管理部门对破坏海洋生态、海洋水产资源、海洋保护区的行为,可以依照法律规定代表国家对责任者提出损害赔偿要求。2002 年发生的"塔斯曼海"号案❷被誉为中国首例海洋主管部门提起的海洋生态损害赔偿案件。蓬莱 19 - 3 油田溢油事故发生后,国家海洋局北海分局有关人士在 2011 年 9 月 26 日透露,有望能在国庆节之前正式向康菲中国发起海洋生态索赔司法诉讼。❸ 但直至今年,国家海洋行政管理部门对此案的公益诉讼已是石沉大海。

3. 环保非政府组织提起环境公益诉讼

所谓环保非政府组织(non-governmental organizations of environmental protection)是指除政府和企业以外的第三种社会组织,是依法建立的、非政府的、非营利性的、非党派性质的,并具有一定志愿性质的、致力于解决社会环境问题以志愿提供公益的社会组织。随着环境问题的日益严重和环境保护运动

---

❶ "康菲漏油:疲惫的诉讼艰难的索赔",载 http://finance. sina. com. cn/china/20120204/002511310665. shtml,发布日期:2012 年 2 月 4 日。

❷ 2002 年 11 月 23 日凌晨 4 时 08 分,满载 8 万吨原油的马耳他籍油轮"塔斯曼海"轮与中国大连"顺凯一号"轮在天津大沽锚地东部海域 23 海里处发生碰撞,导致该轮右舷第三舱破损,大量原油从破损处溢出流入海中。经确定,此次油污事故造成油污染较严重的海水面积为 359.6 平方公里,受此次油污影响严重的沉积物面积为 82179 平方公里和影响滩涂范围为 290 平方公里。这次事故不仅使渤海湾西部的大片海域遭受严重污染和损害,津冀 1800 名渔民也成为这次事故的直接受害者。2002 年 12 月 26 日,天津市海洋局将英菲尼特航运有限公司及其保险人伦敦汽船船东互保协会作为被告,向天津海事法院提起诉讼。

❸ "国家海洋局最快节前起诉康菲",载 http://www. people. com. cn/h/2011/0928/c25408 - 3458707231. html,发布日期:2011 年 09 月 28 日。

的兴起,各国的环境非政府组织都在蓬勃发展。在环境公益诉讼制度比较发达的国家,环保非政府组织作为环境卫士,在环境法律法规的制定、环境监管等方面都呈现出极高的热情,并取得了良好成效。在渤海溢油事故发生后,有新闻报道"达尔问自然求知社与自然之友等环保组织或将对蓬莱19-3油井溢油事件当事人中海油和康菲公司提起公益诉讼"。❶ 在当时的条件下,我国环保非政府组织的主要职能定位于进行环境教育、环境知识宣传、提高公民的环境意识等方面,并不具有环境公益诉讼原告资格。2012年8月31日,第十一届全国人大常委会通过了《关于修改〈中华人民共和国民事诉讼法〉的决定》。修改后,有关机关和环保组织,针对污染环境等损害社会公共利益的行为,将可以据此提起诉讼。这是我国"公益诉讼"制度建设的突破性进展,更成为我国环境公益诉讼制度建设的新起点。

(二)渤海溢油事故赔偿范围和赔偿数额的确定

1. 渤海溢油事故的赔偿范围

所谓赔偿范围,是指求偿主体可以向责任人提出损害赔偿要求并被法律承认的损失的具体种类和数量。"具体到海洋生态损害的赔偿范围方面,则指的是侵权行为人造成海洋生态破坏活海洋环境污染后,国家可以向责任人索赔损失的范围。"在我国国内法关于海洋生态损害的赔偿范围规定中,《民法通则》第124条,《海商法》第207条、第208条,《环境保护法》第41条第1款,《海洋环境保护法》第90条第1款,仅做了原则性的规定,对于赔偿的范围和计算方法,没有具体的规定。目前,对于海洋生态损害赔偿,国内学界大致可分为两种意见,一种是仅赔偿为环境恢复实际支出的合理费用;另一种则认为还应包括对不可恢复的环境损害进行赔偿,即为恢复、复原、替代因自然资源遭到破坏而需还原的费用;在未能还原恢复期间的自然资源的贬值损失;对该损害进行评估、计算、量化的合理费用。❷

在渤海溢油事故中,赔偿范围应根据提出赔偿的主体而定。如对遭到损害的养殖户等提起的民事诉讼中,应根据《中华人民共和国海洋石油勘探开发环境保护管理条例实施办法》(以下简称《海洋石油勘探开发环境保护管理条

---

❶ "环保组织提海洋生态损害索赔诉讼'师出无名'",载 http://news.163.com/11/0720/18/79E4GMNN00014AED.html,发布日期:2011年7月20日。

❷ 刘家沂:"海洋生态损害的国家索赔法律机制与国际已有案例研究",海洋出版社2010年版,第108页。

例实施办法》)第 28 条规定的赔偿范围进行索赔。若是国家作为索赔主体,则应参照国际公约和各国法律实践,提出索赔的范围可以包括:(1)合理的预防或减轻污染损害的措施费用和措施造成的进一步灭失和损害。(2)环境合理恢复措施的费用。(3)与环境利用密切相关的利润损失,如捕鱼业、盐业和旅游业等行业的利润损失。❶

  2. 渤海溢油事故的索赔数额

  在事故索赔范围确定后,对具体索赔数额的计算是一大难题。因为我国的相关立法对此问题还没有制定具体的规则。《海洋环境保护法》第 85 条规定:"违反本法规定进行海洋石油勘探开发活动,造成海洋环境污染的,由国家海洋行政主管部门予以警告,并处 2 万元以上 20 万元以下的罚款。"但此次事故影响范围之大,后果严重持续时间长,20 万元的上限处罚显然不足以补偿海洋生态环境的损失和修复需要的成本。为了弥补这一法律空缺,2007 年 4 月,国家海洋局批准发布《海洋溢油生态损害评估技术导则》这一行业标准。2010 年 6 月,山东省也出台了《山东省海洋生态损害赔偿费和损失补偿费管理暂行办法》,规定最高索赔可以达到 2 亿元。但《海洋溢油生态损害评估技术导则》这一计算标准是否能够成为法院判决的依据,目前还存在争议。山东省出台的"暂行办法"也只是地方部门的规范性文件,并不具有法律拘束力,不能作为渤海溢油事故索赔的法律依据。2012 年 1 月 25 日,农业部、康菲石油、中国海洋石油总公司同时发布消息称,康菲石油将出资 10 亿元,用于解决河北省、辽宁省部分区县养殖生物和渤海天然渔业资源损害赔偿和补偿问题。但这 10 亿元的计算过程和计算标准仍然受到质疑。

三、渤海溢油事故折射出的问题及其完善建议

(一)渤海湾溢油事故折射我国海洋生态损害赔偿制度的不足

  通过上文对渤海溢油事故法律责任和诉讼机制的研究,我们不难发现,我国在海洋生态损害赔偿制度方面还存在很大的法律漏洞。

  1. 我国海洋生态损害赔偿制度的不足——宏观的思考

  从宏观的角度进行思考,我国海洋生态损害赔偿制度存在的不足主要表现在以下几点。

  (1)法律规则严重的供给不足。我国国内法关于海洋生态损害的赔偿

❶ 郭杰:"论油污损害中的纯经济损失",载《中国海商法年刊》1994 年年刊。

范围规定中,《民法通则》第 124 条,《海商法》第 207 条、第 208 条,《环境保护法》第 41 条第 1 款,《海洋环境保护法》第 90 条第 1 款等,仅是原则性规定,对于赔偿的范围和计算方法以及对海洋环境损害赔偿的构成要件制度、因果关系、归责原则、举证责任和管辖等基本制度等都没有直接予以规定,缺乏法律依据。

(2)政府部门的严重不作为。依据《海洋环境保护法》第 90 条第 2 款规定:"对破坏海洋生态、海洋水产资源、海洋保护区,给国家造成重大损失的,有依照本法规定行使海洋环境监督管理权的部门代表国家对责任者提出损害赔偿要求。"根据这一规定,有关国家机关具有法定的原告资格,可是这些具有原告资格的国家机关是怎样履行职责的呢?据不完全统计,目前中国沿海油污染面积约十二万平方公里[1]损害不可谓不大,污染事件不可谓不多,但却很少有政府部门代表国家对责任者提出赔偿要求。

2. 我国海洋生态损害赔偿制度的不足——微观的思考

(1)原告范围的不确定——行政机关代表国家提出索赔存在问题。

虽然我国法律已经确立行政机关的索赔主体地位,但是由于规定过于原则性,在实践中仍然存在一些问题。由于我国海洋环境保护实行环保、海洋、海事、渔政等共同管理的制度,而行政机关在结构上又分多个层级,哪一个行政机关或者哪一层级的行政机关是属于可以代表国家对责任者提出索赔的唯一主体,我国法律没有明确。这种立法状况导致行政机关分工的交叉重叠情况,不仅造成资源浪费,而且可能会导致国家利益得不到有效的维护。[2]

(2)海洋生态损害索赔缺乏国家标准。

从 2002 年"塔斯曼海"漏油案件发生,到 2004 年天津某法院一审判决赔偿 4209 万余元,再到 2009 年终审判决赔偿额"缩水"为 1513.42 万元,该次索赔工作并不太成功,主要是赔偿范围和赔偿标准问题,缺乏国家统一的具体规定,渤海溢油事故也同样面临着这个问题的。国家尽快启动建立海洋生态损害补偿赔偿制度的立法程序,对海洋生态损害补偿索赔的责任主体、赔偿范围及标准、程序以及补偿赔偿金的使用管理等进行明确界定,为海洋生态保护政策提供经济调控手段,为海洋生态保护提供可持续的财政机制。

---

[1] 牟彩霞:"船舶油污事故中海洋生态环境损害赔偿范围",载《珠江水运》2007 年第 1 期。
[2] 疏震娅:"论海洋生态损害国家索赔诉讼制度的建立",载《中国海洋大学学报》2011 年第 2 期。

(二)完善海洋生态损害赔偿制度的建议——美国墨西哥湾原油泄漏事件的启示

2010 年 5 月 5 日,美国墨西哥湾原油泄漏事件引起了国际社会的高度关注,不仅使英国石油公司(BP)等相关公司遭受巨大损失,而且使美国遭遇了一场历史上最大的生态灾难。但是美国政府在事故发生后反应迅速,很快成立应急小组,相关部门官员赶赴现场。并及时设立了官方网站,向公众说明政府采取的措施、提供各类数据、公布相关部门的联系方式。之后不久,奥巴马政府便向造成漏油事故的英国石油公司(BP)施加压力,要求其在法律诉讼程序开始前,先提供巨额基金,来赔偿漏油事件的受害者。我们不难看出,墨西哥湾漏油事件能如此迅速地得到处置,基于三点:一是美国政府的强硬态度;二是美国《油污法》为应急处理和事后赔偿提供了法律保证;三是美国人强烈的环保意识。纵观此次事故的处理过程,对完善我国海洋生态损害赔偿制度的启示是深刻而多方面的。

1. 健全海洋生态损害赔偿法律体系

(1)借鉴美国《油污法》完善我国海洋生态损害赔偿立法。1989 年,埃克森石油公司的瓦尔迪兹号油船在阿拉斯加威廉王子海湾搁浅后发生溢油事故,排放了 3.8 万吨原油,数千公里海岸线布满了石油,污染惨状触目惊心。美国大受震动,旋即于 1990 年通过了《油污法》,明确了在海洋、河流、陆地等不同地方发生石油污染的处理规程以及赔偿办法等。正是在这一部法律中,钻井平台被视为船舶。在 2010 年美国墨西哥湾原油泄漏事件中这部法律发挥了很大作用。

1990 年美国《油污法》对污染损害赔偿的索赔主体和赔偿范围都作了非常详细的规定。索赔主体包括自然资源的托管人;受污染损害的动产和不动产的所有人或者管理人;由于自然资源受到损害,而失去生活来源的人;对污染导致财政收入损失享有权利的联邦政府、州或者政府机构等。自索赔范围和标准方面,不仅包括合理的恢复环境的开支,而且包括不可恢复的环境损害。油污造成自然资源损害时,当地政府作为国家自然资源的受托管人,根据被法律认可的自然资源损害计算方法来确定自然资源的损害程度和赔偿范围。❶我国也可以参照美国 1990 年《油污法》制定专门的《海洋生态损害赔偿

---

❶ 刘家沂:"海洋生态损害的国家索赔法律机制与国际已有案例研究",海洋出版社 2010 年版,第 140 页。

办法》❶,详细规定索赔主体及赔偿范围,统一索赔标准。

(2)建立溢油响应基金。去年墨西哥湾漏油事件后,英国石油公司(BP)立即建立了一个 200 亿美元的溢油响应基金,在事故发生后的应急处理、清理以及赔偿中发挥了及时的作用。在我国也应设立海洋生态基金,专门用于海洋生态的重建和恢复。在成立基金之前,应明确规定专款专用。通过一定的规范性文件明确有关主管部门应将所获得的赔款上缴国库,而不是留在各自索赔单位,再由国家下拨经费专款专用于海洋生态环境的恢复。至于基金的费用来源,可以由"国家出一点,企业出一点"的方式来筹集。建议由国家投资作为基金的一部分启动资金,再向国内的各大石油进出口公司按一定比例每年摊派款项,同时还可以将对船舶的罚款纳入《海洋环境保护法》第 73 条的规定中,逐步形成滚雪球效应,从而基本解决赔偿费用少且不及时的现状。❷

2. 进一步完善环境公益诉讼制度的构想

在环境污染生态破坏的今天,在许多国家,都建立了相应的环境诉讼机制。2012 年 8 月 31 日,经过三审,第 11 届全国人大常委会第 28 次会议通过了《关于修改〈中华人民共和国民事诉讼法〉的决定》,其中采纳了建立公益诉讼制度(含环境公益诉讼制度)的建议。在该决定的第 9 部分规定:增加一条,作为第 55 条,"对污染环境、侵害众多消费者合法权益等损害社会公共利益的行为,法律规定的机关和有关组织可以向人民法院提起诉讼"。这是我国法制史上一个十分重要的突破,由此揭开了我国环境公益诉讼的新篇章。

但是,我们也应清楚地认识到,我国的环境公益诉讼制度才刚刚起步,还有很多需要完善和进一步具体规定的地方,如"法律规定的机关和有关组织"具体包括哪些? 举证责任怎样分配? 这些需要具体的法律加以规定。

(1)环境公益诉讼的适格原告。"原告资格"是环境公益诉讼中重点要解决的问题。修改后的《民事诉讼法》规定"法律规定的机关和有关组织"可以向人民法院提起公益诉讼。但何为"法律规定的机关",就目前而言,我国法律中只有《海洋环境保护法》明确规定了国家海洋监督管理部门对破坏海洋环境的行为可以向法院提起诉讼,而再无其他法律规定的机关。但诸如空气污染、排

---

❶ 2011 年 5 月 26 日,由海洋二所起草完成的《海洋生态损害赔偿办法》。该赔偿办法基于国内尚未有海洋生态损害国家损失索赔机制,生态损害索赔不充分的现实,以探索建立一套与国际接轨、适用于中国近岸海域的海洋生态损害国家索赔的方式与实施机制,以及相应的法律法规、政策、资金保障措施。

❷ 高霏:"对国家应对油污染事故若干措施的建议",载《南通航运职业技术学院学报》2007 年第 6 期。

泄污水等损害社会公共利益的行为,又该由谁提起呢? 同时笔者注意到,在2012 年 10 月全国人大常委会审议的《环境保护法修正案(草案)》中,对环境公益诉讼制度却只字未提。新修改的《民事诉讼法》已经规定了环境民事公益诉讼制度,并授权实体法对原告资格进行规定。环保法作为环境保护领域的综合性立法,理应在这个问题上作出更加详细的规定。

(2)环境公益诉讼的范围。在明确了环境公益诉讼的主体后,环境公益诉讼的范围也应该从法律上给予明确。修改后的《民事诉讼法》规定了环境公益诉讼的范围仅限于"污染环境"。但笔者认为,环境公益诉讼范围不应限于环境污染,破坏资源、损害生态的问题也应纳入环境公益诉讼范畴。

(3)环境公益诉讼的举证责任。依据我国现行《民事诉讼法》,举证责任的分配原则是谁主张谁举证,一般要求原告对自己的主张提出证据,包括致害行为的违法性、损害事实、因果关系等,受害人一方承担了主要的举证责任。而就环境污染纠纷来说,受害者大多数是普通公民,由于受到文化、科学知识的限制且缺少对致害物质的监测、化验手段,很难取得相关的证据。在这种情况下,强调谁主张谁举证便难以保证法律的公正。因此,在许多国家的环境立法与司法判列中,采取了举证责任倒置的原则,将本来由原告一方承担的举证明责任改由被告承担。1992 年最高人民法院发布的《最高人民法院关于适用〈中华人民共和国民事诉讼法〉若干问题的意见》第 74 条规定:"在因环境污染引起的损害赔偿诉讼中,对原告提出的侵权事实,被告不认的,由被告负责举证。"这一解释体现了举证责任倒置的原则。

政府信息公开第三方之诉讼机制的完善

陈又新[*]

摘　要： 政府信息公开第三方指政府信息公开过程中，商业秘密、个人隐私受到影响的主体。因政府信息一旦公开即具不可回复性，对其权益保护的有效性就显得至关重要，且该类案件涉及政府信息公开范围核心却是一直没有解决的问题，即商业秘密、个人隐私以及与公共利益的衡量，使得这类案件成了司法实践中的一大难题。

文章从第三方诉讼权益保护的角度，对第三方的概念、诉讼地位以及个人隐私、商业秘密的判断标准和其与公共利益的衡量进行分析，并提出可以从预防性诉讼类型的构建及对现行赔偿机制的改进对涉及政府信息公开第三方的诉讼进行完善。

关键词： 政府信息公开　第三方　商业秘密　个人隐私　公共利益　预防性诉讼　行政赔偿

一、引　言

《政府信息公开条例》实施以来，政务公开观念逐渐得到宣扬，公众申请政府信息公开的热情亦逐渐提升。但是，由于某些信息的公开将影响第三方的隐私权、商业秘密，理性的制度设计不应当忽略对其权益的保护。

目前，我国《政府信息公开条例》对个人隐私和商业秘密保护的规定较为匮乏，且法律赋予行政机关较为宽泛的裁量权——在政府信息涉及公共利益时，即使第三方反对，行政机关亦可以决定公开。[❶] 在这一规范背景下，第三

---

[*] 陈又新（1987～ ），女，籍贯浙江省温州市永嘉县，中国政法大学 2012 级博士研究生。

[❶] 《政府信息公开条例》第 14 条第 4 款：行政机关不得公开涉及国家秘密、商业秘密、个人隐私的政府信息。但是，经权利人同意公开或者行政机关认为不公开可能对公共利益造成重大影响的涉及商业秘密、个人隐私的政府信息，可以予以公开。

方完全有可能因信息公开侵犯其权益而寻求救济。实际上，最高人民法院《关于审理政府信息公开行政案件若干问题的规定》已明确，人民法院应当受理当事人认为行政机关主动公开或者依他人申请公开政府信息侵犯其商业秘密、个人隐私而提起的诉讼。❶ 这说明，此种诉讼已非观念的想象，而是生活的事实。但是，我国的政府信息公开制度的理论与实践目前均处在发展初期，对第三方的诉讼权益保护没有形成专门的制度，这使得政府信息公开第三方诉讼权益保护研究显得必要又迫切。

二、政府信息公开第三方：概念界定与诉讼地位

政府信息，是指行政机关在履行职责过程中制作或者获取的，以一定形式记录、保存的信息。❷ 现代社会，及时、准确地公开政府信息，已是民主政治的应有之意。但是，由于政府职能几乎涉及公民"从摇篮到坟墓"的方方面面，某些政府信息会含有商业秘密、个人隐私的内容。例如，税务部门收集的有关个人财产状况的信息、民政部门掌握的当事人婚姻状况的信息等都涉及个人隐私；而企业向政府申报的有关经营活动的信息，也往往涉及商业秘密。此种情况下，若将信息公开，势必影响当事人的权益，从而导致公开原则与个人基本权利之间的紧张。

为此，我国《政府信息公开条例》第 23 条规定："行政机关认为申请公开的政府信息涉及商业秘密、个人隐私，公开后可能损害第三方合法权益的，应当书面征求第三方的意见；第三方不同意公开的，不得公开。但是，行政机关认为不公开可能对公共利益造成重大影响的，应当予以公开，并将决定公开的政府信息内容和理由书面通知第三方。"据此，政府信息公开第三方可以界定为政府信息公开过程中，商业秘密、个人隐私受到影响的主体。

信息公开第三方参与到政府信息公开诉讼中的方式可能有两种。其一，行政机关主动公开或者依照申请公开了涉及第三方隐私或者商业秘密的信息，该第三方不服公开决定而作为原告提起诉讼。根据《政府信息公开条例》第 33 条第 2 款的规定，"公民、法人或者其他组织认为行政机关在政府信息公开工作中的具体行政行为侵犯其合法权益的，可以依法申请行政复议或者提起行政诉讼"，以及《最高人民法院关于执行〈中华人民共和国行政诉讼法〉若

❶ 参见《最高人民法院关于审理政府信息公开行政案件若干问题的规定》第 1 条第（3）项的规定。

❷ 参见《政府信息公开条例》第 2 条的规定。

干问题的解释》第 12 条的规定,"与具体行政行为有利害关系的公民、法人或者其他组织对该行为不服的,可以依法提起行政诉讼",此种诉讼有明确的法律依据,人民法院应当予以受理。其二,行政机关对政府信息申请人提出的申请,以涉及个人隐私、商业秘密为由,作出了拒绝公开的决定,申请人不服该决定提起诉讼,则第三方可以第三人的身份加入诉讼。

由于我国行政诉讼中第三人并不区分有独立请求权和无独立请求权,且第三人参与诉讼时的诉讼规则在很大程度上准用原告方面的规则。因此,本文将主要研究第三方作为原告起诉政府信息公开决定的情形,讨论此类诉讼需要完善之处。

三、个人隐私、商业秘密的判断标准及其与公益的衡量

根据上述《政府信息公开条例》第 23 条的规定,当政府信息涉及第三人的个人隐私与商业秘密时,政府在作出政府信息公开决定时应当遵守两项义务:程序上,有义务书面征求第三方意见;实体上,若第三方不同意公开,原则上不得公开,除非不公开可能对公共利益造成重大影响。程序方面,"书面征求意见"很容易做到,行政机关一般也会遵守,即使发生争议,法院判断这一义务是否已经履行也非常容易,本文不展开论述。而实体上争议的处理则更为复杂,如何认定需要精致的法解释学架构。具体而言,这种争议可能集中于两个方面:其一,该信息是否涉及商业秘密或个人隐私;其二,如果涉及商业秘密与个人隐私,不公开是否"可能对公共利益造成重大影响"。但恰恰是针对这两点,现有法律规定极为匮乏,规则的缺失导致行政机关依据宽泛的裁量而非确定的规则行事,这极易在法律层面引发各种质疑与挑战,削弱决定的合法性。毕竟,行政活动的合法性有赖于其工具理性,即行政机关运用其专业能力充分地、令人信服地解释其决定的依据。[1] 为此,有必要根据实践中的案例,进行类型化的整理,发展出可操作的判断规则,从而增强行政决定的规范性与可预测性,本文亦将提出一些初步的想法。

(一)个人隐私的判断标准

个人隐私在《政府信息公开条例》中没有明确定义,而且,目前我国行政管理相关法律虽然对个人隐私偶有提及,但对其内涵外延的界定几乎属于空白。

---

[1] 有关行政活动工具理性的理论阐述,参见 Jerry L. Mashaw, Small Things Like Reasons Are Put in a Jar: Reason and Legitimacy in the Administrative State, 70 Fordham Law Review. 2001, p. 17.

针对隐私权概念不容易界定,在具体适用时又可能因为个人价值观不同而导致理解范围差异,需要通过对实践中类型化案件的具体分析,从中得到关于隐私权在政府信息公开案件中的界定。

在我国,隐私权在民法中提到的比较多,可以通过对其进行梳理而得到相应的启发。从民法角度,隐私权一般分为以下几个部分:(1)个人的生理信息;(2)身体隐私;(3)健康隐私;(4)财产隐私;(5)家庭隐私;(6)个人经历隐私;(7)基因隐私;(8)其他隐私。❶ 另外,依据美国宾夕法尼亚州大学法学院 Anita Allen 教授对隐私权类型的分析,隐私权可归纳成四种类型:信息隐私、身体(物理性)隐私、自主决定隐私和具财产价值的隐私。❷ 隐私权具体内涵是什么,往往需要看其所指的对象以及个人身处的环境而定。例如,物理性的隐私,强调一个不受外界(无论公权力或者私人)干扰的空间,而在政府信息公开的语境中,本文的"个人隐私"所指的即"信息隐私",更多关注的则是个人对于其"个人信息"或"个人资料"的自主权利。

由此可知,"隐私"的概念"多元而开放",是可以描述列举但却无法充分"定义"的概念,因此需要结合实践案例来明确其具体的范围边界。在实践中,典型的与个人隐私有关的政府信息公开案件主要包括:公民申请行政机关公开与土地征收和房屋拆迁有关的政府信息;律师因代理案件需要向行政机关申请公开公民婚姻状况、物权归属情况和股东身份信息及住址情况;公民申请行政机关公开与公务职责相关的个人信息。

对于第一类案件,公民一般要求公开与其同一拆迁基地邻居的房屋估价单、拆迁补偿协议、房屋拆迁裁决书等,这些信息属于我国民法中的隐私类型中财产隐私,个人有权不让公众知晓其财产状况,由此判断,这些信息均属个人信息,即个人隐私,不得公开。第二类案件中的公民婚姻状况、物权归属情况和股东身份信息及住址属于行政机关登记的涉及个人的家庭和财产隐私的信息,行政机关可不予公开,但是一旦这些信息涉及其他案件的进展或者他人

❶ 王利明:《人格权法研究》,中国人民大学出版社 2005 年版,第 595~603 页。

❷ See Anita L. Allen, Genetic Privacy: Emerging Concepts and Values, in GENETIC SECRETS: PROTECTING PRIVACY AND CONFIDENTIALITY IN THE GENETIC ERA 31, 34 (MARK A. ROTHSTEIN ed. ,1997). 转引自林子仪:"基因资讯与基因隐私权",当代公法新论(中),翁岳生教授七秩祝寿论文集,元照出版公司 2007 年版,第 701~702 页。

合法权益也就是公共利益的时候,行政机关就有公开的义务。❶

第三类案件,欧盟委员会 2007 年 4 月 18 日发布的《绿皮书——公众对欧洲共同体机构文件的获取:一个综述》中指出:"在现有的法律框架内欧盟机构在制定个人数据披露的规则时,应遵循如下原则——在个人数据披露中存在着公共利益,当个人作为公共机构官员行使公务职能,且被披露的信息仅与其公务职责相关时,除非有特定原因需要保护他们的身份(例如,调查员),否则,即存在着公共利益。"❷欧盟委员会也是主张与没有特殊原因的情况下,其公务职责相关的信息是属于公共利益,应当披露。

美国的做法也是类似的。美国联邦上诉法院认为公务员的姓名、公务地址原则上应予公开,而公务员之住家地址以及考绩、奖惩记录因涉及个人隐私,应豁免公开。对于不同身份的公务员,美国在司法实践中也是分别对待的,其将个人隐私排除信息公开的例外情况,主要是出于两种不同的考虑:一是避免可能引起尴尬的事实的披露;二是免于被骚扰的自由。因此,对不同身份者,第一种情况下的信息保护的力度大致同等,第二种情况下则有一个阶梯差异,如对于高级政府雇员而言公开范围较广(包括姓名、职务、财产、薪酬、收入、不当行为等),而低级政府雇员只需公开与工作相关的姓名、职务薪酬等,一般人员则无需公布上述任何信息。前述两种区别对待的做法值得我们借鉴。

(二)商业秘密的判断标准

《政府信息公开条例》规定的第二类例外信息就是有关商业秘密的信息。

---

❶ 有关申请公开公民婚姻状况的案件可以参见北京市昌平区人民法院(2008)昌行初字第 119 号判决,判决主要内容如下:法院认为根据《中华人民共和国律师法》(以下简称《律师法》)规定,接受委托的律师自行调查取证的,凭律师执业证书和律师事务所证明,可以向有关单位或者个人调查与承办法律事务有关的情况。被告为代理诉讼的律师出具查档证明,符合律师法的规定,而且未违反婚姻登记档案利用的相关规定,原告主张被告出具查档证明的行为侵犯了其隐私权于法无据,其确认被告违法披露原告婚姻状况之诉讼请求本院不予支持。申请公开股东信息参见北京市朝阳区人民法院(2013)朝行初字第 18 号判决,判决主要内容如下:法院认为企业股东身份信息及住址系被告朝阳区工商局在履职过程中掌握的政府信息,被告以"不属于规定的事项为由不予公开,缺乏事实和法律依据。此外,被告认为该信息公开后可能侵犯股东合法权益,但并未根据《政府信息公开条例》第 33 条之规定,就是否公开原告所询信息书面征求公司股东意见。因此,被告朝阳区工商局认定公司股东个人身份信息及住址"属于个人隐私"缺乏法律依据,作出的不予公开决定违反法定程序,依法撤消被告在该《政府信息告知书》中作出的决定,责令其在 15 日内重新作出答复。

❷ 吕艳滨、[英]Megan Patricia Carter:《中欧政府信息公开制度比较研究》,法律出版社 2008 年版,第 283 页。

对这类信息的例外保护对于信息提供者和行政机关利益均具有重要意义。❶
对于信息提供者来说，其向行政机关提交的信息属于私人信息，作为信息所有
权者其理应得到保护，这样才能避免企业的竞争者从政府信息公开制度中得
到竞争对手的商业、财务信息；对政府机关来说，只有对商业秘密进行适当的
保护，才能使企业放心地向行政机关提供准确、可靠的信息，不会影响行政机
关出于行政管理需要向企业和个人获取相关信息的能力。《政府信息公开条
例》没有对商业秘密作出界定，导致行政机关不知以何标准判定商业秘密。在
此影响下，为了避免纠纷，或者为不公开政府信息找挡箭牌，一些行政机关对
只要涉及企业数据的信息，就以商业秘密为由不予公开。❷ 而且，规则的缺
乏，也导致法院裁判相关纠纷时存在困难。因此，对于商业秘密的范围界定具
有非常重要的实践意义。

目前，我国对商业秘密的审查判断，主要依据 1993 年《中华人民共和国反
不正当竞争法》（以下简称《反不正当竞争法》）第 10 条对商业秘密的的定
义。❸ 该法第 10 条第 2 款规定："本条所称的商业秘密，是指不为公众所知
悉、能为权利人带来经济利益、具有实用性并经权利人采取保密措施的技术信
息和经营信息。"单就这样的抽象定义，并不能清晰界定"商业秘密"范围。对
此，国家工商行政管理总局颁布《关于禁止侵犯商业秘密行为的若干规定》对
其进行了进一步地解释，该规定第 2 条规定："本规定所称不为公众所知悉，是
指该信息是不能从公开渠道直接获取的。本规定所称能为权利人带来经济利
益、具有实用性，是指该信息具有确定的可应用性，能为权利人带来现实的或
者潜在的经济利益或者竞争优势。本规定所称权利人采取保密措施，包括订
立保密协议，建立保密制度及采取其他合理的保密措施。本规定所称技术信
息和经营信息，包括设计、程序、产品配方、制作工艺、制作方法、管理诀窍、客
户名单、货源情报、产销策略、招投标中的标底及标书内容等信息。本规定所
称权利人，是指依法对商业秘密享有所有权或者使用权的公民、法人或者其他
组织。"

在《政府信息公开条例》未对商业秘密进行明确界定的情形下，法官可以
运用现有的法律规定给商业秘密勾勒出一个边界。正如丹宁大法官所说："一

❶ 李广宇：《政府信息公开司法解释读本》，法律出版社 2011 年版，第 249 页。
❷ 上海市高级人民法院：《政府信息公开法律问题研究》，载《行政执法与行政审判》2008 年第
1 集。
❸ 江必新主编：《〈最高人民法院关于审理政府信息公开行政案件若干问题的规定〉理解与适
用》，中国法制出版社 2011 年版，第 152 页。

个法官绝不可以改变法律织物的编制材料,但是他可以,也应该把褶皱熨平。"❶目前司法实践中一般将上述法律法规作为对于政府信息公开案件中对于商业秘密的界定依据。❷ 笔者认为虽然我国除了《反不正当竞争法》中对商业秘密的定义外,还有一些法规规章等对其也进行了一些详细规定,但介于政府信息公开案件属于行政诉讼的范围,而不同领域对于商业秘密的判断标准又不尽相同,商标、专利等对专业性的要求非常高,行政庭的法官对于各个法规规章的详细规定不可能一一精通,因此,目前对于商业秘密的判断应该更多的尊重和考虑行政机关的判断意见及权利人的认同意见,再以《反不正当竞争法》规定的定义为原则,结合工商行政管理总局颁布《关于禁止侵犯商业秘密行为的若干规定》中关于商业秘密的解释来决定某一政府信息是否属于商业秘密,即商业秘密必须具备不为公众知悉的秘密性、能为权利人带来经济利益的商业价值性以及采取保密措施的保密性这三个特性。

(三)公共利益与个人隐私及商业秘密之间的权衡

"在现代民主国家里,任何具有正当性的法律都必须是为了社会的公共利益,而不是为了任何特定的私人利益而制定的。但社会并不是一个密不可分的整体,而是由一个个实实在在的人组成的,而人和人、集团和集团、国家和国家之间的利益经常发生冲突,因而究竟什么是公共利益就成为一个令人困惑的问题。"❸

先来看一下学者们对"利益"的描述。霍尔巴赫认为,利益就只是"我们每个人看做是对自己的幸福所不可缺少的东西。"❹依德国 Walter Klein 氏之分析,德国公法学界一般对利益的解释,不外是一个主体对一个客体的享有,或是主体及客体间的关系;或是在主体及客体关系中,存有价值判断或价值评判等。❺ 考察众多学者对利益内涵的见解,在这一点上大致可以达成一致——即利益是对主体与客体的关系的一种价值判断。❻ 至于"公共"的标准的通

❶ [英]丹宁勋爵:《法律的训诫》,杨百揆、刘庸安、丁健译,法律出版社 2011 年版,第 16 页。
❷ 参见吉罗洪主编,北京市高级人民法院行政审判庭编:《行政诉讼案例研究(七)》,中国法制出版社 2012 年版,第 132~136 页,行政机关不得以涉及商业秘密为由拒绝公开拆迁许可申请材料——王某某要求撤消某市住建委政府信息公开行政复议决定案。
❸ 张千帆:"公共利益的构成——对行政法的目标及平衡的意义之探讨",载《比较法研究》2005 年第 5 期。
❹ [法]霍尔巴赫:《自然的体系》,商务印书馆 1999 年版,第 259~261 页。
❺ 陈新民:《德国公法学基础理论(上册)》,山东人民出版社 2001 年版,第 182 页。
❻ 胡建森、邢益精:"公共利益的法理之维",载《法学》2004 年第 10 期。

说,是纽曼提出的"不确定多数人理论"——公共的概念是指利益效果所及的范围,即以受益人的多寡的方式决定,只要大多数的不确定数目的利益人存在,即属公益,强调在数量上的特征。❶

经过以上分别对"利益"和"公共"定义的阐述,不难发现"公共利益"这个概念属于一个不确定法律概念,因此其概念本身包含了相当丰富的内涵。公共利益并非一定与私人利益冲突,德国学者哈特穆特·毛雷尔也认为,公共利益和个人利益有时相互一致,有时相互冲突。❷ 因此,如何促使公益的增进及维持,以及如何调和其与私人的基本权利之间的紧张关系,都是宪法赋予立法者的形成权,由立法者以指定法律的方式来消弭及调和。❸ 只有通过法律、司法解释细致的规定以及个案中出现问题的经验总结才能使公共利益这个概念不断的明确。

我国台湾地区在处理个人隐私和商业秘密与公共利益的判断问题时,适用的是行政法理论中的比例原则。其中对公益或者重要私益是否有"必要",涉及公开与不公开之间法益衡量,以及是否合乎比例原则之思考,特别是涉及"行政程序法"第 7 条之规定:"行政行为,应依下列原则为之:(1)采取之方法应有助于目的之达成;(2)有多种样能达成目的之方法时,应选择对人民权益损害最少者;(3)采取之方法所造成之损害不得与欲达成目的之利益显失均衡。"❹另外,还需遵守的是"经当事人同意"的"告知后同意"原则,即涉及第三方信息的公开申请,需要对当事人说明情况,并且得到其同意之后才能作出公开决定。

我国实务界对公共利益也形成了一定的判断标准。其中一种观点认为,❺首先,从三性来判断。(1)产品的公用性:禁止变相为私用;(2)受益的普遍性和不特定性;(3)目的非盈利性:禁止直接的追求商业利益,行政法学中不禁止附带利益的实现。其次,用程序正义来实现。在用三性的实体判断不能判断时,则通过交涉、听证等程序来达成共识。最后,足额的补偿,即用足额的补偿来达成共识。

实务界的另一种观点认为,对公共利益的判断标准的理解需要坚持"利益衡量理论",从"公共利益"与"重大影响"两个方面加以完整理解。"'公共利

---

❶ 陈新民:《德国公法学基础理论》,山东人民出版社 2001 年版,第 185~186 页。

❷ [德]哈特穆特·毛雷尔:《行政法学总论》,高家伟译,法律出版社 2000 年版,第 40 页。

❸ 胡建森、邢益精:"公共利益的法理之维",载《法学》2004 年第 10 期。

❹ 李震山:"政府资讯公开法与资讯隐私权保障",载《研考双月刊》第 31 卷第三期。

❺ 2010 年 10 月,最高人民法院江必新副院长在浙江工商大学法学院题为"实质法治"的讲座。

益'的理解可着重利益主体的相对不确定性、利益性质的较大影响面、利益保护的特别需要性等方面加以判断,比如公共健康、国家安全或者环境保护利益;'重大影响'的理解目前可在尊重行政裁量的基础上,要求行政机关提供其认定构成'重大影响'的基本事实根据,特别是与第三方私人利益进行比较权衡时所选用因素的科学性、完整性、现实性。"❶

由此可以看出,不管是理论界还是实务界对"公共利益"都没有一个明确的概念。"利益"是一个价值判断,会因为判断标准的不同而差别甚大,因此,法官对于"公共利益"有着一定的解释的空间。法官更多的是维持和确保现存法秩序与法体系之整合性的框架下,探索弥补法律不足的对策,将变化了的社会事实吸收到规范中去,❷这是法官及其重要的功能之一。正如一名日本学者所说:"立法只是打了一个围墙,围墙内的内容是需要法官来填补的。"在理论界可以确定的是,"公共"是一个在数量上的概念,但具体数量上仍然不能给出一个明确的答案,需要依据特定时空甚至特定案例才能确定。但是,笔者认为只要某信息不公开会侵犯到他人的除知情权外的权益,这个"他人"可以是不特定的多数也可以是具体到某个人,行政机关就不能用个人隐私或者商业秘密来拒绝公开该信息。正如王名扬老先生在描述《美国情报自由法》中公开与免除公开的关系时认为,行政公开是情报自由法的主要目标,免除公开起制约和平衡作用。❸ 例如小区业主申请公开楼上户主信息案❹,如果行政机关不公开楼上住户信息,那么原告的损害就不能得到赔偿。再如,如果行政机关不公开生产食品的公司的违法情况,就会影响消费者的生命健康权。因此,涉及第三方个人隐私或者商业秘密的政府信息公开案件中,该信息不至于因个人隐私信息的公布会造成该第三方名誉权等权利受到侵害,及不至于因涉及商业秘密信息的公布造成直接经济损失的情况下,如果该信息不公开会侵犯他人除知情权外的权益时,行政机关就应该公开其申请的信息。

---

❶ 侯丹华:"政府信息公开行政诉讼有关问题研究",载《行政法学研究》2010年第4期。

❷ 余净植:"'利益衡量'理论发展源流及其对中国法律适用的启示",载《河北法学》2011年6月第29卷第6期。

❸ 王名扬:《美国行政法(下册)》,中国法制出版社2005年版,第967页。

❹ 参见北京市顺义区人民法院(2012)顺行初字第53号判决,案情大致如下:原告因楼上管道堵塞,导致其地板浸水报废,经物业协商无果,向法院提起民事诉讼,要求其楼上所有住户(即202、302和402号房屋所有权人)承担连带责任赔偿其损失,但是因为没有明确被告被法院驳回诉讼请求,原告遂向被告北京市顺义区住房和城乡建设委员会申请公开上述房屋的业主信息,被告称因涉及个人隐私拒绝公开。

四、涉及政府信息公开第三方诉讼仍需完善的机制

(一)预防性诉讼

鉴于政府信息公开第三方的信息一旦被公开即具有不可回复性的特点,对救济的时间起始点的要求非常高,我国现行《行政诉讼法》规定的事后救济型行政诉讼,往往无法排除或修复行政行为对其造成的严重损害后果。虽然我国《行政诉讼法》第 44 条在规定"诉讼期间不停止具体行政行为的执行原则"的同时,也规定了不停止执行的例外情形:(1)被告认为需要停止执行的;(2)原告申请停止执行,人民法院认为该行为的执行会造成难以弥补的损失,并且停止执行不损害社会公共利益,可以裁定停止执行;(3)法律、法规规定停止执行的。但是,这一制度对当事人来说往往缓不济急,其原因有二:其一,要适用这一例外制度必须是进入诉讼程序之后,有时候还没有进入诉讼程序,行政行为就已经执行了,那么这一制度的适用显然已经失去其原本的意义;其二,例外情形的要求比较严格,必须是法条列明的三种情形,这也给政府信息公开第三方寻求救济增加了难度。因此,我国现行的行政诉讼制度对政府信息公开第三方不可恢复的权益的保护显得有些苍白无力。

在此,以德国法为典型的预防性行政诉讼,可以给我们提供一种保护政府信息公开第三方权益的路径。所谓预防性行政诉讼是相对于事后救济型行政诉讼而言的。一般而言,对相对人权利保护的诉讼类型有三种:事后的权利保护、暂时性的权利保护、预防性权利保护。[1] 常态下的诉讼保护是一种事后救济,但是,如果不能苛求原告必须等到某一负担实际出现才采取行动,就应当考虑采用预防性法律保护。[2] 德国的预防性行政诉讼分为预防性停止作为之诉和预防性确认诉讼两种类型,即法院预防性地禁止某一行为或者至少要确认相应的法律关系存在与否。因此,当事人为了阻止将会侵犯自己权益的行政行为的执行,可以采用预防性停止作为之诉,抑或视情况采用预防性确认之诉,对于后者而言,有待确认的是一个将来才会具体化的法律关系。

我国对预防性行政诉讼的研究目前仍处于学理阶段。较早建议将该制度引入我国的是胡肖华教授,他对预防性行政诉讼的定义是:"为了避免给行政

---

[1] 朱健文:"论行政诉讼中之预防性权利保护",载《月旦法学》1996 年第 3 期。

[2] [德]弗里德赫尔穆·胡芬:《行政诉讼法(第 5 版)》,莫光华译,刘飞校,法律出版社 2003 年版,第 321 页。

相对人造成不可弥补的权益损害,在法律规定的范围内,允许行政相对人在行政决定付诸实施之前,向法院提起行政诉讼,请求法院审查行政决定的合法性,阻止违法行为实现的诉讼。"❶近期,解志勇教授把预防性诉讼的概念界定为:"相对人认为行政机关的行政行为或事实行为正在侵害或即将侵害自己的合法权益,向人民法院提起诉讼,要求确认法律关系、行政行为无效、事实行为违法,或者判令禁止或停止行政行为或事实行为实施的司法制度。"❷

政府信息公开第三方为防止行政机关公开其信息,所要采取的应当是德国行政诉讼中的预防性停止作为之诉。在大多数情形下,停止作为之诉都是"预防性"的,因为它无论采取何种具体的法律形式,都是为了防止一个尚未发生的行政行为。对此,一般的停止作为之诉的前提,仅仅是行政机关具有威胁性的行为必须能足够具体地显示出它可能成为一个停止作为之诉的标的。而预防性停止作为之诉的前提,则是行政行为的实际前期效力已如此显著,以至于不应苛求原告,必须等待相应决定最终作出之后,才采取防卫手段。❸ 在行政机关向政府信息公开第三方发出关于政府信息公开的通知书时,就可以预见在不久的将来,行政机关作出公开决定时,对其产生的不利侵害显而易见,不需要等到侵害真正到来时再赋予其提起诉讼的权利,因此,符合德国行政诉讼中的预防性停止诉讼的前提条件。至于预防性行政诉讼具体的制度构建,笔者认为,基于这类诉讼的特殊性,应当对适用条件进行适当的限制。适用预防性诉讼应当符合以下条件:(1)损害的不可弥补性;(2)损害的具体性与受害者的特定性;(3)执行的短暂性。❹

(二)行政赔偿机制

由人民寻求权利保护之法律救济之观点而言,行政争讼固为权利保护之手段,其实,人民之权利保护更包括在其权利受有损害时给予之填补。❺ 行政诉讼固然是公民权利受到行政机关侵害后的首选,但是当侵害已然发生,公民可以通过"第二次权利保护"❻——行政赔偿的方式来保障自己的权利。

按照《最高人民法院关于执行〈中华人民共和国行政诉讼法〉若干问题的

---

❶ 胡肖华:"论预防性行政诉讼",载《法学评论》1999 年第 6 期。

❷ 解志勇:"预防性行政诉讼",载《法学研究》2010 年第 4 期。

❸ [德]弗里德赫尔穆·胡芬:《行政诉讼法(第 5 版)》,莫光华译,刘飞校,法律出版社 2003 年版,第 299 页。

❹ 胡肖华:"论预防性行政诉讼",载《法学评论》1999 年第 6 期。

❺ 陈敏:《行政法总论(第七版)》,第 1247 页。

❻ 陈敏:《行政法总论(第七版)》,第 1247 页。

解释》第 58 条有关"人民法院应当作出确认被诉具体行政行为违法的判决,并责令被诉行政机关采取相应的补救措施;造成损害的,依法判决承担赔偿责任"的规定,在行政诉讼或者单独提起的行政赔偿诉讼中,法院可以就原告受到的损害判决被告承担相应的赔偿责任。《关于审理政府信息公开行政案件若干问题的规定》第 1 条最后 1 款明确规定了:"公民、法人或者其他组织认为政府信息公开行政行为侵犯其合法权益造成损害的,可以一并或单独提起行政赔偿诉讼。"上述规定为权利人能够实行诉权,为其受损权益获得有效保障提供了制度基础和诉讼依据。

但是,目前我国关于对行政侵权行为进行赔偿的法律主要是《中华人民共和国国家赔偿法》(以下简称《国家赔偿法》),而 2010 年 4 月修订的《国家赔偿法》关于行政赔偿的范围有严格的规定,主要是限制公民人身自由、造成公民身体伤害或死亡以及直接侵犯财产权的侵权行为,受害人才有取得赔偿的权利。而政府信息公开中涉及第三方权益的赔偿包括两种类型。

第一种是涉及第三方商业秘密背景下的赔偿。商业秘密受保护权若被侵犯,是对其财产权的侵犯,因此对于其直接经济损失可以计算。这种情况,在目前缺乏明确的法律、法规依据的背景下,可以结合不同案件的特点由法官作出合理裁量,最终确定相应的赔偿额,可比照的一种方式是类似的民事侵权纠纷造成损失的衡量标准。❶

第二种类型是涉及第三方个人隐私情况下的赔偿。在公开侵犯个人隐私的情况下,第三人所遭受的损失更多是精神方面的。我国新修订的《国家赔偿法》虽然确立了精神损害赔偿,但其范围十分有限,可以说只是一种"伴随性的"精神损害赔偿,即要求国家机关的行为在侵犯当事人的人身自由、生命健康的同时,致人精神损害的,才支付相应的精神损害抚慰金。例如,长期羁押导致当事人精神扭曲,或者致人伤残导致精神损害,等等。❷ 而政府公开隐私性信息导致的精神损害,很难满足这一前提。因此,虽然《关于审理政府信息公开行政案件若干问题的规定》允许第三方就其隐私权被侵犯而要求政府信息公开机关承担赔偿责任。但该规定如何与《国家赔偿法》相衔接,还需要详细的制度设计,方能最终落实对侵犯政府信息公开第三方个人隐私权的情况的第二次权利的保护。

---

❶ 江必新主编:《〈最高人民法院关于审理政府信息公开行政案件若干问题的规定〉理解与适用》,中国法制出版社 2011 年版,第 157 页。

❷ 参见《国家赔偿法》第 35 条的规定。

危险驾驶罪实证研究

曹继栋　　曾宇幸 *

摘　要:2011 年 5 月 1 日颁布实施的《刑法修正案(八)》,将"在道路上驾驶机动车追逐竞驶,情节恶劣的,或者在道路上醉酒驾驶机动车"的行为正式入罪,即"危险驾驶罪"。本文拟以深圳市南山区检察院办理的危险驾驶案件为视角,针对该院办理危险驾驶案件的概况、特点以及遇到的一些疑难问题进行实证研究,并提出对策和建议。

关键词:危险驾驶罪　醉酒驾驶　实证研究

《刑法修正案(八)》将在道路上驾驶机动车追逐竞驶(情节恶劣的)、醉酒驾驶机动车这两种危险驾驶行为规定为犯罪,并于 2011 年 5 月 1 日正式施行。自《刑法修正案(八)》施行以来,司法机关办理的危险驾驶案件就备受社会各界关注,也引发了诸多热议,对危险驾驶罪的探讨也从理论层面转化为对司法实务问题的探讨,本文拟以深圳市南山区检察院办理的危险驾驶案件为研究对象,就其中的若干问题进行实证分析和研究。

一、深圳市南山区危险驾驶案件的概况及特点

(一)概况

自 2011 年 5 月 1 日《刑法修正案(八)》颁布实施以来,截止 2012 年 5 月 1 日,深圳市南山区人民检察院共办理危险驾驶案件 81 件,其中,2011 年 5 月 1 日至 12 月 31 日共受理危险驾驶案件 53 件,2012 年 1 月 1 日至 5 月 1 日,共受理危险驾驶案件 28 件。受理的 81 件危险驾驶案件的涉案人员 81 人均

---

　* 曹继栋(1978~　　),男,河南周口人,深圳市南山区检察院公诉一科副科长,检察员,法律硕士;曾宇幸(1981~　　),男,广东深圳人,深圳市南山区检察院公诉一科助理检察员,法学学士。

为醉酒驾驶型危险驾驶案件,追逐竞驶型危险驾驶案件无一例。

(二)基本特点

(1)从涉案车辆分析,绝大多数涉案车辆为私人轿车。从犯罪嫌疑人驾驶的车辆分析,74件案件驾驶车辆为小轿车,2件为摩托车、微型车,其余驾驶车辆为大型客车、中型客车、重型半挂牵引车的均只有1件。虽然目前涉案车辆大多为小轿车,但危害性较小轿车更大的大型、中型客车和重型半挂牵引车也存在个案,因此对于大中型车辆的查处也需重视。

(2)从涉案人员文化水平分析,犯罪嫌疑人文化程度普遍较高,学历绝大多数在高中以上,且均具有合法的驾驶资格。深圳市南山区人民检察院办理的81件醉酒型危险驾驶案件的涉案犯罪嫌疑人中,硕士学历7人,本科学历12人,中专和大专学历17人,高中学历15人,初中学历19人,小学学历11人,高中以上学历(含中专)约占到总人数的63%,绝大多数有稳定的工作。这说明犯罪嫌疑人普遍有一定教育基础和法律认知水平,一般我们认为高文化程度的人对醉酒驾驶的危害性认识高于其他人,之所以实施醉酒后驾驶机动车的行为,不是因为法律知识的淡薄或无知,而是出于侥幸心理或冲动心理。

(3)从涉案人员性别、年龄分析,深圳市南山区人民检察院办理的81件醉酒型危险驾驶案件的涉案犯罪嫌疑人均为男性。受我国传统酒文化及女性为人处事谨慎等特点的影响,醉酒驾驶行为主要集中在男性。涉案人员里中年人居多,年龄大多分布在30～50岁之间。其中,30岁以下的有13人,占涉案人员总数的16%;30～40岁的有34人,占涉案人员总数的42%;40～50岁的有31人,占涉案人员总数的38%;50岁以上的有3人,占涉案人员总数4%。由此可见,近80%的涉案人员年龄在30～50岁之间。这个年龄段的涉案人员,基本上都具有稳定的工作和一定的经济基础,在工作、生活中存在较多的社交、应酬、聚会,基于我国深厚的酒文化传统,喝酒在所难免,又由于不少人对酒后驾驶的危险性及危害性认识不足,心存侥幸,致使该年龄段的醉酒驾驶比率居高不下。

(4)从判决结果分析,法院对醉酒型危险驾驶案件普遍量刑较轻,大部分涉案人员被判处缓刑,且刑期较短。目前已经判决的72件案件中,被判处缓刑的55件,占所判决案件的76%,其中最长刑期为拘役6个月,缓刑1年;被判处实刑的17件,占所判决案件的24%,其中最长刑期为拘役2个月。已经判决的案件中被并处罚金刑的罚金数额不高,幅度在1000～3000元之间。其中,被判处罚金1000元的有5件,占所判处案件的7%;被判处罚金2000元的有2件,占所判处案件的3%;被判处罚金刑3000元的有64件,占所判处案件的90%。

(5)从血液检测酒精幅度分析,涉案人员中深度醉酒者居多。根据我国相关法律规定,血液中酒精含量为80mg/100mL就属于醉酒状态。经检测,涉案人员血液酒精含量每100mL达80～120mg的有29人,占35.8%;120～160mg的有24人,占29.6%;160～200mg的有10人,占12.3%。其中200mg/100mL以上的17人占17.1%,而含量最高者达到371.3mg/100mL,另外有1人逃匿后抓获,无法检测酒精含量。由此可见,超过60%的涉案人员的酒精含量均超越了法定标准的150%,这也恰恰证实了过度的饮酒会严重影响人的思维能力、判断能力。

二、危险驾驶罪在司法实践中存在的若干问题

(一)如何理解危险驾驶罪的犯罪主观要件

以深圳市南山区人民检察院办理的李某危险驾驶案为例。李某于第一天中午与朋友吃饭喝酒,至次日凌晨1时许间隔近12小时后驾驶机动车被交警查获,对其进行酒精检测,发现其酒精含量仍略超过醉酒标准。

危险驾驶罪的犯罪主观要件表现为故意,并且只能由间接故意构成,即行为人明知醉酒驾车可能发生实际危险,却仍放任这种危险状态的发生。醉酒一般被认为是原因自由行为,即是指具有辨别和控制能力的行为人,故意或者过失使自己一时陷入无责任能力或限定责任能力状态,并在这种状态下实施了符合犯罪构成要件的行为。回到上述案例,行为人在饮酒近12小时后才驾驶机动车,即行为人很可能认为自己已经完全清醒,并非属于醉酒状态,在此情况下,认定犯罪嫌疑人的主观心态为故意,笔者认为至少值得商榷。而在现实中,很多人在头天晚上喝酒,回家后休息了几个小时且大量饮水,第二天早上准备上班时感觉神清气爽,而实际上其血液中的酒精含量仍可能达到醉酒标准,如果在此情况下仍认定其在道路上醉酒驾驶机动车具有主观故意,笔者认为有打击过重、"客观归罪"之嫌。

(二)如何理解在道路上驾驶机动车

以深圳市南山区人检察院办理的马某某危险驾驶案为例。交警巡查时发现马某某的小轿车停在路边,车辆为驻车状态,但发动机没有关闭,其在驾驶

位上睡觉,后交警对马某某进行酒精测试,发现其酒精含量已达醉酒标准。据马某某供述,其在几个小时前酒后驾驶机动车行驶一段距离后自动停放在路边休息。在确定马某某已达醉酒标准的情况下,能否认定马某某醉酒在道路上驾驶机动车?

对于在道路上驾驶机动车的认定可分为对道路的理解和对驾驶机动车的理解。首先醉酒行为人驾驶的地点必须要在道路上,而不在工厂里等特殊的场所,也不在铁路上、水中或者空中等其他空间地点。根据《道路交通安全法》第119条的定义:"道路是指公路、城市道路和虽在单位管辖范围内但允许社会机动车通行的地方,包括广场、公共停车场等用于公共通行的地方。"其次行为人在道路上驾驶了机动车,即有证据证实行为人驾驶车辆在道路上有行驶,而车辆处于静止状态时,无论发动机是处在发动或者熄火状态,均不能认定其在道路上行驶。上述案例中,认定犯罪嫌疑人马某某酒后驾驶机动车在道路上行驶的证据仅有其自己的供述,而并无其他证据佐证,但当时其酒精含量是否超标已无从得知,而交警查获犯罪嫌疑人马某某时,其正在车上睡觉,虽然车辆发动机并未熄火,但车辆并未在道路上行驶,此时已无社会危险性,在此情况下对其以危险驾驶罪追究刑事责任显然不妥。

(三)如何理解醉酒的认定标准

以深圳市南山区人民检察院办理的孔某某危险驾驶案为例。犯罪嫌疑人孔某某酒后驾驶小型汽车在深圳市南山区某路段倒车时,车尾部与由匡某驾驶的搭载其女儿的电动自行车发生碰撞,造成两车损坏、匡某和其女儿受伤的道路交通事故。后犯罪嫌疑人孔某某弃车逃逸,数天后才被抓获,但已无法对其血液进行酒精测试。因此,在酒精检验结果缺失的情况下,能否根据证人证言、视听资料、犯罪嫌疑人的供述等间接证据来认定其行为时是否达到法定的醉驾标准?如何理解醉酒的认定标准就成为办理此类危险驾驶案件的疑难问题。

关于醉酒的标准,当前我国依据的是由国家质量监督检验检疫总局制定的《车辆驾驶人员血液、呼气酒精含量阈值与检验》国家标准。根据该标准,醉酒驾驶是指车辆驾驶人员血液中的酒精含量大于或者等于80mg/100mL的驾驶行为。此外,该标准还规定,对于血液中酒精含量没有达到饮酒驾车血液酒精含量值的车辆驾驶人员或者不具备呼气、血液酒精含量检验条件的,应进行唾液酒精定性检验或者人体平衡的步行回转试验或者单腿直立试验。有人认为,我国的醉酒标准采取的是形式标准,即必须依照呼气、血液酒精含量检测所获得的酒精检测结果。也有人认为,可以根据喝酒的人是否感觉迟钝、步履蹒跚、不听劝阻、说话含糊不清、呕吐狼藉、烂醉如泥等外在表现来判断,即民间对醉酒的判断标准。笔者认为,我国醉酒标准采取以形式标准为主、实质标准为辅的醉酒检验标准较为合适,即一般情况下,应当依据酒精检测的结果来认定,特殊情况下,可采取实质标准,但应严格掌控其适用。因此,对于逃避酒精含量检验的驾驶者,一般情况下难以追究其醉驾的责任。当然,如果驾驶者归案后作了醉酒驾驶的如实供述,如供认喝了大量的酒,足以达到醉酒的标准,并且也有其他认证、物证等证据证明其喝了大量的酒且酒后驾车了,整个证据能够相互印证,形成了一个非常完整的证据链,则可以以危险驾驶罪追究其醉酒驾驶的刑事责任。上述案例中,由于孔某某的逃逸行为导致无法对其进行酒精测试,但根据孔某某的供述,结合其他的证人证言及物证,能够认定其行为时已达到法定的醉酒驾驶标准。在司法实践中,深圳市南山区人民检察院在补充相关证据的基础上最终以危险驾驶罪对孔某某提起公诉,法院最终也作出了有罪判决。

三、对策和建议

(一)建议最高司法机关尽快出台相应的司法解释,对酒驾后逃逸或逃避酒精检测等行为所应承担的法律后果予以明确规定

司法活动应当引导公众遵纪守法,鼓励公民遵纪守法,一般情况下,证据存疑应有利于被告,这是刑事法律谦抑性在诉讼领域中的体现。但是对于行为人恶意毁灭证据的,应当从严把握,在这种情况下,应当将由此导致的不利后果归于恶意行为人,否则无异于鼓励行为人的恶意行为。因此,有必要对醉酒驾驶后的逃逸或者逃避酒精检测等行为予以明确规定。对于醉酒驾驶后逃逸或者逃避酒精检测的行为等恶意毁灭证据的行为人,如有证据证实其有饮酒,可以直接认定或者推定其已经达到醉酒驾驶标准,明确将此类行为入罪。

(二)建议上级司法机关尽快发布指导性案例,对危险驾驶中的特殊情形如何处理给以指导性意见

由于现行法律缺乏对危险驾驶罪的具体规定,势必造成各个地方司法机关对于上述类似案件由于理解不同而作出不同处理,在定罪量刑上也可能会出现较大的差异,导致司法上的不平衡甚至不公正。因此,在调查研究的基础上,由上级司法机关牵头编撰指导性案例就势在必行,这有利于减少类似醉酒

驾驶案件中处理的差异程度,从而更好地维护司法公正、司法衡平,也能更好地平复公众的担忧和疑虑,树立和保障司法权威。

(三)坚持主客观相一致原则、坚持罪刑责相适应原则,避免过度入罪

尽管我国现在危险驾驶行为刚刚入罪,尚处在严厉打击阶段,但是我们认为还是应当秉承刑法的谦抑性,坚持主客观相一致原则、坚持罪刑责相适应原则,避免过度入罪,不能"为了打击而打击",而应具体情况具体分析,既不能客观归罪也不能随意扩大对《刑法》的解释和适用。